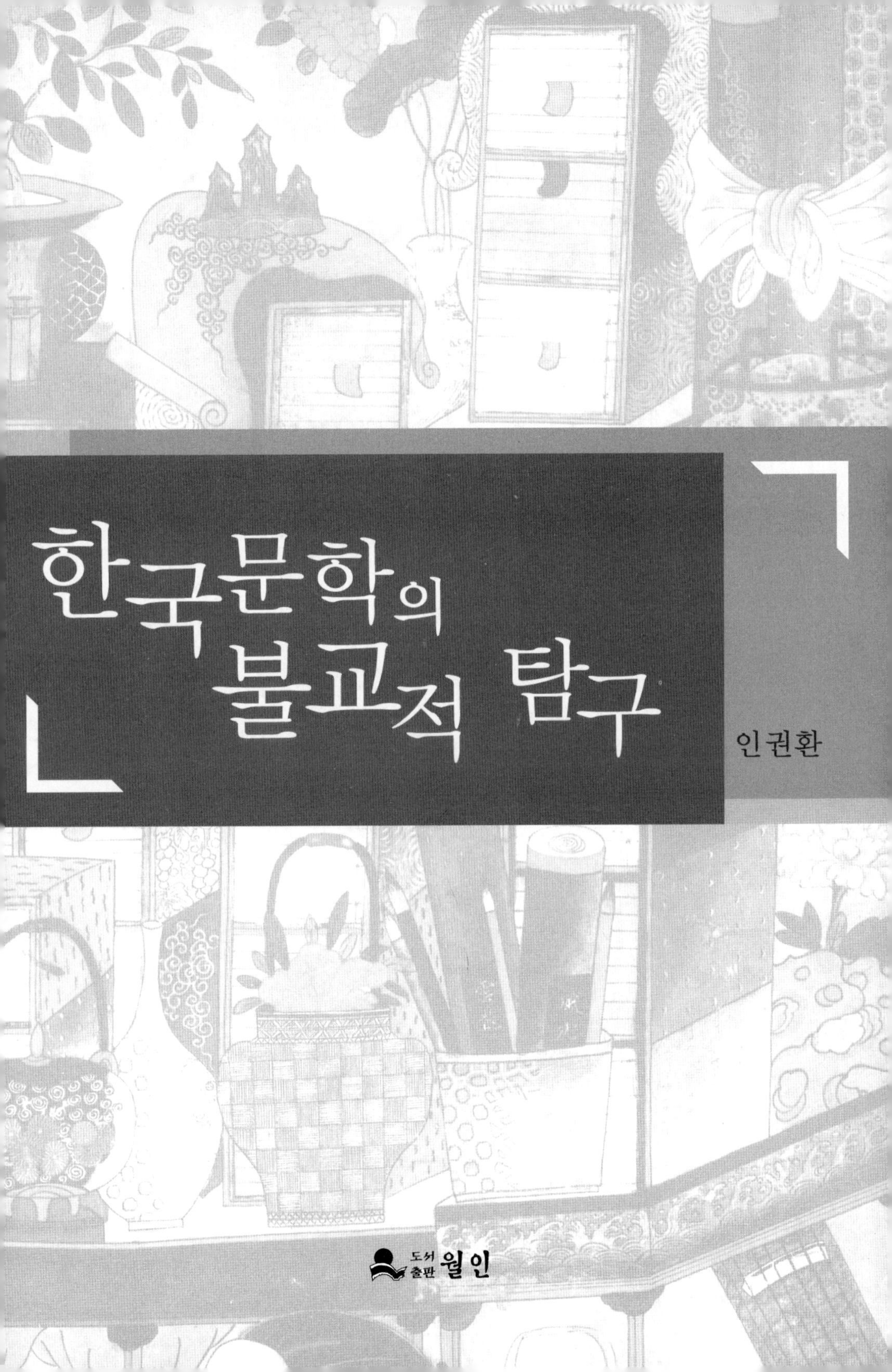

한국문학의 불교적 탐구

인권환

도서출판 월인

序文

이미 발표했던 16편의 논문을 『한국문학의 불교적 탐구』란 이름으로 묶어 上梓한다. 이 중 2003년 정년 이후 발표된 것이 9편, 정년 이전에 발표하였으나 기존 저서에 수록하지 않았던 것이 3편, 책명에 맞추기 위하여 기 수록분을 다시 수록한 것이 3편이다. 그리고 나머지 1편은 필자의 박사논문이었던 「고려시대 불교시 연구」에 대한 동국대 故 李箕永 박사의 서평으로, 1983년 『월간 조선』에 발표되었던 것을 처음 수록하는 것이다. 그 외 논문들의 수록지와 발표 연대는 본문 중 각 논문의 끝에 밝혀 두었다.

새삼 돌아보매 정년을 한지도 어느덧 8년, 평생의 본업인 學問은 慣性인 양 중단 없이 지속해왔다. 그러나 항상 결과가 마음에 안 들어 책으로 묶을 엄두를 못 내었는데, 이제 앞으로의 과제를 위하여 이쯤에서 정리해 보고 가자는 心算에서 용기를 내본 것이 이 책이다. 그리고 이 책의 중심이 되고 있는 한국 불교문학 연구는 대학 재학 중 한용운 연구에서 비롯하여, 석사(1962), 박사(1983)논문, 그리고 1999년 『한국 불교문학 연구』에 이르기까지 지속되어온 일관된 연구 과제이다. 정년 이후 첫 번째의 작업인 이 책 역시 그 연장선상에 놓인다. 다만 이번의 경우 다른 점은 기존 연구가 한국에만 국한하였던 데에 비하여 한·중·일 동양 삼국의 비교연구로 확대한 것과, 그 연구의 시기 역시 고전 불교문학에서 현대의 萬海詩까지 내려왔다는 점이다. 그리고 이런 시도는 앞으로도 계속 되겠지만, 이 방면의 연구는 이제 막 시작한 데에 불과하여, 한 일보다 할 일이 많은 셈이어서 남은 시간과 餘力을 감안할 때 걱정만 앞선다. 그렇다고 20대 이래 지속해 온 이 방면의 관심을 일시에 그만 둘 수도 없으니 그야말로 罔知所措일 뿐이다. 하기는 2000년 대학교수 생활 마지막 안식년을 京都大學에서 보낸 것도 그 지역이 과거 일본 禪文學의 메카였던 때문이었고, 정년 후 2003년의 하와이대학 한 학기동안, 2006년 明治大學 객원교수 1년 동안도 온통 불교문학 연구와 그에 관련된 자료 수집에 골몰하였으니 自業自得인지라 誰怨誰咎하리오.

서울대 서대석 교수는 필자의 정년퇴임 기념사에서 "대학에서의 퇴임이 학문의 퇴임은 아닙니다. 어느 누구도 자기 좋아서 하는 일을 말리지는 못 합니다"라고 했다. 그저 다 하는 이야기려니 했던 말에서 "일"이라는 말은 未嘗不 그냥 넘어갈 범상한 말이 아니어서 그 참뜻을 되새기지 않을 수 없었다. 실상 인간은 평생 일하며 살고 일하다가 죽는다. 그러기에 사람이 일을 한다는 것은 곧 살아 있다는 증거가 되며, 사람에게 일이 없다면 그 삶은 곧 죽은 것이 되고 만다. 여기서 일이라는 것이 우리네 대학인들에게는 찾고, 읽고, 생각하고, 쓰는 일관적인 작업, 곧 學問이다. 어느 알피니스트가 "산이 거기 있으니까 오른다"고 했듯 학자들도 할 일이 눈앞에 있고, 보이니까 할 수밖에 없다. 그리고 정년 이후까지 평생을 하고서도 "일 다 하고 죽은 무덤 없다"는 俗談처럼 해도 해도 끝이 없는 것이 우리네의 일, 학문이다. 70이 넘어서까지 끊임없이 창작을 하면서도 "살아 있는 한 글을 쓰고, 글을 쓰는 한 살아 있을 것이다"라 했다는 우리시대 어느 작가의 말도 모두 같은 뜻일 터이다.

"삶에는 끝이 있으나 앎에는 끝이 없다"(生也有涯 知也無涯)라고 莊子는 지적 탐구의 무한함을 강조했다. 그러나 유한한 삶에서 무한한 앎을 성취하기란 애초에 어려운 일이다. 비록 "나이 들면 현명해진다"(Years bring wisdom)는 서양 속담도 있다지만, 어느 누구고 늙어 갈수록 체력이나 정신력이 쇠잔해감을 어쩔 수는 없다. 그리고 이에 따라 연구력이 저하되어감도 불가피한 일이다.

필자는 생래로 菲才에다 孱骨이다. 그러나 무사히 정년을 넘겼고, 탐구력이나 판단력과 기억력은 尙存한다고 보지만 학문을 좋아하거나(好) 즐기기는(樂)커녕 아직 앎(知)의 언저리에서 어정대고 있으니 日暮途窮은 이를 두고 말함인가. 과연 70대의 실버 인문학이 가능할지는 두고 볼 일이고, 退妓의 가락에도 더러 들을만한 대목이 있는 법이니, 이미 70대 중반에 이른 熟老(이 용어에 대하여는 卷末戲跋을 참고)의 변변찮은 打作이나마 동업자들의 一目을 敢請하는 바이다.

끝으로 여기저기 흩어져 있던 원고의 파일을 찾아 모으고, 파일이 없는 것은 새로 입력하여 책 모양을 완성시켜 준 李鎭午 군의 노고를 치하하지 않을 수 없다. 또 日本에서 발표되었던 日文 파일을 찾아 보내준 明治大 박사과정의 成耆赫 군에게도 감사의 말을 전한다. 두 사람 모두 늦게 맺은 學緣인지라 더욱 소중함을 느낀다. 그리고 도서출판 月印에 滿腔의 謝意를 표한다. 마음에 흡족했던 2003년 정년퇴임 기념논문집에 이어 퇴임 후 첫 저서를 다시 내게 되니 더욱 두터운 인연을 느낀다. 박성복 사장에게 깊은 감사를 드리고 月印의 무궁한 발전을 기원한다.

2010年 10月 30日

開運山下 般若齋에서 著者 識

차례

제2부 東亞細亞 中世 佛敎文學의 비교연구

제3부 萬海詩와 思想의 문제

제4부 韓國 佛敎散文의 자료와 연구

제5부 書評

제1부

韓國 禪詩의 比較硏究와 佛教時論

1. 고려 후기 禪詩 研究의 동아시아적 地平과 視角

1) 고려 선시의 문제점과 과제

한국 古典文學 研究에 있어 고려 후기 禪詩에 대한 연구는, 필자가 이 시기 6人의 禪詩人과 그들의 작품에 대한 집중적인 연구서를 1983년에 간행하고, 동일한 禪詩人들을 대상으로 또 다른 시각에서 심도 있게 천착한 李鍾燦의 단행본이 1985년에 출간되면서 본격적인 출발을 보았다. 이로써 국문학의 不毛期로 인정되어 오던 이 시기 문학의 새로운 영역이 개척되어, 그간 학계에서 배제되어 왔던 높은 차원의 종교적인 창작시가 중요한 문학적 資産으로 부상하게 되었다. 그리고 이를 계기로 후속 연구자들이 다수 나와 다양한 연구가 제출되면서, 이 방면 학계가 활기를 띠게 된 것은 국문학 연구사상 그 의의가 매우 크다고 하지 않을 수 없다.

그러나 약 20년에 걸친 이 部面의 연구가 그 동안 많은 실적을 올렸음에도 불구하고, 그 研究史를 돌아볼 때, 아직도 수행되어야 할 과제가 허다함을 인정하지 않을 수 없는 것 또한 사실이다.

대체로 이 시기 禪詩 研究의 문제점과 과제는 크게 양분하여, 국문학에 국한된 국문학 내적인 경우와, 국문학의 범위를 뛰어넘어 동일 漢字文化圈에서 서로 영향을 주고받으며 발전하여 온 주변 동아시아 여러 나라들과의 비교연구, 즉 국문학 외적인 경우로 나누어 볼 수 있다. 이 중 본고는 후자의 측면에 집중적 관심을 가지고 출발한다. 따라서 여기에 대하여는 이하 본론에서 상론되겠기에, 本項에서는 전자, 즉 국내에 국한된 고려 선시 연구에 있어 지금까지 미진하였거나 과제로 남아 있는 제반 문제점을 지적하여 필자를 포함한 이 방면 연구자들의 분발을 촉구하고자 한다.

첫째는 지금까지 慧諶(1178~1234)으로부터 麗末 慧勤(1320~1376)에 이르는 5~6명 禪詩人이 중심 대상이 되고, 그 중에도 慧諶과 冲

止(1226~1292)에 집중되었던 한계를 넘어 더 많은 詩僧과 그들의 작품을 찾아 대상의 범위를 확대해야 한다는 점이다. 물론 대상 인물들의 傳記가 상세하지 않고, 전하는 作品量이 근소하다는 등의 자료상의 한계가 수반되는 난점이 없는 것은 아니다. 그러나 연구자의 노력 여하에 따라 훨씬 더 많은 詩僧과 작품의 발굴과 평가가 가능하다. 실상, 『東文選』에 이름과 작품을 전하는 이만도 釋天因·釋坦然·釋禪坦·釋戒膺·釋惠文 등 5명을 포함하여 20여 명이나 된다. 또 이외에 麗末鮮初에 나온 儒·佛 문인들의 문집 및 시론집과 기타 官撰 문헌 및 金石文까지 넓혀 해당 인물이나 작품을 조사, 검토한다면 상당한 양의 고려 후기 내지 여말신초의 詩僧과 그들 작품의 검색이 가능하고, 이들을 활용하여 고려 후기 선시 연구의 범위를 훨씬 확대할 수 있다는 것이다.

둘째로 위 첫 번째와 같은 의미에서 이 시기의 대상인물을 禪宗 승려에 국한하지 않고 天頙 등 教宗의 승려는 물론, 居士佛教 詩人, 나아가 일반 文人에까지 확대하는 문제다. 그리고 禪詩라는 개념을 일반 佛教詩라는 광의의 뜻으로 넓혀 본다고 할 때, 그 外延은 꽤 넓다. 그리고 이렇게 되면, 거사불교 시인으로 李奎報(1168~1241)·李資玄(1061~1125)·安淳之 등이 해당하고, 일반 문인으로 분류되나 佛教詩를 남기고 있는 李仁老(1152~1220)·崔滋(1186~1260)·李穀(1298~1351)·李穡(1328~1395)·金之岱(1190~1266)·金富儀(1097~1136)·李嵒(1297~1364)·蔡寶文·陳澕·李崇仁(1347~1406)·權近(1352~1406) 등 그 외 많은 문인들과 그들의 작품이 논의의 대상이 될 수 있어 고려 후기의 선시 내지 불교시의 연구 영역은 크게 넓어진다.

셋째는 연구 방법론상의 문제로, 지금까지의 연구가 作家論, 作品論에 치우쳐 왔던 한계를 벗어나 선시나 불교시가 어디까지나 宗教思想에 그 기반을 두고 있음을 감안하여 다양한 바탕 위에서 그 思潮的인 측면을 연구하는 일이다. 여기에는 法華思想·華嚴思想·般若思想·淨土思想·因果思想·輪廻思想 등 불교의 다양한 사상과의 관련 연구가 가능하다. 지금까지의 연구가 禪, 즉 禪思想에만 치우쳐 온 한계를 넘어서 이들 사상과의 관련을 통하여 그 사상적 배경을 확대할 때, 고려시대 불교시 연구는 그 사상적 깊이를 획득할 뿐 아니라, 사상과 문학이 조화되는 새로운 경지가 열릴 것이다.

넷째, 역시 위의 방법론상의 문제로 麗朝 禪詩의 美學的 측면에 대한 연구이다. 비록 종교적 詩라 하더라도 이미 문학의 형식을 빌어 표현된 문학 작품인 만큼 文藝的 측면에서 그 美的 가치나 특성을 규명해야 함은 당연한 과제다. 필자는 禪詩의 美에 대하여 自然美·高逸美·玄妙美·圓融美 등 8종의 美를 열거하고 그 중요성을 적시한 바 있거니와, 未嘗不 불교시는 불교시로서의 일반시와 다른 美的 특질이 있을 터이므로 이에 대한 精深한 고찰 또한 고려 불교시 연구의 한 과제가 아닐 수 없다.

다섯째, 高麗 禪詩의 文學史的 연속성의 연구이다. 한국 古典詩歌 문학에 있어 佛教詩의 전통은 멀리 삼국시대, 그 중에서도 新羅時代의 鄕歌나 高僧들의 漢詩, 金石文 등에서 찾을 수 있다. 이것은 고려시대의 禪詩, 불교시, 불교가사, 불교서사시 등으로 이어졌고, 다시 조선시대에 와서는 儒·佛간 문인들의 漢詩, 그리고 한글창제 이후는 <月印千江之曲>, 불교계 景幾體歌, 回心曲, 산염불 등과 불교민요 등의 구비문학으로까지 확대 전승되었다. 이러한 전통은 현대시에 이르러서도 韓龍雲·金達鎭·徐廷柱·趙芝薰 등에게 이어졌고, 현 문단의 불교시인, 승려시인 등에게도 이어져 꾸준히 창작되고 있다. 이처럼 불교시가는 우리 시가문학사를 縱的으로 꿰뚫으면서 면면히 이어져 흘러온 불교시가의 連續性을 검증·확인하여 그 역사적 맥락을 밝혀야 한다. 여기에는 시대와 시대간의 시간적 前後 문제와 장르와 장르간의 형태적 교섭과 융화의 문제가 면밀히 연구되어야 한다. 이러한 문제는 지금까지의 연구가 안고 있었던 시대적 斷絶과 장르간의 불투명한 관계가 극복되어야 한다는 점에서 이 방면 학계의 새로운 과제가 아닐 수 없다. 이러한 우리 불교시가 문학의 通時的 연구

속에서 高麗 禪詩, 佛敎詩는 그 문학사적 의의와 가치를 온전히 드러낼 수 있을 것이고, 그런 까닭에 그 역사적 연속성의 연구는 매우 긴요한 과제인 것이다.

이상의 다섯 가지 고려 불교시 연구의 과제는 이 외의 다른 많은 과제보다 선행되어야 할 기본적인 문제라는 점에서 그 중요성이 막중하다고 할 수 있다. 그리고 本項의 冒頭에서 언급한 대로 本稿는 이 문제에 관한 한 그 과제만을 지적하고, 또 다른 문제, 즉 高麗 佛敎詩의 국문학 외적인 문제인 中國과 日本의 불교시와의 비교연구라는 중세 동아시아적 고찰에 주목적이 있는 만큼, 이를 다음 항에서 논하기로 하겠다. 그리고 본 연구는 구체적인 事例의 精緻한 분석적 연구가 아닌 일반적이면서 原論的인 문제를 포괄적 시각에서 논하여, 이 방면 연구의 새로운 局面을 열려는 시험적 構圖를 제시함에 主眼을 두고 있는 만큼, 세부적인 脚註를 생략하고 말미에 참고문헌을 제시하는 學術論說의 형태로 진행될 것임을 전제해 두기로 한다.

2) 고려 선시 연구의 동아시아적 관점

주지하는 바와 같이 高麗 禪詩는 당시 東北亞를 貫流하여 그 종교적·사상적 배경을 이루던 禪佛敎의 전개와 밀접히 관련되어 있다. 따라서 당시 중국과 일본의 선불교, 그리고 이를 토대로 생성된 中·日의 선시와의 비교연구는 매우 중요한 과제다. 그리고 우리의 경우만이 아니라, 이러한 비교연구를 배제한 당시 동북아 삼국의 禪詩 연구가 井底蛙식의 자국문학에만 국한하여 당시 삼국의 선시가 갖고 있던 동아시아적 배경과 지평을 몰각한다면 편협성과 폐쇄성을 면할 수 없다. 그러므로 당시 禪詩의 발신자라 할 수 있는 중국의 禪思想과 禪詩를 바탕으로 하여 삼국의 영향의 수수관계는 어떻게 이루어졌는가, 수신자로서의 高麗와 日本은 동일한 시대의 동일한 禪詩와 禪詩論을 어떻게 받아들여 어떻게 自國文學에 수용, 내지 토착화 시켰는가, 그리고 어떤 自國的 變容을 통하여 각 나라의 선시는 어떠한 개별적 변화와 특징을 보이며 자국의 문학사에서 어떤 의의와 위치를 점하고 있는가, 이러한 差別性과 異同性의 연구는 각 나라의 禪詩文學의 汎東洋性을 규명하는 데 불가결의 문제이다. 왜냐하면 禪佛敎라는 동일한 종교사상에 바탕을 둔 것이라 하더라도, 이를 받아들이는 국가에 따라 민족과 언어, 역사와 문화, 풍속과 생활이 상이하기에 그 受容과 變容에 따른 自國的 변화와 창조라는 개별적 특징을 나타내지 않을 수 없기 때문이다.

中世에 해당하는 당시 중국은 宋에서 元을 거쳐 明初에 이르는 시기, 우리는 高麗 후기에서 朝鮮初에 이르는 시기, 日本은 鎌倉末期로부터 南北朝期를 거쳐 室町初期에 이르는 시기였다. 12~13세기를 전후한 이 시기 삼국은 정치·사회적으로나 문화·예술적으로 상호 긴밀한 관계를 견지하고 있었으며, 특히 禪佛敎에 바탕을 둔 사상·문화·예술이 주류를 형성하고 있었다. 기존의 儒學을 토대로 새로이 性理學이 일어나고 있었으나, 적어도 이 시기에 관한 한 從來로 큰 기세를 이루고 있던 禪佛敎, 禪文化의 뿌리는 완강하였다. 우선 이러한 점이 이 시기 삼국의 문학 연구가 禪詩文學에 초점을 두지 않으면 안 되는 까닭이며, 그 연구 방법 또한 比較文學的 방법에 의하지 않을 수 없는 所以然이다.

여기서 우리는 前據한 바 연구가 개별 국가만의 연구로 이루어질 수 없다는 점에서 다음과 같은 목표를 설정해 볼 수 있다.

① 한국-중국간의 비교연구
② 한국-일본간의 비교연구
③ 중국-일본간의 비교연구
④ 한·중·일 삼국간의 비교연구

이상에서 ①②③의 연구가 선행과제라 할 수 있고, 결국 ④의 연구로까지 나아가야 할 當爲를 발견하게 된다. 그러나 ④단계의 연구는 ①②③단계 연구를 거쳐야 완전할 수 있고, 그 최종적인 연구라는 점에서 그 의의가 막중하다.

그렇다면 이러한 문제에 대한 삼국의 학계의 연구 상황과 현황은 어떤가. 이는 삼국의 이 방면 學界의 動向을 면밀히 파악해야 가능한 문제이기에 간단한 문제가 아니다. 그러나 필자가 최근 이 방면에 관심을 가지고 범박하게나마 살핀 결과로는 아직 이 방면의 비교연구는 未開地로 남아 있다고 하여도 과언이 아니다. 즉 ①②는 거의 시작도 안 된 상태라 할 수 있고, ③의 경우만 일부 이루어진 것으로 보이나, 역시 본격적인 단계에 들어섰다고 보기는 어렵다. 따라서 ④의 경우는 요원한 문제로 남아 있다고 할 수 있다. 그리고 이러한 문제에 대한 삼국 학자들의 학적 관심은 대체로 다음과 같은 상황에 머물러 있다.

첫째, 중국의 경우는 근년에 이르러 이 방면 연구에 관심이 고조되고 있으나, 어디까지나 자국 중심의 단계에 머무르고 있다. 그것은 중국의 이 방면에 대한 학문적 연구의 역사가 짧은 데도 기인하지만, 중세 불교문학을 포함한 漢字文化圈의 종주국이란 자긍심 때문에 주변 국가들의 漢文文學의 학문적 중요성을 소홀히 하는 태도 때문으로 보인다. 그래서 발신자로서의 자체 연구는 활발하나, 수신자의 입장인 우리나라나 日本의 禪詩文學과의 비교연구는 전무하거나 극히 미미한 편이라 할 수 있다. 원론적 禪詩論과 自國의 禪詩文學 및 作家에 대하여는 1970년대 台灣의 杜松栢의 업적, 1980~1990년대에 이르러 대륙의 孫昌武·周裕鍇·吳言生·楊惠南·張伯偉의 업적이 두드러진다.

둘째, 일본의 경우, 五山文學으로 호칭되는 자국의 禪詩文學에 대하여 이미 19세기 明治時代로부터 연구가 비롯되어, 20세기 전반에도 上村觀光·鈴木子順·岡山政之·北村澤吉 등에 의하여, 그리고 그 후반에는 玉村竹二·安良岡康作·芳賀幸四郎 등이 집중적 연구를 수행한 바 있다. 중국의 歸化僧과 일본 留學僧들의 중국 왕래에 대한 이러한 연구를 통하여, 집중적이지는 않으나마, 中・日 비교연구가 부분적으로 이루어진 바 있다. 그리고 근년에 이르러 朝倉尙 등에 의하여 중국시와의 비교연구가 활발하나, 양국의 禪詩간의 직접적이고 본격적인 禪詩 비교연구는 필자가 알고 있는 바로는 거의 없는 것으로 보인다. 이러한 日本 學界의 동향은 그 연구의 초기부터 한반도와의 관계 연구를 제외하고 있는 듯한 인상이다. 즉 중국 대륙과의 관계와 교류 및 비교연구에 대해서는 관심이 큰 편이나, 최초로 佛教를 전해주었고, 이후 일정 기간 불교 및 불교문화의 선진국으로서 혜택을 주었던 우리에 대하여는, 비교는 고사하고, 언급조차 하지 않고 있다. 물론 日本이 百濟로부터 불교를 전해 받은 이후, 동북아 불교의 종주국이었다 할 중국의 唐・宋・元과 직거래하면서 더 큰 영향을 받았던 것은 사실이다. 그러나 당시 같은 佛教文化圈이었던 隣國의 불교문화, 그 중에서도 日本 중세 漢文學의 중심을 이루었던 五山詩에 해당하는 高麗의 禪詩가 시기적으로 앞서 활발히 창작되었던 사실을 외면한다는 것은 문제가 아닐 수 없다. 동일한 시기에 유사한 문학 형태를 지닌 이웃나라와의 比較硏究도 필수적인 일이지만, 中世 東北亞 佛教詩, 禪詩의 연결고리를 이루고 있던 中・韓・日 중에서 한국을 제외한 연구가 완전할 수 없음은 너무도 당연하다. 그럼에도 불구하고 日本 연구자들의 이상과 같은 태도는 의도적이거나 연구의 안목이 협소한 때문으로밖에 이해할 수 없는데, 두 가지 이유 모두 납득할 수 없음은 마찬가지다.

셋째, 우리의 경우는 어떤가. 단적으로 말하여 高麗 禪詩와 주변국 中世 禪詩와의 비교연구, 즉 일본과의 비교나 중국과의 비교연구 모두 전무한 상태다. 따라서 삼국의 비교연구는 생각할 수조차 없다. 1994년 崔歸默의 연구와 2003년 필자의 연구가 여기에 해당하나, 이 방면의 硏究史를 1~2편의 논문이나 저술만으로 말하기는 어렵다.

우리 학계의 이 방면의 연구는 古典文學 연구자 중 佛教文學 연구

관계자, 그리고 日本文學 연구자 중 일본 중세문학 전공자 및 中國文學 연구자 중 宋·元 중심의 詩文學 전공자의 연구업적이 기대되나, 과문한 탓인지 찾아보기 어렵다. 이는 근년 韓·日 양국 모두 공통되는 현상으로, 대상국의 언어문자적 장애, 漢字文學의 기피현상, 佛教文學의 난해성에 의한 것 등으로 이해되는 바, 하루 빨리 시정되어야 할 당면과제임에 틀림없다.

이상에서 高麗 禪詩의 동아시아적 지평과 韓·中·日 삼국에서의 연구 현황과 그 문제점을 살폈다. 그 결과 문제의 중요성이나 의의에 비하여 연구가 극히 미미하거나 거의 이루어지지 않고 있음을 알 수 있었다. 21세기 초 세계화·국제화의 격변하는 조류 속에, 그 관심의 耳目이 東亞細亞로 집중되고 있는 현실에서, 中世 東北亞 문화의 한 흐름을 이루는 佛教文化와 佛教文學의 연구는 매우 큰 과제라 할 수 있다. 그리고 당시 불교문학의 中核을 이루는 불교시, 내지 禪詩의 연구가 매우 중요함을 관련 학자들은 깊이 인식하지 않으면 안 된다. 특히 각기 自國 연구의 선행을 바탕으로 삼국의 比較硏究라는 공동목표로 나아가야 함이 각국 이 방면 학자들에 부여된 최대의 과제임을 강조하지 않을 수 없다.

3) 高麗 禪詩 비교연구의 가능성과 검토

(1) 宋·元 禪詩의 영향과 관련양상

고려 禪詩 연구가 국내에 국한되어서는 그 本命을 다하기 어렵다는 점은 前言한 바와 같다. 여기서 당연히 제기되는 것이 唐 이래 크게 성했던 宋·元 禪詩와의 비교의 과제다.

이런 점에서 첫째로 살펴야 할 문제가 그 종교적·사상적 배경으로서의 중국의 臨濟宗과 看話禪의 전래와 영향이다. 고려말의 불교에는 여러 종파가 있었지만, 臨濟宗이 주류를 이루고 있었고, 이에 따라 看話禪의 유행이 고려 선시 산출의 배경을 이룬 것이다. 둘째로 들 수 있는 것이 禪思想과 性理學의 조화를 통한 儒佛一致論의 등장이다. 이 시기 유교의 性理學이 전래되었던 바, 성리학은 중국에서의 성립 당시부터 心性論이란 측면에서 禪思想과 공통분모를 가지고 있었다. 그리고 이와 같은 점은 고려의 경우에도 마찬가지로 새로운 思潮로서의 성리학의 전래가 大勢여서 불가피한 점이 있기도 했지만, 재래의 禪思想은 心性論이란 공통점을 바탕으로 성리학과 共存이나 合一이란 입장을 취하게 되었던 것이다. 이것은 儒·佛 양측이 마찬가지여서, 당시 儒家側의 李穀·李穡·元天錫과 佛家側의 金時習·己和·普雨 등의 儒佛一致論·儒禪同根論 등이 여기에 해당한다. 이러한 사상적 상황과 변모가 麗末 禪詩와 불교시론에 해당할 詩禪一如論이 생산되는 또 하나의 배경을 이루었던 것이다. 셋째로는 선시의 고려적 전통의 존재이다. 즉 고려 중엽 知訥(1158~1210)의 修禪社를 통한 禪思想의 發揚과 이를 이은 고려 최초의 본격적 禪詩人인 慧諶(1178~1234)의 등장과 그에 의한 선시의 淵叢으로서의 『禪門拈頌』의 간행(1226)으로 선시의 고려적 바탕은 이미 이루어져 있었다. 특히 慧諶의 풍부한 선시는 冲止(1226~1292)·一然(1206~1289)으로 이어지면서 고려 선시는 큰 흐름을 형성하게 된 것이다. 넷째로는 臨濟宗계 고려 선승들의 元에의 유학과 이들을 통한 선사상, 선시의 영향이다. 즉 普愚(1301~1382)·景閑(1298~1375)·慧勤(1320~1376) 등 모두 元에 가서 일정 기간 그곳 禪의 대가들과 교유하면서 선시로 화답하고 돌아왔던 바, 이들에 의하여 당시 元의 선과 선시는 더욱 고려의 禪文學에 浸潤될 수 있었던 것이다.

이상 네 가지 측면에서 살핀 韓·中 禪詩 비교연구의 배경과 상황을 바탕으로 좀 더 구체적인 사례를 통하여 양국 선문학의 교섭양상과 비교연구의 가능성을 점검하기로 한다.

중국 선시의 전통은 詩佛로 일컬어지는 唐의 王維(701~761)로부터 비롯한다. 그 후 宋의 蘇東坡(1036~1106)·黃山谷(1045~1105)을 정

점으로 하는 呂本中(1084～1145) 등의 江西詩派의 詩·詩論과, 葉夢得(1077～1148)·楊萬里(1124～1206)·嚴羽(1192～1243·1248) 등을 거쳐 元·明·淸代에 이르기까지 꾸준히 지속되었다. 이들의 고려말 선시에의 접맥은 대체로 宋代 蘇東坡·黃庭堅 詩의 다대한 영향, 嚴羽의 『滄浪詩話』, 釋惠洪의 『冷齋夜話』, 魏慶之의 『詩人玉屑』 등 禪文獻의 전래와 유포로부터 그 직접적인 계기를 찾을 수 있다.

우선 蘇東坡가 고려 文人들에게 끼친 영향은 이미 李奎報가 『東國李相國集』에서, 그리고 林椿이 『西河集』에서 그 상황을 익혀 전한 터여서 부연이 불필요하다. 또 선시의 종주로 받들어졌던 黃庭堅을 두고도 『破閑集』·『櫟翁稗說』 등 여말의 詩論集에 자주 언급되어 있어 그의 시는 물론 시론이 널리 소개되었음을 알 수 있다. 그리고 嚴羽·惠洪·魏慶之의 경우도 마찬가지인데, 특히 魏慶之의 『詩人玉屑』은 선시론이 주류를 이루던 南·北宋 詩話의 총집합서로 詩學 硏究 내지 詩學 지도서라 할 만한 것인데, 그 高麗本까지 존재하였다는 사실은 그 영향의 큼을 말해주고 있다. 특히 『詩人玉屑』의 내용이 禪詩와 그 관련 시론, 시화가 중심이 되어 있음을 감안할 때 더욱 그렇다.

이상 대략적으로 살핀 바로도 韓·中 양국간 중세 선시의 영향의 授受관계는 매우 밀접한 것이어서, 그 比較硏究가 절실할 뿐 아니라 그 가능성 또한 크게 열려 있다고 하겠다.

(2) 日本 五山詩와의 比較論

고려 禪詩 비교연구의 또 하나의 대상은 日本이다. 일본 중세에 해당하는 鎌倉 말기에서 南北朝 시대를 거쳐 室町 초기까지 대략 200여 년간 漢文學의 중심을 이루었던 불교 한시인 五山文學이 그 대상에 해당된다. 그런데 日本과의 비교연구는 중국의 경우와 다른 문제가 제기된다. 즉 중국과의 비교가 영향에 의한 상호 授受관계를 통한 비교라면, 일본과의 비교는 영향과 관계 없는 단순 비교라는 점이다.

本稿 2항에서 論及한 바대로 日本이 百濟로부터 불교를 전수 받았고, 그 후에도 교류는 계속된 바가 있지만, 禪思想이나 禪詩에 관한 한은 한·일간 직접적인 교류나 영향관계가 확인되지 않고 있는 것이 사실이다. 그러므로 日本 역시 중국의 선사상이나 禪文學과는 우리와 마찬가지로 수직적인 영향관계를 이루고 있으며, 이에 따라 일본과 우리와의 비교는 수평적인 관계에서 논할 수밖에 없다. 비교연구란 반드시 영향관계를 전제로 하는 것만은 아니다. 따라서 동일한 발신자로부터 동일 漢字文化圈에서 동일 성격의 문학을 거의 비슷한 시기에 받아들인 韓·日 양국의 경우, 각각 서로 다른 역사적 배경과 문화환경 속에 어떻게 수용하여 變容시켰는가, 또 어떻게 자국의 문학에 편입하여 문학사에 용해시켰는가의 문제는 역시 비교문학 연구의 중요한 과제다.

日本文學史에 있어 五山文學은 그 이전 奈良時代, 平安時代의 한문학과 그 이후 江戶時代의 한문학을 이어주는 교량적 위치에 있다. 중세 鎌倉幕府의 적극적인 정책으로 兀庵普寧(1197~?)·無學祖元(1226~1286) 등 南宋·元의 귀화승들을 받아들였고, 이들에 의하여 영향받고 교육된 다수의 일본 선승들이 대륙에 건너가 禪·禪文學과 함께 다양한 선진문화를 수입하였다. 이를 계기로 불교한문학이라 할 五山文學이 탄생하게 되었는데, 여기에는 足利幕府의 권력이 선종을 적극 지지, 옹호한 데에 큰 요인이 있었다. 그리고 이러한 상황에서 五山文學을 선두에서 이끈 이가 夢窓疎石(1275~1351)이었다. 현대 일본 선문화 연구의 大家인 柳田聖山에 의해 일본 중세 禪文化의 창조자로 평가되는 夢窓疎石은, 당시 五山派의 하나로 가장 세력이 컸던 佛光派를 이끈 이로, 五山派 詩文學의 창시자이기도 했다. 그는 특히 足利幕府 將軍들의 절대적인 비호 아래 禪刹의 창건, 일본식 庭園의 조성, 茶道, 禪畵 등 선문화의 창조에 주도적인 역할을 하였는데, 五山詩의 대가로 평가되는 義堂周信(1325~1388)·絶海中津(1336~1405)을 길러냈고, 그 외에 春屋妙葩(1311~1388)·龍湫周澤(1308

~1388) 등이 그의 門下였다. 五山詩人들은 이 외에도 雪村友梅(1290~1346)·寂室元光(1290~1367)·別源丹旨(1294~1364)·中巖円月(1300~1375) 등 유명인이 많은데, 이들의 주옥같은 불교 한시가 현재 호한한 『五山文學全集』에 갈무리 되어 있다.

五山詩와 高麗 후기의 禪詩는 그 시기도 대략 일치하며, 모두 불교 한시로서 당시 宋·元의 영향을 받아 탄생, 발전한 점 등에 일치하여 비교연구의 가능성과 필요성을 절감하게 한다. 나아가 양국의 禪宗과 禪詩가 모두 崔氏 武臣政權, 足利幕府의 武士政權 등 정권의 강력한 후원을 업고 크게 발전하였다는 점, 양국의 당시 선종이 모두 중국의 臨濟宗의 禪脈을 이었을 뿐 아니라, 대부분 중국 유학을 하였던 사실 등의 공통점으로 더욱 그 가능성을 높게 해주고 있다.

한편 당시 양국의 禪詩들이 한결같이 宋의 蘇東坡·黃山谷의 영향을 받고 있는 점이라든가, 당시 시 창작 교재로 유명한 魏慶之(1240년 전후)의 『詩人玉屑』이 양국 詩壇에 널리 유포되어 있었다는 점도 비교연구의 과제를 제공한다. 麗末詩壇에서의 蘇·黃 양인의 비중과 高麗本까지 간행된 시 창작의 지침서였던 『詩人玉屑』에 대하여는 앞서 摘示한 바 있지만, 이러한 점은 일본의 경우도 마찬가지였다. 단적으로 말하여 현대 五山詩 연구의 권위자라 할 芳賀幸四郎은 五山文學에 있어 蘇·黃은 된장(みそ, 味噌)과 간장(そうゆ, 醬油)과 같은 존재라 말하고 있고, 入矢義高는 『詩人玉屑』을 五山詩僧들의 필독의 作詩教本이었다, 라고 있는 데서 잘 알 수 있다. 이런 점들을 통하여 양국 선시를 비교할 때, 대륙의 영향을 어떻게 수용하고 있는가, 또 수용하는 과정에서 나타나는 양국의 변별성은 어떻게 나타나는가 하는 점 등 수많은 의미 있는 비교연구의 과제를 제공하고 있다.

(3) 韓·中·日 禪詩論 비교의 문제

앞의 각 항에서 살펴본 대로 동양 중세의 禪思想과 禪詩는 발신자인 중국을 정점으로 韓·日 등 삼국이 교류하면서 공유하던 東北亞 공통의 사상과 문학이었다. 이와 마찬가지로 선시에 대한 이론, 즉 禪詩論 또한 삼국 공통의 詩論으로 등장하였다. 즉 禪이란 종교적·철학적 思惟와 詩라는 문학 예술이 어울려 이루어진 불교시론으로서 당시 동북아 詩學의 중요한 갈래로 등장했던 것이다. 그러나 공통적 모태에서 출발한 삼국의 禪詩論이 동일한 양상으로 전개된 것은 아니었다. 비록 중국의 시론에서 영향 받은 것은 사실이라 하더라도, 한·일 양국은 나름대로 自國의 불교시론으로 편입시키는 과정에서 각각 다른 양상으로 수용·발전시켰고, 중국 역시 중국의 詩論史 속에서 독자적인 모습을 띤 채 변화를 거듭하여 온 것이다. 여기서 삼국 禪詩論 비교의 필요성이 제기된다 하겠다.

중국 선시론의 연원은 이미 唐代에 皎然(670년 전후)·齊已(881년 전후), 前蜀의 貫休(900년 전후) 등으로부터 發芽되었으나, 하나의 詩論으로서 모습을 갖추게 된 것은 宋·元을 거치면서였다. 선시와 마찬가지로 黃山谷을 宗으로 하는 呂本中의 江西詩派, 이어 葉夢得·嚴羽 등에 이르면서 확고한 줄기를 형성하였고, 이러한 흐름은 淸初 王士禎(1634~1711)에 이르러 '詩禪一致'란 용어가 문헌에 등장하면서 절정을 이룬 것이다. 宋代의 선시론은 吳可·趙蕃·戴復古 등의 이른바 '學詩詩' 등에서, 그리고 元好問(1190~1257)의 "詩爲禪客添錦花 禪詩詩家切玉刀"라는 類의 詩禪調和論, 또 嚴羽의 "大抵禪道惟在妙悟 詩道亦在妙悟"(『滄浪詩話』)란 이른바 "以禪喩詩" 등을 거치면서 구체화되었다고 할 수 있다.

대체로 중국의 선시론은 삼국의 元祖인 만큼 뿌리가 깊고 오래며, 다양한 中國 詩論에 큰 영향을 주기도 하였으며, 때로 조화롭게 어울리기도 하고, 때로는 대립양상을 보이기도 하면서 그 주류의 한 갈래로 지속되어 왔다. 특히 선사상과 선시와 맥락을 같이 하면서 다채로운 갈래와 이론을 형성하여 불교시론의 중핵을 이루어온 것이다. 이런 까닭에 중국의 禪詩論은 수많은 禪詩論者를 낳았고, 禪詩論書를 양산하였으며, 다양한 논의 방법이 등장하여 詩評壇을 풍요롭게 하여, 그 전통은 현대의 평단에까지 이어지고 있는 터이다.

이에 비하여 우리의 경우 고려시대 禪詩論은 미미하였고, 그나마 麗末 이래 朝鮮朝에 걸쳐 성리학에 바탕을 둔 유가적 시론에 밀려나 단절의 위기에 처하기도 하였으나, 그 명맥만은 조선 후기까지 지속되었다. 고려 이래 우리의 禪詩論이 부딪히는 가장 큰 난점은 資料上의 문제이다. 즉 현전 자료 중 詩話集類나 사대부 문인들의 文集類, 禪僧들의 語錄이나 文集 등 기타 자료에서 극히 단편적 언급 외에 詩論이라 할 만한 것을 찾기 어려운 것이 사실이다. 그런 중에도 '外儒內佛', 또는 '出儒處禪'이라 일컬어지는 여말선초의 儒家 사대부 문인들의 儒禪一致論이나 선시에 대한 긍정적 이해와 同調, 그리고 선종측 詩僧·文人들의 儒佛相通論이나 詩禪一如論的 주장 내지 '禪心詩思'를 표방하는 견해 속에서 禪詩論의 존재를 어느 정도 認知할 수 있음은 매우 다행이다. 대체로 전자에 해당하는 이들로 李穀·李穡·元天錫·鄭道傳·李崇仁 등을 꼽을 수 있고, 후자에 해당하는 이들로는 己和(1376～1433)·卍雨(1357～?)·金時習(1434～1493)·普雨와 柳方善(1388～1448)·義砧(주로 1380년대 활동) 등을 들 수 있다. 부족하나마 이들로서 여말선초 禪詩論의 존재는 확인된다. 하지만, 性理學이 압도하는 정치·사상적 환경 속에서 그 이상의 실질적인 선시론의 존재는 어려웠던 것이 사실이고, 더욱이 자료의 零星은 더 이상의 체계적인 파악을 불가능하게 한다. 이런 상황에서 卍雨·金時習·義砧·柳方善 등의 존재는 매우 귀중한 의의를 갖는다. 卍雨는 당시 儒家에서 높이 평가하던 佛家의 시인이었다. 李崇仁에 의해 詩僧으로 호칭되었던 그는 詩集이 있었다 하나 전하지 않는다. 특히 詩學에 정통하여 杜詩 주석에 質疑를 받았다는 사실은 그가 단순히 詩僧에 그치지 않고 선시론에 일정 기여하고 있었음을 알게 한다. 한편 儒·佛에 각각 정통하였던 김시습은 당시 시승들의 작품을 논평하는 위치에 있었다. 또 禪과 詩와 政治의 조화를 통한 현실적 문학관을 적극적으로 보여주고 있는데, 이는 그의 선시론과 무관하다고 할 수 없다. 義砧 역시 선승으로서 卍雨와 함께 杜詩에 정통하였고, 정몽주·이숭인과 詩交를 나누며 論詩에 적극 참여하였는데, 그의 詩品評은 당대의 으뜸이었다고 유방선은 그의 『泰齋集』에서 말하고 있다. 또 徐居正으로부터 詩語가 枯寒하고 痩淡하다는 부정적 평가를 받았던 유방선도 義砧으로부터 훈도를 받았고, 卍雨의 시를 평가하는 등 당시 禪詩評의 一翼을 담당했던 인물이었다.

이상의 논의를 통하여 여말선초의 선시론의 片鱗을 엿볼 수 있는데, 대체로 儒家 詩論家의 禪詩貶下에 의해 온전한 모습을 드러내지 못하고 있다. 오히려 禪詩論은 조선 후기에 이르러 浮上하고 있는 바, 이에 대해서는 李晉吾의 논문에 잘 언급되어 있다.

우리의 경우와는 달리 일본 五山文學에 있어서의 禪詩論은 다양한 방법론으로 활발히 전개되었다. 그리고 五山文學이 전성기를 맞던 중세에 지속적인 발전을 이룩하여 일본 詩評史의 한 시기를 당당히 장식하고 있다. 이것은 臨濟宗의 선불교가 당시 幕府의 적극적 비호 아래 정치·사상·종교·문화의 중심으로 부상하면서, 어떤 다른 사상이나 종교의 간섭이나 도전으로부터 우월한 위치를 확보할 수 있었기에 가능한 일이었다.

이 시기 五山文學의 禪詩論은 '詩禪一味論'을 표방하였는데, 이를 처음 내세운 이는 友山士偲(1301～1370)였다. 그는 義堂周信의 선배로서 元에 들어가 禪을 배웠고, 귀국해서는 禪의 문자적 표현물을 내세우며 그의 어록인 『友山錄』에서 '詩禪一味論'을 주장하였다. 그러나 일본의 禪詩論이 여기서 시작된 것은 아니었고, 대략 다음과 같은 4단계의 과정을 거쳐 전개되었다. 첫째의 단계는 五山文學 초기로서 學道와 詩文 중 전자를 강조하던 시기로부터 비롯된다. 鎌倉時代에서 南北朝 말기까지에 해당하는 이 시기는 어디까지나 禪을 第一義로 하고, 文學은 그 다음으로 하는 입장이어서 시문학의 입지는 좁았다. 그러다가 學道와 詩文, 즉 禪과 詩가 主食과 副食으로 여겨지면서 양자의 관계 인식이 좁혀져 詩를 불가결한 禪助道의 수단으로 인정하는 데 이르러 詩와 禪은 더욱 가까워지게 되었다. 이 시기에 해당하는 이로는 曹洞宗의 永平道元(1200~1253)과 귀화승인 蘭溪道隆(1213~1278)·竺仙梵僊(1292~1348) 등을 들 수 있다. 둘째의 단계는 室町 초기에서 중기에 이르는 기간으로 앞서 말한 詩禪一味의 시론이 등장한 시기이다. 결국 禪의 문학화를 긍정적으로 보면서 문학에 있어 종교성과 문학성을 동등하게 인정하는 시론으로, 첫째의 단계인 '禪本文末論'에서 한 걸음 발전한 단계이다. 즉 廣義의 詩禪一味論으로 볼 때 禪의 의미가 강조되고, 이에 따라 禪詩가 정당하게 평가되는 단세라 할 수 있다. 결국 시문학 무용론, 내지 詩의 助道論에서 진전하여 명실 공히 詩禪一味를 공인하는 입장으로, 선과 시의 합일과 일체화를 주장하는 시론의 등장인 셈이다. 이런 입장의 인물로는 友山士偲를 비롯하여, 이를 이은 仲芳円伊(1354~1413)·東昭周嚴(1391~1461) 등이 해당한다. 셋째의 단계는 후기 詩禪一味論이라 할 단계로, 室町 중기 이후 應仁亂(1467) 이전의 시기에 해당한다. 이 때에 이르러서는 이전의 詩禪一味論의 성격에 변화가 일어나 禪보다 詩가 강조되는, 이른바 '文本禪末論'이 고개를 들어 禪보다 詩가 중시된다. 이렇게 되면서 종교성이 약화되고 예술성이 강화되는 논의가 등장하여, 詩에 있어서 深奧·優雅에서 藝術的·美的으로, 深玄·崇高에서 섬약한 기교가 강조되는 詩論으로 변모된다. 이처럼 禪 고유의 의미가 탈색되어가는 상황이 되자 종래의 詩禪一味論은 본래의 의미를 상실하고, 禪僧은 詩僧·儒僧으로 성격이 변화하며, 禪詩는 唐·宋 일반 문인들 詩의 모습으로 변질되는 상황으로 바뀌어간 것이다. 이 때의 중심인물들은 横川景三(1419~1493)·万里集九(1428~?)·桂庵玄樹(1428~1498) 등이 있다.

이상과 같이 변화되어온 五山文學의 禪詩論은 넷째 단계인 應仁亂 이후 室町 末期에 이르러서는 완전히 그 본래의 기초가 흔들리고 점차로 쇠퇴와 소멸의 길로 나아갔다. 이에 따라 禪詩도 일반화·세속화되면서 江戶時代 초기 이후의 儒者들의 일반적인 詩 속으로 흡수되어 가면서 그 모습이 사라지게 되었고, 이에 따른 禪詩論도 같은 길을 밟아간 것이다.

4) 중·한·일 禪詩比較의 기대되는 성과와 의의

이상 3장에서 고려 禪詩를 중심으로 중세 동북아 삼국의 禪詩를 비교문학적 시각에서 살펴보았다. 그리고 선시의 이론적 배경을 이루는 삼국의 禪詩論도 간략하나마 차례로 그 차이점을 비교하여 보았다. 그러나 앞의 1장에서 언급한 바와 같이 본고는 구체적인 事例를 통한 정밀한 분석적 연구가 아닌, 아직도 未開의 영역으로 남아 있는 이 방면 연구의 새로운 국면을 열려는 試驗的 構圖를 제시함에 주안을 두고 출발하였다. 따라서 명확한 연구 방법의 제시나 독창적인 결론의 도출에는 당초부터 한계가 있었다. 그런 때문에 필자는 연구의 當爲性을 조심스럽게 탐색하면서 연구의 地平을 살피고, 연구의 대상을 대비적으로 검토하는 한편, 이를 토대로 새로운 연구의 시각을 모색하는 데에 주의를 기울이면서 본고를 진행해 왔다.

이제 이 방면 연구의 기대되는 성과와 의의, 그리고 연구의 과제와 방향을 짚어보는 것으로 결론에 대신하고자 한다.

첫째, 중세 동아시아 선시의 비교연구를 선시에만 국한하지 않고, 이 시기 이 지역의 佛教文學 전반으로 확대하여 연구하는 일이다. 중세 동아시아에 공통된 불교문학은 禪詩만이 아니라 불교설화, 불교소설, 불교가요, 불교희곡, 불교傳記, 불교수필 등 다양하다. 이들의 동아시아적 유통과 흐름을 통하여 그 영향관계와 변용양상을 비교연구함은 이 시기 이 지역 불교문학의 실상을 파악하고 그 특징을 규명하는 총체적 결론을 가능하게 할 것이다.

둘째, 연구 시기에 국한된 문제로, 中世라는 일정 시기에 국한하지 않고, 그 전후의 佛教詩의 연구로 확대하여 그 역사적 連續性을 확인하는 일이다. 이와 같은 작업은 동아시아 각국의 불교시 역사란 통시적 연구의 길을 열어줄 것으로 기대된다. 그리고 그러한 연구의 결과로 東亞細亞佛敎詩史가 이루어지는 결과를 얻을 수 있을 것이다.

셋째, 趙東一이 그의 일련의 저서에서 주장하는 바와 같이, 하나이면서 여럿인 東亞細亞 文學을 각국의 단일성과 다양성, 동질성과 이질성을 통하여 여러 민족이 각각 다르게 구현한, 이른바 中世 普遍主義의 이상을 규명해내는 일이다. 이렇게 되면, 공동어문학과 민족어문학으로 이루어지는 漢字文化圈, 그리고 중심부인 中國과 중간부인 한국과 월남, 그리고 주변부인 일본으로 성립되는 각국의 수직적・수평적인 문학의 관계양상을 유기적으로 해명해낼 수 있을 것이다. 그리하여 개별적 국가의 문학사에서 동아시아 문학사로, 여기서 다시 세계문학사로 확대되는 열린 시각을 확보할 수 있을 것이다. 여기에 중세 동아시아 공통의 佛敎詩文學 연구는 하나의 계기와 단서를 제공하는 역할을 수행할 수 있다는 것이다.

넷째, 본고의 논의 범위는 한・중・일 삼국에 국한된 것이었다. 그러나 동북아 삼국만으로는 佛敎詩는 물론, 汎東亞細亞的 문학의 全體像을 확인해내기 어렵다. 여기서 연구 대상국의 확대를 고려하지 않을 수 없다. 이런 점에서 印度・越南・琉球・티벳・몽골 등도 당연히 포함되어야 할 당위성이 요청된다. 앞으로의 한국문학 연구가 국내에만 국한되어서는 안 된다는 것이 시대적 요청이기 때문이다.

다섯째, 동아시아는 물론 전 아시아에 걸친 각국 문학의 연구가 가능하기 위해서는 연구자의 全 아시아문학에 대한 폭넓은 이해와, 각국 문학의 原典에 쉽게 접근할 수 있는 語學的 능력이 필수적이다. 뿐만 아니라 각국 학자들의 공동 연구계획에 의한 協同硏究나 이를 수행할 연구단계나 기구의 존재가 필요하다. 이러한 기본적 능력과 공동연구가 없이는 이 방면 學界의 과제가 해결될 수 없음은 너무나 자명한 사실이기 때문이다.

-인권환 외, 『고전문학연구의 쟁점적 과제와 전망』 下, 월인, 2003.

참고문헌

李鍾燦, 『韓國의 禪詩-고려편』, 반도출판사, 1985.

李晉吾, 『韓國佛教文學의 研究』, 민족사, 1997.

印權煥, 『高麗時代 佛教詩의 研究』, 고려대 민족문화연구소, 1983.

印權煥, 「麗末鮮初 佛教詩論 序說」, 李炳赫 편, 『麗末鮮初 漢文學의 再照明』, 태학사, 2003.

印權煥, 「高麗禪詩와 日本 五山詩의 比較研究」, 『韓國漢文學研究』 31, 한국한문학회, 2003.

趙東一, 『하나이면서 여럿인 동아시아 문학』, 지식산업사, 1999.

趙東一, 『공동어문학과 민족어문학』, 지식산업사, 1999.

崔歸默, 「冲止詩에 나타난 민족의식에 대한 비교문학적 연구」, 서울대 석사학위논문, 1994.

杜松栢, 『禪學與唐宋詩學』, 1977.

吳言生, 『禪宗詩歌境界』, 2001.

張節末, 『禪宗美學』, 1999.

周裕鍇, 『中國禪宗與詩歌』(三刷), 2000.

蔡鎮楚, 『中國詩話史』, 2001.

芳賀幸四郎, 『中世禪林の學問および文學に關する研究』, 1981.

上村觀光, 『五山詩僧傳』, 1912.

安良岡康 作, 「五山文學」, 岩波講座, 『日本文學史』(第六巻 中世), 1961.

玉村竹二, 『五山文學』, 1961.

蔭木英雄, 『五山詩史の研究』, 1977.

猪口篤志, 『日本漢文學史』, 1983.

2. 고려·조선시대 禪詩의 전개와 양상

1) 국문학에 있어 禪詩의 문제

國文學에 있어 佛教文學이 차지하는 비중과 영역은 매우 크고 넓다. 그러나 그동안 이에 대한 우리의 관심은 미미하였다. 즉 지금까지의 국문학상 불교문학에 대한 학문적 관심이 일부 鄕歌, 說話, 歌辭, 小說 등에만 국한되어 왔고, 그나마 깊이 있는 연구가 미진한 상태여서 허다한 과제가 산적해 있다는 사실이 이를 잘 말해 주고 있다. 실상 국문학의 불교문학 중에는 아직도 연구의 불모지라 할 수 있는 영역이 많이 남아 있다. 고승들의 禪詩, 偈頌, 歌頌 등 佛教詩類와 佛教民謠 등 운문문학 계열이 그렇고, 佛教 傳記文學, 佛典 飜譯文學이나 佛經의 註疏, 寺刹志, 碑銘, 語錄 등에 나타나는 수필문, 기행문, 에세이, 서간문, 의식문 등 산문문학 계열이 그렇다. 사실 이 두 계열에 대한 이해 없이 완전한 국문문학이나 불교문학의 파악이 불가능하다는 점에서 이들에 대한 연구의 중요성은 매우 크다고 하지 않을 수 없다. 특히 지금까지의 불교문학에 대한 학문적 관심이 教訓的이고 祈福的인 대중문학에만 집중되어 온 나머지 고승 등 불교지식층의 심오한 고차원의 創作文學을 제외하여 온 것도 지적되어야 할 점이다.

본고에서 논의의 대상으로 하는 佛教詩, 즉 禪詩의 경우에도 이와 같은 점은 예외가 아니다. 원래 佛教 詩歌文學에는 高僧이나 貴族, 居士層의 佛教詩 類의 창작적인 문학과 일반 信徒나 대중 등 민간에 의한 또는 그들을 위한 佛教歌辭 類의 口碑·口誦的인 문학의 두 영역이 있다. 그러나 지금까지의 이 방면에 대한 학문적 관심은 후자에게만 주어져 왔다. 이렇게 전자, 즉 고승들의 선시가 국문학적 관심에서 제외된 裏面에는 대략 다음과 같은 두 가지의 이유가 있었던 것으로 파악된다.

첫째는 선시를 포함한 불교시 類가 한자로 기록되었다 하여 순수 국문학에서 제외하려 한 국문학자들의 姑息的인 태도이다. 그러나 한자는 비록 중국으로부터의 외래문자이기는 하나 범동양적인 문자로서 국문학의 경우, 한글이 만들어지기 이전 또는 만들어진 이후에도 舊韓末에 이르기까지 지식층의 생활화된 문자였다. 오랫동안 수많은 문학 작품이 한자로 지어졌고, 한자를 통해 읽혀지고 전파·전래되어 왔다. 그러므로 한국인이 한국인의 사상 감정을 형상화한 것인 한, 한글문학이건 漢字文學이건 하나의 한국문학으로 동시에 다루어져야 할 것이 절대적으로 요청된다.

둘째는 漢文學界의 입장에서 아직 연구의 餘力이 선시에 미치지 못하였거나, 아니면 사대부의 한문학만을 중시하고 佛家의 僧侶文學을 貶下하려 했던 단견을 지적할 수 있다. 그러나 연구의 여력이 선시에 미치지 못한 것은 한문학 연구의 역사가 일천한 탓이라 하더라도, 漢文學界의 불가문학에 대한 부당한 선입견은 하루빨리 불식되어야 할 것이다. 사실 이로 인하여 국문학의 유산 중 상당한 양을 차지하는 佛敎文學이 제외된다고 하는 것은 국문학의 온전하고 통일된 모습을 드러낼 수 없다는 점에서 바람직하다고 볼 수 없다.

이상과 같은 국문학에서의 불교문학의 제외나 무관심 내지 폄하는 진정한 불교문학이나 국문학의 이해를 위하여 시급히 시정되어야 할 것은 말할 나위도 없다. 이를 위해서는 형이상학적인 철학성을 지닌 차원 높은 고승들의 創作詩이자 고도의 은유와 상징적 표현을 통해 향기 높은 예술성을 성취하고 있는 佛敎詩인 禪詩를 진정한 국문학의 자산으로 수용하여야 할 것이다. 그리고 지금까지 종교적 修道僧으로만 보아 온 禪僧들 또한 국문학상 심오한 시작품을 산출한 시인으로 부각시켜야 할 것이다. 그렇게 함으로써 신라 고승들의 偈頌이나 신라가요에서 발원하여 현대의 韓龍雲, 徐廷柱, 趙芝薰 등의 불교시에 이르는 불교시가의 면면한 흐름에서 고려시대, 조선시대의 禪詩가 제외됨으로써 생긴 단절과 공백을 메워, 국문학에 있어 불교시가

문학의 연속성을 확고히 이어주어야 할 것이다.[1]

본 연구는 이와 같은 관점에서 禪詩의 기원과 영역, 형성과 배경을 살펴보고, 이어 한국 선시의 전개와 양상을 고려시대와 조선시대로 나누어 각각 고찰하기로 한다.

2) 선시의 起源과 領域

먼저 선시의 기원을 말하기에 앞서 禪이란 무엇이며, 禪이 어떻게 시와 결부되어 선시가 나타나게 되는가를 간단히 살펴보기로 한다.

禪은 明心見性, 자아와 우주의 본질을 파악하여 眞我를 확인하는 깨달음의 지름길로 敎와 함께 불교수행의 한 방법이다. 원래 禪과 유사한 사고방식은 불교 이전 인도의 고대사상에도 있었다. 그러나 선이 확고한 사상적 바탕을 갖게 되었던 것은 佛陀의 覺으로부터였다. 즉 불타가 처음 깨달음을 이룰 때의 그 마음이나, 經을 說할 때마다 들었다는 定, 그리고 靈山會上 등 三處傳心에서의 以心傳心의 秘法이 모두 禪으로 통하는 것이었다.[2] 그러나 선이 하나의 종파로 확립되고 철학적인 체계를 가지고 깊이 있는 사상으로 정립된 것은 印度僧 達磨가 중국에 건너온 때(520)로부터였다. 이렇게 중국에 전래된 선은 達磨를 제1조로 하여 6조 慧能에까지 이어지면서 꾸준히 발전하여 8·9세기 중국 불교를 크게 興隆시켰고, 그 여파가 우리나라에까지 미치게 되었던 것이다.

그렇다면 '言語道斷 不立文字'라 하여 일체의 사려 분별이나 언어문자에 의한 표현을 거부하는 선이 어떻게 문자에 의한 표현으로 나

---

1 다음의 두 업적은 한국의 선시에 대한 최초의 연구성과라 할 수 있으나, 모두 고려시대 禪詩에만 국한되어 있어 한계가 있다.
印權煥, 『高麗時代 佛敎詩의 硏究』, 高大 民族文化硏究所, 1983.
李鍾燦, 『韓國의 禪詩』 고려편, 二友出版社, 1985.

2 休靜, 『禪家龜鑑』, 禪學刊行會, 1962, 170쪽.

타나는 詩와 결부되어 禪詩로 나타나는가. 이제 이와 같은 점을 다음의 네 가지 측면에서 살피기로 한다.

첫째, 禪과 詩의 본질적인 정신적 원천에 있어서의 상통성을 말할 수 있다. 선은 세계와 자아의 본질을 깊이 있게 탐구한다. 그리고 이를 위하여 풍부한 상상과 예리한 관찰, 그리고 심도 있는 투시력을 발휘하여 幽深玄妙한 경지에 이르고자 한다. 우선 이와 같은 점에서 문학, 그 중에도 시와 공통되는 점을 볼 수 있다. 즉 신비의 세계, 절대의 세계를 無碍한 無分別智에 근거하여 초논리적인 직관을 통하여 이해하려는 선의 입장은, 꾸준한 정신적 추구와 시적인 영감을 통하여 사물과 인생의 본질을 추구하고, 미적 가치를 발견하려는 詩創作의 원리와 일치한다. 그리고 이러한 정신적 세계의 표현에 있어 佛家는 지극히 압축된 언어, 비약적이고 비유적이며 고도로 상징화된 언어를 사용한다. 절대적 세계를 상대적 언어로 나타낼 수 없는 데서 오는 결과다. 이는 시에 있어서 깊이 있는 투시력이나 영감에 의해 획득된 시적 경지를 나타냄에 있어 사용되는 언어와 동일하다. 이처럼 그 사고와 언어표현에 있어 禪과 詩는 공통적 특질을 갖게 되며, 여기서 선시 발생의 계기가 이루어지는 것이다.

둘째, 선승들의 悟道的 체험이나 證道의 과정, 그리고 그들은 자주 法悅的 경지나 선적인 생활을 시 형태에 담아 나타낸다는 것이다. 선승들은 오랫동안의 수행을 통하여 깨달음의 경지에 이르면 悟道頌, 또 開悟詩를 읊는다. 증도의 기쁨을 證道歌로 나타내며 심산고찰 속의 산중생활을 선취가 가득 담긴 山居詩로 표현한다. 선의 오묘한 철리를 禪理詩로 말하고 마지막 세상을 떠나면서까지 臨終偈나 涅槃詩를 남긴다. 뿐만 아니라 사찰에 있어서의 대소 의식이나 제자들과의 禪法心授의 방편으로도 시가 사용된다. 上堂이나 示人, 示衆을 통하여 示法詩를 남기며 일체의 대화를 詩偈로써 하기도 한다. 결국 선가의 언어는 모두 시적이라 할 수 있고, 이와 같은 점에서 선시는 자연스럽게 이루어지는 것이다.

셋째, 앞의 경우와 결부하여 선시는 깨달음과 문답을 통해 이루어진다. 여기서 살필 것은 公案, 즉 話頭와 禪詩와의 관계다. 공안은 역대 禪祖師들의 성불의 軌則을 말하는 것으로 옛 조사들 간에, 그리고 조사와 그 제자들 간에 오고간 문답을 말한다. 이들 공안은 선의 수행에 있어 疑情을 일으키는 방편으로써 깨달음의 실마리가 됨과 동시에 마침내 見性悟道를 이루는 수단이 되는데, 이들을 모은 것이 公案集이다. 趙州從諗의 『趙州錄』, 臨濟義玄의 『臨濟錄』, 雪竇重顯의 『碧巖錄』, 無門慧開의 『無門關』 등이 그것들인데 이들은 대대로 전해 오는 공안을 모은 외에 이들 공안에 대한 評唱, 著語, 頌 등의 비판 견해 주석이 붙어 있는 바, 그 중에는 시적인 표현으로 되어 있는 것이 많다. 특히 송의 경우는 곧바로 시라고 할 수 있는 『金剛經五家解』 중의 <冶父頌>이 그 대표적인 것이다. 이들은 그대로 선시집이라 할 수 있어 선과 시와의 밀접한 관계를 잘 보여준다.

넷째, 선시, 즉 넓게는 불교시의 기원은 멀리 불전의 형태에서부터도 찾을 수 있다. 불전은 그 양식과 성질상 대략 12가지로 분류된다. 이를 十二分敎라 하는데 그 중 祇夜와 伽陀는 모두 시적인 양식을 말한다. 즉 祇夜는 應頌 또는 重頌이라 하는 것으로 경전의 형태상 앞에서 길게 쓴 산문의 의미 내용을 운문으로 요약하거나 부연하여 경의 중간, 또는 끝에 다는 송을 말하며, 伽陀는 偈頌 또는 諷誦이라 하는 것으로 重頌처럼 산문에 뒤따르는 운문이 나오고 전체가 단독으로 운문의 형태를 취하고 있는 것을 말한다.[3] 이들은 대체로 四言, 五言 혹은 七言의 詩形을 지니고 있고, 이들이 합쳐져 四句, 또는 五六七句를 이룰 때 이를 一頌이라 한다.[4] 이처럼 梵語原典에서부터 불전에 있었던 이들 운문들이 중국에 와 한역되면서 한시 형태를 지니게 되었고, 이를 바탕으로 佛教韻文文學이 발전되어 나아갔던 것이다.

3 加地哲定, 『中國佛教文學研究』, 同明舍出版, 1979, 218쪽.

4 杜松栢, 『禪學與唐宋詩學』, 黎明文化事業公司, 1976, 197쪽.

이들 불전의 운문이 개인적인 창작에로 전화될 때 頌이나 讚으로 발전되어 갔고 불교시, 선시의 창작에로 나아가게 되었던 것이다.

이상과 같은 네 가지 계기에 의하여 기원된 선시의 본격적인 창작은 5조 弘忍에서 6조 慧能과 神秀의 南北宗으로 갈릴 당시 선가에서 悟境의 표현이나 傳法詩 詩偈를 사용하면서 비롯되었고, 그 후 南宗이 五派로 나뉘고 다시 臨濟와 曹洞의 二宗으로 통일되면서 더욱 확고한 선시문학의 토대를 굳혀갔다. 특히 唐에서 근체시가 성행될 때 불전적인 게송이 근체시의 압운과 격조를 따르게 되면서 일반 시문학의 중심을 이루게 되었던 것이다.[5]

그러면 국문학에 있어 선시의 영역과 범위는 어떻게 정할 것인가.

대체로 선승들의 시는 시를 의식한 의도적인 창작시라기보다 선적인 경지나 사유가 자연스럽게 흘러나와 시라는 그릇에 담겨진 것이기 때문에 그 형식이나 종류에 있어 다양한 경우가 많다. 그리하여 그 이름도 詩偈, 偈頌, 伽陀, 頌古, 銘讚, 歌詠, 歌頌, 法語 등 다양하게 불리운다. 또 그 형식이나 내용에 있어서도 일정하지가 않다. 그 형식에 있어 5언이나 7언의 絶句나 律詩 등 정격의 漢詩가 있는가 하면, 4언이나 6언으로 된 게송도 있고, 示人, 示衆의 法語 가운데는 담화체 또는 산문형태로 된 시적인 것도 있다. 한편 내용에 있어서도 悟道詩, 辭世頌이 있는가 하면, 禪機詩, 禪趣詩도 있고 禪理詩, 拈頌詩가 있다. 또 시 작자의 성분에 있어서도 선가의 승려도 있고 佛宗의 불승도 있으며 지식인이나 居士 등 불교적 인물도 있어 그 작자층도 넓다고 할 수 있다.

여기서 그 통일적인 명칭으로 불교시와 선시라는 명칭을 생각할 수 있다. 불교시라 할 때는 위에서 말한 일체의 시적인 형태를 총칭하는 것으로 볼 수 있다. 즉 禪詩 偈頌類를 포함하여 불교적 발상이나 느낌, 또는 불교적 사상이나 관념, 그리고 불교적 소재나 배경을

5 何明, 『佛敎與中國文學』, 大乘文化出版社, 1978, 296쪽.

지닌 것으로 불교의 승려나 불교를 애호하는 일반인의 형식에 구애되지 않는 일체의 시를 불교시란 명칭으로 통일할 수 있다는 것이다. 한편 선시는 이상과 같은 불교시의 한 영역으로서 선가 승려들의 선적인 자각을 바탕으로 한 시만의 명칭으로 생각할 수 있다. 즉 선적인 깨달음이나 체험, 그리고 그런 바탕 위에서의 인사나 자연에 관련된 상념을 노래한 선사들의 시만을 지칭한다는 것이다. 그러나 여기에도 불교적 깨달음의 시적 경지가 선사들만의 전유물일 수만은 없다는 점에서 문제점이 있을 수 있다. 또 그 형식에 있어서도 선시를 정격의 한시만으로 국한하느냐 기타의 게송 類까지도 포함하느냐에 따라 그 범위는 다를 수 있다.

이상 넓은 의미의 불교시와 좁은 의미의 선시 중, 여기서는 후자에만 국한하여 논하기로 한다. 그것은 禪과 詩가 세계와 자아의 본질을 깊이 있게 탐구하는 정신작용이란 점에서, 지극히 압축된 언어와 비약적이고 비유적이며 고도로 상징화된 언어를 사용한다는 점에서, 그리고 선가에서 悟道的 체험, 證道의 고정, 法悅的 경지, 出出世間的 생활을 대부분 시로 나타낸다는 점과 선가에서 전래되는 화두 공안류가 다분히 시적이란 점 등에서 禪詩一如의 경지는 아무래도 선가의 선시에서 더욱 두드러지게 나타나기 때문이다.

3) 선시의 形成과 背景

우리나라의 선시는 언제 어떻게 하여 형성되었는가. 결론부터 말하자면 우리의 선시는 고려 중엽 知訥의 禪哲學을 배경으로 하여 그의 法脈을이은 慧諶의 시대로부터 그 본격적인 형성이 이루어졌다.[6] 물론 우리나라에 禪이 전래되어 禪宗이 생겨나고 禪僧이 존재한 것은 그 이전이어서 이때의 선시의 존재 또한 생각할 수 있으나, 이 시기

6 印權煥, 앞의 책, 52쪽.

의 선종은 사상적 통일이나 체계적인 발전을 못했던 탓으로 선시 또한 크게 발흥하지 못했던 것으로 생각된다. 더욱이 이 시기의 선시를 전해주는 문헌이 없어 사실상 당시의 선시 형성의 논의는 불가능하다. 다만 신라시대 圓測이나 元曉이 偈頌類나 義湘의 '華嚴一乘法界圖'와 같은 데서 佛敎詩의 모습을 찾을 수 있고,[7] 고려 전기 義天의 수많은 불교시를 접할 수 있으나 이들만으로 본격적인 선시의 형성을 말하기는 어렵다.

그러면 다음에 고려 중엽 선시 형성의 배경을 대략 네 가지로 나누어 살피기로 한다.

첫째, 佛敎詩歌史的 背景이다. 불교 初傳 이래 불교시는 신라가요나 均如의 <普賢十願歌>와 같은 불교 가요와 圓測이나 元曉, 義湘, 그리고 義天과 같은 고승들에 의한 불교한시의 양면으로 줄기차게 발전하여 왔다. 이와 같은 불교시적 전통이 하나의 문학사적 맥락을 지니고 고려 중엽 선시 형성의 배경이 되었다.

둘째, 그 사상적 모태로서의 知訥의 禪思想의 영향이다. 羅末에 전래된 선이 지눌에 이르러 새로운 선철학으로 종합·통일되고, 인간과 생존의 문제, 우주와 자연의 문제, 삶과 자유의 문제를 깊이 있게 파고들면서 中世的 정신의 전환을 가져왔다. 그리고 이러한 사상적 풍요가 예술적 경지에까지 확산되면서 선시 배태의 원천과 근거를 제공, 선시가 발흥하는 계기를 마련하였던 것이다. 즉 지눌의 새로운 선사상에 입각한 선적 사유가 문학적 상상력에 작용하여 詩心으로 계발되는 계기가 되었던 것이다.

셋째, 麗末 禪詩의 선구자로서의 慧諶의 출현과 그가 엮은 『禪門拈頌集』의 영향을 들 수 있다. 혜심은 지눌을 이은 修禪社의 제2세로서 지눌의 선사상을 고스란히 이어받았을 뿐 아니라 이를 문학화 내지

7 李鍾燦, 「韓國文學에 있어서 佛敎文學의 位置」, 『개교 80주년 기념 韓國佛敎文學學術會議發表要旨』, 동국대학교 한국문학연구소, 1986, 4쪽.

시화하는 데 새로운 면을 보여준다. 그는 출가 전 20대에 司馬試에 합격할 정도로 유학도로서의 문학적 수련을 쌓은 터였다. 그러기에 그가 선사가 된 뒤엔 선시인이 될 수 있었던 것이다. 그는 대부분 法語를 시로써 하였고, 그리하여 그의 語錄에 200편이 넘는 선시를 남기고 있다. 특히 그가 고금의 공안 1,125칙이나 망라한 선시집이라 할 『禪門拈頌集』을 엮은 것은 선시문학에 대한 깊은 이해와 안목을 보여준 것이라 하겠으며, 그 서문에서 선시와 그 창작에 대한 중요성을 말하고 있는 것은,[8] 麗朝 선시의 선구자로서의 면모를 躍如히 보여주는 점이라 하겠다.

넷째, 선종과 선시 발흥의 시대・역사적 배경이다. 먼저 唐宋 이래의 중국의 송문학의 유입과 영향을 들 수 있다. 특히 선승들의 빈번한 중국 왕래와 禪書, 禪詩文學의 전래는 당시 선시의 맹아를 크게 자극하였다. 다음으로는 선종의 안정된 세력 유지와 공고한 기반의 확립을 들 수 있는데, 여기에는 당시 정치 사회적 변화가 크게 작용하였다. 즉 당시 崔氏 武臣政權은 과거 문신과 결탁하였던 교종 세력과 義天 이래의 왕권과 밀착된 궁정불교를 억누르고 그들의 반항을 제지하기 위하여 교종과 대립하였던 선종을 옹호하고 적극적으로 뒷받침해 주었던 것이다.[9] 그리하여 선종은 국가세력의 비호 아래 그 기반을 넓혀갔고 그러한 안정된 분위기 속에서 선시문학도 싹틀 수 있었던 것이다.

이상과 같은 배경 하에 고려 중엽에 형성된 선시는 수선사를 모체로 하여 선불교의 발전과 함께 十七國師로 대대로 이어지면서 고려 말엽 내지 조선시대까지 그 맥을 뻗쳐나갔던 것이다.

---

8 慧諶, 『禪門拈頌集』(張雪峰懸吐本), 法寶院, 1979, 1쪽.

9 崔柄憲, 「儒教・佛教・風水圖讖思想」, 『韓國史硏究入門』, 知識産業社, 1981, 228쪽.

4) 선시의 展開와 樣相

(1) 고려시대 선시의 전개

고려는 불교국이었던 만큼 승려가 많았고, 그들은 대부분 지식계급이었으므로 文僧 또한 적지 않았다. 따라서 고승으로서 시 한 수 못 짓는 이 없었고, 당대의 일류 文人碩學들과 교류하지 않은 이도 드물었다. 그리하여 수많은 시승이 배출되어 高麗詩壇을 풍요롭게 하였다. 이와 같은 점은 麗末 李奎報, 李仁老, 崔滋, 李齊賢 등의 詩話集에서, 그리고 鮮初 『東文選』, 徐居正의 『東人詩話』, 그 이후 洪萬宗의 『小華詩評』에서까지 수많은 고려 선승들을 말하고 있는 데서 잘 알 수 있다. 이처럼 본격적인 詩僧, 居士詩人은 물론 일반시인으로서 불교적 시를 남긴 이까지 헤아린다면 『東文選』 수록 23인의 시승을 포함하여 그 이름이 나타나는 경우만을 감안하여도 100명을 상회한다.

그러나 이들을 모두 불교시인으로 논하는 데는 많은 자료상의 문제가 따른다. 즉 대부분의 인물들이 문집을 전하지 않고 있고, 그 생애를 알 수 없는 경우가 대다수이며, 다만 시 한두 편을 전하거나 시에 관련된 일화 속에 이름만이 보이는 경우가 허다하여 체계적인 논의가 불가능하기 때문이다.

이에 본고에서는 문집을 전하고 있고, 金石文이나 行狀, 또는 기타의 문헌을 통하여 그 생애를 비교적 잘 알 수 있는 慧諶, 一然, 冲止, 景閑, 普愚, 慧勤의 6인에 국한하여 살피기로 한다.

① 高麗中期의 禪詩

앞에서 논의된 바와 같이 우리나라의 선시는 고려 중엽이 조금 지난 高宗 代인 13세기 경에 이르러 그 본격적인 출발을 보게 된다. 이때 그 중심 인물들은 慧諶(1178~1234)을 선두 주자로 하여 一然(1206~1289)과 冲止(1226~1292)였다. 이들의 선시와 그 특징적인 면을 차례로 보기로 한다.

慧諶은 知訥에 이은 수선사의 제2세로서 그의 法嗣였으므로 지눌의 이념과 사상을 고스란히 이어받고 있었다. 그는 처음 유학에 뜻을 두고 열심히 공부하여 24세에 사마시에 합격하였다. 그리하여 당시 최씨 무신정권하에서 출세의 길이 열려 있었으나 모친의 죽음을 계기로 불문에 귀의함으로써 인생의 진로를 바꾸었다. 그때 마침 지눌이 수선사를 열어 그 道化가 한창이었으므로 혜심은 지눌을 찾아가 그의 허락으로 불문에 입도하였던 것이다. 그후 피나는 수도를 거듭하다가 33세 되던 해(1208 희종 4) 지눌에 이어 수선사를 맡았고, 57세 되던 해(1234 고종 21) 月燈寺에서 세상을 떠났다. 그가 남긴 저서로는 『禪門拈頌集』 30권, 『心要』 1편, 『曹溪眞覺國師語錄』 1권, 『狗子無佛性話揀病論』 1편, 『無衣子詩集』 2권, 『金剛經贊』 1권이 전하고 있고 『禪門綱要』 1권이 있었다 하나 전하지 않는다.

앞서 말한 바와 같이 혜심은 지눌의 후계자로서 스승의 선사상을 고스란히 이어받아 다음 대에 전한 이였지만, 그 중에도 두드러진 점은 선사상의 시화에 남다른 면을 보였다는 사실이다. 그의 이러한 시승으로서의 면모는 다양하게 나타난다. 즉 그는 看話禪의 입장에서 學人接化에 주력하면서 上堂, 示衆, 示人, 小參, 室中對機, 下火 등을 통하여 일체의 자기 표현을 시적인 언어로 나타내고 있다. 그리하여 그의 어록은 풍부한 선시로 가득 채워져 있다. 아마도 젊었을 적 유자로서의 문학적 수련과정과 선문염송의 편찬의 경험에서 그의 선시적인 안목이 커져 갔던 것으로 믿어진다.

스승 지눌의 업적을 당하여 읊은 <國師圓寂日>이란 작품에서 그는 시인으로서의 능력을 잘 보여준다.

春深院落淨無埃　깊은 봄 山寺는 깨끗도 한데
片片殘花點綠苔　푸르른 이끼 위에 꽃잎이 진다.
誰道少林消息絶　그 누가 少林 소식 끊겼다 하리

晩風時送暗香來 저녁바람 꽃내음 실어 오는데.[10]

스승의 죽음에 슬픔을 짐짓 누르고 이렇게 詩를 읊을 수 있음은 이 곧 道人의 초연한 자세라 하더라도, 그 마음을 이처럼 아름다운 시로 나타낼 수 있다고 하는 것은 범상한 일이 아니다. 이 시는 전혀 추도시나 輓詩로 보이지 않는다. 제3구의 '少林消息'만 빼면 하나의 서정시로 적합하다. 제1, 2구는 깨끗한 山寺의 아름다운 풍경을 그리고 있다. 하지만 지는 꽃은 단순한 낙화가 아니라 스승의 죽음을 비유한 것이다. 그러나 비록 육신은 갔지만 法身의 불멸함을 제4구에서 꽃향기로 나타내고 있다. 제3구의 '少林消息'은 達磨 이래의 선풍을 말한다. 달마는 중국에 온 후 少林寺에 머물며 선을 전했다. 따라서 달마 이래의 선의 흐름이 지눌을 거쳐 자기에게 이어졌으며, 스승이 죽었다고 끝난 것이 아니라 꽃은 지나 향기가 남는 것처럼 육신은 갔으나 법신은 남아 지금 이렇게 향기로 전해 온다는 것이다. 스승의 죽음과 法의 불멸함을 禪味와 自然味로 조화시키고 있는 데에 이 시의 탁월함이 보인다. 깊은 봄 산사의 아늑한 풍경과 함께 꽃향기가 코에 스미는 듯하다.

다음 한 편을 더 보기로 한다.

雨過春山如潑黛 비 개인 봄 산은 화장을 한 듯
霞登曉日似燒金 안개 속 아침 해 금빛 같아라.
踈簾捲起酣淸賞 성긴 발[簾] 걷고 앉아 맑음에 취하니
怪羽飛來送好音 예쁜 새 날아와 고운 노래 부르네.[11]

이 시는 그의 語錄에서 6조 혜능에 관련된 '黃梅花'라는 禪話를 들

10 慧諶, 『眞覺國師語錄』(高大本).
11 慧諶, 『曹溪眞覺國師語錄』, 同和出版公社, 1972, 497쪽.

고나서 계속해서 쓴 頌詩다. 시 자체만으로 볼 때도 그대로 아름다운 시다. 뽀얀 안개 속에 붉은 태양이 솟아오르고, 이름 모를 새가 고운 소리로 울어대는 비 개인 후의 봄산의 아침 풍경 속에, 발[簾]을 걷고 일어나 앉아 그 맑음에 취하고 있는 혜심은 선승이라기보다는 차라리 다감한 시인이다. 그러나 이 시는 단순히 自然興趣만을 노래한 것이 아니다. 여기서 나오는 자연물들은 이미 객관적 대상이 아니다. 主客未分의 경지에서 자연과 話者는 일체가 되었다. 따라서 자연의 아름다움을 읊었다 하더라도 단순한 감정만으로 대상을 노래한 경우와 깨달음의 바탕에서 主客一如의 경지를 노래한 경우는 같을 수가 없다. 詩禪一如의 경지는 바로 그러한 마음 자리를 말하는 것이다.

一然은 본래 평범한 가문의 출신으로 불교 공부에 있어서도 입지전적인 인물이었다. 9세에 출가하였던 그는 22세에 이미 上上科에 올랐고, 41세에 禪師, 54세에 大禪師에 올랐으며, 78세에는 國尊으로 책봉되는 등 시종일관 선의 대가로서의 생애를 보냈다. 1289년(충렬왕 15) 示滅 하였던 바 향년은 84세였고, 法臘은 71이었다. 그의 저서로는 『語錄』 2권, 『偈頌雜著』 3권, 『曹洞五位』 2권, 『祖圖』 2권, 『大藏須知錄』 3권, 『諸乘法數』 7권, 『祖庭事苑』 30권, 『禪門拈頌事苑』 30권 등 100권이 있었다고 전하고 있으나,[12] 이 중 『祖庭事苑』은 誤記인 듯하고[13] 『曹洞五位』 외에 전하는 것이 없다. 오히려 비문에 빠진 『三國遺事』가 전하고 있고, 海印寺 장판의 『人天寶鑑』에 一然의 後識가 보이고 있다.

이처럼 그의 저서 중 전하는 것이 거의 없어 그의 사상적 면모나 그 계통을 알기는 매우 어렵다. 다만 선시라는 차원에서 위에서 논한 혜심과의 관련이 약간의 자료를 통하여 짐작된다. 두 사람은 거의 같은 시대의 사람이라 할 수 있으나 일연이 약간 뒤진다. 따라서 서로

12 閔漬, 「普覺國師碑」, 『朝鮮金石總攬』 上, 470쪽.
13 安啓賢, 一然, 『韓國의 思想家 12人』, 玄岩社, 1976, 86쪽.

만난 사실을 확인할 수 없으나 간접적인 교류는 있었던 것으로 보인다. 즉『三國遺事』에서 일연이 혜심의 시를 인용하고 있으며,[14] 일연이 1249년 鄭晏의 초청으로 定林寺에 왔을 때 당시 大藏都監 南海分司에서 혜심의『선문염송집』이 개판된 직후여서 이를 일연이 열람하였을 가능성이 있다.[15] 이와 같은 사실은 일연 저서 중『禪門拈頌事苑』이 있는 사실로도 확인된다. 또 일연이 수선사 제3세인 夢如를 직접 찾아보고 曹洞家世에 대하여 묻고 있는 사실이 <重編曹洞五位序>에 나타나 있는 사실도 일연과 수선사와의 밀접한 관계를 잘 말해주고 있다. 이런 점들로 미루어 일연은 혜심의『선문염송집』을 통해 看話禪에 몰입하였고, 이에 따라 思想史的으로도 수선사 계통을 따름으로써 지눌의 선사상을 이어받았을 뿐 아니라 혜심의 선시문학에도 접맥된 선시인으로 볼 수 있는 것이다.

그러나 유감스럽게도 일연의 시문집은 전혀 전하지 않고 있다. 그의 저서 중『語錄』이나『偈頌雜著』등이 선시를 수록하고 있는 것으로 믿어지나 不傳으로 알 길이 없다. 그러나 그가 선시문학의 淵叢이라 할『선문염송집』에 관련된『禪門拈頌事苑』30권을 저술하고 있는 사실에서 그의 선시인적 가능성은 충분하다. 그의 이런 선시집이 없는 지금『三國遺事』속에 49편의 불교찬시를 남기고 있는 것은 퍽 다행이라 할 수 있다. 대체로 불교적 사항을 기술하고 나서 그 끝에 해당 불교 사항에 대한 그 자신의 선적 사고를 주관적 감흥으로 시화한 이들 시편들은 신라가요에 대한 감상과 비평까지도 곁들이는 등[16] 시인으로서의 면모를 약여히 보여주고 있다.

이제 이들 작품을 통하여 一然 禪詩의 면모를 보기로 한다.

雪擁金橋凍不開　金橋에 눈이 덮여 아니 녹으니

14 一然,『三國遺事』卷3, 塔像 第四.
15 蔡尙植,「普覺國師 一然에 대한 硏究」,『韓國史硏究』26, 韓國史學會, 1979, 41쪽.
16 朴魯埻,『新羅歌謠의 硏究』, 悅話堂, 1982, 32쪽.

鷄林春色未全廻　鷄林의 봄빛은 아직도 먼데.

可怜青帝多才思　영리한 봄의 神 재주도 많아

先著毛郎宅裏梅　毛體네 집 매화꽃에 먼저 피었네.[17]

이 작품은 신라의 佛敎 初傳을 읊은 것이다. 신라 訥祗王 때 墨胡子가, 毗處王 때는 阿道和尙이 역시 一善郡의 모례의 집에 와서 이적을 보이면서 불교를 널리 폈다.[18] 이는 국가적 공인을 받기 이전의 민간 전파였지만 모례의 집은 이때 신라불교 전래의 발상지라 할 수 있는 장소임에 틀림없다.

일연은 이와 같은 사실을 시화하면서 높은 상징적 수법을 쓰고 있다. 제1, 2구의 눈 덮인 金橋와 鷄林은 아직 불법의 혜택을 받지 못한 신라를 지칭한다. 그것을 일연은 겨울이란 계절을 통하여 상징적으로 그리고 있다. 봄이 아직 멀었다는 표현에서 더욱 잘 알 수 있다. 따라서 봄은 불법의 상징이다. 그러므로 青帝는 봄의 神이나 여기서는 원융무애의 법신을 말한다. 그 법신의 化現이 모례의 집 매화꽃으로 핀 것이다. 결국 매화꽃이야말로 신라에 처음 전래된 불법의 상징이다. 봄으로 상징되었던 불법의 의미가 꽃으로 전이되면서 절정을 이루고 있다. 선적 직관이 아니고서는 획득하기 어려운 경지다. 불교적인 용어를 일체 쓰지 않으면서 전편을 온통 상징으로 나타낸 시적 솜씨가 놀랍기까지 하다.

다음의 詩도 선적 경지가 무르녹은 작품이라 할 수 있다.

齋罷堂前錫杖閑　齋 마친 법당 앞에 석장은 한가한데

靜裝爐鴨自焚檀　향로를 손질하고 향을 사룬다.

殘經讀了無餘事　남은 경 다 읽으니 더 할 일 없어

17 一然, 『三國遺事』(李東歡 校勘本), 121쪽.

18 一然, 위의 책, 205쪽.

聊塑圓容合掌看 불상을 만들어 놓고 합장하며 본다.[19]

이 작품은 신라가요 風謠에 관련된 시다. 그러나 풍요의 내용과는 아무 관계가 없고, 또 그 작가도 아닌 良志에 초점이 두어져 있다. 즉 풍요는 良志가 丈六尊像을 만들 때 온 성안의 남녀가 진흙을 나르면서 부른 불교적 민요다. 일연의 관심은 그 민요에 있는 것이 아니라 양지가 불상을 만들 때 入定하여 삼매에 들었다는 그 선적 경지에서 발상되고 있다. 그리고 양지가 석장의 영험을 보였다는 이적을 그 배경으로 하고 있다. 齋가 파한 후의 고요한 산사의 분위기, 조용히 향을 피우고 합장한 채 삼매에 잠겨 있는 스님, 이것은 절의 풍경이면서 동시에 일체가 정화된 순수의 정신세계, 곧 無我의 경지다. 일체의 집착을 떠나 양지의, 또는 일연의 선의 경지가 산사의 풍경 속에 용해되어 시적 아름다움으로 승화되어 있다.

이와 같은 일연의 讚詩가 『三國遺事』에 49편이나 있다고 앞에서 말했거니와 그는 『삼국유사』 불교관계 기사의 해당 항목의 내용을 모두 파악하여 그 내용이 지니고 있는 주제적 의미를 비유, 또는 상징, 압축을 통한 문학적 형상화를 거쳐 재구성함으로써 또 다른 작품을 이루고 있는 것이다. 여기에 일연의 불교적 세계관과 인생관, 그리고 선적인 悟道的 깊이가 그대로 스며있는 것이다.

다음은 冲止의 선시를 보기로 한다.

冲止는 처음 유학에 입신하여 이미 19세(1244)에 장원하고 여러 관직을 거친 다음 그 10년 후인 29세(1254)에 수선사 제5세인 天英에게 가서 머리를 깎고 비로소 불교적 생애를 시작하였다. 따라서 그는 일찍부터 유불에 모두 달통한 인물이었다. 또 그러한 바탕 위에서 문장과 시에 능하여 당시 유림에서까지 추앙을 받았다고 한다.[20] 그의 이

19 一然, 위의 책, 331쪽.

20 이런 점은 고려 이후 『東文選』이나 기타 조선조 문헌에서 고려시대 禪詩를 말할 때 冲止의 詩가 가장 많이 인용, 거론되는 사실로도 알 수 있다.

와 같은 점에 대하여 『語錄』의 서문은 이렇게 적고 있다.

> 근기에 따라 설법하여 중생을 이롭게 함에 있어 혹은 示衆하며, 혹은 歌詞를 짓고, 혹은 偈頌을 읊으며, 禪으로 敎로, 유교로 불교로 종횡자재하여 어두움이 가고 밝음이 오는 등 천차만별로 그 끝은 알 수 없으나 그 이치는 하나이었다.[21]

이처럼 충지는 폭넓은 사상적 안목과 교화적 방편을 지니고 있었고 文才 또한 출중하였는데, 이는 그가 일찍부터 유학에서 문학적 수련을 한 탓도 있었던 것 같다. 이와 같은 점은 혜심이나 일연과도 공통점이 있는데 충지는 등과 후 10년이란 세월을 官界에서 보냈기 때문에 불교에 입도한 것이 늦었고, 이에 따라 위의 두 사람의 경우보다는 더욱 많은 시간을 유학적 분위기에서 보냈다고 볼 수 있다. 그러나 충지는 그 10년 동안 하루도 禪林에의 꿈을 버린 적이 없으며, 늦게나마 선림에 몸을 둔 것이 얼마나 다행인지를 말하고 있다.[22] 실상 그는 61세 때(1286) 스승 天英이 입적하자 그를 이어 수선사 제6세가 되어 고려시대 선사상의 대가 지눌의 법통을 이었고, 또 고려시대 선시의 선구자 혜심의 시맥을 계승함으로써 당대 불교의 거장이 될 수 있었던 것이다. 특히 그는 뛰어난 詩才로서 詞林에도 조예가 깊어 유림에서도 추앙받는 인물이었던 바, 이러한 점은 그의 시가 선적인 시이면서도 人情詩, 生活詩, 山居詩 등 서정적인 작품이 어느 선승보다 많고, 형이상학적이고 관념적인 禪理詩보다는 다분히 문학적인 禪趣詩, 禪氣詩가 많은 사실에서 잘 나타난다.

> 鷄足峰前古道場 鷄足峰 그 앞에 오랜 옛 도량

21 冲止, 『圓鑑集』(영인본), 亞細亞文化社, 1973, 9쪽.
22 冲止, 앞의 책, 176쪽.

今來山翠別生光 이제 오니 유달리 푸르른 산 빛.
廣長自有淸溪舌 물소리 그대로 부처님 말씀이니
何必喃喃更擧揚 道를 일러 무어라 說할 것인가.[23]

이 시는 그가 47세 때(1272) 처음 定慧寺에 들어가 중들에게 보인 시다. 먼저 간 많은 선사들이 대대로 도를 닦던 곳, 그 주위를 감싸고 있는 푸른 산 빛, 골짜기를 가득 채운 시냇물 소리가 모두 眞如의 모습과 소리 아님이 없어 이미 불법을 완벽하게 설하고 있으니 새삼 구차스럽게 할 말이 없다는 것이다. 깨달음의 경지에서 보면 山山水水 一草一木이 道가 아님이 없고, 佛性이 아님이 없다. 그러니 빨리 보고 깨달으란 그의 깨우침이 암시되어 있다. 다음 시는 고향을 깨달음의 세계로 말하고 있는 작품이다.

古園家業日荒凉 고향의 집안 일 날로 황량해가고
遊子迷津去路長 나그네 속세에서 갈 길 멀어라.
若向箇中迴眼觀 만약에 눈 돌려 그 곳을 보면
元來脚下是吾鄕 그 발 밑 서 있는 곳 바로 내 고향.[24]

이 시는 <答李公行儉>이라 題하고 있어 和答詩임을 알 수 있는데 내용은 고향을 찾는 나그네의 이야기로 되어 있다. 그런데 여기서의 고향은 태어났거나 자란 장소로서의 세속적인 고향을 말하는 것이 아니다. 나그네는 生死苦海의 사바세계에서 방황하는 無明의 凡夫를 비유한 것이고, 고향은 인간이 마땅히 돌아가야 할 인간 본연의 처소, 즉 깨달음의 세계, 佛性, 眞如의 세계를 의미하는 詩的인 표현이다. 그리하여 충지는 이 시에서 迷津, 즉 極苦의 此岸에서 번뇌의 業障에

23 冲止, 앞의 책, 13쪽.
24 冲止, 앞의 책, 111쪽.

가려 스스로 부처임을 알지 못하고 헤매는 중생들에게 헛되이 방황하지 말고 바로 깨달으면, 자기가 곧 부처요, 서 있는 곳이 곧 불국토라는 사실을 깨우쳐 주고 있다.

이상에서 충지의 두 편의 시를 살펴보았거니와, 그의 시는 이 외에도 다양한 경향을 나타내고 있다. 그는 禪的 慧眼과 般若의 知慧, 金剛의 信念을 갖춘 도저한 인간이었지만 단순히 초월적 경지에만 안심하는 수도인이 아니라, 벗을 기다림에 조바심하고 헤어짐에 아쉬워하며 왜곡된 현실에 분노하고 불쌍한 농민의 참상에 눈물짓는 서정적이고 다정다감한 인간이기도 했다. 그는 이러한 심정을 시화하여 나타내고 있다. 그의 많은 시들은 山中生活에 있어서의 괴로움과 즐거움, 知人들과의 만남과 헤어짐, 동기간의 따뜻한 우애와 정을 그리고 있는 한편, <嶺南艱苦狀>이나 <憫農黑羊四月旦日雨中作>에서와 같은 현실의 고발과 농민에 대한 연민도 보여준다. 그렇다 하여 그에게 幽深玄妙한 선시가 없는 것은 아니다. 또 그의 생활적이고 정서적인 인간적인 경향의 시라 하여 단순한 세속인의 그것과는 동일하지도 않다. 그것이 비록 평범한 시인 듯 보여도 그 바탕에는 어디까지나 菩薩道에 입각한 동체대비의 심원한 사상이 깔려 있기 때문이다.

② 高麗 後期의 禪詩

前項에서 살핀 혜심, 일연, 충지의 선시는 14세기 고려 말엽에 이르러 景閑, 普愚, 慧勤의 선시로 이어진다. 이 세 사람은 서로 비슷한 시대를 살았는데 이 중에도 경한이 가장 앞선다. 경한은 앞의 세 사람 중 가장 늦은 충지보다 약 70년 뒤의 사람이어서 서로 간에 약 1세기 가까운 시대적 거리가 있다. 이들 두 그룹 간에는 그 禪脈에 있어서도 동일하지 않다. 즉 앞의 3인이 지눌의 선맥을 잇고 있음에 비하여, 뒤의 3인은 모두 중국에 들어가 石屋淸珙으로부터 임제선을 배워 와 적어도 표면적으로는 그 법맥을 따르고 있는 것으로 보인다는 사실이 그렇다. 그러나 이들이 모두 고려시대 선시의 전개에 앞뒤를 잇는 동일한 흐름을 형성하고 있음은 禪詩史的으로 확실하다.

우선 경한과 그의 선시를 보기로 한다.

충렬왕 24년(1298) 全北 古阜에서 태어난 경한은 行狀이나 碑銘 등 기타 증빙할 만한 자료가 없어 대략 50세까지의 생애를 알 수 없다. 號를 白雲이라 했던 그가 중국의 湖州 霞霧山에 있는 石屋淸珙을 방문하여 선문답을 나눈 것은 충정왕 3년 53세 되던 해(1351)였다. 그 후 귀국한 그는 몇 번이나 왕의 부름을 사양하고 禪林에 묻혀 있었는데 이는 國師였던 普愚나, 王師였던 慧勤과도 다른 면이었다. 77세 때(1375) 鷲嵒寺에서 입적한 그에게는 저서로 『直指心體要節』(上·下)과 『白雲和尙語錄』이 전하고 있다.

경한의 선사상과 禪風의 특징은 無念無心의 수행을 강조한 점과 眞境을 祖師禪으로 정리하고 있는 점, 그리고 禪敎의 통일을 내세웠던 점 등으로 말할 수 있다. 특히 그는 性이 현실을 떠나지 않고 엄존하는 것이라 하여 色, 聲, 言語와 밀착된 상태에서 眞境을 이를 것을 말하고 있다. 그리하여 不離色, 不離聲, 不離言語에 바탕을 둔 禪機의 작용으로서 자연에 계합하는 悟得境이 바로 조사선의 경지라는 것이다. 그는 온 법계에 가득 차 있는 色, 聲, 言語의 자연성, 문학성을 통해 眞境에 이를 것을 말함으로써 선시의 가능성을 시사하고, 스스로 많은 선시를 조사선의 바탕 위에서 지었던 것이다. 즉 불교의 묘리는 붉은 산 꽃, 푸른 버들 등 자연 그대로 만물 속에 완연히 드러나 있고, 새의 지저귐이나 짐승의 울음조차 모두 실상을 이야기하고 般若를 나타내는 것으로 보면서[25] 그는 이런 바탕 위에서 많은 자연 취향의 선시를 남기고 있는 것이다. 이것은 그의 조사선적 경지의 자연적·문학적 표현이라 할 수 있다. 다음의 시는 그러한 경지를 잘 나타낸 작품이다.

25 景閑, 『白雲和尙語錄』, 京仁文化社, 1974, 85쪽.

洞中流水如藍染　마을을 흐르는 물 쪽빛 물 들인 듯
門外青山畫不成　문 밖의 푸른 산 그림도 못 미쳐.
山色水聲全體現　산빛과 물소리에 佛法 모두 드러나니
箇中誰是悟無生　이 중에 그 누구 無生을 깨달으리.[26]

제4구의 無生이란 法의 실상은 生滅이 없음을 了得한 삶을 말하는 것이다. 그리하여 산빛[色]과 물소리[聲]에 드러난 眞如 속에서의 聲色을 통한 조사선의 경지를 말하고 있는 것이다. 그리고 이러한 오묘한 경지에서 깨달음을 얻을 것을 촉구하고 있다.

다음 두 편을 보기로 한다.

黃花翠竹非他物　국화꽃 푸른 대 남의 것 아니요
明月清風不是塵　밝은 달 맑은 바람 塵이 아니다.
頭頭盡是吾家物　세상 만물 모든 것 다 내 것이니
信乎拈來用得親　손 내어 집히는 대로 가져다 쓴다.[27]

吾心似秋月　내 마음 가을 하늘 달과 같아서
任運照無方　온 세상 차별 없이 모두 비추네.
萬相影現中　삼라만상 제 그림자 절로 나타나
交光獨露成　눈부신 광명이 온통 드러나네.[28]

앞의 시는 연작시 <居山> 중의 하나고 뒤의 시는 <又作十二頌呈似>란 역시 연작시 중에 하나이다. 앞의 시 제6구의 塵은 주체에 대한 객체, 즉 일체의 대상을 말한다. 그러므로 黃花翠竹, 明月清風이 이미 대상이 아니라는 것이다. 主客未分, 物我一體, 眞俗不二의 경지

26 景閑, 앞의 책, 116쪽.
27 景閑, 앞의 책, 116쪽.
28 景閑, 앞의 책, 112쪽.

를 시적으로 표현한 것이다. 頭頭物物이 나와 내 것 아닌 것이 없는 상태에서 마음대로 가져다 쓴들 어떻겠느냐라는 제4구의 표현은 이미 우주와 일체가 되어 있는 시인의 無心境을 나타낸 것이다. 이와 같은 점이 아래 시에서는 달을 통해 표현되고 있다. 달로 비유된 그의 마음은 이미 달처럼 분별없이 세상 만물에 통해 있고, 어느 것에도 얽매임이 없다. 無心의도인에게는 달빛조차도 道의 현현으로 보여져 이를 한 편의 아담한 시 속에서 용해시키고 있다. 전혀 불교적 어구를 사용하지 않으면서도 그의 無心의 경지가 잘 드러나 있다.

다음 普愚의 선시에 대하여 살펴보기로 한다.

고려 충렬왕 27년(1301) 忠南 洪州에서 태어난 普愚의 호는 太古, 속성은 洪이었다. 13세 때 檜岩寺의 廣智禪師에게 나아가 머리깎은 보우는 그 후 피나는 수련을 거듭하면서 정진한 끝에 33세 때 甘露寺에서, 38세 때 梅檀園에서 크게 깨달은 바 있었다고 한다. 46세 때는 중국에 다녀왔고, 귀국하여 공민왕의 부름으로 왕사로 봉함을 받아 여러 가지 불교 정책을 과감하게 시행하기도 하였다. 그러다가 국사로 봉해진 82세 때(1382) 입적하였는데, 法臘은 69년이었다.

보우는 그의 생애를 통하여 볼 때, 다른 선승들과 남다른 바가 있었다. 그의 생애 중 여러 번 간절한 서원을 세웠고, 피나는 고행을 거듭하였으며, 수차의 깨달음 끝에 많은 悟道頌을 남기고 있다. 또 1,700의 공안을 參究하였다고 한다. 이는 頓悟漸修의 바탕에서 그의 구도에의 불타는 집념과 不退轉의 정진을 말해준다. 그는 또 그러한 토대 위에서 자재로운 처신으로 그다운 면을 유감없이 보여주고 있다. 그가 처음 王師를 강력히 사양하였던 사실, 辛旽의 일로 왕사를 반납하였던 사실, 과감하게 九山禪門을 통합하려 했던 혁신적 사상, 王后將相을 앞에 놓고 一喝하던 위엄, 신돈의 축출을 강력히 내세웠던 용기, 國都의 漢陽 이전을 종용했던 과감한 주장 등이 이를 잘 말해준다. 그는 철저한 선승이면서도 왕을 상대로 제국안민을 역설하는 주체적 고려인이었고, 曹溪禪家이지만 教學思想을 버리지 않았고, 佛

僧이면서도 유가와도 관계가 깊었다.[29] 또 出家修道人이면서도 在家信道와 같이 생활하였고, 또 그러는 가운데 淸水한 시를 쓰는 다감한 시인이기도 하였다. 특히 禪機自在의 입장에서 시로써 진경을 표현하고 임제가풍을 본받아 즐겨 禪詩, 禪歌를 짓고 있는데, 이와 같은 점에서 그의 선시인적 면모는 혜심 이래의 고려시대 선시의 흐름에 접맥되고 있는 것도 사실이다. 그가 수많은 선시 외에 <太古庵歌>, <雜華三昧歌>, <白雲庵歌>, <雲山吟>, <山中自樂歌>, <參禪銘> 등의 장편 선가를 남기고 있는 사실도 모두 그와 같은 점에서 유래한다고 볼 수 있다.

보우가 33세 때 감로사에서 단좌하여 7일 동안의 용맹정진 끝에 얻었다는 오도송은 다음과 같다.

一亦不得處　　하나도 얻는 것 없는 곳에서
踏破家中石　　집안에 있는 돌 밟아 깼어라.
回看沒破寂　　돌아보매 깨진 자취 흔적도 없고
看者亦已寂　　보고 있는 나 자신 또한 없구나.
了了圓陁陀　　분명히 드러난 둥그런 그것
玄玄光爍爍　　그윽한 그 빛이 밝게 빛난다.
佛祖與山河　　부처와 祖師와 山河까지도
無口悉呑郤　　입도 없이 모두 다 삼켜버렸네.[30]

오도시는 선승이 깨달음을 이루었을 때 그 경지를 시로 나타낸 것이다. 깨달은 이가 明心見性한 바를 범상한 말로 설명할 수는 없다. 따라서 오도시는 극히 상징적인 모습으로 나타난다. 위의 시도 전체가 상징으로 이루어져 있다. 위 시에서의 돌은 불성을 겹겹이 가두고

29 韓基斗, 「高麗 後期의 禪思想」, 『朴吉眞頌壽記念論叢』, 韓國佛教思想史, 1975, 599쪽.

30 普愚, 「太古和尙語錄」, 『韓國高僧集』, 1974, 583쪽.

있는 마음의 장애물을 상징하는 것으로 보인다. 따라서 그 돌을 밟아 깼다는 것은 장벽을 頓破하였다는 것이다. 즉 그 돌을 밟아 깬 순간 확연히 불성을 본 것이다. 그리고 그 순간 돌도 나도 없어졌다고 한다. 見心忽空의 순간이다. '분명히 드러난 둥그런 그것'은 悟境의 圓融함을 나타낸 것이다. 그리고 그것이 佛과 祖師, 山河까지 삼켰버렸다고 하는 것은 우주와 내[我]가 한 가지로 空속에 합일됨을 말한 것이다. 人法二空에서 眞如實相과 眞空妙有가 이루어지는 거룩한 찰나다. 이 시는 그러한 경지를 시화한 것으로 보인다.

한편 보우는 자연소재로 白雲을 즐겨 사용하는 바, 그의 시에 있어서 백운은 대체로 세 가지의 시적 심상을 지닌 것으로 나타난다. 첫째 백운이 본래 본체가 없는 것이란 점에서 인간을 포함한 일체 존재가 실체가 없는 허망한 假有임을 나타내는 시적 표상으로, 둘째 백운이 정처없이 떠돌아다니는 존재라는 점에서 無爲無事한 가운데 逍遙自在하는 禪客의 행적과 행색을 나타내는 존재로, 셋째 백운이 희고 깨끗하여 조금도 더러움에 물들지 않은 본성을 지니고 있다는 점에서 투명하게 정화된 無心無思의 禪心과 虛靈湛寂한 본래의 心體를 상징하는 자연물로 나타나고 있다.

다음 시를 보기로 한다.

十方無壁落　　十方 어디에도 마침내 벽이 없고
四面亦無門　　四面 어디에도 문 또한 없네.
佛祖行不到　　부처와 조사도 여긴 오지 못하니
閑眼臥白雲　　흰 구름에 누워서 한가로이 존다.[31]

<證庵>이라 題한 이 시에서 보우는 아무 걸림이 없이 탁 트인 깨달음의 경지, 즉 무애자재한 경지에서 백운과 일체가 되어 있는 자신

[31] 普愚, 앞의 책, 560쪽.

을 읊고 있다. 이 시에서 시방에 벽이 없고, 사면에 문이 없다는 것은 일체의 심적 장애를 깨뜨리고 마침내 육체적 존재까지도 여읜 진여의 상태를 말한다. 이미 이러한 경지에서는 佛이나 祖師조차도 필요 없다. 보우는 바로 백운이 되고 있는 것이다.

다음 끝으로 慧勤의 선시를 보기로 한다.

고려 충숙왕 7년(1320) 慶北 寧海에서 태어난 혜근은 호를 懶翁이라 했고, 江月軒이라고도 했다. 20세 때 이웃에 있는 친구의 죽음을 보고 無常을 느끼어 불문에 귀의한 그는 여러 절을 순방하면서 정진하다가 좀 더 높은 향상을 위해 27세 되던 해 元나라에 가 指空和尙을 만난다. 그 후 귀국하여서는 王師의 봉함을 받았고 1377년 神勒寺에서 57세를 일기로 입적하니 법랍은 37년, 시호는 禪覺이라 하였다. 저서로는 『懶翁和尙歌頌』과 『懶翁和尙語錄』이 전한다.

혜근은 경한이나 보우와 거의 동시대인이었지만, 나이에 있어서는 약간 아래였다. 그는 왕사로서 높은 지위에 있었던 고승이었지만, 그의 관심은 오히려 당시 기울어가는 국운의 그늘 속에 방황하는 민중의 정신적 구제에 있었다. 왕조와 밀착되어 민중의 고통을 외면하는 일이 적지 않았던 다른 고승들에 비하여 그의 이러한 구제의식은 그의 불교적 특성을 보여주는 것일 뿐 아니라 그의 인간적 면모의 일단을 보여주는 것이기도 하였다. 사실 그는 그의 생애를 통하여 피나는 上求菩提의 정신적 수도를 바탕으로 下化衆生의 보살행에 더 많은 종교적 사명을 두고 있었다. 이와 같은 점은 그의 어록에서 100여 인이나 되는 많은 學人大衆에게 일일이 게송을 주어 깨우침을 촉구하고 있는 것이라든가, 어느 누구보다도 많은 게송을 짓고, 또 대부분의 노래가 교훈적이고 계몽적인 교화에 두고 있는 사실에서 잘 나타난다. 그가 후에 한글로 거두어진 많은 대중적 佛敎歌辭를 남기고 있는 것도 같은 차원으로 이해된다. 즉 그가 수많은 선시 외에 <百衲歌>, <枯髏歌>, <靈珠歌> 등의 장편시를 지었고, 한글가사 <西往歌> 1·2, <尋牛歌>, <樂道歌>를 지었고 이두식으로 표기되어 전하는 <僧

元歌> 등을 남기고 있음도 그의 대중교화적 사상적 면모와 함께 시인으로서의 폭넓은 면을 보여주는 사실이라 하겠다.

혜근의 시는 대체로 眞我를 확인하는 자아의식이 강하게 나타나는 경향, 화엄사상을 바탕으로 자연을 통하여 妙用의 경지를 나타내는 事事無碍의 시적 경향, 唯心淨土의 선적 바탕에서 이타행을 목적으로 하는 교화시적 경향 등으로 나누어 볼 수 있다.

먼저 진여의 경지에서 身心이 忽空한 가운데 참된 자아를 찾고 있는 경우를 보기로 한다.

> 萬慮都歸一念消 온갖 생각 한 생각되어 모두 사라지니
> 六窓從此極寥寥 이로써 여섯 창이 아주 적막하구나.
> 當軒寶月常常寂 추녀 끝에 걸린 달도 항상 적막한데
> 和與淸風四壁飄 맑은 바람에 어울려 네 벽이 나부낀다.[32]

<靜庵>이란 이름이 붙여진 이 시에는 '六窓', '달', '四壁'이 소재로 등장하고 있다. 여기서 여섯 개의 창이란 인간의 감각기관인 眼耳鼻舌身意를 말한다. 이 六識 또는 六根은 인간의 본능에 바탕을 둔 것으로 인간의 본능에 의해 항상 번뇌의 원인이 되는 것이다. 그러므로 이러한 번뇌의 괴로움을 제거해야 하는 것이 깨달음에 있어 중요한 요건이 된다. 위의 시에서 여섯 창이 적막하다는 것은 6식에서 우러나오는 욕망의 불을 껐다는 사실의 시적 표현이다. 다음 4벽은 地水火風의 四大로서 곧 인간의 육체를 말한다. 四大는 인간의 육체를 형성하는 네 가지 큰 요소인 바, 인연에 의해 화합하여 인간의 육체를 형성하였다가 인연이 다하면 다시 해체되어 각기 원점으로 돌아간다는 것이다. 혜근은 네 벽이 바람에 나부낀다는 표현을 하고 있는데, 이는 본래의 自我, 眞如를 찾음으로써 생기는 육신의 해체 내지 초탈

32 慧勤, 『懶翁集』, 前揭 『高僧集』, 348쪽.

을 의미한다. 즉 진여의 보배를 가리고 있던 번뇌의 장벽, 육체의 장벽을 깨뜨림으로써 다시 말하면 小我를 극복함으로써 大我를 찾게 되는 眞我의 발견을 의미하는 것이다. 이 때 여섯 창을 비치는 달, 이것은 진여 그 자체이며, 眞如界의 광명이다. 인간의 본능적인 일체의 욕망을 초극하여 身心을 초월한 절대적 경지에서의 '참 나'를 비치는 광경이다.

다음으로 念佛을 통하여 극락왕생을 권하는 교화시를 하나 들기로 한다.

一念忘時明了了 한 생각 잊을 때 밝음 나타나
彌陀不在別家鄉 아미타불 다른 곳에 있지 않나니.
通身坐臥蓮花國 온 몸이 앉거나 눕거나 바로 蓮花國이니
處處無非極樂堂 어느 곳 極樂堂 아닌 데 어디 있으리.[33]

혜근은 西方極樂世界를 지향하는 것이 아니라 眞心 수행을 통한 唯心淨土를 내세우고 있다. 즉 피안에의 왕생이 아니라 마음속에서 정토를 발견하라는 것이다. 그러면 자기가 곧 아미타불이라는 것이다. 그는 이처럼 수행의 방편으로 염불행을 중요시하면서 유심정토관에 의한 구제의식에 바탕을 둔 교화에 전심하였다. 그가 麗末의 혼란한 사회 속에서 방황하는 대중들에게 인간성의 회복과 건전한 윤리관을 세워주며, 참다운 삶의 지표와 진정한 인간의 가치를 일깨워 주고자 <嘆世>, <驚世> 등의 교훈시를 많이 썼던 것은 同體大悲의 이타행에서 오는 신앙적 의도에서 나온 것이었다. 그는 실로 深山古刹에서 獨悟淸淨하는 선승일 뿐 아니라 대중 속에 뛰어들어 그들을 생사고해에서 구제하려는 대승적 민중불교의 실현자이기도 했던 것이다.

33 慧勤, 위의 책, 381쪽.

(2) 조선시대 선시의 전개

주지하는 바와 같이 조선시대의 불교는 斥佛崇儒政策으로 인해 위축되었다. 世祖가 圓覺寺를 중건하고 刊經都監을 설치하여 불경을 국역하는 등 佛事를 일으킨 일이 있었고, 文宗 때 文定王后에 의해 僧科가 부활되는 등 한 때 불교의 흥성이 예고되는 듯도 하였으나, 成宗, 燕山君 때에 이르러 다시 탄압이 강화되면서 불교는 유교에 눌려 부진을 면치 못하였다. 宗派만 하더라도 太宗 때 七宗이던 것이 世宗 때 禪敎 兩宗으로 통합되어 그 명맥을 유지했고, 성종・연산군 이후에는 그나마도 없애버림으로써 불교의 종파는 산간으로 도피하거나 지하로 숨을 수밖에 없었다. 선종 또한 온전한 발전을 하기가 어려운 상황이었다.

그러나 이런 가운데서도 麗朝 이래 한국 불교의 근간이 되어 온 禪脈은 중단됨이 없이 지속되었다. 사실 조선의 불교는 역대의 선승들에 의해 宗風이 이어짐으로써 그 명맥을 유지하여 왔다고 볼 수 있다. 그리고 이들 선승들에 의해 선시가 꾸준히 산출됨으로써 麗朝 이래의 선시의 맥락이 또한 지속될 수 있었다. 그런 상이함은 조선시대의 선승들이 유교사상과의 현실적 갈등의 체험, 당시 문단의 중심을 이루던 유가 문인들과 교류의 불가피함, 역사적 현실문제에서 오는 정신적 고뇌 등에서 벗어날 수 없었던 때문이었다. 조선시대 선시에서 본격적인 禪理詩나 示法詩보다 자연취향의 禪趣詩나 인간적인 生活詩가 많은 것도 바로 이런 이유 그 때문이라 할 수 있다. 다음으로 조선시대 전후기의 대표적인 선시인들의 작품을 통하여 그 대략을 살피기로 한다.

① 朝鮮 前期의 禪詩

대체로 15・6세기를 조선 전기라 할 때 불교 탄압이 間斷없이 지속되었던 이 시기에도 麗朝 이래의 禪脈은 엄존하고 있었고, 많은 선승들이 열악한 상황에서도 선풍을 떨치면서 많은 선시를 창작하였다. 또 이들 작품은 모두 그들의 문집과 어록 속에 다수 전하여 온다. 우선 이들의 면면을 보면 맨 먼저 태조의 왕사였던 無學(1327~1405)을 들 수 있다. 무학은 麗末 慧勤의 禪을 이은 제자인 바 유감스럽게도 무학의 선시는 전하는 것이 없다.

다음으로 무학의 문하인 涵虛堂 己和(1376~1433)를 들 수 있는데 己和는 현재 많은 작품을 남기고 있다. 이때의 禪詩人으로는 또한 金時習(1435~1493)을 들 수 있다. 生六臣이었던 그는 불교인으로서 선승의 면모를 지닌 인물이며 실제로 많은 선시를 창작하기도 했다. 한편 碧松堂 智嚴(1464~1568)이 禪으로써 많은 후학들을 길렀는데, 그 가운데 芙蓉堂 靈觀(1485~1571)과 慶聖堂 一禪(1488~1568)이 다수의 선시를 전하고 있다. 그리고 芙蓉堂의 문하에서 다시 淸虛堂 休靜(1520~1604)과 浮休堂 善修(1543~1615)가 나왔던 바 이들 모두 선시를 많이 남기고 있다. 여기서 다시 淸虛堂의 문하에 역시 적지 않은 선시를 남기고 있는 靜觀一禪(1533~1608)과 泗溟堂 惟政이 나온다. 또 하나 이 시기에 두드러진 불교인으로 虛應堂 普雨(1515~1565)를 들 수 있다. 문정왕후의 적극적 뒷받침으로 한때나마 불교 중흥의 계기를 마련했던 그는 또 훌륭한 선시인이기도 했다.

이상 16·17세기에 활약했던 여러 선시인 중 己和, 善修, 普雨의 작품을 각각 들어보기로 한다. 조선시대 선시의 첫 장을 장식하는 이는 己和다. 己和는 이름이요 號는 得通이며 堂號는 涵虛堂이다. 처음 성균관에 들어가 유생으로서 두각을 나타냈으나, 21세 때 친구의 죽음에 무상을 느끼고 입산하였다. 그후 檜岩寺에 가 無學으로부터 法要를 들은 후 명산대찰을 순력하며 도를 參究하였다. 마침내 그 이름이 알려져 세종 때 大妃의 追薦大法會에 高座에 올라 종실 고관대작들을 설복시키기도 하였는데, 곧 물러나 교화에 진력하였다. 그의 저술로는 『涵虛堂得通和尙語錄』, 『圓覺經疏』, 『般若經五家解說義』, 『顯正論』, 『儒釋質疑論』 등이 전한다. 이 중 그의 선시는 『함허당득통화상 어록』에 다수 수록되어 전하고 있으며, 그가 유교측에 배불론을 논리적으로 혁파하면서 불교의 참뜻을 내세웠던 이론은 『현정론』에 나타나 있다.

己和는 麗末의 시승 혜근의 문하인 무학으로부터 가르침을 받고 있다. 이는 그가 조선시대 승려이면서도 麗朝의 선맥과 선풍을 그대로 잇고 있다는 사실을 말하며 이와 같은 점에서 그의 선시 또한 평가할 수 있다. 다음 시를 보기로 한다.

迷雲一作性空暗　미혹의 구름 일어 본성이 어두우니
慧日沉輝景像微　지혜의 해 빛이 흐려 모습이 흐려지네.
忽遇淸風雲散盡　한 바탕 맑은 바람 구름 모두 흩어지니
空含衆色映天地　일체 만물 空에 들어 천지를 비추네.

이 시는 그의 『永嘉集十章讚頌』 중의 한 편이다. '영가집'이란 중국 玄覺禪師의 遺文을 모은 것인데, 己和는 그 취지에 공명하여 그 한편 한편에 대하여 다시 시로서 읊고 있는 바, 이들 또한 훌륭한 선시를 이루고 있다.

구름, 해, 사물, 바람 등의 자연물을 적절히 詩語로 사용하면서 선의 깊은 뜻을 담고 있다. 구름의 본성은 가리는 미혹의 번뇌다. 따라서 번뇌인 구름이 가리면, 불성인 해가 빛을 발할 수 없다. 그러나 일진의 淸風, 즉 마음의 깨우침이 한꺼번에 일어날 때 번뇌는 간 곳이 없는 것이며, 空卽是色의 절대의 경지가 천지를 밝게 비춘다는 것이다. 明心見性의 선의 요체를 잘 시화하고 있다. 다음의 시는 그가 영향을 받은 혜근과 관련된 작품이다.

衆山遙遞一江深　뭇 산이 둘러 있고 강물 또한 깊으니
殿閣崢嶸萬樹林　전각은 나무숲에 높이 솟아 있구나.
江月軒明江月下　江月軒이 강 달 아래 밝게 들어가니

始知江月昔年心 江月軒의 옛 마음 이제 알겠네.

<遊神勒>이라 題한 것으로 그가 여주의 신륵사에 있으면서 지은 작품이다. 신륵사는 여말 나옹화상 혜근이 머물던 곳이며 거기에 있는 江月軒은 혜근의 당호로 삼았던 정자의 이름이다. 여기서의 달은 단순한 자연물이 아니다. 달은 중천에 높이 떠서 만물을 차별없이 밝게 비추는 존재로 불성에 비유되어 있다. 혜근도 그런 의미로 그 이름을 江月軒이라 했고 己和도 그런 의미로 달을 시화하고 있다. 그리고 이렇게 두 사람의 마음이 달을 매개로 일치되어 있다. 이심전심이다. 결구 '始知江月昔年心'이 바로 그런 구절이다. 달 밝은 강 언덕의 정취를 그리면서, 또 옛 스승 혜근의 높은 마음을 헤아리면서, 단순히 서경시나 서정시에 그치지 않는 시격을 지니고 있는 것은 이 시의 바탕에 깔린 선취 때문이라 하겠다.

다음으로는 浮休堂 善修의 시를 보기로 한다.

선수는 청허당 휴정과 함께 芙蓉堂 靈觀의 법맥을 이은 이로서 泗溟堂 惟政과는 동배의 인물이었다. 또 영관은 碧松堂 智嚴의 문하였으므로 '지엄→영관→선수'로 법계가 이어짐을 알 수 있다. 또 선수의 문하에는 翠微, 白谷 등 뛰어난 시승들이 있어 그 가풍을 알게 한다. 全北 獒樹에서 태어난 그는 어려서 出世間의 뜻을 품고 頭流山 信明長老에게 가서 머리를 깎고 부용당으로부터 법을 물었다 하는데, 그의 행장이 전하는 것이 없어 자세한 생애는 알 길이 없다. 다만 비명이 대략의 윤곽을 말해 줄 뿐이다. 풍채가 근엄하고 기개가 높아 임진란 때 왜병이나 明나라 장수가 모두 우러를 정도였으며, 서예의 명인이기도 했고, 문도들이 7백이 넘었다 하니 그 道化 또한 높았음을 알 수 있다. 문집으로는 『浮休堂大師集』 5권이 전하는데 1권에서 4권까지가 시로 되어 있어 그가 적지 않은 시를 썼음을 알 수 있다. 그의 시는 대체로 승속간 화답시가 많으며 그 내용도 본격적인 선시적인 것보다 자연취향의 선취시가 많아 그의 시풍을 알게 한다.

獨坐深山萬事輕 깊은 산에 홀로 앉으매 만사가 가벼우니
掩關經日學無生 문 닫고 온 종일 無生을 배운다.
生涯點檢無餘物 생애를 훑어 보매 남은 것 없고
一椀新茶一卷經 차 한 잔, 책 한 권 다만 이것뿐.

이 시에도 그의 시적 특징이 잘 나타나 있다. 섬광과 같은 선적 직관, 고차원적인 상징이나 수사, 선적인 역설 등이 흔히 선시에 나타나지만 그의 시에서는 이런 것을 볼 수 없다. 如如한 자연경관 속에 담담한 심경이 선취로서 녹아 있을 뿐이다. 위의 시에서도 제2구의 無生이란 말만 빼면 평범한 山居詩일 뿐이다. 그런 풍경 속에 자연 그대로의 超然한 생활을 읊었을 뿐이다. 그러나 그 속에 녹아 있는 禪氣를 놓쳐서는 안 된다. 여기에는 단순한 은자의 그것과 다른 善修의 오도적 삶이 밑받침 되어 법의 실상을 了得한 경지가 깔려 있기 때문이다.

이 시기의 마지막으로 虛應堂 普雨의 시를 보기로 한다.

그의 號는 懶庵이었고 堂號는 虛應堂이며 普雨는 이름이다. 보우는 당시 妖僧이라 낙인이 찍혔던 인물로 유배 끝에 杖殺 당하는 불행한 최후를 당했던 터여서, 그의 生年은 물론 초·중반의 생애를 전하는 기록이 없다. 다만 여러 자료를 종합하여 보면, 1507년에서 1509년경에 태어났던 것으로 추측되며, 金剛山 摩訶衍庵에서 剃髮한 후 금강산 일대에 전전하였고, 楊州 龍門寺의 노승으로부터 지도받은 것으로 생각된다. 하여간 1548년 문정왕후를 알게 된 후, 禪教兩宗制度(1551)와 승과제도(1554)가 그에 의해 부활됨으로써 연산군·중종 이래 혹심한 탄압 속에 신음하던 불교는 활로를 찾게 되었던 것이다. 그러나 그것도 10여 년, 1565년 문정왕후가 승하하자 보우는 제주도로 유배되어 이어 비참한 최후를 당하였던 것이다. 그는 유자들의 탄핵에서처럼 요승은 아니었고 조선불교사에 빛나는 거승이었다. 禪教一體說로 지눌 이래의 사상통일을 주창하였고, 이런 바탕 위에 유교의 理氣

說까지 융섭시켜 一元的 논리를 전개하였던 사상가였으며, 그의 『허응당집』에서 보는 것처럼 훌륭한 선시인이기도 하였다.

이제 그의 시 두 편을 보기로 한다.

喬山千載大伽籃 깊은 산 역사 오랜 큰 절에서
奉詔懷香奉佛龕 왕명으로 부처님께 향을 사른다.
千葉寶蓮開妙相 천 잎의 보매 연꽃 妙用의 모습
數聲淸罄訴玄談 맑게 울리는 풍경 소리 부처님 말씀
雲侵曉殿初飛雪 새벽 구름 대웅전 앞 첫 눈 날리고
風引爐煙已作嵐 바람은 香煙을 날려 안개가 되네.
此亦十分成漏泄 이로써 玄妙한 기밀 누설이 되니
山僧何更說喃喃 산승이 어찌 다시 중얼거리랴.

고운 연꽃, 은은한 풍경 소리, 香煙, 산안개, 구름, 눈, 이 모든 자연물이 眞如의 현현이요 법체의 실상이란 것이다. 따라서 따로 진리를 말할 필요가 없다. 한 점 꽃에 우주의 실상이 들어 있고, 찰나에 영겁의 시간이 포함되어 있다는 선적 자각이 바탕에 깔린 시적 경지이다.

無相無名大法王 모양 없고 이름 없는 크신 부처님
杜鵑花上露芳芳 두견화 이슬에 향기로우니.
飮光微笑當時意 迦葉이 미소하던 당시의 뜻을
漸愧人天謾度量 부끄럽게 人天이 헤아리다니.

앞의 시와 동궤의 작품이다. 보우는 두견화에서 法身의 현현을 보고 있다. 그리고 이것을 부처님의 拈華示衆과 가섭의 미소에 연결시키고 있다. 또 보우 자신이 이를 헤아린다는 데서 이심전심의 비법은 그의 마음에도 전하여지고 있음을 말하고 있다. 이런 점에서 이 시는 그의 오도시 계열의 작품일 수도 있고, 또한 다른 이의 깨우침을 넌 지시 일러주는 작품일 수도 있다.

② 朝鮮 後期의 禪詩

대체로 17·8세기를 조선 후기라 할 때, 이때의 선시인들은 대부분 조선 전기 선승들의 문도이다. 즉 16세기의 淸虛堂 休靜이나, 浮休堂 善修의 문하에서 많은 선승들이 배출되어 17세기 禪詩壇을 수놓고 있는 것이다. 그러나 조선 후기도 18세기에 이르면 선시인들의 徒弟的인 계보 파악이 불분명해지며, 그 특성적인 면 또한 흐려진다. 이는 조선 후기 불교사의 불가피한 상황에서 비롯되는 것으로 볼 수 있다.

이처럼 조선 후기는 17세기와 18세기로 나누어 볼 수 있는데 17세기의 대표적 선시인으로는 休靜의 문하에 霽月敬軒(1544~1633), 靑梅印悟(1548~1623), 逍遙太能(1562~1649), 鞭羊彦機(1581~1664) 등이 있고 善修의 문하에는 翠微守初(1590~1668), 白谷處能(1617~1680), 無用秀演(1651~1719) 등이 선맥과 선시의 맥을 계승하였다. 이들 외에 이 시기에 虛白明照(1593~1661), 枕肱懸辯(1616~?), 月渚道安(1638~1715), 雪巖秋鵬(1651~1706) 등이 또한 선시인으로 다수의 작품을 남기고 있어 선시의 창작이 활발했던 때였음을 말해 주고 있다. 다음으로 18세기의 대표적인 선시인으로는 喚醒志安(1664~1729), 天鏡海源(1691~1770), 默庵最訥(1722~1795) 등을 들 수 있고, 19세기의 艸衣意恂(1786~1866)과 韓末의 鏡虛(1849~1912)까지를 조선 후기의 선시인에 포함시킬 수 있다.

이제 이상 조선 후기의 여러 선시인들 중 太能, 白谷, 艸衣의 작품만을 다음에 보기로 한다.

百千經卷如標指　백천의 경천이 손가락 같아
因指當觀月在天　손가락 가르킴 따라 하늘의 달을 보네.
月落指忘無一事　달 지고 손가락 잊어 한 일도 없으니

飢來喫飯困來眠 배고프면 밥 먹고 피곤하면 잔다.

逍遙堂 太能의 시다. 그는 본래 호남의 담양 사람으로 浮休堂으로부터 禪旨를 받고, 淸虛堂의 문하에서 정진하였다. 임란 때는 승군으로도 참전, 공을 세웠고, 문집으로 『逍遙堂集』이 전한다.

이 시는 그의 禪觀과 禪的 생활을 잘 보여주는 작품이다. 經이란 손가락일 뿐 달이 아니다. 따라서 손가락만을 보아서는 진리의 당체를 알 수 없다. 經만으로는, 달을 즉 여여한 실상을 볼 수가 없다. 따라서 손가락이 아닌 달을 보아야 한다. 그러나 손가락도 달도 초극하는 데 더 높은 경지가 있다. '배고프면 밥 먹고, 피곤하면 잔다'는 제4구는 出出世間의 경지로서 '平常心是道'의 참뜻을 잘 말해 주고 있다.

다음은 白谷處能의 시다. 백곡은 부휴당의 문하에서 도를 닦은 武僧이었지만, 일찍부터 유교 경전은 물론 당송 이래의 일체의 시문을 섭렵하였던 터여서 당시 유가의 문사들과도 교유가 두터웠다. 그의 이러한 점은 시에도 잘 나타나 다른 선승들의 시와 다른 면을 보여준다.

臨水台前臨水坐 임수대 앞 물가에 앉아 있다가
捿雲山上望雲歸 서운산 위 구름 보며 돌아오누나.
水自澄淸雲自白 물은 스스로 맑고 구름 또한 스스로 희니
與吾無是亦無非 나와 더불어 시비가 있지를 않네.

이 시 외에도 白谷의 시에는 自然詩類라든가 名士들과 화답한 人情詩에 이런 類의 작품이 많지만, 이 작품에도 어느 은자의 그것과 다를 바 없는 탈속의 기상이 나타나고 있다. 그러나 단순한 자연예찬이나 자연몰입이 아닌 데에 이 시의 선취가 발견된다. 물의 청징성이나 흰구름의 순결성과 동화되어 자연과 일체가 된 채, 시비를 떠난

경지에 머물고 있는 그의 주객일여의 마음자리가 그렇다. 그의 문집으로는 『白谷集』 2권이 전하는데 1권은 시, 2권은 문으로 되어 있다.

여기서 조선시대 후기의 마지막 인물로 艸衣意恂의 시를 보기로 한다.

遠別鄕關四十秋 고향을 멀리 떠나 40년 만에
歸來不覺雪盈頭 하얗게 센 머리로 돌아왔네.
新基草沒家安在 마을은 풀에 덮여 간 곳이 없고
古墓苔荒履跡愁 옛 무덤 이끼 끼어 자취마다 수심.
心死恨從何處起 마음을 비웠거니 한은 어디서 오는가
血乾淚亦不能流 피가 말라 눈물도 흐르지 않네.
孤笻更欲隨雲去 외로운 지팡이로 다시 구름따라 가노니
已矣人生愧首邱 아 고향도 모르는 부끄러운 인생.

속성은 張이며 이름은 意恂, 호가 艸衣인 그는 나주 雲興寺 碧峰敏性에게 득도한 후 大宗師에 이르렀고, 普濟尊者로 추대받은 선승이었다. 그러나 그는 사상적 측면에서 禪이나 敎, 어느 한 가지만 고집하지 않았을 뿐 아니라, 유교나 도교사상에도 博通한 인물이었다. 또한 그는 音律, 書道, 園藝 등 藝에도 뛰어났었고, 茶道에 있어서는 당대의 일인자였다. 특히 다도의 경우, <東茶頌>, <茶神傳> 등의 명저까지 남기고 있다. 이런 면들로 하여 그는 당대의 석학들과도 폭넓은 교유를 가져 당시 丁若鏞, 金正喜, 洪奭周, 申緯 등과 교분이 두터웠고, 또 이들과 많은 詩和答을 하기도 하였다. 중년 이후 그는 두류산에 一枝庵을 짓고 40여 년을 정진, 도를 닦다가 81세를 일기로 示寂하였다. 詩文集 『草衣集』을 남겼다.

그는 불교인이면서도 儒者들과 어울렸고 선승이면서도 詩友들이 많았다. 즉 출가인이었으나 속인과 다를 바 없는 면을 지니고 있었고, 그런 인간적·정서적 바탕 위에서 시를 썼다. 그러기에 그의 선시는 초세간적 탈속보다는 세간적 인간미가 돋보이는 특징이 있다.

<歸故鄕>이라 題한 위의 시에서도 그런 점이 발견된다. 고향을 버리고 출가를 하고, 또 오랜 세월을 수도에만 정진하느라 고향을 잊고 사는 것은 마땅히 道人이 가는 길이다. 때문에 세속의 고향을 그리워하고 향수에 젖는 일 자체가 도인으로선 부질없는 일이다. 그러나 위의 시에서처럼 초의가 고향을 찾아 수심에 잠겨 옛 고향을 그리워하고, 고향을 버린 스스로를 부끄러워 하는 것을 도인다운 태도가 아니라고 할 수는 없다.

불교의 진정한 목적은 깨달음에 있다. 그러나 개달았다 하여 거기에만 머물면 진정한 깨달음이 아니다. 깨달음을 성취한 도인은 그 정점에서 다시 내려와 속인들의 세계에 回歸해야 한다. 그리고 도인의 냄새가 나지 않아야 한다. 진정한 도인은 도인 같지 않은 데에 그 참모습이 있다. 위의 시에 나타난 초의의 고향에 대한 상념도 그런 차원에서 이해해야 한다. 모든 것을 초월한 도인이면서도 다정다감한 속인일 수 있는 데에 이 시의 높은 意趣가 있다. 이 시가 단순한 속인의 愛鄕詩的 차원을 넘어 선시의 반열에 끼일 수 있는 이유가 여기에 있다.

5) 선시의 국문학사적 意義

본고는 國文學에 있어 禪詩의 문제점과 함께 선시의 기원과 영역, 형성과 배경을 살펴보고, 선시의 전개와 양상을 高麗時代의 前後期, 朝鮮時代의 前後期로 각각 나누어 선시인과 그들의 작품을 고찰하였다. 이제 이와 같은 선시가 국문학 혹은 국문학사에서 차지하는 의의가 어떤 것인지를 다음의 다섯 가지 측면에서 살피기로 한다.

첫째, 선시에 대한 고찰은 새로운 국문학 영역의 개척이며 死藏되었던 국문학 유산의 발굴로, 선시승들이 시인으로 밝혀짐에 따라 새로운 작가들이 다수 국문학사에 등장하게 된다는 점이다. 사실 지금까지의 국문학이나 漢文學에 있어서 선시는 그 연구의 대상에서 제외되어 왔다. 따라서 앞으로 선시의 발굴, 정리, 고찰은 국문학의 지평을 넓힌다는 의의를 지니게 될 것이다.

둘째, 선시의 발굴과 이에 대한 고찰로써 넓게는 한국의 詩歌文學, 좁게는 한국의 불교적 傳統詩의 연속성이 밝혀짐으로써 그 역사적 전승에 대한 고찰이 가능하게 된다는 점이다. 佛敎詩歌史에 있어 신라가요에서 현대의 불교시에 이르는 중간 과정인 고려・조선시대의 선시의 존재가 명확하게 밝혀짐으로써, 그 연속성은 좀 더 넓고 확실하게 드러나게 될 것이다.

셋째, 佛敎歌辭에만 국한되었던 기존의 불교시가 연구가 선시의 발굴로서 그 범위와 영역이 확대되었다는 점이다. 이와 같은 사실은 口碑文學에서 記錄文學으로, 대중적인 문학에서 창작문학으로, 祈福的인 문학에서 보다 지적인 문학으로 그 문학적 관심이 심화된다는 점에서 그 의의가 크다. 또한 지금까지의 불교시가 문학 유산이 불교가요보다 선시가 훨씬 많다는 점에서도 특별한 의의를 갖는다고 할 수 있다.

넷째, 과거 국문학의 전통시가에 있어 최초로 본격적이고 형이상학적인 철학성을 가진 깊이 있는 시의 출현을 보았다는 점이다. 선시는 단순한 불교 취향의 시, 혹은 詠物的인 감상적 시와 그 성격을 달리한다. 선시는 悟道의 시이며, 우주적 인식의 시이고, 영원 갈구의 시이다. 고도의 은유와 상징을 통해 문학적 형상화를 달성하고 향기 높은 예술성을 성취한 詩禪一如, 종교와 문학의 고차원적 합일을 이룩한 시이다. 우리 詩歌史에서 이런 깊이 있는 시는 고려시대 선시에서 비로소 형성된 것이다.

다섯째, 선시에서 자연의 발견, 자연미의 창조, 새로운 자연관의 정립이야말로 우리 시가상 최초의 본격적인 것이라는 점이다. 신라가요나 崔致遠의 詩, 고려 초기의 시에서도 자연은 발견되나 그것은 자연을 敬畏나 呪術의 대상으로 보거나 영탄의 대상, 避世의 은둔처로 보았다. 조선시대의 시가문학에 나타나는 吟風弄月, 江湖歌道 역시 이와 유사한 경지였다. 그러나 선시에서는 선적인 관조를 통하여 자연의 실상을 추구하고, 이를 自我와 합일시킴으로써 主客一如의 새로운 자연관을 창조하고 자연미를 발견하였으며, 幽深玄妙한 깊이를 추구하였다. 이는 여타의 시가문학에서 볼 수 없는 자연의 발견을 이룩한 것이다.

-동국대 한국문학연구소, 『佛教文學研究』 下, 동국대 출판부, 1988.

3. 麗末鮮初 佛教詩論 연구

1) 문제의 제기

한국 古典詩論의 형성·성립기라 할 여말선초의 詩論은 대체로 성리학에 바탕을 둔 載道之器로서의 詩의 본질, 즉 思無邪 등의 유가적 이념에 입각한 것으로 보는 것이 학계의 보편적 견해이다. 그렇다면 당시에 禪思想에 토대한 佛教詩論이라 할 만한 것은 全無하였는가. 당시는 고려 중기 이래 선사상이 儒·佛간 널리 文人들의 정신계에 浸潤되어 있었고, 또 수많은 禪詩가 지어졌다. 그래서 비록 제한된 인물에 국한된 것이기는 하지만 유가 文人들의 시에 나타난 禪的 측면에 대한 연구도 꽤 이루어진 바 있다. 그러나 당시의 불교시론, 즉 禪詩論의 존재에 대하여는 별다른 관심을 주어오지 않았고, 결과로 불교적 시론 그 존재 자체를 인정하지 않았던 것이 사실이다.

필자는 고려 후기 佛教詩를 연구하면서 "고려 詩話上의 불교시"란 항목을 설정하고 이에 특별히 관심을 가진 바 있었다.[1] 물론 이것이 연구의 중심과제가 아니었기에 走馬看山格인 개관에 머문 것이었지만, 결과는 당시에 이렇다 할 불교시론이 없었다는 결론이었다.[2] 필자는 그 이유로서 첫째, 당시 대부분 詩話集의 저자들이 불교인이 아니었다는 점, 둘째, 당시 詩論家들의 詩論이 주로 비불교적 중국 시론의 영향을 받은 점, 셋째, 당시 詩를 중심으로 한 문단의 중심인물이나 주도권이 유교적 지식층 人士들에 의하여 형성되고 있었다는 점, 넷째, 佛教詩 자체가 그 바탕을 종교·철학적인 禪思想에 두고 있었기 때문에 문학적 이론 형성의 여지가 없었다는 점 등을 들었다.[3] 그 후 이 문제에 대하여 관심을 가져오기는 했으나, 누구에게나 마찬가

1 印權煥,『高麗時代 佛教詩의 研究』, 고려대 민족문화연구소, 1983, 250쪽.
2 印權煥, 위의 책, 같은 곳.
3 印權煥, 위의 책, 256쪽.

지로 현존 資料의 한계와 집중적인 노력의 부족으로 하나의 과제로 만 남겨둔 채 지내왔다. 그러나 그동안 국문학에 있어 佛教文學의 체계적 파악을 위하여 반드시 짚고 넘어야 할 대목이 이 시기의 禪詩論이라는 점을 절감하여 왔고, 앞서 필자가 麗末鮮初 佛教詩論 不在의 이유로 든 4종의 근거에 대한 재검토 또한 필요하다고 생각하여 왔다.

그래서 本稿는 여말선초의 불교시론을 다시 한 번 정면으로 다루고자하는 목적에서 출발한다. 그리하여 본고는 비록 儒·佛의 사상적 교체기였다 하더라도 禪佛教가 뿌리 깊은 사상적 기반을 가지고 있었고, 유불을 막론하고 禪詩가 다수 지어졌던 당시에 어째서 禪詩論은 존재하지 않았는가. 그렇다면 그 까닭은 무엇인가. 존재하였다면 어떤 모양으로 존재하였는가. 그리고 무슨 이유로 당시 詩論의 정면에 나타나지 못했는가. 또 여기에 해당하는 인물들은 어떤 사람들이며, 그들은 어떤 생각을 가지고 있었으며, 왜 그럴 수밖에 없었는가. 대체로 이상과 같은 문제점을 다음에 차례대로 논의하기로 한다.

2) 논의의 시기와 방법

우선 麗末鮮初의 시기를 어떻게 잡을 것인가. 中世에 해당하는 이 용어를 국사나 국문학사에서 많이 쓰지만 명확한 시기에 대하여 정설이 있는 것은 아니다. 그러나 일정한 기간의 政治나 文化現象을 논하는 경우 해당 시기의 上下限線을 어떻게 긋느냐하는 것은 중요한 의미를 갖는다.

본고에서의 麗末鮮初는 14세기를 중심으로 하여 위로는 13세기 후반, 아래로는 15세기 전반 일부를 포함하는 시기를 그 시한으로 정하고자 한다. 그러나 人物이나 思想 및 文學의 경우, 모든 것을 일정 시기에 정확하게 한정한다는 것은 불가능하다. 그래서 대체적인 出入이 불가피한데, 본고에서는 高麗朝가 끝나고 朝鮮朝가 시작되는 1392년

(공양왕 4년, 태조 1년)을 전후로 하여 대략 150~200년간을 그 시기로 잡고자 한다.

그런데 이 시기 禪詩論에 가장 어려운 것은 관계자료의 문제다. 그동안 이 방면의 연구를 불가능하게 한 가장 큰 이유였던 이 시기 자료의 문제는 무엇보다도 먼저 극복되어야 할 과제이지만, 現傳의 자료만으로는 한계를 가질 수밖에 없다. 즉 이 시기의 詩話集類나 사대부 문인들의 文集類, 禪僧들의 語錄類 등 기타 자료에서 극히 단편적인 언급 외에 제대로 모습을 갖춘 선시론은 찾아보기 어렵기 때문이다. 따라서 자료 탓만 하는 한 이 시기 禪詩論은 존재하지 않는다.[4]

여기에서 본고는 몇 가지 새로운 논의의 방법을 통하여 문제에 접근하고자 한다.

첫째, 논의의 視角이나 觀点의 문제이다. 즉 이 방면의 기존의 논자들이 이 시기에 유입되어 새로운 政治現實과 맞물리면서 새시대의 주도적 사상으로 굳어져 간 性理學的 文學觀에 시각을 고정시킨 데서 여타의 詩論의 개입 여지가 없었던 것이 아닌가 하는 것이다. 그리고 이와 관련하여 또 하나 생각할 수 있는 것은 당대는 물론 그 이후의 詩論家들이나 이 방면 논자들의 논의의 관점이 논의의 대상인 당시의 文學現實과 관련자료를 있는 그대로 객관적으로 파악하려 한 것이 아니라, 論者들이 처한 시대의 현실적 상황에 입각하고 있었다는 것이다. 이와 같은 주관적인 評價의 尺度로 裁斷함으로써 논의와 그 대상의 실상과의 괴리가 있었던 것이다. 이상과 같은 視角과 觀点은 적어도 朝鮮朝 초기까지도 당시의 사상이나 이념이 儒·佛, 내지는 仙教들의 양면성이나 다양성을 띠면서 이들의 조화와 융합, 병행과 공존, 대립과 상충이 혼재하였던 상황에서는 그 정당성을 확보하기가 어렵다. 그리고 이러한 객관성의 결여는 자칫 일방적이고 편향

4 조선 건국 초기에 주로 활약하였을 것으로 보이는 禪僧, 특히 그들의 문학활동에 대한 기록은 극히 희박하다. 특히 徐居正 이후의 詩論에서 이들에 대한 기록이나 언급은 철저히 배제되었거나 극히 소홀히 다루어진 것으로 보인다.

적인 데에 기울어 균형을 잃은 채 중요한 사실을 간과하는 경우가 많다는 점에서 재고되어야 한다는 것이 필자의 생각이다.

둘째, 논의 대상 자료를 詩論書나 詩論類에 해당하는 評文에만 국한시키지 말고 이 시기 문인・학자나 禪僧・佛敎人들의 詩類, 즉 이른바 論詩詩나 論禪詩, 또는 禪理詩나 禪迹詩, 禪趣詩나 禪機詩 등에[5] 범위를 넓혀보는 문제다. 특히 儒者들이 禪僧들과 교유가 빈번했던 터라, 和答詩 및 酬贈詩 그리고 이에 관련된 詩話 속에서 관련자료가 간취될 수 있을 것이기 때문이다. 특히 이들이 學詩의 同學으로서 서로 평생을 詩友로 함께 지낸 경우도 적지 않기 때문에 그 가능성은 크다.

셋째는 150년에서 200년에 해당하는 이 시기는 정치・사상 등의 변혁 교체기였기에 그 변화가 매우 심하여 詩論을 살핌에 있어서도 단일한 평가가 어렵다는 점이다. 즉 이 시기 내에서도 초기, 중기, 후기로 나누어 초기는 禪이 그 기세를 유지하던 시기, 중기는 儒・佛이 병행되는 시기, 후기는 儒가 급부상하면서 禪이 위축되고 폄하되던 시기 등으로 나누어 볼 수 있다는 것이다. 그럴 경우 좀 더 세부적인 면과 그 양상의 파악이 가능할 수도 있다. 이런 점에서 李奎報, 李穡, 徐居正을 놓고 볼 때 서로 다른 差가 감지되고 李穡이나 鄭道傳 등 개인만을 놓고 볼 때도 그 생애에 따라 시 및 사상과 문학관은 일정한 변화가 있었다. 이렇게 볼 때 이 시기의 詩論의 양상, 그 중에서도 禪詩論의 존재를 일시로 묶어 단적인 논급으로 단정할 것이 아니라, 다양한 층위에서 관찰하여 그 양상을 세밀히 파악해야 한다는 것이다.

그러나 필자가 여기서 먼저 전제해 두고 싶은 것은 본고는 여말선초 禪詩論 연구의 序篇에 불과하다는 것이다. 따라서 관련분야 연구

---

5 禪詩의 분류와 명칭은 "杜松栢의 『禪學與唐宋詩學』, 1977"에 따랐다. 同書, 197~364쪽.

자들의 叱正을 겸허하게 수용하면서 현전 자료를 더 넓고 심도 있게 천착한 후에 좀 더 내실 있는 결과가 가능할 것으로 생각된다.

3) 여말선초 禪詩論의 배경과 宋代 禪詩論의 영향

우선 이 시기 禪詩論의 가능성을 탐색하기 위해 그 존재의 蓋然性을 다음의 두 가지 국내외 시문학적 상황에 초점을 맞추어 객관적으로 살피고자 한다.

첫째, 국내의 상황이다. 고려 중엽 이후 知訥(1158～1210)의 禪思想이 크게 진작되면서 禪文化가 크게 발전하였고, 특히 慧諶(1178～1234)의 『禪門拈頌』(1226)의 간행 이래 禪僧에 의한 禪詩가 다수 지어져 고려 詩壇을 풍윤하게 하였음은 이미 주지의 사실이다.[6] 그러나 이 시기에 본격적으로 대두한 性理學이 또한 당시의 思想界, 學界, 詩壇에 큰 변화를 준 것도 사실이다. 하지만, 이미 麗朝의 중심 사상이었던 禪思想이나 禪文化를 체험하고 여기에 적응되었던 당시의 많은 文人이나 신진학자들의 사상이나 詩文學이 완전히 변질되었거나 단절되었다고 보기는 어렵다. 즉 문화적 변혁이나 정치세력의 교체가 일정한 충격을 주고 사상적 전환을 불가피하게 하였던 측면이 있었다 하더라도, 현실적 행위나 처세 외에 이미 정신계에 깊숙이 자리한 기존의 思想이나 思惟가 일시에 극복되었다고 보기는 어렵다는 것이다. 단적으로 이들을 일러 外儒內佛, 또는 出儒處禪 등으로 일컫는 것이 這間의 소식이다. 이러한 측면은 이들과 반대의 입장에 있던 禪僧들 또한 절충과 조화의 입장을 취할 수밖에 없었던 상황과 同軌의 것이라 할 수 있다. 그러므로 이 시기 儒者 측으로 일컬어지는 文人이나 學者들의 시론이나 작품에서 禪詩論的 측면은 결코 적지 않은

6 이 방면의 印權煥의 앞의 책(1983)과 李鍾燦의 『高麗의 禪詩』(1985)가 본격적 연구를 수행한 이래, 여러 사람의 많은 업적이 축적되었고, 지금도 활발한 연구가 진행되고 있다.

비중을 가지고 있으며, 이러한 점은 객관적인 판단으로 검증될 필요가 있다고 본다.

둘째, 국외적 상황이다. 중세 韓·中·日 동북아시아 삼국은 문화적으로 상호 긴밀한 관계에 있었다. 그것은 佛敎라는 종교와 그 문화를 축으로 한 것이었는데, 그 중에서도 禪思想에 입각한 詩文學에서 禪詩와 禪詩論이 큰 흐름을 이루고 있었다. 중국의 경우 그 전통은 詩佛로 일컬어지는 王維(701~761)를 비롯하여 黃山谷(1045~1105)을 정점으로 하는 呂本中(1084~1145) 등의 江西詩派의 시, 시론과 葉夢得(1077~1148), 楊萬里(1124~1206), 嚴羽(1192~1243·1248) 등을 거쳐 王士禎(1634~1711)에 이르기까지 중국 시론의 한 큰 줄기를 이루어왔다.[7] 日本의 경우도 鎌倉時代 말기부터 室町時代 중기에 이르는 200여 년간 중세 日本漢文學으로서의 佛敎漢詩가 크게 성행하였다. 이것은 蘭溪道隆(1213~1278), 一山一寧(1247~1317) 등 臨濟宗계 중국 선승들의 來日에 따른 禪의 전파, 그리고 明庵榮西(1141~1215)가 일찍이 宋에서 임제종을 들여와 그 開祖가 되면서 많은 日本 승려들의 宋·元에의 유학과 귀국 후의 문학활동에서 비롯된 것이었다.[8] 五山文學으로 일컬어지는 이 시기 불교시와 불교시론의 홍성은 夢窓疎石(1275~1351)이 큰 봉우리를 이루고, 여기에 義堂周信(1325~1388), 絶海中津(1336~1405) 등이 夢窓派라는 큰 맥을 이루어 수많은 禪僧들이 이에 가담하면서 선문학의 큰 흐름을 형성, 일본 중세 불교 한문학의 중심을 구축하였던 것이다. 특히 元에서 유학한 友山士偲(1301~1370) 등은 詩禪一味論을 펼치면서 불교시론의 논의를 촉발하여 불교 詩評의 다양한 논의의 단서를 열었다.[9]

---

7 이 방면에 대하여는 杜松栢의 『禪與詩』 중 부록 "唐宋詩中之禪趣"와 "禪家宗派與江西詩派" 同書, 1981, 143~181쪽과 孫昌武, 『佛敎與中國文學』의 第二章 "佛敎與中國文人" 同書, 1988, 60~221쪽에 상론되어 있다.

8 玉村竹二, 『五山文學』의 三章 "五山文學の淵源" 同書, 1961, 51~59쪽.

9 鈴木子順, 『詩禪一味』, 民友社, 1911; 武石彰夫·菅沼晃 編, 『佛教文學辭典』, "五山文學"項, 1980. 同書, 91~95쪽 참조.

이상 두 나라 중세 불교시, 불교시론의 융성에서 동일한 상황에 놓였던 우리만이 예외일 수 없는 것은 자명한 일이다. 특히 宋·元의 문화적 영향을 그대로 수용·소화하였던 고려 중엽 이후의 詩나 詩論은 당시 우리 승려는 물론 文人 士大夫에게도 심대한 영향을 주었던 것이 사실이다.

이와 같은 宋의 禪詩나 禪詩論으로부터의 영향은 대략 다음 몇 가지 측면에서 명확하게 간취된다. 우선, 宋·元代, 특히 宋代 禪的 詩人들의 영향이다. 그 대표적 인물로 蘇軾과 黃庭堅을 들 수 있다. 禪的 詩를 많이 썼던 蘇軾의 영향은 말할 것도 없고,[10] 禪宗에 근원을 두고 전개되었던 江西詩派의 종주로 받들어졌던 黃庭堅은 『破閑集』, 『櫟翁稗說』에 자주 등장하고 있어 이 시기 시와 시론에 영향이 컸음을 알 수 있다.[11]

다음으로는 詩論書의 유입과 그 영향이다. 여기에는 以詩喩禪으로 妙悟의 시론을 펼쳤던 嚴羽의 『滄浪詩話』, 그리고 釋 惠洪의 『冷齋夜話』,[12] 魏慶之(1240 전후)의 『詩人玉屑』이 대표적이라 할 수 있다. 이 중 『시인옥설』은 선시론이 주류를 이루던 南·北宋 詩話의 총집합서로 詩學硏究 내지 詩學 지도서라 할 만한 것인데, 당시 高麗는 물론 日本에서까지 널리 애독되었던 시 지침서였다. 특히 원래 20권으로 전해졌던 본서가 고려본의 존재로 인하여 21권이라 알려진 것은[13] 高麗詩壇에 끼친 영향이 큼을 말해준다. 더구나 이 책에 嚴羽를 비롯한

10 蘇軾이 고려 文人들에게 끼친 영향은 李奎報의 "又耆讀東坡詩 故每歲榜出之後 人人以爲今年又三十東坡出"이란 말에서 잘 드러나 있다(『東國李相國集』 二十六, <答全履之論文書>. 林椿, 『西河集』 卷四, <與眉叟論東坡文書>에도 언급됨).

11 黃庭堅의 경우는 『破閑集』 下와 『櫟翁稗說』 後集에 그의 시와 시론에 대한 기록이 출현하는 바, 『破閑集』 下의 "昔山谷論詩 以謂不易古人之意 而造其語 謂之換骨 規模古人之意 而形容之 謂之奪胎"란 기록으로 보아 黃庭堅의 詩論인 이른바 "換骨奪胎論"이 당시 시단에 논의되고 있었음을 알 수 있다.

12 宋의 詩僧 惠洪의 시론서인 本書는 10卷으로 다양한 禪論이 포함되어 있는데, 『破閑集』 上에 언급되어 있다.

13 車柱環, 『中國詩話』 4판, 1994, 139쪽.

宋代 시론가들의 禪詩論에 입각한 趙蕃(1143~1229), 載復古(1167~1250) 등의 이른바 學詩詩 등이 많이 수록되어 있어 고려시단에 준 영향이 적지 않았을 것으로 생각된다.

끝으로, 사상적 배경으로서 臨濟宗 看話禪의 영향이다. 고려말의 불교는 여러 종파가 있었지만 臨濟宗이 주류를 이루고 있었고, 여기에 터를 둔 看話禪의 유행이[14] 이 시기 선시, 선시론의 이론적 근거를 제공하였던 것으로 믿어진다. 그것은 또 禪思想이나 性理學 등의 사상적 바탕이 이들이 성립된 중국에서부터 함께 心性論이란 정신적 공통분모를 가지고 있었고, 고려에 있어서도 같은 차원에서 재래의 禪思想이 새로 전래된 性理學에 거부감이 없었고 성리학자들 역시 두 사상간의 共存이나 合一, 또는 兩立을 말하게 되었던 데서 그 단서를 찾을 수 있다고 하겠다.[15]

4) 麗末鮮初 禪詩論의 상황

(1) 시론으로서의 詩禪一如論

시를 논함에 있어 詩論, 詩話, 詩評, 詩觀 그리고 詩說 등의 말이 쓰여 오지만, 이는 결국 동양 漢字 문화권의 '詩學'으로 총칭될 수 있는 것들로 이 중에서 詩論이란 말이 가장 대표적인 용어로 사용되고 있는 듯하다. 물론 위에 든 여러 용어들이 각각 조금씩 다른 의미 양상을 지니고 있기는 하다. 그러나 이 글에서는 모두 詩論이란 용어 속에 포괄하여 쓰기로 한다.[16]

詩論이라 할 경우, 여기에는 또 詩의 본질론, 작시론을 비롯하여 운

---

14 趙明濟, 「高麗末 士大夫의 看話禪 이해와 실천」, 『韓國思想史學』 16, 2001, 6~12쪽.
15 이들 儒佛一體論 등에 대하여는 다음 (2)항에서 상론됨.
16 詩論, 詩話의 명칭에 대하여는 다음 논문에 상론되어 있다. 조정업, 「한국시화의 특성」, 『고전비평연구』, 국어국문학회, 1997, 9~19쪽.

율, 풍격, 시어, 소재, 표현, 시인, 작품 등 시에 대한 다양한 논의를 포함한다. 따라서 이 항에서 詩禪一如論이라 할 경우도 주로 시의 本質論이나 作詩論이 중심이 되겠지만 여타의 측면들도 일정 유관함은 물론이다.

대체로 詩禪一如論이라 함은 禪思想에 바탕을 둔 詩論, 또는 禪學이 그 본질적 측면에서 영향을 끼친 詩學, 또 詩를 배움은 곧 參禪을 함과 같다는 學詩學禪 동일론에 바탕을 둔 詩論이다. 결국 시선일여론은 禪이란 종교적 방편과 詩란 예술의 장르가 조화 내지 승화되어 이루어진 詩에 대한 불교적 詩評의 原理라 할 수 있다. 본고에서 앞서 언급한 바대로 6세기 達磨에 의해 처음 중국에 들어온 禪이, 唐에 이르러 중국적 禪思想으로 심화・확대되었고, 이것이 詩에 영향을 끼치면서 近體詩와 어울려 먼저 禪詩가 탄생하였다.[17] 이렇게 이루어진 禪詩가 전성을 맞으면서 이에 따른 禪詩論이 宋・元代에 이르러 중국 시론의 한 갈래를 형성하게 된 것이다. 그러나 선시론의 연원은 이미 唐의 皎然(670년 전후), 齊己(881년 전후), 前蜀의 貫休(900년 전후) 등에서 이미 發芽되었으며,[18] 그 후 黃庭堅을 宗으로 하는 呂本中의 江西詩派, 이어 葉夢得 그리고 宋의 嚴羽 등에 이르러 큰 줄기를 형성하게 되었다. 그러나 "詩禪一致"란 용어는 좀 더 후대 淸의 초기 王士禎(1634～1711)의 『帶經堂詩話』 卷三에 처음으로 나온다.

> 뗏목을 버리고 언덕에 올라감을 禪家에서는 悟境이라 하고, 詩家에서는 化境이라 하는데 詩와 禪은 일치하는 것이어서 거의 차별이 없다.[19]

이는 '捨筏登岸'이란 禪家語를 이용하여 詩와 禪의 본질적 일치를

17 印權煥, 앞의 책, 35쪽.

18 蔡鎭楚, 『中國詩話史』, 2001, 108쪽; 車柱環, 앞의 책, 80～82쪽.

19 捨筏登岸 禪家以爲悟境 詩家以爲化境 詩禪一致 等無差別(밑줄 필자). 李壯鷹, 『禪與詩』, 2001, 181쪽. 再引.

말한 것이다. 그런데 詩禪一致란 용어는 사용하지 않았지만, 일찍이 고려 禪詩人인 圓鑑國師 冲止(1226~1292)는 유사한 비유를 통하여 불교적 진리의 언어 문자적 표현의 가능성을 말함으로써 禪的 詩觀의 일면을 보여주고 있다.

> 道는 名邈에 끊어지고 眞理는 見聞을 떠난 것이다. 그러나 강을 건넘에 배나 뗏목이 있어야 하고 고기와 토끼를 잡는 데는 반드시 통발과 덫이 필요한 것이니, 하물며 글자마다 지혜의 광명이 비치고 글자마다 眞身의 모습을 드러내는데 어찌 글과 문장을 떠나 현묘한 이치를 궁구하랴.[20]

위에서 王士禎이 말하고 있는 뗏목은 불교의 正法을 비유한 것이다. 즉 불교의 이상인 涅槃이 彼岸에 도달하고 나면 正法도 버려야 한다는 것이다. 결국 깨달음의 경지에 이르면 그 수단이 되었던 것은 필요 없다는 것이다. 詩의 경우도 언어문자란 하나의 수단 방편이다. 따라서 참다운 경지에 이르려면 언어문자에의 집착을 버려야 한다는 것이다. 그리하여 언어문자를 벗어나 존재하는 詩의 眞境에 이르러야 참다운 시의 세계를 획득할 수 있다는 것이다. 그런데 冲止는 배와 뗏목, 통발과 덫이 강을 건너고 고기와 토끼를 잡는데 불가결의 것이듯, 禪的 眞理가 극히 玄妙한 것이어서 名見을 떠난 것이라 하더라도 이를 드러냄에는 詩文이 필요하다고 말하고 있다. 결국 禪이 言語道斷이요 不立文字이나 또한 말과 문자를 떠날 수도 없는 것이어서 王士禎은 직접적으로 詩禪一致를 말했고, 고려의 冲止는 禪과 文學이 一體不離임을 말한 것이다.

이러한 시의 본질적 측면에 대한 논의는 王士禎 이전에 司空圖(837~908)의 "言外之敎", 嚴羽의 "興趣", "妙悟", 그리고 王夫之(1619~

---

20 道絶名邈 法離見聞 然渡河渡河 要由船筏 凡得魚得兎 必借筌蹄 而況文文攄般若之光 字字揩毘盧之印 豈離黃卷 別討玄機[冲止, 『圓鑑集』(영인본), 1973, 173쪽].

1692)의 "神理"도 그 軌를 같이 하는 것으로 모두 詩와 禪의 일치와 맥이 닿아 있다.[21]

그러나 본격적으로 詩禪一致論이 시론으로 확고하게 부각된 것은 前言한 바처럼 宋代였다. 이때 吳可·趙蕃·載復古 등의 學詩詩, 즉 <學詩渾似學參禪> <欲參詩律似參禪>[22] 등류와 元好問(1190~1257)의 "詩는 禪客에 있어 비단 위의 꽃이요, 禪은 詩家에 있어 玉을 자르는 칼이라(詩爲禪客添錦花 禪是詩家切玉刀)"[23]는 詩禪調和論, 및 嚴羽의 詩道와 禪道가 모두 妙悟에 달려있다는 이른바 "以禪喩詩" 등을 거치면서 구체화되었다고 할 수 있다.[24]

嚴羽는 그의 『滄浪詩話』 詩辯 第一則에서 다음과 같이 말하고 있다.

> 詩를 논하는 것은 禪을 논하는 것과 같다. … 漢·魏·晋·盛唐의 시를 배우는 사람은 臨濟의 문하이고, 大歷 이후의 시를 배우는 사람은 曹洞의 문하이다. 대체로 禪道는 妙悟에 있고, 詩道 역시 妙悟에 있다.[25]

그러나 嚴羽의 이론은 禪으로 詩를 비유한 것에 지나지 않는다. 그러나 淸의 王士禎에 이르러 詩禪一致論으로 이어지면서 중국 선시론 전개의 한 과정을 이룬다. 王士禎(1634~1711)은 嚴羽에 대하여 이렇게 말하고 있다.

> 嚴滄浪은 禪으로 詩를 설명하였는데 나는 그의 說을 깊이 터득하였다.

---

21 車柱環, 앞의 책, 290쪽.

22 魏慶之, 『詩人玉屑』 卷一.

23 元好問, 『元遺山詩集』 卷十.

24 陳良運, 『中國詩學批評史』, 2001, 390쪽.

25 詩論如論禪 … 學漢魏晋與盛唐詩者 臨濟下也 學大歷以還之諸者 曹洞下也 大抵禪道惟在妙悟 詩道亦在妙悟(嚴羽, <詩辯>, 『滄浪詩話』). 여기서의 "妙悟"가 바로 禪家의 "頓悟"와 동일한 것은 아니나, <涅槃無家論>의 "玄道在於妙悟 妙悟在於卽眞"이란 佛教語와 무관하다고 할 수는 없다.

그리고 五言의 경우는 더욱 그러하다. 王維·裵迪의 輞川絶句 같은 것은 한 글자 한 글자가 禪의 경지에 들어가 있다. … 그 妙諦와 微言이 世尊이 꽃을 따 보이자 迦葉이 미소 지은 일과 거의 차별이 없다. 그 풀이를 통달한 사람은 上乘을 말할 수 있다.[26]

王士禎의 위와 같은 嚴羽의 "以禪喩詩"의 이해는 한 걸음 더 詩禪一致에 접근한 것이다. 어쨌든 시선일치론은 唐에 그 근원을 두고 宋·元을 거치면서 중국 시론의 한 흐름을 형성하였고, 이것이 주변 漢字 문화권 국가의 시론에 대한 다대한 영향을 끼치게 된 것이다. 그리하여 高麗에서는 詩禪一如, 또는 禪心詩思論으로, 日本의 중세 五山文學에서는 詩禪一味論으로 범동양적 中世詩論의 중심적 시론으로 전개되었던 것이다. 그리고 이러한 중국으로부터의 禪詩의 전통은 각국의 現代詩, 現代詩論에까지 영향을 주어 그 맥이 傳統詩와 詩論의 한 흐름으로까지 이어지고 있다.

禪的 詩를 많이 썼던 趙芝薰은 그의 여러 詩論에서 詩禪一如論을 자주 언급하였는데 「현대시와 선의 미학」이란 글에서 이렇게 말하고 있다.

禪하는 사람이 가능한 풀이를 하는 경우 그것은 詩의 形式을 취하게 됩니다. 詩禪一如라 해서 시가 언어 중에는 가장 禪旨에 통하는 살아있는 언어형식이요, 압축 요약된 형식이며, 비약과 함축의 최대 가능성의 언어이기 때문입니다.[27]

詩禪一如論의 本旨를 정확하고 간단하게 정의한 것으로 이해된다.

---

26 嚴滄浪以禪喩詩 余深契其說 五言尤爲近之 如王裵輞川絶句 字字入禪 …(中略)… 妙諦微言與世尊拈花 迦葉微笑 等無差別 通其解者 可語上乘 <畵溪西堂詩序>(車柱環, 앞의 책, 288～289쪽. 再引).

27 印權煥, 「조선 전기 詩作의 禪心詩思」, 『詩眼』 여름호, 1999, 244쪽. 再引.

(2) 儒·佛家 선시론의 양상

① 유가의 경우

㉠ 儒佛一致論과 禪詩論

이 시기 儒家의 士大夫·文人들은 그 사상적 경향에 있어 대체로 儒·佛 同道論이거나 유불합일론 또는 排佛論으로 양분되어 있었다. 물론 그 强穩의 차이도 있었고, 어떤 사람은 생애 중 사상적 변이를 보인 사람도 있었다. 따라서 이 시기의 인물들을 명확하게 갈라놓고 논하기는 어렵다. 다만 본고의 성격상 전자, 즉 유불동도론이나 유불합일론의 측면에서 다룰 수밖에 없는데, 이들 인물들이 大小間 禪詩에 대한 詩論을 말하고 있거나 禪詩에 대한 일정한 안목을 보여 주고 있어 주목된다.

여기에 해당하는 인물들은 일찍부터 禪思想에 깊이 빠졌던 이들이다. 그러나 性理學이 시대의 대세로 부각되자 이 길로 전환하여 이념적으로나 현실 정치적으로 적극 가담하였지만, 이들의 사상적 저변에는 禪學에 대한 깊은 이해와 관심이 상존하고 있었다.

이들은 실제로 楞嚴會라든가[28] 談禪會 등을 통하여 불경 공부와 禪修行을 실천하기도 하였고, 온갖 佛事나 의식에 적극 참여도 하였다.[29] 또 禪僧들과 師弟, 또는 文友·詩友로 교유하면서 수많은 和答詩, 酬贈詩를 나누기도 하고, 승려들의 文集 序跋이나 碑文, 塔銘을 쓰기도 하였다.[30] 먼저 儒佛一致의 사상적 측면을 나타내는 몇 가지

28 趙明齊, 「14C 고려 사상계의 楞嚴會 성행과 그 사상적 성격」, 『伽山學報』 5, 1996에 상론되어 있다. 또 李奎報의 경우 능엄경에 관한 詩도 다수 전하고 있다. 정원표, 「여말 사대부의 불교시 연구」, 『국문학과 불교』, 1997, 221~222쪽.

29 당시 이들은 각종 국가의 불교 의식과 道場 등에 참여하였는데, 이때 普讚詩 등의 의식시를 지었다(印權煥, 앞의 책, 252~254쪽).

30 碑文만 해도 金君綏(知訥), 李奎報(慧諶), 閔漬(一然), 崔滋(了世), 李穡(懶翁) 등을 들 수 있다.

예를 보기로 한다.

理極從來心返原 이치의 궁극은 마음의 근원으로 돌아오는 것
三教同歸豈異門 유불선이 같은 근원이거니 무엇이 다르겠나. - 李穀[31]

性은 깨끗하고 움직이지 않고 순일하여 잡됨이 없으니 五常의 전체가 된다. 性은 마땅히 수행해야 하는 것이니 유교, 불교 함께 조금도 다름이 없다. - 李穡[32]

우리 유교에서 格物致知, 誠意正心으로 제가 치국 평천하를 이룬다면 불교의 맑은 마음과 止觀으로 本源과 自性의 천진함을 보는 것과, 부처가 생사의 고해에서 중생을 제도하여 寂滅의 세계로 돌아가게 함과 그 어찌 다름이 있겠는가. - 李穡[33]

三教宗風本不差 三教의 종풍은 본래 차이가 없거늘
較非爭是亂如蛙 옳다 그르다 개구리 소리처럼 시끄럽네.
一般是性俱無礙 똑같이 性이라 모두 막힘이 없거니
何錫何儒何道耶 무엇이 불교요 유교이며 도교인가. - 元天錫[34]

舍兄及弟擢儒林 고향의 형님 아우는 儒林에 발탁되었는데
阿弟傳燈契佛心 佛法 전해 받은 아우는 佛心에 합했네
覺帝素王同一軌 釋迦와 孔子가 모두 한 軌를 걸어가니
竹笙桐琵備諸音 대 생황 오동 비파 갖은 音을 갖추었네

31 李穀, <次韻題李僧統詩卷>, 『稼亭集』 卷十五.

32 "性湛然不動 純一無雜 而爲五常之全體也 性吾常養 儒與釋共無少異焉."(李穡, <雪山記>, 『東文選』 卷七十五)

33 "吾儒以格物誠正而致齊平 則釋氏之澄念止觀 以見本源 滋性天眞 佛渡人於生死波浪而歸之寂滅 豈有異哉."(李穡, <澄泉軒記>, 『東文選』 卷七十五)

34 元天錫, <三教一理序>, 『耘谷行錄』 卷三.

十年螢雪窮經達 십 년의 정진 끝에 불경을 다 통달했고
萬劫檀修悟道深 만겁을 檀같이 닦아 깨달은 道가 깊거니
若問工部同與別 만일에 그 공부의 같고 다름 묻는다면
將無同外更何尋 장차 같을 게 없다는 밖에 다시 무얼 찾으리. - 金時習[35]

위의 예에서 보듯이 이곡은 마음의 근원에서, 이색과 원천석은 性의 측면에서 三教의 一致를 말하고 있다. 또 이색은 그 근본정신과 목적에서, 김시습은 학문에 있어 儒佛이 일치함을 말하고 있다. 이 중 앞의 세 사람은 이 시기 性理學의 수용과 정착화에 크게 기여한 사람들이다. 그러나 위의 예에서 보는 바와 같이 佛教思想에도 깊은 이해를 가지고 유학과 동일시하고 있음을 알 수 있다. 물론 위의 예들은 그들이 전하는 많은 사상적 자료 중 本稿의 논지에 합당하는 부분만을 발췌한 것이다. 따라서 이들의 자료의 다른 부분에 성리학 위주의 더 많은 언급이 있고, 특히 성리학을 합리화함에 부차적 차원에서 불교의 이론, 또는 그 思惟의 틀을 원용하고 있는 경우도 많다. 그러나 본고의 冒頭 부분에서 언급한 바와 같이 이들이 살던 시대의 사조와 현실적 여건에 부응할 수밖에 없던 상황에서 성리학에 傾倒되었던 것은 사실이라 하더라도, 그 사상적 저변에는 禪思想을 중심으로 한 불교사상이 상존하였던 것 또한 사실이었다. 한편 金時習은 흔히 후대에 心儒迹佛로 일컬어지기도 하나, 그는 역시 禪思想을 저변으로 하고, 여기에 다양한 사상을 섭렵한 불교인이었다. 위의 詩 중 "覺帝素王同一軌"의 句는 그의 유불일치론의 측면을 잘 보여 주고 있다.[36]

이상에서 살핀 儒佛一致論은 이 시기 儒家들의 사상적인 상황을 여실히 보여 주는 예로, 이들의 禪詩論, 즉 詩禪一如論의 배경이 되

35 金時習, <洛山杖室座下五首> 中, 『梅月堂詩集』 卷三.
36 따라서 김시습의 경우는 詩論에 있어서도 양면성을 보이나, 역시 禪詩論에 가까움을 알 수 있는 바, 여기 대하여는 다음 "佛家의 詩論" 항에서 상론됨.

고 있다는 점에서 유의할 만하다.

이 시기 儒家의 禪詩論은 비록 체계적이지는 않으나 다양한 측면에서 나타나고 있다. 긍정적인 면, 부정적인 면이 공존하기도 하고, 禪僧의 시를 평하거나 서로 詩論을 나누기도 하며, 唐·宋代 중국 詩僧들과 비교 평가하기도 한다.

우선 이 시기 詩話集을 낸 李仁老(1152~1220)와 崔滋(1186~1260)의 경우부터 보기로 한다. 李仁老는 無碍智國師 戒膺의 詩 한 편을 들고 다음과 같이 평하고 있다.

> 대개 도를 얻은 사람의 말로써 優遊閑淡하여 이치가 심원하니 비록 禪月의 높고 빼어남과 參寥의 맑고 아름다움이라도 어찌 이보다 낫겠는가.[37]

前蜀의 승려 禪月과 宋의 승려 參寥의 詩를 비교하면서 작품의 심원하고 淸雅함을 찬양하고 있다. 그는 이 외에도 당시의 詩僧 惠素, 寥一 등의 작품을 수록하고 있으며, 華嚴月師의 시를 인용하고는 "詩를 지으매 賈島의 風骨이 있었다"(作詩有賈島風骨, 『破閑集』 中)라 하여 역시 대륙의 시인과 風格을 비교하고 있다.

崔滋는 이인로에 비하여 불교시에 대한 언급을 더 많이 하면서 관심을 보인다.

> 문순공의 시는 형용의 표현이 매우 교묘하고, 이학사의 시는 글귀마다 고사를 인용하였으며, 문열공의 시는 뜻을 불교에 두고 이치를 말함이 매우 심원하다.[38]

37 夫得道者之辭 優遊閑淡而理致深遠 雖禪月之高逸 參寥之淸婉 豈是過哉. - 『破閑集』 中.

38 文順公 形容甚工 李學士 句句皆用事 文烈公 寄意浮屠 言理最深. - 『補閑集』 中.

또 無己의 시를 인용하고는 "말은 버성긴 듯하나 부친 뜻이 깊은 바, 거의 寒山과 拾得의 무리가 아니던가."(語若踈易而寄意高深 殆寒拾之流歟, 『補閑集』 下)라 하여 唐의 禪詩人들과 견주고 있다. 또 大鑑國師 坦然의 시에 대하여는 "坦然은 필법이 정묘하고 詩格이 高淡한데 지나는 곳마다 쓰고 읊조린 것이 많았다."(坦然筆蹟精妙 詩格高淡 所過多題詠, 『補閑集』 下)라 하여 역시 坦然 시격의 高淡함을 평가하고 있다. 그러나 다음에서는 佛敎詩를 폄하하는 측면을 보이기도 한다.

> 김한림은 불교의 말을 쓰고 있다. 옛사람이 말하기를 "蘇子瞻은 비록 말이 호한하여 남은 뜻이 있으나 佛說에 가깝다. 그러므로 그의 글을 風騷의 작품이라고 말하지 않는다"고 하였다. 문열공의 猫兒詩 같은 것은 惠素師에게 답한 것이고, 김한림의 淸聚軒詩는 절을 제목으로 한 것이니 佛說을 가지고 말한 것은 마땅하다. 그 밖의 작품에서는 응당 천박한 異說을 쓰지 않을 것이다.[39]

金翰林이 시에 불교어를 쓴 것을 蘇子瞻의 경우와 비교하면서 못마땅하다고 말하고 있다. 특히 승려에게 준 시이거나 寺刹을 소재로 했을 경우를 제외하고, 불교적 용어가 사용되는 것은 천박한 짓이라고 나무라고 있다. 그런데 최자의 佛敎詩 폄하는 다음의 경우에서 더욱 그 도를 높이고 있다. 그는 直講 尹宇一의 말을 빌어 이렇게 말하고 있다.

> 僧家의 시에는 세 가지 品格이 있다. 말이 경론과 偈頌에 간섭되었으면 豆湯 흔적이 있다 하고, 시큼한 말을 잘한 것이면 구정물 방울이라 하며,

39 金翰林 使浮屠語 古人云 蘇子瞻 雖言辭浩翰有餘意 近於浮屠 非謂風騷之作 若文烈公猫兒詩 是答慧素師 金翰林 淸軒詩是題僧舍 宜以浮屠言之也 其他作不應淺異. -『補閑集』 中.

말한 것이 싸늘하고 潤氣가 없으면 나물끼라 이른다.[40]

불교시의 品格으로 경론이나 게송에 관련된 것, 詩語가 시큼한 것, 詩意가 차고 暖氣가 없는 것 등의 셋으로 나누어, 이들을 각각 "두부국" "구정물" "나물끼"[41]로 말하고 있다. 모두 佛家의 詩를 嘲笑하는 의도가 들어 있는 부정적인 평이나, 이 또한 詩論의 한 단면임에는 틀림없다.

이상 李仁老나 崔滋의 불교시에 대한 평은 詩話集 전체로 볼 때, 극히 적은 양에 불과하다. 특히 宋과 元의 불교시, 불교시론이 전래되어 있었고, 士大夫 詩僧들의 많은 불교시가 지어졌던 시기임을 감안할 때, 당시 시간의 불교시론은 미미하였다고 볼 수밖에 없다. 그러나 본격적인 詩話 속에 다루어진 최초의 불교시에 대한 논의여서, 빈약하나마 일정한 詩論史的 의미를 지니고 있는 것이 사실이다.

위의 이인로와 최자가 활약한 것이 주로 13세기였다면, 그 다음 세대인 14세기에 이르러 詩와 禪을 조화시키는 조짐이 시론에 나타나고 있음은 주목할 만하다. 우선 李穀(1298~1351), 李穡(1328~1395), 鄭道傳(1342~1398)의 예를 보면 다음과 같다.

一見便知眞面目 한 번 보아 문득 진면목을 알아
生多應結好因緣 태어나 마땅히 좋은 인연 맺으리
晩來更向蓮房宿 늦게 와 蓮華房 향해 잠자려니
溪水松風總說禪 시냇물 솔바람 소리 모두 禪을 說하네. - 李穀[42]

40 僧家詩格有三 語涉經論偈頌體 謂之豆湯痕 好作生酸語 謂之捨水滴 立語寒枯 謂之蔬笋氣. -『補閑集』下.

41 蔬笋氣, 蔬筍氣로 불리는 이 용어는 僧家의 詩를 貶下하는 의미로 사용되어 왔는데, 중국으로부터 유래된 말이다. 이 용어에 대한 상세한 논의는 다음 항에서 상론된다.

42 李穀, <宿長安寺>,『稼亭集』.

비록 한 편의 詩이나 禪僧들의 작품과 구별되지 않는 禪詩다. 특히 絶句의 "溪水松風總說禪"은 유명한 蘇東坡의 "물소리 곧 부처님 말씀이거니, 산빛인들 그 어찌 法身 아니리"(溪聲便是廣長舌 山色豈非淸淨身)나, 고려 景閑禪師(1298~1375)의 "산빛과 물소리에 佛法 모두 나타나니, 이 중에 그 누구 無生을 깨달으리"(山色水聲全體現 箇中誰是悟無生)와 다를 바 없다. 모두 삼라만상에 顯現된 眞身을 禪으로 상징하여 시화한 것이다. 詩禪一如의 경지다.

共通吟詩似坐禪 모두 시 읊음은 좌선 같다 하니
何曾妙處得單傳 어찌 현묘한 경지를 마음만으로 얻겠나
淸風明月眞無事 淸風明月 진실로 아무 일 없거니
到老相從自一天 늙도록 서로 따르니 스스로 한 세상이네. - 李穡[43]

역시 禪詩의 전형이다. 그리고 學詩와 坐禪을 같은 것이라고 하는 점에서 詩禪一如論의 의취도 드러내고 있다. 특히 起句는 前擧한 바, 『詩人玉屑』에 수록되어 있는 吳思道 등의 學詩詩 중 "시를 배움은 온통 참선을 하는 것과 같다."(學詩渾似學參禪)과 같은 내용이어서 그 영향이 확실하다.

주지하는 바대로 李穡은 元의 國子監에서 3년간 性理學에 깊이 몰두하면서 이를 체계적으로 이해하였고, 이를 토대로 정착기 성리학의 발전에 기여한 바 크다. 그러나 젊은 시절과 50세 이후 懶翁의 문도들과 잦은 교류를 가졌던 계기를 통하여 禪思想과 禪詩에도 깊은 관심으로 적극 참여하였다. 특히 그가 한때 佛法崇尙이 원인이 되어 世人의 기롱을 받았던 일이나(學問不純 崇信佛法 爲世所譏),[44] "吹笛峰"이란 시를 통하여 일시 豁然大悟 하였음을 말한 사실은[45] 그의 불교

43 李穡, <有感>, 『牧隱詩藁』 卷四.
44 <列傳> 卷二十八, 『高麗史』 卷下.
45 『牧隱詩藁』 卷十八.

에의 관심도를 잘 보여 주고 있다. 따라서 그는 상당한 量의 禪的 詩와 유불조화의 시를 남기고 있다. 이러한 점은 그의 사상이 어느 쪽으로 귀착하였는가 점과는 별개의 문제다. 그의 작품도 사상과 이념의 변이에 따라 달라져 갔을 것이지만, 많은 작품들은 그의 禪的 경향을 여지 없이 보여 주고 있기 때문이다. 다음 1수가 그 한 예이다.

吾生自放浪　　나의 생은 스스로 방랑함이니
行止付蒼天　　가고 머물기를 하늘에 맡긴다.
細雨防朝出　　가랑비는 아침 출발을 막고
淸風穩晝眠　　맑은 바람은 낮잠자기 알맞구나.
儘教幽興足　　모두 그윽한 홍취에 만족하니
肯怕俗緣牽　　어찌 俗緣에 끌릴까 걱정하리.
機事渾忘却　　세상 일 온통 잊어버리고
如參一味禪　　頓悟의 禪定에 들은 듯하구나.[46]

이색과 많은 시를 주고받았던 倫絶磵의 방문을 받고 지은 3首 중 첫 首다. 자신의 선적 의취를 잘 드러낸 禪趣詩의 전형이다.

한편 이 시기 斥佛의 선두로 불교를 날카롭게 비판하였던 鄭道傳 역시 禪詩와 禪詩論에 관련된 기록을 남기고 있어 주목된다.[47] 특히 그가 유배지에서 學詩의 방도를 禪的으로 말하고 있음은 특기할 만하다. 즉 玉潔先生과 貞白子간의 가상적 대화로 詩의 본질과 作詩의 방도를 禪과 결부시키고 있음은 특기할 만하다.

정백자가 옥결선생에게 묻기를, "시는 배울 수 있습니까?"하니, 선생은 "배울 수 없다."고 말한다. 이에 "<詩를 배움은 禪을 배움과 같다.>는 말

46 李穡, <倫絶磵公見訪三首> 中, 『牧隱詩藁』 卷九.
47 정도전의 禪詩에 대한 상황은 다음 논문에 詳論되고 있다. 趙麒永, 「鄭道傳과 禪詩」, 『淵民學志』 7, 1999.

이 古人의 公案에 있는데, 선생은 심하게 시를 배울 수 없다고 하십니까?" 하니, "네가 禪을 다 배우는 것을 기다렸다가 그때 너에게 가르쳐 주겠다." 한다. 다시 정백자가 "배우는 것을 묻는 것이 아니라 청컨대 배울 수 없다는 것을 묻습니다." 하니 "말하면 부딪치고 말하지 않으면 등지게 되며, 부딪치면 이쪽에 빠지고 등지면 저쪽에 빠지니, 부딪치지도 않고 등지지도 않으며, 中道에 맞추어 들어가면 바야흐로 本地風光을 볼 수 있을 것이다."라 한다. 이에 다시 정백자는 "저는 根機가 낮고 모자라서 때도 인연도 이르지 않았습니다. 이제 선생님의 말을 들이니 모기와 등에가 鐵牛를 깨무는 것과 같습니다. 청컨대 선생님께서 方便을 아끼지 마시고, 한마디 깨우침의 말씀을 내려 은혜를 베풀어 주십시오." …(중략)… 정백자는 흔연히 즐거워하면서 "이 또한 잘한 것이 아닙니까? 하나를 물어 셋을 얻었으니, 詩를 듣고 禪을 듣고 또 君子의 마음이 노파보다 정실함을 들었습니다." …(중략)… 옥결선생은 이로부터 다시 詩를 말하지 않고 혹 청하는 이가 있으면 "정백자가 있다."고 말하였다.[48]

비록 가상적 인물간의 대화로 되어 있으나, 여기에는 鄭道傳의 禪詩觀이 단적으로 나타나 있다. 특히 이 중에 나오는 "學詩如學禪"은 前擧한 바 있는 宋代 學詩學禪論 그대로이고, "本分風光", "蚊蝱齩鐵牛" 등 臨濟宗 看話禪의 話頭이다. 이들을 통하여 詩와 作詩를 말하고 있는 정도전의 진술은 가히 詩禪一致論 그 자체라 할 수 있다.[49]

정도전의 이러한 면은 실제 詩로 나타난 예도 많지만,[50] 다음 詩는 詩僧들과 交遊詩에 해당하는 것으로서, 작품 가운데 禪의 경계에 대

48 貞白子 問於玉潔先生曰 詩可學乎 曰不可 學詩如學禪 自有古人公案 先生因甚 道詩不可學 曰待汝學禪了 方向與汝道 曰學則不問 請問不可 曰言之則觸 不言則背 觸也落這邊 背也落那邊 不觸不背 中中而入 方許儞覻得本分風光 曰弟子根機下劣 時緣未到 今聞先生之言 與蚊蝱齩鐵牛相似 請先生不惜方便 下一轉語 以終惠焉 …(中略)… 貞白子 欣然而樂曰 不亦善乎 問一得三 聞詩聞禪 又聞君子之心 切於老婆也 …(中略)… 先生自是 不復言詩 如有請者曰 貞白子在.

49 金宗眞,『鄭道傳 文學의 硏究』, 1990 참고.

50 趙麒永, 앞의 논문.

한 동경심이 여실히 나타나 있다.

桑門有上首	스님 중에 수좌로 계신 분이
餘事能文章	餘技로 詩文에도 능하였는데
誰謂道里遠	그 누가 길이 멀다 말하는가
跂予可相望	발을 들면 바라볼 수 있건만
夫何在網羅	어쩌다 속세의 그물에 갇혀서
未得翔其傍	그 곁으로 날아가지 못하는가
題詩代良覿	詩를 지어 만나봄을 대신하니
髣髴接清光	맑은 그 모습을 마주한 듯하여라.[51]

위의 작품에서 당시 詩文에 능한 승려들이 많이 있었고, 이들은 정도전 등 士大夫들과 詩로 상교하고 있었음을 알 수 있다. 또 이러는 가운데 서로의 詩를 가지고 論評을 나누는 등 비평적 논의가 있었음도 족히 상상할 수 있다.

이 시기 儒家·禪家의 시인들이 交互하는 가운데 論詩를 통하여 佛教詩論의 존재를 드러내 주는 예로 詩僧 卍雨(1357~?)와 義砧(주로 1380년대 활동)의 경우를 들 수 있다.[52] 즉 李穡(1328~1395), 李崇仁(1347~1406), 그리고 柳方善(1338~1448) 등의 이들 詩僧들에 대한 언급과 평가가 그것이다.

普愚(1301~1382)와 混修(1390~1392)를 통하여 曹溪宗의 법맥을 이었던 禪師 卍雨는 호를 千峯이라 했는데, 詩文이 높아 당시 儒釋士林에 널리 알려졌고, 師表로 존경되기도 했다. 李穡은 그에게 千峯이란 호를 지어주면서 "千峯說"이란 號說을 짓기도 했다.[53] 이색은 부

51 鄭道傳, <寄瑞峯寬上人>, 『三峰集』 卷一.

52 이 두 사람에 대하여는 沈慶昊가 논한 바 있다. 沈慶昊, 「麗末鮮初의 詩僧 卍雨와 義砧」, 『金知見博士華甲論集』, 1991.

53 『牧隱詩藁』 卷十.

인이 죽자 卍雨를 불러 독경을 하게 했는데, 무려 14일이나 같이 머물다 떠날 때 <送峯上人遊方序>를 주어[54] 작별을 아쉬워했다. 또 成石璘(1338～1423)도 <次雨千峯詩卷韻>(獨谷集)을 지었고, 講和使로 왔던 日本의 승려 文溪가 떠나면서 詩를 청하여 尹祥, 成石璘, 徐居正, 朴彭年 등이 시를 지어 주었는데, 이때 卍雨가 또한 <送日本僧文溪>[55]란 시를 지어 줌으로써, 당시 士大夫 文人들과 그 列을 같이 할 정도로 文名이 높았음을 말해 준다.

특히 李崇仁의 다음 글은 이 시기 佛教詩評의 좋은 예가 된다.

> 卍雨가 객지에서 나를 따른 지 달포쯤 되어, 하루는 자신이 지은 시집 한 권을 보여 주었다. 그 시는 맑되 苦澁하지 않았고, 拙하지만 粗野하지 않았으며, 너글너글하나 미끈둥하지 않아, 읽으면 읽을수록 싫증나지가 않았다. 세상에 전하는 『唐九僧集』을 언젠가 훑어본 적이 있는데, 만우가 이룬 경지가 어찌 크게 뒤진다 하겠는가. 그렇지만 시가 잘되고 못되고를 가지고 만우를 논할 수는 없다. 만우와 나와는 족친 관계도 아니고 동향인도 아니요, 서로 이해가 얽힌 관계도 아니다. 그런데도 환난 가운데 서로 기탄하는 바가 없으니, 얻은 바가 시 말고 따로 있는 것이거늘, 뒷날 만우의 시를 보는 사람들이 그저 "만우는 시승일 따름이다"라고 말한다면 이것은 만우를 아는 것이 못된다. 그래서 만우의 사람됨을 아울러 드러내려는 것이다.[56]

위의 글에서 卍雨의 詩集이 있었다는 사실,[57] 그의 시에 대한 이숭

54 上同 卷九.

55 『東文選』 卷十.

56 雨從余旅寓月餘 一日 出其所作詩一帙見示 淸而不至於苦 拙而不至於野 腴而不至於膩 讀之悠久 而愈不知倦焉 世傳唐九僧集 予嘗竊窺其梗概 雨之所得 豈肯多讓乎彼哉 雖然 詩之工拙 不足以論吾雨也 雨之於予 非有族黨之好也 鄕里之舊也 濡沫相資之恩也 而相從於患難之中 略無畏忌 是其所得 又當在於詩之外 而後之觀雨之詩者苟徒曰 雨詩僧而已 則爲未知雨者也 余故併著其爲人者云. - 李崇仁, <千峯詩藁題後>, 『陶隱集』 卷二(역문은 심경호의 번역에 의하였음).

인의 好評, 중국의 『唐九僧集』[58]이 당시에 들어와 읽혔다는 사실, 그의 시가 唐九僧의 시에 뒤지지 않는다는 점, 그리고 만우는 詩僧으로서만이 아니라 사람됨에 있어서도 훌륭한 인물이었다는 사실이 나타나 있다. 무엇보다도 李崇仁이 당시 시단의 일반적 풍조와 달리 禪僧의 시를 높이 평가하고 있는 점이 주목된다. 한편 만우에 대한 언급은 柳方善의 시에도 나온다.

卓錫興天寺	홍천사 주지이신 스님은
禪家奕世孫	禪家의 빛나는 法孫
君王加禮貌	임금께서 禮貌를 더하옵시고
卿相謹寒暄	세상이 삼가 문안드리네
早透曹溪學	일찍이 曹溪의 학에 정통하였고
兼深闕里言	겸하여 闕里의 말씀[유학]도 탐구하였지
工詩曾破的	시에도 높은 재능, 정곡을 뚫었고
說法每逢原	설법을 할 때면 근원을 밝히네
胸次長江闊	가슴 속은 드넓어 장강과도 같고
詞話譴露繁	문장은 주렁주렁 이슬 맺힌 듯
齊驅陶隱駕	나란히 陶隱과 치달리고
優入幻菴門	우뚝 幻菴의 문하에 들었기에
釋苑名逾重	佛門에 이름이 더욱 중하고
儒林望更尊	儒林에도 명망이 새삼 높아라.[59]

여기에는 그가 曹溪의 禪脈을 이은 幻菴의 門下로서 儒學에도 밝

57 그의 詩는 <送日本僧文溪>와 <山中> 등 두 편의 五言律詩가 『東文選』 卷十에 전하고 있다.

58 歐陽修(1007～1072)의 『詩話』와 司馬光(1019～1086)의 『續詩話』에 나오는 것으로 希晝, 保暹, 文兆 등 九僧의 詩를 陳充이 모아 정리한 것인데, 世人의 칭송을 받았다 한다.

59 柳方善, <奉贈雨千峯>, 『泰齊集』 또 『東文選』 卷十一에도 전한다.

았으며, 임금과 재상의 인정을 받았으며, 李崇仁과 가까웠다는 사실이 나타나 있다. 그 중에도 그 詩에 높은 재능이 있어 일가를 이루었으며, 儒佛 兩家에 명망이 높았다는 사실은 당시의 詩評이 禪家의 시문학에 널리 확대되어 있다는 점을 간취할 수 있다는 점이다. 이러한 점은 또 다음 기록에서도 확인된다.

> 회암사의 주지 僧卍雨를 興天寺로 옮기게 하고 三品의 稟을 내렸다. 卍雨는 李穡과 李崇仁을 만나면서 詩論을 들어 어지간히 詩學을 알게 되었다. 이제 杜詩를 주석함에 있어 質疑를 하려 한다.[60]

王朝實錄 史官의 기록일 터여서 결코 厚한 평가를 기대할 수 없다 하더라도 그가 李穡과 李崇仁 등과 교유하면서 詩學을 터득하였다 함은 확실하다. 또 杜詩를 주석함에 그에게 질의를 하였다 함은 그가 杜詩에 누구보다 정통하였다는 사실을 말하며, 이로써 만우의 詩學의 수준이 당시 최고의 수준이었음을 보여 주고 있다. 그의 시 한 편을 들어본다.

寒窓射朝旭　　찬 들창에 아침 햇살 비칠 때
危坐爽煩襟　　오똑 앉아있자니 번잡하던 마음이 삽상하다
振筆摹山水　　붓 휘둘러 산수를 그리고
開書閱古今　　책 펼쳐선 고금 사적을 열람한다
無心干萬乘　　만승 천자를 구할 마음이 없고
有箒亭千金　　내 집 몽당비를 천금 가치로 안다
自適林泉興　　林泉의 흥에 자적하여
因題方外吟　　방외의 읊조림을 적어보노라.[61]

60 命檜巖住持僧卍雨移住興天寺 仍賜衣 令禮賓供三品之稟 卍雨及見李穡李崇仁 得聞論詩 稍知詩學 今註杜詩 欲以質疑也(『世宗實錄』 二十五年 四月 壬子條).
61 卍雨, <山中>, 『東文選』 卷十.

脫俗한 靜閑의 경지에서 林泉의 흥에 자적하는 심경을 담담히 읊은 작품이다. 특히 "方外"라는 말에서는 당시 佛家人들이 느끼는 사회적 소외감이 감지되고, 이러한 이른바 方外人들이 禪詩論에 가까운 계층이고, 그들에 의하여 그나마 禪詩類가 지어지고 유지되어 온 사실을 알게 한다.

다음 만우와 같은 시기에 역시 杜詩에 정통하였고, 柳方善에게 이를 가르치기도 했던[62] 승려 月窓 義砧도 鄭夢周, 金九容, 李崇仁과 교유하면서 詩學에 조예가 깊었던 불교인이었다. 생몰연대는 정확히 알 수 없으나, 대략 1380년 전후하여 활약한 인물로 추정되고 있다.[63] 다음 글은 사신의 시문학을 말한 것이다.

> 우리 불교의 가르침은 항상 마음을 비워 외물에 집착하지 않는 것을 도로 삼습니다. 이것은 세상에 대하여 담담히 아무 기호도 없어야 가능합니다. 그러나 사람의 마음이란 움직이지 않을 수 없으니 움직이면 嗜慾이 없을 수 없지요. 그래서 기욕이 사물의 유혹에 이끌려 마음을 해치는 일이 무궁합니다. 제가 詩文을 선호하는 것은 이것에 의탁하여 도피하려 해서입니다. 空虛로 숨어 한적하고 고독한 데 처하여 문자 사이에 쉬고 노닐어, 세상 근심을 씻어 버리고 근심을 잊어버리자는 것이 저의 뜻입니다. 이러면 물욕에 탐닉하여 마음을 상하게 하는 것과는 다르지 않겠습니까? 옛날 승려로 유가 사대부들과 교유하면서 詩文으로 즐긴 당나라 文暢같은 사람을 저는 정말로 흠모합니다.[64]

62 僧義砧號月窓 泰齋所從學杜詩者 …(中略)… 世稱能通杜詩. 『釋林』(영인본) 3권, 1971.

63 沈慶昊, 앞의 논문, 98쪽.

64 我佛之敎 以心常虛而不著於外物爲道 是其於世泊然無所嗜然後可也 然人之有心 不能無動 動則不能無所嗜 嗜慾之累於物誘而害吾心者 無窮焉 我之嗜詩文 欲以托此而逃之也 逃空虛而居閑處獨 息焉遊焉於文字間 消遣世慮 樂以妄憂 吾之志也 其與沒溺於物欲而喪吾心者 不有間乎 古之浮屠與儒士大夫游 以詩文自娛 如唐之文暢者 予實有慕焉. - <贈華嚴中德義砧序>, 『陽村集』 卷十五.

세속을 초탈하여 閑寂한 가운데 물욕을 버리고 마음을 文學에 의탁하여 詩와 더불어 노닌다는 禪的 詩觀이 躍如히 나타나 있다. 더구나 儒家의 사대부들과 詩文을 즐긴 唐의 詩僧 文暢을 欽慕한다는 데서, 그가 당시 처해 있던 禪詩人으로서의 위치를 알게 한다. 실제로 그는 杜詩에 일가견을 가지고 士大夫 文人들과 함께 作詩와 詩評에 어깨를 나란히 하였다.

이러한 점은 柳方善이 그를 회고하는 글에도 잘 나타나 있다.

我年二六逐諸子 내 나이 열둘에 여러 친구 따라서
手携書帙出塵陌 손에 책 잡고 시끄런 도시 떠나
直謁月窓便摳衣 월창을 뵈옵고 가까이 모셔
薰陶深荷擊蒙益 훈도를 깊이 입고 擊蒙도 힘입었지
餘力命題試詞賦 여가에는 제목 내여 詞賦를 시험하여
榜頭說宴爲勸責 榜 걸고 연회 열어 권면하여 주셨고
中秋重九或暇日 중추절 중구날이나 어쩌다 틈나면
佩酒遊山共蠟屐 술병 들고 산에 놀려고 신발을 함께 손 보았고
反酣促膝忘形骸 무릎 마주하여 얼큰 취해 육신을 다 잊었나니
論詩不讓惟巨擘 詩 品評은 양보 않아 당대의 으뜸
當時儒釋數十輩 그 당시 유가 불가 수십 분들이
各在異縣俱役役 지금 각기 다른 고을서 분주하건만
旅床獨臥少歡趣 나만은 객지서 홀로 누워 즐거움 하나 없이
忽憶往事熱胸臆 문득 지난 날 생각하니 가슴 속이 느꺼워라
我今作歌知奈何 이제 노래 지은 들 어쩔 것인가
回首冠山白雲隔 고개 돌려보니 관산은 흰 구름 저편.[65]

여기서 유방선뿐 아니라 많은 사람들이 義砧의 薰陶를 받아 詩文

65 柳方善, <冠山歌>, 『泰齋集』(초간본), 1450(沈慶昊, 앞의 논문에서 재인용).

공부를 하였다는 사실을 알 수 있다. 그리고 무엇보다도 의침이 "論詩"에 있어 당대의 거벽이었다는 점과 그 주위에 儒家, 佛家 수십 명이 교유하면서 유불의 구별이 없는 가운데 論詩에 참여하고 있음을 보여 준다.

이상에서 살핀 바처럼 卍雨와 義砧은 당시 杜詩學의 대가였고, 禪詩人, 佛教詩論家로서 유불을 넘나들며 큰 활약을 한 이 시기 禪詩論의 중심 인물이었던 것으로 판단된다. 이런 점에서 沈慶昊가 조선 초기의 詩學은 佛門의 學杜 전통에 힘입은 바 크고, 儒佛家의 유불일치론에 의하여 유불교섭이 여러 각도에서 이루어졌으며, 여기에 詩僧들의 활동이 컸다는 말은[66] 매우 타당한 지적이라 하지 않을 수 없다.

㉡ 禪詩 貶下와 菜蔬氣論

이 시기 詩論의 중심은 당연히 儒家 文人들이었고, 이에 따라 佛家의 詩나 詩論에 대하여는 경시하거나 부정적일 수밖에 없었다. 이는 불가피한 시대적 흐름이었고, 佛家의 자료가 零星하여 전하는 것이 빈약함도 여기서 유래하는 당연한 결과라 할 수 있다. 그러나 아무리 비판적이거나 부정적인 견해나 이론이라 하더라도, 그것이 당시에 논의된 詩나 詩에 관한 이론이라면 不可不 詩論에 포함될 것임은 물론이다.

이 시기 儒家 文人들은 詩僧들의 작품을 평함에 있어 "蔬筍氣"라는 말을 많이 사용했다. 이는 승려들이 肉食을 않고 菜食만을 하는 관계로 詩에 氣가 결핍되어 意境이 寒枯함을 말한 것이다. 즉 "나물끼"란 승려들의 시에 대한 경시 내지 嘲笑의 의미가 담긴 말로 부정적 평가에 해당하는 용어라 할 수 있다.

그런데 이 말은 원래 중국에서 전래한 詩評의 용어로, "蔬筍氣", "蔬笋氣", "菜氣" 또는 "酸餡氣"[67]라고도 불렸고, 淸의 賀貽孫은 그의

66 沈慶昊, 앞의 논문.

『詩符』에서 "鉢盂氣"라는 용어를 쓰기도 했는데,[68] 뜻은 모두 한 가지로 주로 宋의 僧詩에 대한 嘲弄의 의미였다. 그리고 이 용어는 蘇軾의 <贈詩僧道通詩>에서 유래하였다. 즉 "煙霞를 띄운 말은 옛보다 적어졌고, 나물기 머금은 기운은 公에 이르러 없어졌구려"(語帶煙霞從古少 氣含蔬笋到公無)라는 것인데, 이는 나물만 먹는 出家僧들의 단점으로 '蔬笋氣'란 용어를 처음으로 적시한 것이다. 그 후 이 용어는 중국의 시단에서 出家詩人들의 작품을 嘲笑함에 주로 쓰였고, 우리나라에 와서도 麗末鮮初에 같은 의미로 쓰였다.[69]

앞의 ㉠에서 언급한 것처럼 우리의 경우는 崔滋의 『補閑集』에서 처음 출현하고, 그 이후 徐居正(1420~1448)이 주로 사용하였다.

> ㉮ 옛 사람의 시는 佛家의 말을 많이 써서 기이한 기세를 돋우었다. 한림 陳澕의 시 …(중략)… 는 뜻이 새롭고 말이 기이한 것만 못하다.[70]
>
> ㉯ 예로부터 곤궁한 사람의 詩語는 모두 枯寒하고 瘐淡했다. …(중략)… 泰齋 柳方善의 시 "뱃속에 거친 밥 먹는데 언제 배부른 적 있으랴 몸에 홑옷 걸쳤으니 추위에 괴롭도다" 등의 詩句에는 곤궁한 기상을 엿볼 수 있다.[71]
>
> ㉰ 선림의 詩는 그 기상이 같지 않다. 그러나 禪旨를 말하여 말과 뜻에 은연히 나타나는 일은 적다. …(중략)… 千峯上人이 지은 시 한 줄은 "檜나무 늙은 천년의 빛 종소리 차갑게 한밤중에 울리네"인데, 당시 사람들이 그렇게 중하게 여기지 않았다.[72]

67 "酸餡"은 쉰 떡을 말한다.

68 周裕鍇, 『中國禪宗與詩歌』(三刷), 2000, 45쪽.

69 그런데 僧詩의 蔬筍氣를 부정적 측면으로만 볼 것인가, 禪詩가 지니는 美的 요소를 다양하게 본다고 할 때, 일반 文人들의 淸閑, 平淡, 高逸, 閑寂 등과는 어떻게 다른가, 별도의 논의가 필요할 것으로 생각된다.

70 古人詩多用佛家語 以騁奇氣 如陳翰林詩 …(中略)… 未若陳之意新而語奇. -『東文選』上, 七十五.

71 自古窮人之語 皆枯寒瘐淡 …(中略)… 柳泰齋方善詩 "腹中鹿飯何曾飽 身上單衣若不慍" 等句可見惟悴困踣奇象. 위의 책 下, 九.

㉱ 대개 臺閣의 詩는 기상이 호방 풍부하고 草野의 詩는 정신과 기상이 맑고 담백하며, 禪道의 詩는 정신이 메마르고 기운이 모자란다. 옛날에 시를 잘 보는 사람은 類를 이렇게 나누었다. 唐宋 이래로 僧侶가 詩로써 이름난 자가 무려 수백 사람에 이른다. …(중략)… 그러나 峭古하고 淸瘦한 기운이 넘치되 優遊와 中和의 기운이 없으면 마침내 시가가 酸餡之氣를 면할 수 없는 것이니, 그러니 어찌 억지로 그렇게 되었겠는가. 蔬筍의 氣는 그럴 수밖에 없는 것이다.[73]

위에서 ㉮는 시에 있어 佛家詩가 奇氣를 나타내지만 마땅치 않다는 평이요, ㉯는 곤궁한 사림의 詩語는 메마르고 차갑다고 하면서 前擧한 卍雨와 義砧과 가까웠고, 의침에게서 杜詩를 배운 柳方善의 詩를 그 예로 들고 있다. 결국 유방선의 蔬筍氣를 지적한 경우라 할 수 있다. ㉰ 역시 卍雨의 시를 예로 寒枯한 語意를 당대 시인들이 대단히 여기지 않았다고 간접적으로 지적하고 있다. ㉱는 徐居正의 禪詩觀을 단적으로 보여 준다. 즉 禪家의 시는 神枯하고 氣乏한 것이라 단정하면서 酸餡之氣와 蔬筍氣를 들어 그 이유로 들고 있다.

이러한 서거정의 선시관은 그의 일관된 시론이요, 詩評의 기준이었고, 또 儒家의 思無邪에 입각하여 바라본 佛家詩에 대한 詩觀이었다. 그의 이러한 점이 그의 주관으로 편찬된 『東文選』, 選詩의 기준으로 작용하였음은 말할 나위도 없다. 이를 단순히 그의 美意識 때문이라고 하는 것은[74] 일면 타당하나, 그 미의식 자체가 지나치게 당시 현실의 관료 귀족의 취향에만 牽引되어 있다면, 당시까지의 우리나라 詩

72 禪林詩其氣象不同 然談論禪旨 隱於言意之表者蓋寡 …(中略)… 千峯上人有一聯云 "檜老千年色 鍾寒半夜聲" 時輩不甚重之. 위의 책, 下, 五十六.

73 蓋臺閣之詩 氣象豊富 草野之詩 神氣淸談 禪道之詩 神枯氣乏 古之善觀詩者 類於是乎分焉 自唐宋以來 釋氏之以詩鳴也者 無慮數百家 …(中略)… 然肖古淸瘦之氣有餘而無優遊中和之氣 然未免詩歌酸餡之氣 然是豈强爲以然哉 蘇荀之氣 不得不爾也. - <桂庭集序>, 『續東文選』 卷十五. 『桂庭集』은 不傳이나 이 시기에 활약한 詩僧釋省敏의 所著다. 成俔, 『慵齋叢話』 卷八.

74 李東歡, 「東文選 選文 方向과 그 意味」, 『고전비평연구』 I, 1997, 191~192쪽.

모두를 대상으로 한 選文 기준으로는 편협하였다는 지적을 면하기 어렵다. 특히 禪詩에 대한 측면에서 그렇다.[75]

한편 蔬筍氣란 용어는 단순히 詩에 대한 것만이 아니라 모든 면에서 "僧態"라 할 만한 대상에 두루 적용되었다. 李穡은 義砧에 대한 인물됨을 말하는 가운데 "의문이 비로소 풀려 지금 세상에서는 보기 어려운 僧이라고 생각되어 자못 공경하는 마음을 가졌다. 이런 일이 있은 뒤에 비로소 말을 내뱉었는데, 蔬筍氣가 전혀 없었다."[76]라 하여 語言에서의 소순기를 말하고 있다. 또 金時習이 승려의 시를 말하는 가운데 "蔬筍氣가 아주 없어졌으니 누가 고기 먹길 즐겨 않으리."(逈無蔬筍氣 孰不芻豢悅)[77]라 말하고 있는데 仁上人에게 주는 詩 中 그의 詩에 대하여 언급하는 데 나오고 있다. 이 경우는 佛家人에 의한 소순기 언급이란 점에서 별다른 의미가 있다. 이는 김시습이 유불 양면을 지닌 인물이었다는 점과, 소순기란 용어가 僧詩를 논하는 가운데 거의 당시기의 詩界에 일반화된 용어였다는 證票로 볼 수도 있다.

이상에서 蔬筍氣에 대하여 一瞥하였거니와 이 용어는 詩論에 있어 僧態를 지적한 말로 선시를 貶下함에 사용되었음을 알 수 있다. 그리고 朝鮮 후기에 이르러 蔬筍論이 다양한 측면으로 시론에서 논의되고 있는데 여기에 대하여는 李晉吾의 상세한 논의가 있다.[78]

② 불가의 경우

㉠ 詩僧의 갈등론과 조화론

이 시기 儒佛一致論이라 함은 儒家측에서는 초기, 그것도 일부 불

75 여기 대하여는 별도의 考究가 요구된다.

76 予疑始釋 以謂今世難得 頗敬之 自茲後 始吐言則無蘇荀氣 …. - <送月窓序>, 『牧隱集』 文藁 卷八.

77 <贈仁上人>, 『梅月堂詩集』 卷三.

78 李晉吾, 『韓國佛教文學의 研究』, 1997, 237~252쪽.

교를 잘 알고 긍정적으로 생각하는 이들의 포용적인 태도였다. 그리고 이러한 면도 朝鮮朝 건국 이후, 國基를 다져가는 상황이 되면서는 태도가 표변하는 경우도 많았다. 그러나 佛家 쪽은 달랐다. 정치, 사상, 사회, 제도적으로 가해져오는 유교 집권측과 새 시대에 편승한 士大夫들의 탄압과 공격은 날로 그 도를 더해갔다. 따라서 이들에 있어서의 儒佛一致論은 기존의 기반을 지키면서 살아남기 위한 타협적 대응이요 절충책의 하나였다. 涵虛堂 己和(1376~1433)의 「顯正論」이나 「儒釋質疑論」은 결국 鄭道傳(1342~1398)의 「佛氏雜辯」으로 대표되는 거센 斥佛論에 맞서고자 하는 일종의 護佛을 위한 대응책이었다. 佛家의 詩文學 또한 동일한 상황에 놓였을 것임을 물론이다.

이때 己和의 다음 시는 그의 불교 문학에 대한 비장한 결의마저 느끼게 한다.

> 佛足山頭閑日月 불족산 꼭대기 한가한 세월
> 銀川江上別乾坤 은천강 뒤는 별천지로다.
> 筆端添得妙光彩 붓 끝에 오묘한 광채 더한다면
> 也應千載傳遺文 천년토록 이런 글을 끼쳐 전하리.[79]

불교적인 오묘한 세계를 필봉으로 광채를 내어 천 년토록 끼치겠다는 그의 상념은 날로 죄어드는 현실적 위험에 대한 결연한 각오로 보여지는 적극적인 자세다. 한편 이 때 金時習(1434~1493) 입장은 또 남다른 바 있었다. 己和보다 시기적으로 뒤인데다 그는 원래 士大夫로서의 진출을 꿈꾸었고 돌연한 정치적 상황에 분연히 세상을 박차고 佛門에 들어왔던 터라, 현실 복귀에의 꿈도 항상 지니고 있었다.[80] 그런데다 그는 儒學에 대한 폭넓은 지식과 이해를 지니고 있었다. 이

---

79 己和, <文章蓋世>, 『涵虛堂得通和尙語錄』.
80 印權煥, 「김시습의 인간・문학・사상」, 『韓國佛敎文學硏究』, 1999, 525~534쪽.

런 가운데 그는 儒佛間, 특히 시문학에 있어 사대부 文人과 禪僧과의 상호 교류와 조화를 지향하는 입장을 견지하고 있었다. 淸寒子와 客과의 문답체로 이루어진 <雜著>에는 그의 儒佛相通의 정치적 입장이 확연히 보이고 있다.

불교가 出世間에서 高雅한 가운데만 머무는 것은 조정과 백성을 멀리하여 聖人의 道를 저버리는 것이니 佛徒로서 무슨 방법이 없느냐 물으니 그는 이렇게 대답한다.

> 그런데 佛教의 근본 뜻은 慈愛를 우선으로 삼는 것이니, 임금된 자로 하여금 백성을 사랑할 바를 알게 하고, 아비된 자로 하여금 자식을 사랑할 바를 알게 하고, 남편된 자로 하여금 아내를 사랑할 바를 알게 하여, 위로는 그릇되고 어긋난 정치가 없게 하고, 아래로는 죽이고 반역하는 생각을 버리게 함으로써, 천하의 사람으로 하여금 다 편안하고 무사하게 살면서 농사와 누에치기를 힘쓰고, 처자를 기르고, 어른을 공경하고, 어린이를 보살피게 하는 것이다. 그러므로 비록 仁이니 義니 하는 말은 없으나 죽이지 않고 도둑질하지 않는다는 깨우침이 이미 '인'과 '의'의 자취를 드러낸 것이니, 왕실을 복되게 돕고 백성을 길이 편안하게 하는 공이 또한 더할 바 없는 것이다.[81]

결국 불교의 慈愛와 유교의 仁義는 상통하는 것인 만큼, 佛徒로서도 현실에 참여하여 왕실을 돕고 백성을 편안하게 해야 한다는 것이다. 또 客이 唐의 詩僧 靈一·貫休, 宋의 詩僧 可久·惠洪이 사대부가와 교유하면서 詩老로 불린 사실을 들며 이에 대하여 묻자, 儒釋을 물론하고 才와 德이 갖추어야 크게 쓰일 수 있다면서

> "영일은 律僧으로서 淸高하여 세상의 추앙하는 바가 되었고, 관휴도 또

81 『國譯 梅月堂文集』 十六卷.

한 고승으로서 덕행이 있어 紫衣를 받았으며, 가구에 이르러서는 쓸쓸한 방 하나에 다른 물건을 남겨 두지 아니하였고, 혜홍은 禪學이 詩와 담화를 잘하여 그 재주가 족히 덕과 짝이 될 만하고, 그 덕이 족히 재주를 포용할 만하였으니, 좀스러운 무리가 한갓 문장 수식이나 일삼아서 한때에 빛이 나는 것과는 비교할 수 없는 것이다."[82]

라 하여 禪僧으로 才德이 겸비한 人材가 詩와 담화에 능하다면 정치사회에 등용될 수 있다면서 강한 현실참여 욕구를 보인다. 또 慧遠法師, 陶淵明, 陸修靜의 이른바 虎溪三笑를 예로 설명하면서 또 이렇게 말한다.

"그 외에도 이전의 고승들이 혹은 佛光을 위하여 청하는 데 나가고, 혹은 談笑하면서 交遊하고, 혹은 익살로 탄복하게 하고, 혹은 詩와 예로써 달래고, 혹은 疑惑을 변론하여 懷柔하고, 혹은 詩의 법식으로 벗하였는데, 모두가 은근하게 꾀어들여서 道에 들어가게 함이니, 어찌 時流를 타는 무리들과 같이 질탕하게 방랑하면서 물결에 드날리고 풍랑을 일으키려 함이었겠는가?"[83]

즉 高僧으로서도 유교 지도층과 交遊하거나 懷柔하여 詩로써 벗을 하여 함께 道를 닦고 정치에 참여함이 마땅하다고 강조하고 있다. 다만 아첨하는 時流輩들은 경계해야 한다는 것이다.

이처럼 김시습은 儒佛은 상통하므로 서로 詩의 교류를 통하여 함께 詩와 治世를 담당할 수 있음을 말하면서, 당시의 현실에 있어 詩僧으로서의 사회적 입장과 참여의식을 보여주고 있다. 일종의 당시 사회의 局面 타개 방안과 詩라는 매개물을 통하여 유가와 불가가 화

82 위의 책, 仁愛 第十.
83 위와 같은 곳.

합하여야 한다는 사회적 當爲를 중국의 高僧들의 사회 참여의 예를 통해 말하면서, 은근히 김시습 자신의 현실관을 드러내기도 한 것으로 보인다.

한편 智儼(1464~1534)은 이러한 현실 속에서의 고독과 심리적 갈등을 다음과 같이 詩로 나타내고 있다.

> 唐虞再盛當今日 요순이 오늘날 다시 성하니
> 多士能通古聖心 많은 선비 옛 성인의 마음에 통하네.
> 嗟我林泉孤息影 아아! 나는 林泉 외로이 머무니
> 瞢瞢長想杏壇梁 눈 앞에 오랫동안 杏壇이 아른거리네.[84]

유학과 성리학을 앞세운 새로운 세력이 온통 사회를 지배하는 사회에서, 불교인은 외로이 林泉에 묻혀 있다. 그러나 道에 정진하던 杏壇이 그리움을 통해 일어나는 심리적 동요를 어찌할 수 없다.

한때 明定王后의 부름으로 불교 부흥에 앞장서서 큰 공을 세우고 헐어진 寺刹을 다시 세우고 僧科를 부활시켜 불교계에 활력을 불어넣던 普雨(1515~1565)는 그 만큼 큰 儒敎 士大夫들의 저항을 받아야 했다. 다음 두 수의 시는 이때 그런 현실에 대한 대응태도를 보여준다.

> 孔卽言常佛卽權 孔子는 常이라 말하고 부처는 權이라는데
> 如分一手掌幷拳 이는 한 손이 손바닥과 주먹으로 나뉨 같아.
> (…4행 생략…)
> 二仙俱是同推轂 두 신선 함께 수레를 밀고 가니
> 易地何曾較後前 처지를 바꾸면 어찌 앞뒤를 비교하겠나.[85]

84 智儼, <次金承旨韻>, 『碧松集』.
85 普雨, <儒釋權常一致>, 『虛應堂集』 上.

儒釋雖分道不殊 유교와 불교가 비록 나뉘어 있으나 道는 다르지 않아
古來僧友盡名儒 예부터 스님들은 모두 이름난 선비라.
棗溪不斷驚人句 조계 선생 놀라운 詩句 끊이지 않고
圓澤常承照夜珠 이 사람은 늘 받아 夜明珠로 비춰보네.[86]

위의 작품은 孔子의 유학에서 말하는 常과 釋迦의 불교에서 말하는 權이 손바닥과 주먹이 함께 손이 되는 것처럼 유불이 함께 조화할 수 있음을 말하고, 함께 國家란 수레를 밀고 나가자고 말한다. 이처럼 유불이 동조하여 서로의 입장을 바꾸어 이해하면 국가 운영에도 이롭고 서로 대립, 갈등할 필요가 없다는 것이다. 아직 세력을 유지하고 있을 때의 심경을 토로한 것으로 보인다. 다음 작품은 당시의 재상이었던 鄭萬鍾(?~?)이란 이와의 詩를 통한 교유를 보여주는 작품이다. 정만종이 中國에 使臣으로 갈 때 준 이 시에도 유교와 불교가 비록 다르나 가는 길은 같다고 하면서 유교의 선비와 불교의 스님이란 본래 같은 知性人이라고 말한다. 그러면서 그와의 詩를 통해 나누는 사상적, 심리적 교류를 소중히 여김으로써 儒佛이 조화할 것을 은근히 내비치고 있다.

위에서 살핀 바와 같이 佛家 詩僧들은 세차게 밀려오는 斥佛의 새로운 사조와 禪詩 卑下의 시단의 풍조 속에 심한 갈등으로 몸부림쳤다. 그러면서 다른 한편으로는 詩라는 공유의 매개체를 통하여 상호간 調和와 共存을 시도하는 타협과 절충의 입장을 나타냈던 것이다.

㉡ 禪心詩思의 詩的 展開

급격한 변혁의 시대였던 조선 초기가 지날 무렵인 15세기를 넘어서면서, 佛家의 詩僧들은 억눌린 사회적 분위기 속에서 차츰 나름대로의 안정의 상황으로 돌아가기 시작했다. 前項에서 살핀 대로, 유불

86 普雨, <禪餘迹懷奉鄭使華棗溪閣下>, 『虛應堂集』 上.

일체를 표방하면서 詩의 역할을 강조하였던 金時習(1434~1492)은 뜻대로 되지 않는 현실의 완강한 벽을 의식하면서, 詩禪이 조화되는 高逸과 閑寂의 경계로 자리를 잡아갈 수밖에 없었다. 다음은 그런 심경의 표출이다.

詩句每因閑裏得　詩句는 언제나 한가로움 속에 얻고
禪心多向靜中牽　禪心은 모두 다 고요함 가운데 끌리네.
青山强對癡然笑　푸른 산을 억지로 대해 바보스런 듯 웃고
明月誰分落小泉　밝은 달은 누가 나누어 작은 샘에 떨어졌나.[87]

여기서 한가함이란 일정부분 世俗과 연결된 일상적 생활 속의 정취를 말하고, 고요함이란 禪的 思惟의 경지를 말하는 것으로 볼 수 있다. 결국 閑과 靜은 詩와 禪과 짝을 이루면서 동시에 하나로 연결 통일된다. 이런 경계에서 禪詩가 탄생한다. 青山과 明月과, 그리고 이를 대하는 自我는 여기에서 합일되며, 이것이 곧 禪悅의 경지다.

이처럼 김시습이 詩와 禪의 경지에 노닐 때, 그리하여 전국의 名山大刹을 편력할 때, 가는 곳마다 뜻을 함께 하는 道伴이 그를 따랐다. 思想的으로 儒·佛·仙을 달통한 위에 詩才까지 탁월하였던 그를 따르는 詩僧들은 많았다.

人日到新寧　人日에 新寧 땅에 도착하고
晨興未盥櫛　새벽에 일어나 세수하고 빗질도 안 했는데
忽有一山僧　갑자기 한 山僧이 찾아와
袖詩來告謁　소매 속에 詩 넣고선 날 만나자네.
讀詩十四篇　그 詩軸 열네 편을 다 읽어보니
一一皆佳作　하나하나 모두 佳作이었네.

87 金時習, <贈峻上人>, 『梅月堂詩集』 卷三.

上語語道德　　높은 말은 도와 덕을 말하였고
下語語民俗　　낮은 말은 백성의 풍속을 말했네.
迥無蔬荀氣　　蔬荀의 기운은 멀리 없어졌으니
孰不蒭豢悅　　누가 고기 먹길 즐겨 않으리.
道可雙惠能　　道는 惠能과 쌍을 이루고
詩能兩靈澈　　詩는 靈澈이라 할 만하네.
桑門久彫喪　　佛門에 오랫동안 사람 없어서
傳道百無一　　道 전할 이 백 사람 중 하나도 없더니
師也兩兼之　　大師가 두 가지 모두 겸비하였으니
我何不刮目　　내 어찌 눈 비비고 보지 않으리.[88]

위의 작품에서 당시 김시습이 詩僧만으로서가 아니라 禪詩論者로서 뭇 시승들의 작품을 평가하고 詩評家의 역할을 하고 있음을 알 수 있다. 어느 해 정월 초 新寧이란 곳에 머물 때 찾아온 山僧은 14편의 시를 가져와 평을 청한다. 김시습은 편편이 佳作임을 말하면서 禪道에 있어서 六祖 慧能을, 詩道에 있어서 당나라의 시승인 靈澈과 견주고 있다. 그러면서 조선조 이후 황폐하여 가는 禪詩의 세계에 선과 시를 겸비한 시승이 출현하였음에 刮目하고 있다. 이러한 경우가 여기에서의 산승만이 아니었음을 想定한다면, 당시 선시계에 있어 김시습의 역할이 적지 않았음을 족히 상상할 수 있다.

김시습보다 조금 뒤에 나와 불교 중흥에 진력하다 유자들에 의해 비참한 최후를 맞았던 虛應堂 普雨에 대하여는 前項에서도 언급한 바 있지만, 그 또한 선과 시에 있어 한 시기를 빛낸 이였다. 다음의 <禪心詩思爭雄不已>란 시는 선과 시의 오묘한 갈등양상을 보이고 있는 점에서 주목된다.

88 金時習, <贈仁上人>,『梅月堂詩集』卷三.

詩魔禪將兩爭雄 시마와 선장이 서로 자리를 다투고
愁殺天君日夜攻 근심은 마음을 빼앗고자 밤낮을 침공하네.
將必遜魔興筆陣 선장이 시마에 양보하면 필진이 일어나고
魔應輸將倒邪鋒 시마가 선장에게 지면 간사한 필봉이 넘어지네.
難兄難弟魔情快 난형난제 시마의 정 거리낌 없고
無弱無强將氣濃 강약 없는 선장의 기운 성하기도 하다.
安得二讐俱打了 어떻게 두 적수를 모두 깨뜨리고서
太平國家任從容 태평한 나라로 조용하게 할까.[89]

이 시에서 시를 詩魔로, 선을 禪將으로 의인화하여 둘 사이의 양보 없는 싸움을 선명하게 그리고 있다. 이는 곧 作詩上의 심적 갈등을 말한다. 원래 詩魔란 시인으로 하여금 시를 쓰지 않을 수 없게 하고, 시인 또한 시에 골몰하여 시를 쓰지 않고는 못 배기게 하는 귀신이다. 李奎報는 詩癖이란 말을 쓰기도 하였다. 그는 막상 시마가 떠나면 시를 짓고 싶지도 않고, 아무리 노력해도 시를 지을 수 없다고 하면서 <驅詩魔文>을 쓰기도 하였다.[90] 그런데 普雨는 여기에 禪將을 대립시키고 있다. 그에게 있어 시마는 시인으로서의 예술적 정서요, 선장은 선승으로서의 온갖 정서와 분별심을 버린 깨달음을 위한 선적 직관이다. 그런데 작자는 어느 한 쪽에만 마음을 줄 수 없는 심적 갈등을 보여주고 있다. 이것은 결국 양자를 구별하면서도 어느 한 쪽에만 비중을 두지 않는 입장을 취한 것이다. 따라서 普雨는 시인적 입장과 선승 사이에서 작시상 고민을 하면서 두 가지의 갈등을 어떻게 타개하고 통일하여 마음의 안정을 찾겠는가를 고민하고 있다. 즉 선과 시는 통일되어야 한다는 통일성의 모색을 통하여 마침내 詩禪一如의 경지를 지향하고 있는 것이다.

89 普雨, 『虛應堂集』 上.
90 정민, 『한시미학산책』, 1996, 195～212쪽.

그의 다음 시는 앞에 시 제목에서 사용한 "禪心詩思"를 시어로 쓰고 있다.

春山無伴獨心幽 봄 산에 홀로 오르니 호젓한 마음 그득하고
路挾桃花親杖頭 길가의 복사꽃 지팡이에 스치누나.
一宿上雲疎雨夜 하룻밤 상운사에 부슬비는 내리는데
禪心詩思兩悠悠 禪의 마음 詩의 생각 함께 아득하구나.[91]

結句의 "禪心詩思兩悠悠"는 두 마음이 합일된 심원한 경지를 말하고 있는 것으로 역시 詩禪一如의 시적 표현이다. 禪心詩思는 이들보다 조금 후인 16세기 善修(1543~1615)에 의하여도 시어로 사용되고 있다.

逢君話到五更鍾 그대 만나 새벽까지 이야기 하노라니
忘却禪心詩思濃 禪心은 잊어버리고 詩 생각만 무르녹네.
惆悵人間多事在 인간에는 근심과 슬픈 일이 많은데
秋風日暮下雲峯 가을 바람 날 저물자 구름 낀 산 내려가네.[92]

선심은 선정의 경지를 말하지만 시사는 근심스럽고 슬픈 세속의 일에서 생겨나는 정감이다. 그런데 선심이 잊혀지자 시사가 짙어진다고 했다. 이는 반대로 선심이 강해지면 시사는 약해진다는 뜻이다. 따라서 선심과 시사는 일견 대립관계로 보인다. 그런데 轉句에서는 세간의 근심과 슬픔을 강조했고, 다시 結句에서는 구름을 밀어내는 가을 바람을 부각시키고 있다. 이로써 보면 선심과 시심이 조화되는 상황의 시적 표현이나 시 전체는 禪趣詩의 전형으로 禪家의 禪機詩

91 普雨, <宿上雲夜>, 『虛應堂集』.
92 善修, 『浮休堂大師集』.

에 비해 훨씬 軟化된 작품이다. 점차 儒家風의 시를 닮아가던 16세기 선시의 특징적 단면이 아닌가 한다.

조선 초기에 위축되던 禪詩가 유교사상의 위압 속에도 꾸준히 지속・발전해온 禪思想을 배경으로 다시 자기 위상을 찾고, 詩禪一如論의 불교시론이 고개를 들기 위해서는 조선 중기와 그 이후를 기다려야 했다.[93]

5) 결언

이상에서 거칠게나마 麗末鮮初의 불교시론 즉 禪詩論의 제반 측면에 대하여 살펴보았다. 그러나 冒頭에서 언급한 바와 같이 本稿는 본격적인 연구의 序說格인 논문이다. 이 시기 선시론에 해당・관련되는 더 많은 자료를 찾아 좀 더 정밀히 분석・검토할 때, 보다 나은 결과를 얻게 될 것 같다. 그러므로 本稿는 이를 위한 설계도적 序論인 셈이다.

이제 선시론의 바탕인 詩禪一如論이 추구하는 美的 特質을 말하는 것으로 結言에 대신하고자 한다. 시선일여론이 詩論이기 위하여는 대상으로 하는 禪詩의 미적 특질이 당연히 존재해야 할 것이기 때문이다.

그런데 선시의 미적 특질을 규명하기 위해여는 美와 美學이란 용어의 개념부터 정의해야 한다. 그러나 이는 별도의 연구가 요청되는 과제이고, 본고의 연구 영역을 넘는 문제다. 따라서 여기서는 美의 광의적 개념으로서의 "詩的 아름다움"이라는 일반론적 차원의 의미로 詩禪一如論에서 논의될 수 있는 禪詩의 美를 제시하고자 한다. 그리고 전제해야 할 것은, 특정의 美를 말할 경우, 이에 해당하는 作品

93 조선 후기 佛家詩의 제반 양상에 대한 논의는 李晉吾의 앞의 책에 상세히 논의되고 있다.

의 例가 제시되어야 마땅하나 이 역시 많은 논의를 요하는 것이어서 생략할 수밖에 없다.

禪詩란 禪의 오묘한 정신적 경지와 詩란 예술적 언어와 형식이 조화되어 이루어진다는 점에서, 다양한 미적 특질의 軸出이 가능할 것으로 생각된다. 이에 本稿는 8종의 美를 들고 이에 간단한 설명을 덧붙이는 것으로 마치고, 보다 본격적인 논의는 後稿를 기약하기로 한다.

우선 여기에서 제시하고자 하는 禪詩의 美는 自然美(山水美), 高逸美(脫俗美), 玄妙美(幽玄美), 圓融美(無碍美), 眞如美(般若美), 破格美(逆說美), 雲水美(遊歷美), 慈惠美(施恩美) 등이다.

자연미는 山水, 草木, 花鳥, 風月 등 자연에 관련된 美, 고일미는 出世間의 무소유의 초연한 생활 속에서 생성된 美, 현묘미는 妙悟의 幽深한 정신적 경지에서의 本地風光의 美, 원륭미는 화엄사상을 바탕으로 한 理事無碍·事事無碍의 시적 경지에서의 美, 진여미는 지혜의 완성으로 이룩되는 空의 체득과 眞我의 확인에서 이룩되는 깨달음의 美, 파격미는 선문답과 같은 역설·반어·일탈 등 규범의 파괴와 대담한 변형에서 오는 美, 운수미는 雲水衲子로서 방랑과 絶勝名刹에의 巡歷에서 생겨나는 美, 자혜미는 중생에 대한 자비보시와 同體大悲정신에서 우러나는 美다.

이상은 그 일차적인 시도로 열거한 것이어서 검토의 여지가 있고, 또 실제 작품과의 관련에서의 문제점도 예상된다. 따라서 재론되어야 할 경우가 적지 않을 것으로 생각된다. 특히 禪詩의 종류를 어떻게 나누느냐에 따라 중복·일치되는 경우가 있을 수 있고, 한편 지나치게 불교사상에 견인되어 자칫 詩的 美感에 문제가 있을 수 있다. 다만 禪詩도 일단 시인 이상 그 美的 특질을 이상의 8종으로 일단 분류하고 추후 검토해 나가기로 하겠다

–인권환, 「麗末鮮初 佛敎詩論 序說」, 이병혁 편, 『麗末鮮初 漢文學의 재조명』, 태학사, 2003.

4. 조선 전기의 禪心詩思論

1) 중세 韓·中·日 삼국의 詩禪一如論

중세시대 동북아시아 한·중·일 삼국 시문학계의 가장 중요한 과제로 부상되었던 것이 시의 본질론과 작시론에 있어 詩와 禪의 문제였다. 동일 漢字文化圈의 이들 세 나라의 당 시대는 불교가 가장 성할 때였고, 이에 따라 불교는 당시 이들 나라의 예술계, 문화계를 지배하고 있었다. 따라서 당시 이들 삼국의 詩論에서 詩禪一如, 詩禪一味, 詩禪一致, 禪心詩思, 禪心詩心 類의 용어를 쉽게 발견할 수 있고, 이는 당시 시와 선의 문제가 동북아시아의 汎詩壇的 과제였음을 보여주는 실증적인 예라 할 수 있다.

이 중에서 禪詩論의 발상국이 중국이었음은 물론이다. 후한시대에 중국에서 처음 공인된 불교는 6세기 초 菩提達磨의 도래로 중국의 禪이 비롯되었고, 唐·宋 시대에 이르러 심도있게 연구·확산되어 그 영향이 시문학계에 미치기에 이르렀다. 이에 따라 많은 당·송의 시인들이 시의 본질과 창작에 있어 선과 시의 문제, 나아가 시선일치의 시론을 펼치고 선시를 생산하게 되었던 것이다. 당나라의 경우만 해도 寒山·拾得이 여기에 속하고, 詩佛로 일컬어지기도 하는 王維를 비롯하여 白居易·司空圖 등이 이에 해당한다고 하겠으며, 皎然, 貫休, 齊己, 無本 등은 詩僧으로 불려졌고 시선일치의 정신적 바탕에서 많은 작품을 산출한 이들이었다. 이런 경향은 송나라 때에 이르러 더욱 활발해서 蘇軾·吳可·趙蕃·元好文·葉少蘊·李之儀·嚴羽 등이 등장하였던 바, 이들은 단순히 선시인으로서만이 아니라, 시화집을 통하여 선시론을 펼쳐 선시문학의 지평을 넓혀 갔다.

특히 이 중에서도 李之儀가 <與李去言>에서 "선을 말하고 시를 지음은 본래 차별이 없는 것"(說禪作詩 本無差別)이라 하고 있는 것이나, 嚴羽가 『滄浪詩話』에서 "시를 논함은 선을 논함과 같고"(論詩如

論禪), "대체로 선도는 묘오에 있고, 시도 또한 묘오에 있다"(大抵禪道在妙悟 詩道亦在妙悟)라 하여, 이른바 시의 본질로서 妙悟論을 펼치고 있는 데서 당시의 소식을 잘 알 수 있다. 그래서 杜松栢은 "禪學이 없었다면 송대의 성리학이 없었고, 또 당·송의 시에 '高玄意境'이 없었을 것"이라 하면서 以詩寓禪과 以禪入詩로 나누어 선과 시가 합일되어 선시가 되는 양상과 시의 종류를 나누어 논의를 심화시켰던 것이다. 이런 선시론은 송대 葉少蘊의 『石村詩話』에도 언급된 바 있었고, 청나라 때 王漁洋의 『漁洋詩話』 등으로까지 이어지면서 중국 선시론은 꾸준히 지속되었다.

한국에 선이 진래된 것은 신라시대이다. 그 후 신라 말 九山禪門이 이루어지면서 선불교가 확산되었으나, 교종 중심의 왕실불교에 눌려 기를 못 펴다가 고려시대 지눌에 의해 선과 선사상이 크게 발흥되면서 修禪社 2세인 慧諶에 의해 선시의 개화를 보게 되었다. 그러나 『均如傳』에서 崔行歸가 교연·무가·제기·관휴 등 당나라의 詩僧들과 함께 우리의 시승들로 摩訶·文則·體元·元曉·大居 등을 거론하고 있는 것으로 보아 일찍부터 선시가 많이 지어졌을 듯한데, 안타깝게도 전하는 문헌이 없어 상황은 알 수 없다. 그 후 송·원의 불교문학의 영향을 받으면서 고려 중기에 이르러 앞서 든 혜심의 『禪門拈頌』의 편술과 선시의 창작을 선두로 一然·冲止 등, 말기에 景閑·普愚·慧勤 등이 선시인으로 크게 활약하였고, 또 많은 작품을 남겼다.

그러나 선과 시에 대한 시론은 크게 논의되지 않았다. 특히 유교의 성리학이 들어오면서 불교의 쇠퇴가 진행되기 시작하였고, 그러다 보니 고려시대 시론집이라 할 이인로의 『破閑集』이나 최자의 『補閑集』에서 禪詩論이라 할 만한 것은 찾기 어렵다. 다만 선승들의 시를 高淡·閑淡·深遠·淸雅·幽致·高深이라는 용어로 그 의취의 분위기만을 피상적으로 지적하고 있을 뿐이다. 그러나 사상적 전환기라 할 여말선초에 이르러 유학을 표방했던 문인들이 外儒內佛의 입장에서 일부 선시론을 제기하고 선시류의 작품을 남기고 있음은 주목할 만하다. 그 중에도 李穡·權近·鄭道傳의 경우가 두드러지는데, 특히 정도전이 貞白子와 玉潔先生의 대화 형식에 의한 선문답을 통하여 "시를 배움은 선을 배움과 같다"(學詩如學禪)고 하면서 시와 선의 공통점을 바탕으로 시선일치에 대하여 언급한 것은 특이하다. 정도전이 비록 <佛氏雜辯>을 통하여 불교를 비판한 바 있지만, 이는 이성계의 정치개혁을 돕는 사상적 배려로 보이고, 스스로는 고려 말엽 이래 유학과 선학에 대한 긍정적 인식을 바탕으로 시와 선의 동질성을 말하게 되었던 것으로 보인다. 이러한 사상적 맥락은 元天錫이 유불도 삼교의 합일을 주장한 것이나, 이색이 유교와 불교의 회통론을 내세웠던 사실과 궤를 같이 하는 당시대적 사상의 한 단면으로 보인다. 그러나 許筠이 『性叟詩話』 말미에서 "본조의 승려로서 시에 능한 자는 매우 드물다"(本朝 僧人能詩者 甚稀)라고 한 데서 알 수 있듯이 조선 전기 시론에서의 선시론은 거의 존재하지 않은 것이 사실이었다. 어쨌든 이러한 흐름 속에 조선조에 들어 불교계의 己和·雪岑·普雨·善修의 禪心詩思論이 등장한 바 여기에 대해서는 다음 3항에서 논의하기로 한다.

日本의 禪詩는 五山文學으로 불려지는 일본 중세 불교문학이 그 원류를 이룬다. 오산문학은 좁게 보아 주로 室町時代를 중심으로 약 150년간 지속되었던 禪林의 한문학이었다. 그러나 좀 더 구체적으로 말하자면 京都 중심의 오산파 禪宗 승려들에 의해 지어지고 감상되었던 불교시, 즉 선시가 중심을 이룬다. 대체로 그 시초는 鎌倉時代 이후 宋·元나라로부터 선이 들어오면서 당시 중국의 선시와 선시론의 영향을 받은 많은 유학승·귀화승 들에 의해 불교문학이 산출되면서 비롯되었다. 그러나 오산문학의 개화는 室町時代에 이루어졌고, 이 때 쌍벽을 이루었던 이가 絶海中津과 義堂周信이었다. 그리고 의당의 선배였던 友山士偲에 의해 선적 문학관에 입각하여 제기되었던 詩禪一味論, 즉 선적 사유에 그치지 않고 이를 시화 내지 시론화하는 데에 큰 의미를 부여하면서 점차 논의가 확대되어 갔다.

그리하여 시선일미론은 일본 중세 문학관에 있어 선적 깨달음이란 진리체계와 예술적 시론으로 조화되면서 크게 부상하기에 이르렀고, 시의 종교성과 예술성에 대한 논의가 다양하게 표출되었으며, 또 시대의 흐름에 따라 변화되어 갔다. 이와 같은 오산문학과 시선일미론은 室町 말기 應仁亂 이후 오산파의 기초가 동요되어 점차 선사상이 쇠퇴하여 갔고, 이에 따라 그 문학적 전통 또한 약화 내지 소멸되기에 이르렀다.

그러나 선시로 대표되는 오산문학과 시선일미론을 표방하였던 시론은 일본 중세문학의 일정한 위치를 점하였고, 수많은 선시 작품의 산출과 선시론의 활발한 이론 전개로서 문학을 풍요롭게 하면서 당시 동양 삼국 선시론의 일익을 담당하였음은 특기할 만하다.

2) 禪心과 詩思의 갈등과 조화

시는 문학의 한 장르이고, 선은 종교, 즉 불교의 목적인 깨달음을 위한 심적 수행의 한 방법이다. 그렇다면 시와 선은 어떻게 같고 어떻게 다른가. 우선 시는 인간의 정서를 문자로 표현하는 예술양식이며, 선은 유무를 초월하여 변별적 사고나 문자를 배격하는 사유양식이다. 이런 점에서 둘은 전혀 같은 것일 수도, 함께 조화될 수도 없다. 정서와 문자를 배제한 시란 생각조차 할 수 없는 것이며, 분별과 언어 문자에 관련되면 이미 선이 아니다. 문자는 고사하고 입만 뻥긋해도 이미 어긋난다(開口則錯)는 것이 선이다.

그렇다면 禪家의 公案이 이미 문자라고 한다면, 깨달음에 임하여 읊는 悟道詩, 開悟詩는 무엇인가. 시인에게 시화가 있는 것처럼 선가에 語錄이 수없이 전하는 것은 무엇을 말하는 것인가. 그리고 역대의 선객이나 문인들이 詩禪一味니 詩禪一如니 하여 시와 선을 함께 묶어 지칭하고 있음은 무엇 때문인가. 여기서 양자의 동질성을 찾을 수는 없는가. 또 상호보완적 측면은 없는가.

앞서 이미 당나라 때 왕유 등의 시인과 교연 등 시승들의 선시가 있었고, 시선일여론이 송나라 때에 와서 무르익었음을 말한 바 있다. 당의 齊己는 <寄鄭谷郎中>에서 시심이 선과 상통함을 이렇게 읊고 있다.

詩心何以傳　　시심을 어떻게 전할 것인가
所證自同禪　　증험함이 절로 선과 같구나.

또 당시의 載復古와 元好文은 다음 시들에서 시와 선이 어떻게 조화될 수 있는가를 잘 보여주고 있다.

欲參詩律似參禪 시를 알고 지음은 참선 같은 것
妙趣不由文字傳 그 오묘한 뜻은 문자 밖에 있나니
箇裡稍關心有悟 그 마음 속에 깨달음이 있다면
發爲言句自超然 입 열어 하는 말 초연한 시가 되리. - 載復古

詩爲禪客添錦花 시가 선객에게 비단 위의 꽃이라면
禪是詩家切玉刀 선은 시가에게 옥을 자르는 칼일레라. - 元好文

대복고는 시와 참선은 같은 것이라 하면서 선이 비록 문자 밖에 있다하나, 깨달은 마음을 말과 글로 나타내면 초연한 시가 될 수 있음을 말하고, 원호문은 선객에 있어서의 시와 시가에 있어서의 선이 각각 어떤 관계를 가지는가를 선명히 보여주고 있다. 즉 선객은 시라는 표현 양식이 있음으로써 금상첨화가 되고, 시인은 선이란 섬광 같은 투시력으로 하여 구슬을 자르는 칼을 지니게 된다는 것이다. 그러니까 선객은 시에서 형식을 빌리고, 시인은 선에서 오묘한 정신을 얻음으로써 선과 시는 상호보완적이란 점을 말한 것이다. 이와 같은 시선일여론은 북송 吳可가 시 배움을 말하면서 "시를 배움은 흡사 참선 배우는 것과 같다"(學詩渾似學參禪) 하며 시인의 작시 원리도 결국 명징한 투시력으로 절대의 원리에 直入하는 선과 같음을 말하였던 바, 이 말은 그 이후 시를 논하는 많은 시인들의 지침이 되는 句節로 즐겨 쓰이기도 하였다.

한편 일찍이 불교와 선에 조예가 깊었고 수많은 시를 짓고 또 특유의 시론을 펼쳤던 趙芝薰도 시선일여, 시선일미론을 다양한 측면에서 말한 바 있다. 그는 <현대시와 선의 미학>이란 글에서 이렇게 말하고 있다.

> 禪하는 사람이 가능한 풀이를 하는 경우 그것은 시의 형식을 취하게 됩니다. 시선일여라 해서 시가 언어 중에는 가장 禪旨에 통하는 살아있는 언어 형식이요 압축 요약된 형식이며 비약과 함축의 최대 가능성의 언어이기 때문입니다.

결국 시선일여가 될 수밖에 없는 것은 선이 밖으로 표출되거나 의미화됨에 있어서는 그 본질적 상통성으로 인하여 시의 형식과 시의 언어를 취하기 때문이다. 압축·요약·비약·함축은 선과 시가 하나가 될 수밖에 없는 공통분모라 할 수 있다.

그는 또 <시선일미>란 글에서 상대적 언어의 표현인 시가 절대적 정신인 선과 그 본질은 달리 하지만, 시가 비록 상대적 언어에 의존한다 하나 말할 수 없는 것을 말하는 것도 시요, 절대적 세계에서 존재의 구극을 체득한 후 다시 상대적 세계에서 노니는 것이 선이란 점에서, 마침내 시와 선은 자리를 같이 하게 된다고 말한다.

"선종에서는 문자나 언어가 필요 없을 때가 많다. 상대적이요 불완전한 언어로 어찌 절대의 경지가 토로 되리오. 참의 시적 감흥이란 언어와도 절연한다. 말할 수 없는 것은 시적 감흥이나, 말하지 않을 수 없게 하는 것도 시적 감흥이다. 하늘로 피어오르는 수증기가 이슬로 내려온다. 여기서 시와 선이 잠시 자리를 달리 한다. 그러나 선도 마침내 대자연의 구극을 체득하고 다시 상대의 세계에서 유유자적한다. 그것이 곧 절대의 세계니까. 참선하는 이가 悟道하는 날에는 한 마디 웃음 아니면 한 수의 서정시를 읊을 수밖에 없다."(조지훈의 <시선일미>에서) 결국 선은 不立文字나 不離文字이기도 한 것이어서 시와 더불어 같으면서도 다르고 다르면서도 같다는 역설적 이해가 성립되는 곳에 시선일여, 시선일미의 참뜻이 있다고 하겠다. 따라서 선심과 시사는 갈등이면서 조화요, 조화이면서 갈등인 채로 함께 존재한다는 역논리가 성립된다고 하겠다.

3) 雪岑・普雨・善修의 禪心詩思

이 글 1항에서 말한 바와 같이 고려시대 불교시단에서 선시론의 이론적 근거를 찾기는 힘들다. 즉 당시에 중국의 경우와는 달리 선시에 대한 비평적 이론이 체계적으로 존재하지 않았다는 것이다. 이와 같은 현상은 조선조에 넘어와서도 마찬가지였다. 그 가장 큰 원인은 고려 후기와 조선 전기의 시론을 담고 있는 詩話集들이 거의 유교 문인들에 의해 저술 되었고, 조선조 건국 이래 척불숭유정책에 의해 불교가 문화, 사상적으로 위축을 당한 때문이었다. 따라서 당시의 문학론은 유교나 성리학을 전제로 한 載道之器論만이 독주하였을 뿐, 선을 전제로 한 불교시론이 설 자리는 없었다. 따라서 본 항에서는 논의될 선심시사론 또한 몇몇 선승들의 시작품을 대상으로 하여 그 선시론적 측면의 일단을 엿보고자 할 뿐이다. 대상은 雪岑 金時習(1435~1493), 虛應堂 普雨(1515~1565), 浮休堂 善修(1543~1615)의 시들이다. 이들 모두 선승들로서 모두 많은 선시들을 남기고 있지만, 그 중 특히 시의 내용에서 선과 시를 대조적으로 언급하고 있는 작품을 대상으로 하였다.

이들 작품에서는 유독 "詩句와 禪心", "詩魔와 禪將", "禪心과 詩

思"란 시어를 사용하면서 선과 시를 차별하기도 하고, 갈등으로 보기도 하며, 또 한편으로는 시선일여의 조화로운 경지를 보여주기도 한다.

먼저 雪岑의 경우를 보기로 한다. 그는 원래 유불을 모두 아우르는 면이 있었지만, 아무래도 그 사상적 바탕은 불교였고, 그의 시선일여의 詩觀도 여기에서 우러나온 것으로 보인다. 그의 이와 같은 면은 다음 시들에 잘 드러나고 있다.

우선 <贈峻上人>이라 이름한 시의 제14수, 칠언율시의 일부를 보자.

詩句每因閑裏得　시구는 언제나 한가로움 속에 얻고
禪心多向靜中牽　선심은 모두 다 고요함 가운데 끌리네
青山强對癡然笑　푸른 산은 억지로 대해 바보런 듯 웃고
明月誰分落小泉　밝은 달은 누가 나누어 작은 샘에 떨어졌나.

여기서 한가함이란 일상적 한가로움 속의 정취를 말하고, 고요함이란 수도인으로서의 선적 사유, 즉 禪定의 경지를 말한다. 그런데 한가로움 속에서 시구를 얻고 고요함 속에서 선심이 끌린다 하여 閑과 靜, 그리고 시와 선을 대비하고 있다. 이렇게 볼 때, 시와 선의 정신적 원천을 차별화하고 있는 듯하다. 그러나 한가함과 고요함이 근본적으로 이질적인 것은 아니다. 또 이어서 화자가 청산과 명월을 대비하여 자아와 자연과의 합일을 보여주고 있는 데서 더욱 시구와 선심을 한데 묶고 있는 의취를 알게 한다.

이와 같은 점은 <贈正上人>이란 제목의 오언율시 다음 부분에서 더욱 잘 나타나고 있다.

道人夜挑燈　　도인이 밤중에 등잔 심지 돋우고
謾題詩一篇　　부질없이 시 한 수 쓰고 있노니

膏煎聲沸唧　등잔 기름 다 닳아 지글지글 끓고
詩思流如泉　시 생각 샘물같이 흘러나오네
香殘知夜永　향불이 다 되가니 밤이 긴 줄 알겠고
露冷認流年　이슬이 차가우니 세월 흐름 알겠네
心地已澄泓　마음은 이미 맑고 깊이 깨쳤으니
世事那能牽　세상 일에 그 어찌 끌리겠는가.

正上人이란 스님에게 주는 오언율시 6수 중 둘째 수다. 그러니 여기서의 도인은 불도를 닦는 이요, 그 중에도 선승이다. 등잔에 기름이 다 닳고 향도 다 타서 꺼져가도록 시를 쓰는 밤, 詩思는 샘물처럼 흘러나온다. 그리고 이미 맑고 깊은 마음자리, 즉 선경에 든 터라 시의 생각 또한 선경과 맞닿아 있다. 어찌 번거로운 세속의 일에 이끌리겠는가. 바로 시의 생각과 선의 마음이 만나는 詩禪一如의 경지다.

다음 <贈仁上人> 오언배율 중 한 부분은 더욱 이와 같은 점을 명확하게 드러내고 있다. 정월 초 新寧이란 곳에 머물다가 산승이 찾아와 14편의 시를 주므로 모두 읽어보고 나서 승속을 초탈한 경지가 나타남을 시로써 말하는 끝 부분이다.

道可雙慧能　도는 혜능과 쌍을 이루고
詩能兩靈澈　시는 두 명의 영철이라 하겠네
桑門久彫喪　불문에 오랫동안 사람이 없어
傳道百無一　도 전할 이 백 명 중 하나도 없어
師也兩兼之　대사가 두 가지 다 겸하였으니
我何不刮目　내 어찌 눈 비비고 보지 않으리.

禪道는 육조 혜능과 쌍벽을 이루고, 시는 당나라의 詩僧 영철과 짝이 된다 했다. 이는 시와 선의 일여함을 나타낸 표현이다. 그리고 대사가 두 가지, 즉 시와 선을 모두 겸하여 괄목하지 않을 수 없다는 데서 시와 선을 일체로 하는 詩觀을 잘 보여준다.

다음, 虛應堂 普雨는 선심과 시사를 대립적인 것으로 보면서 作詩의 고통을 시화하고 있어 색다른 면을 보인다. 즉 시를 詩魔로, 선을 禪將으로 의인화하여 둘 사이의 양보 없는 싸움을 선명하게 그려 작시에 있어 심적 갈등을 시화하고 있다. <禪心詩思爭雄不已> 칠언율시 한 편이 그것이다.

詩魔禪將兩爭雄　시마와 선장이 서로 자리를 다투고
愁殺天君日夜攻　근심은 마음을 빼앗고자 밤낮을 침공하네
將必遜魔興筆陳　선장이 시마에게 양보하면 필진이 일어나고
魔應輸將倒邪鋒　시마가 선장에게 지면 간사한 필봉이 넘어지네
難兄難弟魔情快　난형난제 시마의 정 거리낌 없고
無弱無强將氣濃　강약 없는 선장의 기운 성하기도 하다
安得二讐俱打了　어떻게 두 적수를 모두 깨뜨리고서
太平國家任從容　태평한 나라로 조용하게 할까.

원래 詩魔란 시인으로 하여금 시를 쓰지 않을 수 없게 하고, 시인 또한 시에 골몰하여 시를 쓰지 않고는 못 배기게 만드는 귀신이다. 옛 사람들이 이를 일러 '시마'라 하였고, 고려시대 李奎報는 詩癖이란 말을 쓰기도 하였다. 그는 막상 시마가 떠나면 시를 짓고 싶지도 않고, 아무리 노력해도 시를 지을 수 없다고 하면서 <驅詩魔文>을 쓰기도 하였다. 그런데 普雨는 여기에 禪將을 대립시키고 있다. 그에게 있어 시마는 시인으로서의 예술적 정서요 선장은 선승으로서의 온갖 정서와 분별심을 버린 깨달음을 위한 선적 직관이다. 이쪽에 치우치면 저쪽이 죽고, 저쪽에 기울면 이쪽이 무너지는 형국이어서 어느 한 쪽에만 마음을 줄 수 없는 심적 갈등을 보여주고 있다. 이것은 보우가 양자를 구별하면서도 어느 한 쪽에만 비중을 두지 않는 입장을 취한 것이다. 따라서 그는 시인과 선승의 사이에서 작시상 고민하면서

두 가지의 갈등을 어떻게 타개하고 통일하여 마음의 안정을 찾겠는가를 고민하고 있다. 그러니까 보우는 이 시에서 선과 시의 차별성을 말하면서도 또 한 편으로는 그 통일성을 모색하는 입장을 보여준다.

그런데 그의 <宿上雲夜> 칠언절구에서는 禪心과 詩思가 함께 자리하고 있다.

> 春山無伴獨心幽 봄 산에 홀로 오르니 호젓한 마음 그윽하고
> 路挾桃花親杖頭 길가의 복사꽃 지팡이에 스치누나
> 一宿上雲疎雨夜 하룻밤 상운사에 부슬비는 내리는데
> 禪心詩思兩悠悠 선의 마음 시의 생각 함께 아득하구나.

봄 산의 비오는 하룻밤을 상운사에서 보내면서 하염없는 감회에 젖는 그는 결구에서 선심과 시사를 묶어서 말하고 있다.

위의 두 사람보다 약간 뒤의 浮休堂 善修는 友人의 운을 따라 지은 칠언절구에서 선심과 시사를 또 이렇게 말하고 있다.

> 逢君話到五更鍾 그대 만나 새벽까지 이야기 하노라니
> 忘却禪心詩思濃 선심은 잊어버리고 시 생각만 무르녹네
> 惆悵人間多事在 인간에는 근심과 슬픈 일이 많은데
> 秋風日暮下雲峯 가을바람 날 저물자 구름 낀 산 내려가네,

承句의 선심과 시심은 대립적 관계로 되어 있다. 여기서의 선심은 선정의 경지를 말하지만, 시사는 근심스럽고 슬픈 세속의 일에서 생겨나는 정감이다. 그러기에 선심이 잊혀지자 시사가 짙어진다고 했다. 그러므로 여기서의 선과 시는 일여의 상태가 아니다. 오히려 轉句에서 나타나듯 세속의 일들이 강조되어 왔다. 그러나 시 전체로 보아서는 禪趣가 드리워져 있다는 점에서 결국 일상의 마음이 선심에 용해되면서 선시로 갈무리되고 있다.

이상 조선 초기 세 사람의 시를 통하여 禪心과 詩思가 어떻게 시의 정신과 내용에 작용하였는가를 보았다. 그 결과 모두 詩禪一如의 경지에 귀일되는 면을 보여주고 있다는 점에 당시대 선시론의 일면을 엿볼 수 있었다. 좀 더 많은 일반 시인과 시승들의 자료를 검토하고, 이를 다시 한·중·일 동양 삼국의 중세 시선일여론으로 확대하여 비교·연구해야 할 과제가 남아 있다. 본고는 이를 위한 일차 작업에 해당한다.

—『詩眼』 4, 詩眼社, 1999(여름호).

참고문헌

『梅月堂集』, 『虛應堂集』, 『三峰集』
『浮休堂大師集』, 『趙芝薰全集』
배규범 역주, 嚴羽, 『滄浪詩話』, 1998.
印權煥, 『高麗時代 佛敎詩의 研究』, 1983.
杜松栢, 『禪學與唐宋詩學』, 1977.
杜松栢, 『禪與詩』, 1981.
玉村竹二, 『五山文學』
蔭木英雄, 『五山詩文の研究』
김용태, 『禪的 상상력과 문예비평』, 1995.
정민, 『한시미학산책』, 1996.

제2부

東亞細亞 中世 佛教文學의 비교연구

1. 韓·日 고전문학 비교연구의 과제와 문제점

1) 첫머리

比較文學 硏究는 대체로 크게 두 가지 경우를 생각할 수 있다. 첫째는 국가와 민족 간에 서로 영향을 주고받는 授受關係의 경우와 둘째는 상호 영향을 주고받지 않은 경우에서의 比較硏究다. 전자는 지리적으로 가깝다거나 隣接한 나라의 경우가 해당되겠고, 후자는 遠近과 무관하게 아무 밀접한 관련이 없는 경우라도 對等한 관계로 연구하는 입장이다. 그러나 어느 경우를 막론하고 自國의 문학과 他國의 문학을 비교한다는 원리에서는 같다. 다만 그 方法論에서는 다를 수 있다.

韓國과 日本은 지리적으로 種族的으로 매우 가까울 뿐 아니라, 문화적으로도 同一文化圈에 속해 있어 비교연구의 가능성과 필요성이 아주 절실한 관계에 있다. 즉 同一한 漢字文化圈에 속하여 중국의 漢字를 借用하여 문학을 생산해 왔고, 종교·사상적 측면에서도 儒·佛·道 동양의 三大 종교와 사상의 영향을 함께 받아오면서 自國의 文化를 창조해 왔기 때문에 그 비교연구의 意義가 매우 크다고 하지 않을 수 없다.

이러한 바탕 위에서 筆者는 論議를 進行하고자 하는 바, 本 논의가 어디까지나 앞으로 계속될 연구의 序說的 입장에 있는 만큼, 내용의 範圍와 限界가 制限될 수밖에 없음을 미리 말해 두고자 한다.

첫째, 논의의 시대적 범위를 兩國 공히 19세기 中期, 즉 한국의 경우 朝鮮朝 末, 日本의 경우 江戶時代 末까지 국한하며, 現代文學은 除外한다는 점이다.

둘째, 이 시기에 있어 兩國 모두 수많은 문학 장르가 生滅하고 발전해 왔지만, 분량관계상, 그리고 本人의 專攻의 限界와 能力上, 제한된 시기의 몇 가지 특정 장르와 작품에만 국한한다는 점이다.

셋째, 앞으로 다른 연구자에 의해 提起될 다양한 研究의 發題 自體에 목표가 있는 만큼, 깊이 있는 논의가 아닌 一般的 槪說的인 것일 수밖에 없다는 점이다.

넷째, 이상과 같은 發表의 性格上 緻密한 고증이나 註釋的 설명은 생략될 수밖에 없다는 点 등이다.

본고는 앞의 네 가지 研究事例(case study)를 통하여 진행하기로 한다. 그리고 煩雜함을 피하기 위하여 각 研究事例에 있어 代表的인 論著나 筆・著者 2・3例만을 간략하게 서술할 것임을 미리 말해두고자 한다. 그리고 兩國 文學의 비교연구라 하더라도 韓國側 研究者의 業績 중심으로 論議될 것이다.

2) 韓・日 비교문학 연구의 몇 가지 研究事例

(1) 관음설화의 비교연구

양국 觀音說話 연구의 原典으로는 『三國遺事』와 『日本靈異記』를 들고 印權煥과 崔貞善의 연구를 고찰의 대상으로 한다. 1962년 <古代佛敎說話研究>로 碩士(修士)論文을 발표했던 印權煥은 그 후 계속하여 <心火繞塔說話考, 1968>, <佛典說話의 土着化와 韓國的 變容, 1969> 등을 발표하다가, 1985년 <觀音化身 說話>, 1989년 <新羅觀音說話의 樣相과 意味>에서 처음 관음설화 연구에 착안하였다. 이어 1995년 <觀音說話의 小說的 展開>를 통하여 신라 관음설화가 고소설과 현대소설에까지 이어지고 있음을 논구하였다. 특히 1989년의 논문에서는 新羅觀音信仰의 經典的 근거와 그 傳來時期를 살피면서 13편의 觀音說話를 분류 소개하고, 그 사회, 역사적 의미를 밝혔다. 특히 여기서 관음설화의 유형을 苦難救濟型, 成佛誘導型, 治病救苦型, 佛事補助型으로 나누어 유형별 합류와 특징을 심도 있게 다루었다. 그러나 印權煥은 일본 觀音說話와 比較研究한 바는 없었다. 한국 觀音

說話와 일본 觀音說話의 비교연구는 1998년 崔貞善의 <『三國遺事』 觀音說話와 그 시적 변용에 대하여-『日本靈異記』와의 비교를 중심으로->(延世大博士論文)에서 본격적으로 시도되었다. 그 이전에도 이희준의 <日本 靈異記と 三國遺事の 觀音說話に 關する 比較硏究, 1991>(外國語大 碩士論文)와 金思燁의 <韓・日 觀音說話考, 1992>의 2편의 비교연구가 있었으나 연구의 심도나 독창성에 있어 미흡한 점이 많았다. 이에 비하여 崔貞善은 韓・日 관음설화의 의의와 기능, 『三國遺事』『日本靈異記』 관음설화의 유형・특징의 비교연구뿐만 아니라, 그 詩的 變容樣相, 관련시가의 특징까지 비교함으로써, 이 방면 연구의 새로운 영역을 열었다. 특히 崔貞善은 전거한 印權煥의 類型分類를 準用하여 『日本靈異記』의 관음설화를 분류・대비함으로써 양국 觀音說話의 特徵과 차이점을 규명하여 양국 관음설화의 변별력을 높인 점이 평가할만하다. 崔貞善은 『三國遺事』와 『日本靈異記』 관음설화의 비교를 통하여 苦難救濟와 治病救苦는 같지만 전자가 成佛誘導와 佛事補助에 치중한 반면, 후자는 이 대신 婚事成就와 惡業懲罪에 기울어져 있다고 보고, 전반적 특징으로는 전자가 象徵的 救世主義로, 후자는 圖式的 因果應報에 일관되어 있다고 보았다. 또 전자가 極樂往生, 治病救苦, 成佛成就의 주제가 강한데 비하여 후자는 觀音의 讚美, 修行의 勸奬, 功德의 讚嘆이 주를 이루고 있다고 보았다.

이와 같은 연구결과는 매우 타당한 것으로 판단된다. 사실, 韓・日 佛敎說話의 일반적 경향은 한국의 경우, 衆生救濟와 衆生解脫의 성향이 강한데 비하여, 일본의 경우는 現世利益의 追求와 因果業報의 强調, 生活問題 解決의 경향이 두드러진다. 이러한 점을 崔貞善은 적절히 논파하였다. 또 編・著人 一然과 景戒의 現實觀과 歷史觀까지를 비교・논의함으로써 한일 관음설화 비교연구에 기여한 바가 크다고 할 수 있다.

끝으로 이상의 論議에서 兩國 學者들의 비교연구가 아닌 自國만의 觀音說話연구는 대부분 논외로 하였음을 부기한다.

(2) 佛教漢詩의 比較研究(高麗禪時와 五山文學)

주지하는 바와 같이 韓·日 두 나라의 古典文學은 中國으로부터 다대한 영향을 받아왔다. 文字뿐 아니라 文學에 있어서도 마찬가지여서 함께 영향을 받은 한·일 한문학 내지 국문학 比較研究의 중요성은 막중하다. 여기서 佛教文學도 例外가 될 수 없을 뿐 아니라 그 중앙에 있다고 해도 과언이 아니다. 지금 논의하고자 하는 佛教漢詩, 禪詩도 이에 속함은 물론이다. 선시는 불교시 중에서도 선종의 선승들에 의해 창작된 시를 말하는데, 일반적으로 불교시의 대부분이 이에 해당된다. 그것은 중국 唐 이래의 선정의 주류인 臨濟宗이 한·일 양국 선종의 중심을 이루었고, 이에 따라 선승들에 의한 선시가 다수 창작되어 양국 불교한시가 국문학과 한문학에서 차지하는 비중이 매우 크기 때문이다.

한·일 禪詩가 갖는 공통점은 매우 많다. 위에 말한 바와 같이 그 배경사상이 모두 중국 전래의 임제종에 두고 있다는 점, 시대도 같은 12, 13세기 중세로 당시의 국가들이 모두 불교를 국교로 하고 있었다는 점, 또 당시의 권력을 武臣政權, 武士의 幕府가 장악하고 선종에 의지하고 선종을 옹호하였다는 점, 그리고 당시 양국의 선승들이 中國 留學生이 많았다는 점이 모두 공통된다. 이런 점에 양국 선시 비교연구의 중요성이 매우 크다고 할 수 있다.

그러나 실제 연구상황은 다르다. 양국 학자들의 自國의 선시연구의 경우, 日本側의 연구가 일찍부터 활발하였다. 즉, 上村觀光에 의해 <五山文學史, 1906>, <五山詩僧傳, 1912>이 간행되면서 본격적으로 시작되었고, 그 후 北村澤吉의 <五山文學史稿, 1941>가 이어졌고, 戰後 玉村竹二의 <五山文學, 1961>, <禪と 五山文學, 1968>, 蔭木英雄의 <五山詩史の研究, 1977>, 芳賀幸四郎의 <中世禪林の學問および文學に關する研究, 1981> 등 많은 연구자에 의한 논저가 다수 간행되면서 五山文學, 즉 中世 禪詩研究가 활발하게 전개되었다. 그럼에도 불구

하고, 일본 禪詩와 고려시대 禪詩와의 비교연구는 지금까지 전무한 것으로 알고 있다. 한편 한국의 경우는 자국의 선시에 대한 연구가 일본에 비하여 매우 늦어 1980년대 이후에야 본격적인 연구가 이루어지기 시작했고, 이에 따라 한·일 禪詩 比較研究도 전무하다가 1980년대 초, 印權煥에 의해 처음으로 시도되었다.

印權煥은 <韓國佛教詩歌研究, 1982>, <韓國佛教詩歌의 흐름, 1983>을 발표한 뒤, 1983년 <高麗時代 佛教詩의 研究>(高麗大 博士論文)에서 당시 6명의 선시인의 작품을 대상으로 시인론, 작품론, 배경론 및 시사론을 통한 첫 번째 집중적인 연구를 수행하였다. 그 후 2003년에 <高麗禪詩와 日本 五山詩의 比較研究>를 발표하였는데, 양국을 통하여 한·일 禪詩 比較研究로는 최초였다. 이 논문은 먼저 연구의 시기와 대상에 대하여 논한 다음 양국의 이 방면 연구사를 검토하고, 각각 5명씩의 禪詩人인, 다음의 10명을 대상으로 하였다.

<麗末鮮初의 禪詩人>

冲止(1226～1292), 景閑(1298～1375), 普愚(1301～1382), 慧勤(1320～1377), 己和(1376～1433)

<鎌倉末, 室町初·中>

虎關師錬(1278～1346), 雪村友梅(1290～1346), 中巖円月(1300～1375), 義堂周信(1325～1388), 絶海中津(1336～1405)

이상 10명의 2, 3편씩의 작품 20여 편을 분석, 감상하면서 선사상의 문학적 전개에 대하여 詳述하였다. 실상, 이들은 선문에 매일 승려들로서 시인임을 標榜하지는 않았지만, 당시로부터 文學史家들에 의해 詩僧, 文學僧으로 불릴 만큼 우수한 시작품을 量産하여 각각 자기나라의 문학사를 풍요롭게 하였다. 자연 속의 幽玄한 생활과 禪的 思惟를 통한 심오한 상상과 사념을 차원 높은 상징과 비유를 통하여 한시라는 형태에 담음으로써 훌륭한 禪機詩, 禪趣詩 그리고 人情詩, 山水詩를 출산하였다. 이들의 시들은 작품의 바탕에 禪的 自覺을 깔고 있다는 점에서 일반 문인들의 한시와 변별되지만, 예술성, 문학성의 면에서는 월등한 점도 많았다. 끝으로 양국의 선시를 비교한 결과로 이동을 살펴 비교문학적 측면에서 다음과 같은 차이점을 확인하였다.

첫째, 한국의 선승들은 오로지 수행과 衆生敎化에 주로 몰두하였고 국정에는 일정한 거리를 두었는데, 일본의 선승들은 政治人, 外交官으로도 활약했을 뿐 아니라, 대륙문화의 수입과 이식, 전파의 尖兵 역할도 하였다.

둘째, 한국의 선승들은 중국의 儒學이나 性理學에 일정한 이해는 가지고 있었으나 깊이 경도되지는 않았고, 중국 문학에 대한 의지가 약했던 데 비하여 일본의 선승들은 중국의 유학사상이나 당·송의 시문학에 깊이 매료되어 禪味가 탈색된 일반 文人類의 작품을 많이 썼다. 선승의 호칭에서 한국의 경우, "外儒內佛" "禪儒"라 했던데 반하여, 일본의 경우, "儒心釋服" "儒僧"이라 했던 데서 그런 점이 현저하게 드러난다.

셋째, 작품의 내용과 주제, 정취와 시풍에 있어 한국의 작품이 宗敎的, 敎化的, 濟衆的으로 臨濟詩風이 강하였으나 일본 작품의 경우에는 문학적, 정서적이고, 회고적이고 사교적이며 臨濟禪風이 비교적 강하지 않았다. 또 한국의 선시가 愛民意識, 救濟意識이 두드러진 반면, 일본의 경우는 國家意識, 民族意識이 강하다는 점, 또 한국의 선시가 玄妙하고 素朴한 표현이라면, 일본의 선시는 사실성이 강하고 雄渾하다는 점을 지적하였다. 또 한국의 경우와 달리 일본의 작품에서는 이른바 艶詩가 많다는 사실인데, 三益永因의 艶文·艶詩와 一休宗純의 淫詩類가 이에 해당한다.

(3) 佛傳文學의 比較研究(高麗僧傳流와 元亨釋書)

佛傳文學이란 불교의 傳記文學을 말하는 것으로 넓게는 釋迦의 一代記뿐만 아니라 佛弟子나 高僧의 傳記까지도 포함한다. 원래 불전경전에서는 佛陀의 傳記로 역사적인 사실에 치중한 것이었지만, 불교전기 문학은 신앙적인 이야기의 성격을 띠고 신화적 요소나 설화적 요소가 가미되면서 문학적 성격으로 변하여 갔다. 그리하여 석가의 생애를 중심으로 한『過去現在因果經』,『佛本生集經』등의 경전과 馬鳴의『佛敎行讚』이나 本緣部 경전에 수없이 등장하는 本生說話(jataka)도 모두 불교전기문학에 속하여 그 양이 매우 많다. 그러나 여기서 논하고자 하는 불전문학은 불타의 전기보다는 한・중・일 삼국의 고승이나 선승들의 전기, 즉 좀 더 문학성을 지닌 傳記文學(Biography)을 대상으로 한다. 하지만, 이 방면의 비교문학적 연구는 매우 드물다. 그 중에 2000년 丁天求가 발표한 <『三國遺事』와 中・日 佛敎傳記文學의 比較研究>(서울大 博士論文)가 주목되는 업적으로 평가되어 이를 중심으로 논의하고자 한다.

丁天求는 중국의『宋高僧傳』(988),『景德傳燈錄』(1004), 한국의 一然의『三國遺事』(1281) 그리고 日本 虎關師錬의『元亨釋書』(1332)를 대상으로 비교연구하고 있는데, 여기서는 韓・日의 경우에 국한하여 논의하기로 한다. 그리고 비교연구는 아니라도 韓・日의 佛典文學을 각각 별도로 연구한 金漢春의『韓國佛典文學의 研究』(1991)와 黑部通善의『日本佛典文學研究』(1989)를 동시에 참고하면서 양국간 불전문학 비교연구의 가능성을 살펴보고자 한다.

丁天求는『宋高僧傳』,『景德傳燈錄』의 중국 자료,『三國遺事』,『元亨釋書』등 韓・日 자료를 책의 체재, 서술방식 僧侶의 깨달음, 승려의 인간관계, 각국 불교전기의 특성의 다섯 가지로 나누어 고찰하고 있다. 그 결과로 다양한 측면에서 東亞細亞의 방대한 불교문학, 불전문학을 연구할 수 있는 가능성을 열고 있다. 즉『宋高僧傳』과『景德

傳燈錄』은 禪宗의 등장이라는 역사적 변화에서 선종 중심의 불교사를 재편되는 역사적 轉換의 體裁를 보여주고 있고, 『三國遺事』와 『元亨釋書』는 史書와 高僧傳의 결합을 함께 보여주면서 독자적인 방식으로 불교전기문학의 양상을 나타냈다고 논하였다. 또 『宋高僧傳』과 『元亨釋書』는 傳의 敎述性을 그대로 유지하였는데 후자의 呪術性이 강하다는 점을 지적하였다. 그리고 『景德傳燈錄』은 인물의 형적보다는 말을 問答의 형식으로 含蓄的·象徵的으로 표현하여 戱曲的 성격이 두드러지다고 하였다. 이에 대해 『三國遺事』는 기존의 자료를 원형 그대로 표현하여 서사적 성격이 강하며 설화의 상징성이 두드러진다고 하였다.

한편 내용적 측면에서는 각각 다음과 같은 相異點을 밝히고 있다.

> "깨달음과 등장 인물간의 관계"
>
> 『宋高僧傳』: 깨달음의 숭고함. 帝王과 僧侶의 관계.
>
> 『景德傳燈錄』: 깨달음의 추구 강조. 師弟의 관계.
>
> 『元亨釋書』: 깨달음의 숭고함. 神佛과 僧侶의 관계.
>
> 『三國遺事』: 깨달음은 비속함에서도 가능하다는 조화를 통해 다양한 길을 제시, 神佛. 帝王, 僧侶, 俗人들 관례의 대등함.

이상과 같은 丁天求의 연구결과는 기존 연구에서 불교사, 또는 불교사상사의 자료로만 평가되었던 佛敎傳記文學이 文化史, 文學史의 이해에 소중한 자료적 가치가 있다는 사실을 比較硏究의 결과로 제시한 데에 큰 의의가 있다. 그리고 韓·日 兩國의 비교연구에 있어 韓國의 『三國遺事』뿐 아니라 『三國史記』, 『殊異傳』, 『海東高僧傳』, 『十地修行記』, 『釋譜詳節』, 『月印釋譜』, 『八相錄』 등에 범위를 확대하고, 日本의 경우도 『元亨釋書』 外에 『日本高僧傳要文抄』, 『本朝高僧傳』, 『三國傳記』, 『釋迦出世本懷傳記』, 『釋迦物語』, 『釋迦八相物語』 등에 확대할 때, 그 자료가 매우 많으며, 이들이 모두 후대의 創作的 傳記

文學과 傳記小說로 발전하여 풍부하고 다양한 敍事文學의 중요 장르가 되었음을 감안할 때, 韓・日의 이 방면 비교연구는 상당한 연구과제를 안고 있다고 할 수 있다.

(4) 口碑傳承의 比較研究

本項에서는 口碑文學(oral literature)의 분야 중, 한국의 판소리와 日本의 淨瑠璃 比較研究의 실례와 그 연구 상황을 검토하기도 한다. 事例研究로는 2002年 邊恩典의 저서 『語り物の比較研究―韓國のパンソリ・巫歌と日本の語り物―』(日文)와 2004年 朴英山의 『春香歌와 曾根崎心中의 比較研究』(高大 博士論文, 本論文은 2007년에 『口碑傳承文藝의 比較研究』란 이름으로 出刊되었음)를 들기로 한다.

邊恩典은 위의 연구에서 1. 物揃え 2. 淨瑠璃物語와 春香傳 3. 昔話・巫歌・語り物語 4. 語り의 形態와 樣式의 四篇으로 나누어, 語り物를 중심으로 여기에 다양한 한국의 口碑文學을 비교하고 있다. 物揃え에서는 여성의 인물묘사로서 春香과 淨瑠璃, 名寄せ에서는 妓生點考와 武者揃え, 道行과 路程記에서는 平家物語, 太平記와 춘향가(춘향전), 흥보가의 路程記를 비교하고 있다. 그 외 沈清歌와 まつら長者와도 대비하고 있다. 한편, 조루리와 春香傳의 비교에서는 物語의 생성과 묘사적 측면을 비교하고 이어 중국의 『剪燈新話』, 한국의 『金鰲新話』, 日本의 和刻本 『金鰲新話』와 이에 관련되는 淺井了意의 伽婢子 등까지 결부 설명하고 있다. 그리고 昔話 "腰折水雀", "大工の家建て"와 판소리 흥보가와의 비교를, 巫歌의 비교에서는 한국의 "成造풀이"와 일본의 "祝いくどき", "家造りのオモイ"를 구조적으로 대비하고 있다. 끝으로 語り의 형태와 양식에서는 판소리의 視覺化의 방법과 조루리의 "聽く", "見る"를 비료하면서 申在孝의 廣大歌의 경우를 들어 설명하고 있다. 이상 간단히 연구내용을 간추려 보았지만, 총 426面에 달하는 전체의 내용을 짧게 요약한다는 것은 쉽지 않은 일

이어서 充分한 설명이 되지 못했을 것으로 생각된다.

朴英山의 硏究는 판소리 春香歌와 조루리 曾根崎心中만을 집중적으로 비교한 연구다. 따라서 세밀한 부분까지 구체적으로 비교검토한 보다 심도 있는 연구라 할 수 있는데 먼저 그 요목을 순서대로 보면 다음과 같다.

① 판소리 조루리의 成立: 그 발생배경과 형성과정
② 構成방식: 主題와 등장인물, 서사적 構造와 劇的 plot, 수사적 기법과 문학적 취향
③ 敍述방식: 삶과 죽음의 哀喪, 寬容과 對立의 展開方式, 諧謔과 悲劇의 유형화 된 장면
④ 演行방식: 演唱의 요소와 演行의 場, 唱法과 劇作術의 세련된 표출, 劇의 양식성과 미의식

이상 네 가지 측면에서 판소리와 조루리, 즉 春香歌와 曾根崎心中를 비교하면서 면밀히 고찰하고 있다.

원래 판소리와 조루리는 첫째 口碑敍事物을 바탕으로 하고 있는 점에서, 둘째 둘 다 音樂+文學+演技의 종합적 예술이란 점에서, 셋째 모두 두 나라 基層文化에 토대하고 있다는 점에서 공통되는 口碑傳承文學이다. 그러나 이런 기본적인 공통점에도 불구하고, 그 역사나 形成過程, 演出方式과 唱法에서 서로 다른 점이 많다. 예를 들면 판소리가 소리를 중심으로 口演되는 演戱로서 청각적 효과를 통해 청중의 감동을 이끌어 내는 劇的인 音樂을 중심으로 존재하여 왔음에 비하여, 조루리는 청각적인 효과에서 시각적인 효과로의 轉移過程을 거치면서 3人이 조동하는 戱曲的인 人形淨瑠璃로 변하여 갔다. 그러나 판소리가 한국의 代表的인 口碑演唱物인 것처럼, 조루리는 일본의 대표적인 語り物藝能의 하나라는 점에서 동일한 演唱藝術(Performing Art)로서의 비교연구가 일찍부터 그 필요성이 강조되어

왔으나 실제의 비교연구는 매우 드문 것이 사실이었다.

그런데 朴英山은 판소리의 傑作인 春香歌, 그리고 조루리의 획기적 작품으로 평가되는 曾根崎心中, 두 작품 모두 남녀 간의 사랑을 다룬 대표적인 古典作品인 바, 이를 다양한 次元에서 本格的으로 研究했다는 점에 그 意義가 크다고 할 수 있다. 그러나 유사한 素材의 작품이라 하더라도 그 主題나 內容, 주인공의 性格, 사건의 進行, 결말의 處理는 동일하지 않기 때문에, 면밀한 비교를 통하여, 그 共通點, 類似點, 相違點을 찾아내야 하고, 또 그렇게 함으로써 각 작품의 藝術性과 文學的 價値, 나아가 美的 特質까지를 밝혀낼 수 있다. 그런 점에서 이 두 작품의 과제가 아직 완전히 해결되었다고 하기는 어렵고 앞으로 보다 더 심화된 연구가 요구된다고 하겠다.

3) 과제와 문제점

이상에서 觀音說話, 佛教漢詩(禪詩), 佛傳文學, 口碑傳承 등 네 가지 연구사례를 통하여 韓・日 古典文學 비교연구를 살펴보았다. 그러나 "첫머리"에서 말한 대로 여러 가지 한계를 두고 논하다보니, 충분하지 못한 점이 많았다고 생각한다. 그 중에도 한・일의 비교문학을 이상 네 가지에 해당하는 特定 作品에만 국한한 점, 또 주로 韓國側의 研究事例로 제한한 점 등에서 과연 本發表의 客觀性이 얼마나 설득력이 있을지 스스로 의문이 된다. 또 대상이 되었던 양국의 作品과 이에 대한 연구의 理解와 紹介가 어느 정도 妥當性이 있는 것일지도 걱정된다. 그리고 네 가지의 事例 研究 중 불교문학 관계가 세 가지로 다수를 차지하고 있는 것도 비교연구의 衡平性에 문제가 될 수 있다.

이제 종합적 관점에서 앞으로의 課題와 問題點을 전반적으로 몇 가지만 간단히 제언하여 두기로 한다.

첫째, 韓・日 비교문학 연구가 극히 일부의 時代나 장르 또는 특정 유명 作品이나 作者에만 限定, 集中되어 있는 현상을 벗어나야 한다. 즉 研究 領域과 對象의 擴大가 필요하다.

둘째, 각각 相對國의 자료에 대한 폭넓은 蒐集과 考證, 그리고 理解가 부족하다. 그리고 相對國 연구 현상과 상황 파악에 부족함이 많다. 양국의 연구자들은 自國의 資料와 연구에 못지않게 相對國의 자료의 연구에도 정통하지 않으면 안 된다. 현재 컴퓨터(Computer) 등의 활용으로 이 점이 어느 정도 해소되고 있는 것이 사실이나 각각 한계가 있는 것으로 알고 있다. 이 점 自國의 言語文學 研究者가 상대국과의 比較研究에 참여하는 것이 外國語文學 연구자가 比較文學에 參與하는 것이 보다 바람직하다. 자국의 연구에 정통하지 않은 狀況에서 상대국과의 비교연구는 無理가 따른다. 특히 자료의 면에서 日本側이 훨씬 많은 만큼, 韓國側 비교연구자들의 日本側 資料에 대한 폭넓은 이해와 파악이 보다 많이 요청된다. 이 점에서 양국의 연구자들은 각각 상대국의 文字와 言語에 精通하지 않으면 안 된다.

셋째, 文學作品만의 단순한 比較와 對比가 아닌 상대국의 歷史, 文化, 社會, 政治, 宗教, 民俗에 대한 통합적 이해가 필요하다. 따라서 연구 방법론에 있어서도 文學만이 아닌 姉妹學問, 隣接學問의 방법론적 援用이 매우 要緊하다.

넷째, 한일문학의 비교 연구에 있어서는 中國文學과의 關聯研究, 즉 三者間의 비교연구가 불가결하다. 대체로 한일의 문학은 중국의 그것과 각각 不可避한 관계를 가지고 있다. 어떤 의미에서 中國文學을 排除한채 양국문학만의 비교연구는 완전을 기하기 어렵다. 이런 점에서 韓國과 日本, 한국과 중국, 일본과 중국 간의 연구는 한・중・일의 三者 比較에 이르러야 완전할 수 있다. 그럼에도 불구하고 日本의 三國文學 比較研究者들이 왕왕 中國과의 비교만 重視하고 엄연히 비교연구 대상이 존재하는 한국과의 관련 연구를 제외하는 偏狹性은 결코 바람직하지 않다. 中國側이 지나치게 自己中心的으로 생각하여 한・일 양국의 문학을 邊境, 邊邦視하는 것도 결코 옳지 않다.

다섯째, 東亞世亞의 비교문학연구가 한・중・일의 삼국에만 집중되어 있는 것도 문제다. 좀 더 지역을 넓힐 필요가 있다. 東러시아의 시베리아 연안, 몽골, 티벳, 태국, 베트남을 비롯한 東南亞, 印度까지 포함된 汎亞細亞的 차원으로 나아가야 한다. 그리하여 世界文學과도 連繫되는 방향으로 가야 한다.

여섯째, 한・일 비교문학 연구의 젊은 世代를 養成하는 일이다. 특히 古典文學 연구의 경우, 現代文學에 比하여 연구가 줄고 연구의 熱氣가 날로 식어가는 것이 현실이다. 젊은 世代는 점점 硏究環境이 좋아지고, 科學의 이용으로 날로 편리해지고 있음에도 불구하고, 安易한 태도로 하기 쉬운 課題, 적은 노력으로 效果만을 올리려는 데에 급급한 것으로 보인다. 漢文學이나 佛敎文學을 꺼리는 것은 양국의 공통된 현상이다. 東洋의 古典文學 연구가 이 두 가지를 피하기 어렵고, 따라서 이에 正面突破를 해야 함에도 불구하고, 이를 避하거나 迂廻하려는 경향이 있는 것은 매우 유감이다. 그리하여 양국의 純粹한 國文學만으로 集中되는 傾向은 옳지 않을 뿐 아니라, 그래서는 완전한 고전문학 연구가 되기도 어렵다. 아직도 많이 남아 있는 양국 비교문학의 새로운 境地를 開拓하기 위해서는 젊은 연구세대에 기대하는 바가 크다. 따라서 이런 문제들은 자신들의 각성과 분발은 물론이지만, 이에 못지않게 硏究 당국이나 선배 연구자들의 적극적인 물심 양면의 支援이 필수적이기 때문에 이에 대한 각별한 노력이 필요하다.

일곱째, 이상의 모든 문제들을 점차적으로 이루어 나가기 위해서는 각국 해당 연구자들의 학술교류, 합동연구, 자료교환, 학술회의 개최, 공동자료조사, 교환교육, 파견연구 등이 자주, 많이 있어야 한다. 이를 통하여 연구의 熱氣를 고조시키고 학문적 관심을 增幅시킴으로써 한일문학 비교연구는 날로 발전해 갈 것으로 생각된다.

-『국학연구논총』 4, 택민국학연구원, 2009.

참고문헌

景部通善, 『日本佛教文學の研究』, 1999.
김한춘, 『한국불전문학의 연구』, 1991.
박영산, 『춘향가와 曾根崎心中의 비교연구』, 2007.
邊恩典, 『語り物の比較研究』, 2002.
上村觀光, 『五山詩僧傳』, 1912.
永井義憲, 『日本佛教說話研究』, 2004.
玉村竹二, 『五山文學』, 1961.
蔭木英雄, 『五山詩史の研究』, 1977.
인권환, 「고려선시와 일본 五山詩의 비교 연구」, 『한국한문학연구』 31, 2003.
______, 「고려시대 불교시의 연구」, 1983.
______, 「신라 관음설화의 양상과 의미」, 『신라문화』 6, 1988.
______, 『한국불교문학연구』, 1999.
정천구, 『삼국유사와 중 · 일 불교전기문학의 비교연구』, 2000.
朝枝善照, 『日本靈異記研究』, 1990.
최정선, 『삼국유사의 관음설화와 그 시적 변용에 대하여』, 1998.

2. 高麗 禪詩와 日本 五山詩의 비교연구

1) 서언

中世 동북아시아 中·韓·日 삼국은 정치 사회적으로나 문화예술적으로 상호 긴밀한 관계를 견지하고 있었다. 그리고 여기에는 佛敎와 여기에 바탕을 둔 思想·文化·藝術이라는 중심축이 있었다. 즉 넓게 보아 중국의 宋에서 元을 거쳐 明初에 이르는 시기, 그리고 韓國의 高麗 후기에서 朝鮮 초기에 이르는 시기, 그리고 日本의 鎌倉末期로부터 南北朝期를 거쳐 室町初期에 이르는, 중세 동양 삼국의 문화적 연결고리는 佛敎였고, 여기에 바탕을 둔 다양한 문화가 그 주류를 형성하였던 것이다. 따라서 이 시기 佛敎文學을 연구하려면 어느 나라를 막론하고 세 나라를 아우르는 汎東北亞的 시각을 갖지 않아서는 안 된다. 즉 어느 한 나라에 대한 연구라 하더라도, 다른 나라와의 관계에서의 比較 연구가 필수적이며, 이와 같은 점이 배제될 경우, 어느 한 나라만의 獨自的인 연구도 완벽을 기하기 어렵기 때문이다.

佛敎文學, 그 중에도 禪詩를 연구대상으로 하는 본 연구가 比較文學的 방법에 유의하지 않을 수 없는 이유도 여기에 있다. 즉 대상이 佛敎라는 동일한 종교에 바탕을 둔 것이라 하더라도 이를 수용하는 국가에 따라 民族과 言語, 歷史와 文化, 風俗과 生活이 상이하고 불교 및 불교문학 영향의 授受 양상, 受容과 變容에 따른 自國的 변화와 창조는 개별적 특성을 갖지 않을 수 없기에 比較方法이 불가피하다.

이 시기 동북아 삼국 文化의 發信者는 중국이었다. 그리고 韓國과 日本은 그 受信者의 위치에 있었다. 본고의 연구대상인 佛敎文學의 禪詩도 먼저 중국에서 發源하여 한·일 양국에 흘러 들어가 영향을 주면서 정착한 것이다. 즉 印度에 뿌리를 둔 禪佛敎의 근원이 6세기 전반 達磨에 의해 중국에 전래되었고,[1] 이것이 唐時에 이르러 거의 중국적 禪佛教로 깊이 계발되고 융성해지면서, 이에 따라 禪詩가 발생하였다.[2] 그리고 이 선시가 唐·宋을 거치면서 禪詩論을 탄생시켜 詩學의 중심을 이루게 되었던 것이다. 그러므로 이 시기 東北亞 선시의 전모를 파악하기 위해서는 삼국을 대상으로 함이 마땅하다. 그러나 이와 같은 문제는 매우 방대한 과제이고, 寡聞의 탓이겠으나, 아직 이러한 측면의 연구는 삼국 어느 나라 學者에 의하여서도 이루어진 바 없는 것으로 알고 있다.

本稿는 우선 일차적으로 韓·日 양국의 禪詩를 대상으로 하고자 한다. 위에서 말한 바와 같이 한·일 양국은 發信者인 중국의 受信者에 해당한다. 양국은 모두 중국으로부터 불교의 禪宗을 받아들였고, 이어 중국의 禪詩와 禪詩論을 받아들여 自國의 文學속에 정착시켰다. 따라서 이 시기 韓·日 間에도 소수이나마 승려의 왕래는 있었으나 양국간 선시의 영향의 授受관계는 없었다. 결국 양국은 모두 受信者인 입장에서 중국과의 수직적인 관계만 있을 뿐, 상호 수평적 관계는 없었다고 할 수 있다. 그렇기 때문에 본 연구가 취하는 방법도 영향이나 수수관계의 비교가 아닌 평면적인 比較硏究일 수밖에 없다. 그러므로 양국은 동일한 시대의 동일한 詩와 詩論을 받아들여 어떻게 自國文學에 수용하였고 土着化시켰으며, 마침내 어떤 自國的 變容을 통하여 개별적 변화와 특징을 보이고 있는가, 그리고 이러한 양국 禪詩는 각각 어떤 差別性과 同異性을 보이며, 自國의 文學史에서 어떤 의의와 위치를 점하고 있는가를 고찰함에 목적을 두고자 한다.

그리고 본 연구의 이러한 목적이 일정 정도 달성된다면, 대체로 다음과 같은 의의가 예상된다. 첫째, 양국 佛教文學 比較硏究의 가능성을 열어, 이 외의 불교가요, 불교설화, 불교소설, 불교傳記, 불교희곡

1 達磨의 東來연대에 대하여는 說이 구구하고, 그의 生沒年代도 불명확하다. 그의 東來를 처음 말하고 있는 것은 道源의 『景德傳燈錄』이다. 여기서는 520年說을 취한다.

2 印權煥, 『高麗時代 佛教詩의 硏究』, 1983, 35쪽.

등 인접 영역에서의 파급 효과가 기대 되며, 둘째, 양국 禪詩의 비교연구를 통한 공통점과 상이점의 규명으로, 한·일간 佛教詩의 특성과 시인 및 작품에 나타난 사상·정서·기교·美學의 변별성이 확인되고, 셋째, 양국의 선시의 비교연구를 中·韓·日 삼국으로 확대하여 汎東北亞細亞的인 漢字文化圈으로 그 연구 영역을 넓히는 바탕이 된다는 것 등이다.

그러나 이와 같은 의의와 목적을 수행함에 있어서는 허다한 과제가 제기된다. 이들 선시가 전개되었던 양국의 이 시기 정치적·사회적 상황, 문화적·예술적 환경, 종교·신앙적 배경, 그리고 固有의 민족적·풍토적 정서나 감정, 기존의 전통적 문학의 기반, 이런 제반 여건들이 어떻게 연구의 대상들과 직접·간접으로 관련되는가 하는 다양한 배경연구, 그리고 이 시기 양국의 역사가 짧게는 200년 길게는 500년의 기간이었고, 이 시기에 전후하여 등장하였던 禪僧·詩僧이 줄잡아 각각 100명에서 1,000명에 이르며, 또 이들에 의하여 생산된 作品이 그 수를 헤아리기 어려울 정도인 현실, 더욱이 양국의 이 방면 비교연구가 全無한 상황 등이 연구의 출발조차 어렵게 하는 게 사실이다. 그러나 이러한 연구 과제의 어려움만 탓하고 있는 한, 이 방면 연구의 진전은 불가능하다. 따라서 본 연구는 연구의 핵심적 본질은 중심에 두되, 그 연구의 범위와 대상을 좁혀 수행함으로써 이 방면 연구의 필요성과 가능성을 탐색하는 試圖로서 만족하고자 한다. 그러므로 본 연구는 하나의 序說的 研究임을 전제해 둔다.

2) 研究 時期·對象의 문제

본 항에서는 韓·日 양국 禪詩 연구의 시기, 대상을 살펴 연구의 범위를 정하고자 한다.

먼저 시기의 문제이다. 본고는 위에서 中世라는 용어를 사용해 왔거니와 이는 주로 역사학의 용어로서 文學史의 구분에도 쓰이나 일정한 정설이 있는 것은 아니다. 이에 필자는 편의상 한국의 경우, 고려의 멸망과 朝鮮朝가 건국(1392)된 14세기를 중심으로 위로는 13세기 후반, 아래로는 15세기 전반 일부를 포함하는 약 150년에서 200년을 대상시기로 한다. 한편, 일본의 경우는 鎌倉末期인 14세기 초반과 南北朝時代에 해당하는 14세기를 중심으로 하여 室町時代 초기에 해당하는 15세기 전반을 포함하는 역시 약 150년에서 200년을 그 논의 대상 시기로 한다. 이러한 시기 설정에서 볼 때, 양국은 비슷한 시기에 해당하나 엄밀히 따지면 시기적으로 韓國이 약간 앞선다. 그러나 日本의 경우, 중세 禪林의 詩文에 해당하는 이른바 五山文學[3]의 기간에 대하여 학자에 따라 시기의 上下限과 시기구분이 다양하다. 근년이 방면 연구로 주목할 업적을 낸 芳賀幸四郎은 그 시기를 前期(鎌倉中期~南北朝 末期), 中期(室町 初期~應仁亂),[4] 後期(應仁亂~室町末期)로 三分하여 대략 300년으로 잡고 있으며,[5] 安良岡康作은 제1기(鎌倉時代 初期~南北朝時代 中期), 제2기(南北朝 末期~室町時代 中期), 제3기(室町時代 末期~近世 初期)로 마찬가지로 三分하였으나, 그 기간은 약 450년으로 늘려 잡고 있다.[6]

그런데 필자가 이 시기를 150년에서 200년 정도로 劃定한 것은 五山文學의 정의를 "五山文學이란 室町時代에 盛하였던 漢文學으로, 僧侶, 좀 더 구체적으로 말하자면 禪宗 僧侶, 그 중에서도 五山派로 불려지는 禪僧들에 의해 창작되고 감상되었던 漢詩文을 지칭하는 말이다"라고[7] 규정한 玉村竹二의 論에 입각하여 되도록 五山文學의 핵심적인 正統에 해당하는 기간에 국한시키고자 그 범위를 좁힌 때문

3 五山文學의 성립과 전개 양상에 대하여는 다음 항에서 詳論된다.

4 室町幕府를 멸망케 한 應仁의 亂은 1447년 일어나 약 11년간 지속되었다.

5 芳賀幸四郎, 「五山文學の展開とその樣相」, 『國語と國文學』 35卷 10號, 東京大 國語國文學會, 1959.

6 安良岡康作, 「五山文學」 岩波講座, 『日本文學史』 製六卷 中世, 1961. 이 외에도 五山文學의 期間에 대한 학설은 분분하다. 즉 이상 二人 外에도, 上村觀光의 二期說, 北村澤吉의 七期說, 山岸德平의 二期說, 蔭木英雄의 四期說 등이 있다.

7 玉村竹二, 『五山文學』, 至文堂, 1961, 1쪽.

이다.

다음은 연구 대상의 범위 문제이다. 그런데 여기에는 또 대상이 되는 詩人의 범위와 作品의 내용이나 성격에 따라 나누어 볼 수 있다. 여기에는 양국에 공통되는 점으로 詩僧의 경우, 臨濟宗系 승려와 그들의 禪詩에 일단 국한한다는 대전제가 성립된다.[8] 그러나 지나치게 기계적인 분류는 불가능하다. 즉 선승이 아니라 하더라도 禪에 몰입된 일반 文人도 있을 수 있고, 한편으로 선승이라 하더라도 禪詩만이 아닌 禪趣詩나 선적인 自然詩나 社會詩나 人情詩類가 있을 수 있으며, 그 선승이 이 시기에 해당한다면, 연구의 대상이 될 수 있기 때문이다. 전자는 한국의 경우가 많고, 후자는 일본의 경우가 많은데 여기에 대하여는 後述하겠거니와, 우리의 高麗末 朝鮮初에는 禪的인 儒家詩人이 적지 않았고, 日本의 南北朝 전후한 시기에는 儒家的 禪僧이 많았다는 대조적인 특징을 보인다.[9] 따라서 우리의 경우에는 作者에, 그리고 日本의 경우에는 作品에 어느 정도 논의 범위의 융통성이 요구된다.

한편 연구 대상 범위의 문제에는 禪僧의 문제만이 아니라 작품의 형식이나 성격 또한 고려되지 않을 수 없다. 여기에는 양국 모두, 대상이 되는 詩作品을 협의로 보느냐 광의로 보느냐 하는 점과, 작품의 형식을 定格漢詩로 국한하느냐 또는 불교적 偈頌등으로 확대하느냐 하는 문제가 있다.

필자는 기존의 연구에서[10] 고려시대의 불교시를 禪宗의 禪僧이 지은 정격 漢詩에 국한한 바 있다. 이 경우는 협의의 범위를 적용한 것으로, 비록 韻文類라 하더라도 이른 바 한시의 定型에 들지 않는 것

8 韓·日 모두 이 시기 佛敎는 禪佛敎가 중심을 이루고 있었고, 이에 따라 禪僧들은 詩僧으로 거의 모두 禪詩의 작가들이었다.

9 이런 이유로 우리의 경우는 "禪儒", 그리고 일본의 경우에는 "儒僧"이란 용어가 가능하고, 실제로 존재했는데, 전자는 "出儒處禪"으로, 후자는 "儒心釋服"으로 표현되기도 한다.

10 印權煥, 앞의 책, 10쪽.

은 일체 배제한 것이다. 여기에 대하여 日本의 경우는 兩說이 있다. 즉 安良岡康作은 광의로 보아 生活의 記錄이나 思索의 手記 내지 철학적 語錄 등 선승의 漢詩文을 모두 포괄하는 입장을 취했고,[11] 이에 반하여 蔭木英雄은 협의의 입장에서 法語, 疏, 榜, 啓札 등 禪林의 행사에 쓰이는 것은 일체 제외하고, 오로지 偈頌이나 詩文 등 개성적·문예적 요소가 짙게 나타난 작품에 국한해야 한다는 주장을 펴고 있다.[12]

본 연구는 어디까지나 협의의 입장에서 禪宗 詩僧들의 개인적 創作으로서 전형적 漢詩에 국한하되 약간의 例外를 두는 것을 양국 공통의 기순과 범위로 성하고사 한다.

이상과 같이 범위의 제한을 둔다고 하여도 논의될 대상 인물들의 한계는 일단 분명히 해두지 않을 수 없다. 물론 이들 외의 인물들도 편의에 따라 人名이나 作品이 논의의 대상에 포함될 수 있음을 미리 말해두고자 한다.

양국의 해당 詩僧과 生沒年, 그리고 주된 文集을 시대순으로 들어보면 다음과 같다.

<麗末鮮初 禪詩> 圓鑑國師 冲止(1226～1292)-『圓鑑錄』. 白雲禪師 景閑(1298～1375)-『白雲和尙語錄』. 太古國師 普愚(1301～1382)-『太古和尙語錄』. 懶翁王師 慧勤(1320～1377)-『懶翁和尙語錄』. 涵虛堂 己和(1376～1433)-『涵虛堂得通和尙語錄』.

<日本 五山詩> 虎關師錬(1278～1346)-『濟北集』. 雪村友梅(1290～1346)-『岷峨集』. 中巖円月(1300～1375)-『東海一漚集』. 義堂周信(1325～1388)-『空華集』. 絶海中津(1336～1405)-『蕉堅藁』.

11 安良岡康作, 앞의 책, 4쪽.

12 蔭木英雄, 『五山詩史の研究』, 笠間書院, 1977, 3～5쪽.

3) 양국 中世 佛教詩 연구의 검토와 전망

(1) 고려 선시의 연구사

韓·日 양국의 중세 佛教詩 비교연구는, 그 어느 쪽에서고 이루어진 바가 없는 것으로 알고 있다. 따라서 연구사는 양국으로 나누어 각각 간략하게 살피면서 양국 硏究史의 상황과 차이점을 비교하고, 이 분야 양국 연구의 미래를 전망하기로 하겠다.

먼저 한국의 高麗 禪詩 연구사를 一瞥하기로 한다. 한국에서 이 방면에 대한 연구가 본격화 된 것은 1980년대에 들어와서부터다. 그 이전에는 국문학사나 韓國漢文學史의 저술에서조차 언급된 바가 없었다. 이런 상황에서 고려시대의 佛教詩, 禪詩는 불교학 측의 禪宗史나 高僧들의 사상이나 傳記를 말하는 가운데 보조, 방계 자료로 이용되는 정도였다. 그런 가운데도 1922년 安廓이 그의 『朝鮮文學史』에서 일부 언급하고 있음은 주목할 만한 사실이다.[13] 그 후 1970년대 후반에 이르러 李鍾璨, 趙東一, 印權煥의 개별논문이 발표되기 시작하면서 이 방면 연구의 단서가 열리게 되었다.[14] 그러다가 1983년 인권환의 『高麗時代 佛教詩의 연구』, 1985년 이종찬의 『韓國의 禪詩-高麗篇』의 단행본이 간행되면서 본격적인 연구의 단계에 들어서게 되었다. 위의 두 저서는 함께 고려시대 불교시를 대상으로 하고 있으나, 연구의 방법과 論点을 달리 하면서 새로운 영역을 개척하여, 이후 연구의 좋은 디딤돌과 발판이 되었다.

그 이후 이 방면의 연구는 시대를 달리하거나 개별 詩人에 대한 집중적 연구 등으로 발전하면서 새롭게 진전되어 갔다. 특히 1990년 이

13 안확은 同著 「近古文學」 항에서 "佛教의 文藝"란 항목을 설정하고, 간략하나마 고려시대 고승들의 佛教詩에 대하여 언급하고 있다. 그러나 본격적이거나 심도 있는 연구가 아닌 역사적 언급에 그치고 있다(『朝鮮文學史』, 韓一書店, 1922).

14 인권환, 앞의 책, 3쪽; 7~8쪽.

후에는 이 방면의 博士論文이 다수 출현했는데, 서규태의 「朝鮮 前期 불교시 연구」를 비롯하여, 이진오의 「조선 후기 佛敎詩 연구」(한국정신문화연구원), 박재금의 「慧諶詩의 연구」(이화여대), 배규범(경희대), 강석근(동국대) 등의 업적들이 주목된다.

그 이외 고려시대 불교시는 물론 조선시대에까지 영역을 넓혀 詩人, 作品, 思想 등으로 세분하여 연구한 碩士論文이 다수 발표되었는데, 이루 例擧하기 어려울 정도의 많은 수를 헤아린다.

한국의 이 방면 연구의 역사는 짧다. 그러나 최근에 이르러 이처럼 젊은 研究人들이 다수 참여하게 된 사실은 이 방면 연구의 미래를 밝게 하는 고무적인 일로 평가된다. 특히 이러한 연구들로 인하여 묻혀졌던 佛家의 詩人과 作品이 훌륭한 한국고전문학 작품으로 평가되고 문학의 不毛期로 여겨졌던 高麗時代의 詩文學이 당당히 국문학사의 중요한 시대로 떠오르게 된 것은 그 研究史的 의의가 막대하다고 할 수 있다.[15] 뿐만 아니라 그 연구의 파급 효과가 국문학 全史에 미쳐 고전문학의 資産을 풍윤하게 하였고, 儒家文學에만 편중되었던 韓國漢文學研究가 그 영역을 확대하여, 그 편폭을 佛敎文學으로까지 넓히게 된 것도 이 방면 연구의 큰 의의로 인정된다. 이러한 연구의 상황은 앞으로도 계속 지속 확대될 추세이고, 그 학문적 관심도가 더 높아질 전망이어서, 古典佛敎詩는 물론 다양한 장르에 걸친 고전불교문학 연구의 장래는 밝다고 할 수 있다.

(2) 일본 五山詩의 연구사

日本의 이 방면 연구의 역사는 한국에 비하여 매우 오래다. 따라서 研究人도 많았고 연구의 내용도 다양하고 연구 업적도 많으며 심도

15 조동일의 『한국문학통사』(전5권, 1994년 3판 완간)에는 이전의 國文學史類와 달리 각 시대마다 佛敎文學에 대한 논급이 빠지지 않고 있어, 국문학의 지평을 넓히고, 문학사의 연속성을 공고히 함에 크게 기여한 것으로 평가된다.

있는 고찰도 다수 이루어져 왔다. 이하 그 연구사를 간략히 훑어보고자 하거니와 관련 논문과 學者는 그 수가 너무 많으므로 五山文學을 전문적으로 연구한 學者와 著書 중심으로 살피고자 한다.

五山文學을 자료로 묶어 다루어 그 변별성을 부각시킨 것은 이미 江戶時代의 賴山陽이 『五刹詩鈔』를 엮어 그 문학적 가치를 높인 데서 비롯되었다. 그리고 역시 같은 시대 江村北海가 『日本詩史』(1771)를 통해 中世의 五山僧과 그들의 시를 文學史的으로 다룸으로써 그 학적인 토대를 마련하였다.[16] 그러나 五山文學이 본격적이고 독자적인 학문적 대상으로서의 부각은 1900년대 上村觀光에 의하여 이루어졌다. 그는 『五山文學小史』(1906), 『五山詩僧傳』(1912), 『禪林文藝史譚』(1919) 등을 계속 저술함으로써 日本 五山學硏究의 바탕을 세웠다. 또 같은 시기 鈴木子順은 『詩禪一味』(1911)를 간행하여 禪과 詩의 합일로 이루어진 五山詩論 연구의 기틀을 마련하기도 하였다. 그러나 이러한 上村觀光의 개척적 업적은 높이 평가되나 내용상 詩僧의 列傳 중심이고 논의도 단편적인데 지나지 않아 본격적 연구로서는 부족한 것이 있다. 그 후 1923년 那波利貞의 『室町時代硏究』, 1929년 岡田政之의 『日本漢文學史』(증보판 1954년)가 나왔는데, 전자는 내용 중 "五山文學論"을, 후자는 내용 중 第二編 緇流文學時代에서 鎌倉, 南北朝, 室町 前後期의 五山文學을 상세히 다루어, 그 문학사적 가치와 의의를 고양하였다. 이어 1935년 小野機太郎이 『日本文學講座』에서 五山文學을 독립적으로 다루었고, 1941년에는 北村澤吉의 『五山文學史稿』가 간행되었는데, 五山文學을 七期로 세분하여 100名이 넘는 詩僧들의 생애, 저술, 작품을 다룬 875面의 大著였다. 그러나 역시 많은 인물을 역사순으로 배열한 감이 있어, 그 이전 上村觀光의 연구를 크게 뛰어 넘지는 못했다.

16 大谷雅夫, 「日本詩史解說」, 『新日本古典文學大系』(二刷), 岩波書店, 1995, 596~611쪽.

그러나 이상과 같은 1900년대로부터의 연구가 바탕이 되어, 그로부터 半世紀를 꾸준히 발전, 1945년을 지나면서 본격적이고 심도 있는 五山文學研究가 출현하였는데, 그 주역은 玉村竹二, 安良岡康作, 芳賀幸四郎이었다. 이들의 연구는 1945년 전후로부터 비롯되어 1960년대와 1970년대에 걸쳐 발표되었다. 즉 玉村竹二는 史學者이면서도『五山文學』(1961),『五山詩僧』-日本の禪語錄 8-(1978) 등을 내어 이 방면 연구의 학문적 토대를 굳혔고, 安良岡康作은『五山詩史の研究』(1977), 芳賀幸四郎은 1956년『中世禪林の學文および文學に關する研究』(1981년 新版)를 내었다. 그는 또 五山文學을 다양한 측면에서 考究한『東山文化の연구』(1981)를 그의 저작집 중의 一卷으로 간행하였는데, 이는 이미 1945년에 1차 간행했던 것이었다. 이들 세 학자의 연구는 五山文學의 문학적 성격을 다양한 측면에서 다채로운 방법으로 천착하여 五山文學研究의 수준을 최고의 경지에 올려놓았다고 볼 수 있다.

한편, 1983년 猪口篤志의『日本漢文學史』가 간행된 것도 주목될 만하였다. 同種의 岡田政之의『日本文學史』가 나온 것은 1929년(증보판 1954)이었지만,[17] 그 서술이 室町時代 後期로 끝나 아쉬움이 컸던데 비해, 이 책은 그 후 江戶時代는 물론 明治·大正·昭和時代의 漢文學까지 포함하는 가장 완벽한 것이었다. 또 五山文學에 대하여도 제4장 鎌倉·室町시대의 漢文學에서 모두 11項에 걸쳐 언급하고 있어, 日本 중세의 한문학이 五山文學으로 이루어져 있음을 文學史的으로 확인하고 있다.[18]

그리고 이들에 이어 朝倉尙과 堀川貴司의 근년의 보다 精深한 연구가 그 振幅을 넓히면서 활발히 발표되어 주목을 받고 있다. 이 기

17 이 외에도 유사한 것으로 芳賀矢一,『日本漢文學史』(1928), 牧野謙次郎,『日本漢文學史』(1928), 安井小太郎,『日本漢文學史』(1939), 山岸德平,『日本の漢文學』(1951) 등이 있으나, 모두 부분적인 것이거나 學史的 서술로 미흡한 바 있다(山岸德平·長澤規矩也 編,「日本漢學史 研究資料解說」, 岡田政之, 앞의 책 附錄, 426~458쪽).

18 이 책은 2000년 沈慶昊·韓睿嫄에 의해 國譯 간행되었다(소명출판).

간 중, 이 외에도 五山文學에 대한 단편적인 연구가 산발적으로 여러 學者들에 의해 발표되었으나, 이상의 기존 연구를 능가할만한 업적은 없다.

日本 五山文學研究는 1980년대 이후 최근에 이르면서 위축과 침체를 면하지 못하고 있다. 그것은 이 방면에 대한 학문적 관심이 희박해지면서 연구자 역시 줄어들어 가고 이 방면의 연구 업적이 전 시대에 비해 현격히 감소되면서 나타나는 현상이다. 이러한 현상은 五山文學을 중국문학의 亞流로 생각한다든가, 漢字로 된 문학이기에 自國文學의 입장에서 배타적으로 본다든가, 젊은 세대가 漢文學과 佛教文學 연구의 어려움을 기피하는 추세 등에서 기인하는 것으로 보인다. 심지어 최근 간행되는 日本文學史類에서는 中世文學 중 五山文學이 文學史의 중심에서 극히 소홀히 다루어지거나 그 본질적 존재마저 의심하는 경향까지 볼 수 있다.[19]

그러나 이러한 우려할 만한 경향은 日本의 일부 학자들이 感知하고 있듯[20] 결코 바람직하지 않다. 주지하는 바와 같이 漢字는 과거 동아시아 공동의 문자였고, 이에 따른 漢文學도 中國을 중심으로 한국, 日本, 越南의 동아시아 共通文學이었다. 그리고 中世에 있어 그 흐름은 禪을 중심으로 한 불교문학 그 중에서도 佛教漢詩였다. 日本의 경우 여기에 해당하는 것이 五山詩이고, 오산시는 중세문학의 連歌, 隨筆, 日記, 軍記, 能樂 등과 함께 그 역사, 작가, 작품 등에 있어 가장 두드러지는 면을 보이는 차원 높은 고급의 詩文學이다. 五山詩는 비

19 최근 岩波講座 全11卷 別卷1, 총 18권으로 나온『日本文學史』제5권(13・14C)에는 五山文學의 항은 보이지 않고「佛教と中世文學」『廣田哲通)에서 불교문학 연구의 방법과 불교문학의 개념, 범위 등 원론적 논의만 하고 있다. 또 제6권(15・16C)의「禪林の文學とその周邊」(堀川貴司)에는 4쪽 정도의 일반적 개설만이 나오고 있다.

20 일찍부터 五山文學은 日本文學의 "孤兒"라는 自嘲的인 말이 있어왔거니와, 최근 기성학자들의 五山詩 번역 중 誤譯등을 날카롭게 비판하고 있는 芳澤勝弘은 孤兒로서 虐待까지 받고 있다고 말하고 있다(芳澤勝弘,「畵贊解釋についての疑問-五山詩文はどう讀まれているか」,『禪林文化研究所紀要』, 第二十五号, 2000, 158쪽).

록 漢詩라 하더라도 단순한 中國詩의 일부이거나 亞流가 아니며, 단순히 追隨나 模倣에 그치지 않는 日本的 漢詩이다. 즉 중국의 禪이 日本에 들어와 枯山水 등 庭園 조성과, 茶道의 확립, 繪畫의 발전 등 일본적 중세문화의 다양함 속에서 피어난 시문학 예술이다. 그리고 이러한 日本의 中世文化들은 대륙의 높은 문화를 수입, 소화하여 새로운 바탕으로 창조한 獨創的인 美와 情趣인 日本的 精神文化의 뿌리로서 傳統文化의 기본적 바탕이 되어 있다. 또한 이것은 부지불식간에 일본문화의 성격적 특징으로 규정되어 현대 일본문화와 그 바탕에 흐르는 정신으로 작용하고 있다.

여기에 五山詩 또한 일본의 시문학사 속에 중요한 부분으로 인식되고 평가되고 연구되어야 할 當爲性이 존재한다. 이런 점에서 한 때 고조되었던 五山文學硏究가 근년에 이르러 침체를 보이는 현상은 결코 바람직하지 않다고 평가할 수 있다.

4) 양국 中世 佛敎詩의 전개와 양상

(1) 고려 선시의 전개와 양상

한국에 있어 禪이 전래된 것은 신라 선덕여왕 때 法朗이 渡唐하여, 四祖 道信으로부터 선을 배워 온 데서 비롯되었다고 전한다.[21] 그러나 확실하게 알 수 있는 것은 8세기 말로, 당시 入唐하였던 道義와 洪陟에 의해 六朝系의 禪이 전래되었고 이것이 신라 말에 이르러 九山禪門으로 확대되었다.[22] 그리고 禪詩人으로 이미 신라 때에 文則, 體元, 大居 등 다수 존재하였던 것으로 전하지만,[23] 작품이 전하지 않

---

21 李箕永, 「新羅 佛敎의 哲學的 展開」, 『韓國哲學硏究』 上, 1977, 214쪽.

22 李喜益, 『禪定思想史』, 1979, 119~219쪽.

23 崔行歸가 『均如傳』에서 唐의 皎然, 無可, 齊己 등과 함께 이들을 東方의 詩僧이라 말하고 있다(同書 第八 譯歌現德分者).

아 상세한 것은 알 수 없다. 따라서 우리나라 최초의 禪詩人으로 꼽히는 것은 眞覺國師 慧諶(1178~1234)이다. 혜심은 스승 知訥(1158~1210)이 크게 일으켰던 禪思想을 이어 받아 修禪社 제2세가 되었고, 1226년에는 古今의 公案 1125則을 망라한 유명한 『禪門拈頌』을 엮었으며, 스스로 수많은 禪詩를 남겨 우리나라 禪詩의 첫 장을 장식하였던 것이다.[24]

本項에서 첫 번째로 다루려는 圓鑑國師 冲止(1226~1292)는 역시 知訥의 曹溪禪을 이은 修禪社 제6세로서 처음 儒者로 입신하려 했다가, 29세에 佛門에 귀의한 경력을 갖고 있다. 그래서인지 그의 禪詩는 형이상학적이고 관념적인 禪理詩보다는 禪機詩가 많고 儒者的인 禪趣詩[25]가 많은 것이 특징이다.

春日花開桂苑中 봄 되자 桂林에 꽃은 피는데
暗香不動少林風 꽃향기 少林 바람에 꼼짝 않네
今朝果熟沾甘露 이제야 열매 익어 甘露에 젖으니
無限人天一味同 한없는 人天이 한 맛을 보리.[26]

修道에만 전념하다가 주위의 권유로 41세에 金海 甘露寺의 住持를 맡았는데, 어느 禪客이 그에게 시를 청하자, 읊은 것이 위의 작품이다. 시 전체는 禪的 隱喩로 되어 있다. 그가 처음 官에 立身했던 일과 正覺을 이루어 감로사에 들어오게 된 사실, 그리고 중생과 더불어 和光同塵의 경지에 이른 심경을 잘 보여주고 있다.

冲止의 시는 다른 禪僧에 비하여 유달리 人情詩, 山居詩가 많아 일반 사대부 문인들의 작품과 가까운 면을 보인다. 물론 그 바탕에는

24 印權煥, 앞의 책, 53쪽.

25 여기에서의 禪詩의 분류 명칭은 "杜松柏의 『禪學與唐宋詩學』, 1977"에 따른다(同書, 197~364쪽).

26 冲止, 『圓鑑錄』(亞細亞文化社 影印本, 1973, 242쪽).

禪的 自覺이 자리하고 있는 터여서 凡常하게 보아서는 안 되겠지만, 이는 그의 더욱 더 인간적인 禪風의 한 단면이라 할 수 있으며, 이는 또 그의 詩風에도 잘 반영되고 있다. 다음은 그의 시에 자주 등장하는 "故鄕"의 이미지를 보여주고 있는 작품이다.

> 古園家業日荒凉　고향의 집안 일 날로 황량해가고
> 遊子迷津去路長　나그네 속세에서 갈 길 멀어라
> 若向箇中迴眼覷　만약에 눈 돌려 그 곳을 보면
> 元來却下是吾鄕　그 발 밑 서 있는 곳 바로 내 고향.[27]

<答李公行儉>이라 題한 위의 작품은 故鄕을 통하여 깨달음의 지름길을 암시하고 있다. 나그네는 중생이요, 故鄕은 彼岸의 세계, 眞如의 세계이다. 그러므로 이 시는 스스로 부처임을 모르고 헤매는 중생들에게 방황하지 말고 바로 깨달으라는 것과 깨달으면 그곳이 바로 佛國土라는 禪的 직관을 깨우쳐 주고 있다.

한편 冲止가 살았던 13세기의 高麗는 元의 팽창주의에 따른 간섭과 지배에 시달리고 있었다. 이러한 정세로 해서 나라는 항상 그 存立을 위협받았고, 어려운 상황 속에서 國民은 생활난 속에 고통을 받고 있었다. 특히 元軍의 1274년, 1281년 2차에 걸친 日本征伐은 高麗南部를 군사기지로 하였던 바, 이에 따른 각종 物資와 人員의 강제동원은 막대한 경제적 타격과 인명의 손실을 가져오게 하였다. 이로 인해 당시의 참담한 현실은 目不忍見의 상황이었다. 이 때 冲止는 감연히 붓을 들어 이러한 民族의 慘狀을 그린 <嶺南艱苦狀>과 <憫農黑羊四月旦日雨中作>이란 2편의 長詩를 지어 그의 現實認識과 愛民意識을 보여주었던 바,[28] 이는 冲止 詩世界의 또 다른 특징적 일면이어서

---

27 冲止, 앞의 책, 111쪽.

28 이 두 작품에 대하여는 印權煥이 상세히 언급한 바 있다(印權煥, 앞의 책, 244~249쪽).

주목된다.

다음으로 白雲禪師 景閑(1298~1375)은 冲止보다 좀 후대의 인물로 元에 들어가 石屋清珙(1272~1352)으로부터 臨濟系의 禪法을 배워 왔다. 그러나 그는 看話禪을 따르지 않고 無念無心의 禪修行과 祖師禪의 추구를 내세웠다. 그리하여 祖師禪의 自然에 순응한 悟境을 통하여 眞境에 이르고자 함에 선과 禪詩의 진정한 뜻을 두었다. 그래서 그의 시에는 꽃, 달, 바람, 산, 새 등 유난히 自然物이 많이 나온다. 그렇다 하여 그의 시를 단순한 山水詩나 吟風弄月의 작품으로 보는 것은 온당치 않다.

黃花翠竹非他物 국화꽃 푸른 대 남의 것 아니요
明月淸風不是塵 밝은 달 맑은 바람 塵이 아니다
頭頭盡是吾家物 세상 만물 모든 것 다 내 것이니
信手拈來用得親 손 내어 집히는 대로 가져다 쓴다.[29]

吾心似秋月 내 마음 가을 하늘 달과 같아서
任運照無方 온 세상 차별 없이 모두 비추네
萬相影現中 삼라만상 제 그림자 절로 나타나
交光獨露成 눈부신 광명이 온통 드러나네.[30]

앞의 시는 連作詩 <居山> 중의 하나이고, 아래의 시는 역시 <又作十二頌呈似>란 연작시 중의 하나이다. <居山> 承句의 "塵"은 주체에 대한 객체, 즉 일체의 대상을 말한다. 禪에 있어 主客은 대립관계가 아니다. 主客一如의 경지, 즉 不二의 관계다. 그러므로 黃花翠竹이 다른 것일 수 없고, 明月淸風 또한 객관적 대상이 아니다. 그래서 景閑

29 景閑, 「白雲和尙語錄」, 『韓國高僧集』 高麗時代 3, 1974, 116쪽.
30 景閑, 위의 책, 112쪽.

은 세상 모든 것이 "吾家物"이라 했다. 모든 것을 내 마음대로 한다는 結句 또한 그러한 경지의 표현이다. 物我一體의 自在境의 詩的 표현이다.

아래의 작품 역시 달과 마음을 일체화함으로써 自他不二의 禪的 경지를 나타내고 있다. 온 세계를 차별 없이 비추는 달처럼 禪心은 無碍自在한 것이어서 어디에도 걸림이나 막힘이 없다. 森羅萬象이 그 누구의 만듦이 아닌 저절로의 존재이듯, 마음 또한 본래 그대로의 眞如 그 자체다. 거기에 어떤 作用이나 加減이, 또는 은폐나 가림이 있다 한들 그 본질에야 변함이 있겠는가. 祖師禪의 궁극이다. 그런데 本詩의 起句 "吾心似秋月"은 寒山詩의 차용이다. 그렇다 해도 景閑이 聲·色·言語와 자연현상의 일체화 속에 解脫門을 찾으려 했던 그의 禪觀과 잘 맞아떨어지는 詩句가 아닐 수 없다.

太古國師 普愚(1301~1382) 역시 景閑에 이어 臨濟宗의 선맥을 이은 선승이었다. 일찍이 13세 때 檜岩寺에서 廣智禪師의 지도로 出家하였던 그는, 그 후 오랫동안 苦行을 겪으면서 오로지 看話禪에 몰두하여 주로 "萬法歸一"과 "無"字 화두를 참구하였다. 그러다가 38세 되던 1338년 마침내 豁然大悟하고 다음의 悟道頌을 얻는다.

趙州古佛老　　趙州 옛 조사
坐斷千聖路　　앉은 채 千聖의 길을 끊더니
吹毛覿面提　　吹毛의 칼을 눈앞에 대도
通身無孔竅　　온 몸에 하나의 구멍도 없네
狐兎絶潛蹤　　여우나 토끼 자취도 없는데
翻身獅子露　　몸을 뒤치어 나타난 사자
打破牢關後　　굳은 그 관문 때려부수니
淸風吹太古　　맑은 바람 太古에 불어오누나.[31]

31 普愚, 「太古和尙語錄」, 『韓國高僧集』 高麗時代 3, 583쪽.

그가 즐겨 참구하던 趙州의 "無"字 화두에 대한 의혹을 타파하고 얻은 見性이었다. 禪詩란 원래 깨달음을 바탕으로 한 것이기에 비록 범상한 듯 보이는 山居詩나 人情詩라 하더라도 일반 文人의 그것과 다른 터이지만, 오도송이나 開悟詩는 바로 그 깨달음의 직접적 계기가 된다는 점에서 어느 선승에게서나 중요하다. 그러나 絶對境의 오묘한 경지를 상대적인 言語로 나타낸다는 것은 불가능하기에, 오도송은 그에 대한 이해의 접근을 차단한다. 고도의 比喩와 象徵, 초월적 逆說과 飛躍的 표현, 즉 의미가 통하지 않는 活句의 본질을 캔다 함은 그 자체가 이미 錯, 그 자체일 수밖에 없다. 위의 오도송에서도 마찬가지여서 그 경지에 이르지 않은 이가 알아낸다는 것은 불가능하다.

趙州가 千聖의 길을 끊었다는 것은 "개에게도 佛性이 있습니까?" 하고 물은 제자에게 "無"라 한 대답을 대했을 때의 막막함을 나타낸 것으로 보인다. 一切衆生 悉有佛性이라 했거늘 어찌하여 개에게 불성이 없는가. 無, 無, 無. 그러나 이는 分別妄想을 깨뜨리는 禪家의 방편이어서 이를 뚫지 않고는 寸步도 나아갈 수 없다. 吹毛劍, 즉 知解의 理性으로 접근하나, 그대로 銀山鐵壁일 뿐이다. 온 몸에 구멍이 하나도 없을 정도의 막다른 百尺竿頭의 순간에 부딪힌다. 여우나 토끼 한 마리 없을 정도의 一切妄念이 끊어져버린 그 절대의 순간에 나타난 사자! 그것은 疑惑을 頓破했을 때의 了了한 心體自明의 상황이다. 그리하여 군은 관문을 때려부수고 淸風을 맞는다. 本來의 眞面目을 찾은 절대 無碍自由의 경지이다.

이러한 분석적 접근이 어느 정도 위의 오도송의 핵심에 접근했는가는 차라리 論外로 하는 게 낫다. 왜냐하면 절대적 경지란 知解가 논리적으로 접근할 수 있는 것이 아니기 때문이다. 그것은 禪師들의 마음에서 마음으로 이어지는 마음만의 通路, 그 자체일 뿐이기에 말이다.

普愚의 禪詩는 유난히 다른 선승들의 시에 비하여 悟道頌類의 시가 많다. 그것은 앞에 지적한 대로 臨濟의 禪風을 고스란히 잇고 있기 때문이다. 그가 禪脉에 있어 재래의 曹溪禪脉을 잇는 고려적 전통을 이은 것으로 보는 것이 타당함에도 불구하고, 元에 들어가 臨濟 17代인 石屋淸珙의 法脈을 이은 臨濟宗의 18代 法孫으로서 曹溪宗의 宗祖로 보는 견해도 주장되기 때문이다. 아무튼 普愚의 禪風은 그대로 그의 詩風으로 이어져 하나의 특색을 이루고 있음은 사실이다. 그래서 역시 臨濟家風, 특히 石屋의 절대적 영향으로 <雲山吟>, <白雲庵歌>, <太古庵歌>, <山中自樂歌> 등 禪歌를 많이 지었는데, 이들을 통하여 脫俗한 淸淡性을 보이면서 유난히 "白雲"을 즐겨 소재로 하는 詩가 많음도 또 하나의 특징으로 나타난다.

白雲雲裏靑山重　흰 구름 속 靑山은 첩첩하고
靑山山中白雲多　靑山 그 가운데 흰 구름 많다
日與雲山長作伴　날마다 구름 산과 벗을 하니
安身無處不爲家　몸이 편안하여 어딘들 집이 아니리.[32]

이처럼 그의 시에 자주 등장하는 白雲은 첫째, 白雲이 본래 본체가 없는 것이란 점에서 인간을 포함한 일체 존재가 실체가 없는 허망한 假有일 뿐이란 사실, 둘째, 白雲이 정처 없이 떠돌아다닌다는 점에서 無爲無事한 가운데 소요자재하는 禪客의 행적을, 셋째, 白雲이 희고 깨끗함을 본질로 하고 있어 투명하게 정화된 禪心과 虛靈湛寂한 心體 등을 상징하는 詩的 心象으로 사용되고 있다. 이는 그의 悟道頌들이 갖는 관념적 경직성과 대조되는 그의 또 하나의 시적 경향이라고 할 수 있다.

끝으로 普雨의 일상 행적에서 적극적 현실 참여의식을 볼 수 있는데, 82년의 생애 중 비록 10년 정도에 그치는 짧은 기간이었다 하더

32 普愚, 앞의 책, 557쪽.

라도 앞서 살핀 景閑과 다른 면이어서 주목된다. 즉 그가 王師 및 國師로 있으면서 당시 정계나 불교계의 문제였던 革新政策이나 辛旽의 국정 문란 문제, 王政의 왜곡된 정책에 적극적으로 관여하였다는 사실이다. 이는 그가 처한 고려의 정치적 현실적 문제에 초연할 수 없었던 국가적 민족적 문제에 대한 적극적 참여의식의 발현으로 그의 禪僧으로서의 특징적 면으로 볼 수 있다.

위에서 살핀 景閑, 普愚와 약간의 시차를 두고 동시대에 살았던 懶翁王師 慧勤(1320~1377) 역시 入元하여 指空和尙(?~1363),[33] 石屋淸珙, 平山處林(1279~1361) 등을 만나 指空으로부터는 禪의 원류를 터득하고, 石屋, 平山으로부터는 臨濟禪의 전통을 고스란히 전수한 유학승이었다. 특히 그는 세 번이나 중국에 가 수많은 그곳의 禪師들과 교유한 터여서 당시 양국의 선종과 선사상에 대하여 폭넓은 이해를 가지고 있었다. 이처럼 그는 당시 중국의 임제종계 영향을 많이 받은 터였는데, 그의 사상적 중심에는 그가 得度하였던 了然禪師系의 고려 선맥이 그대로 계승되고 있었다. 그만큼 그는 高麗禪에 대한 주체적 인식이 강하였는데, 이는 그의 禪詩에서 悟道的 내면공간에서 眞我에의 탐구가 하나의 특징을 이룰 정도로 많이 나타나고 있는 점과도 무관하지 않다고 생각된다.

다음 작품도 그러한 계열 작품 중의 하나이다.

萬慮都歸一念消 온갖 생각, 한 생각되어 모두 사라지니
六窓從此極寥寥 이로써 여섯 창이 적막하구나
堂軒寶月常常寂 추녀 끝에 걸린 달도 항상 적막한데
和與淸風四壁飄 맑은 바람에 어울려 네 벽이 나부낀다.[34]

33 指空은 원래 인도스님으로 중국에 와 禪을 펴다가 1328년 고려에 한동안 머물기도 하였는데, 慧勤은 중국에서부터 禪法을 전수 받았다. 指空이 다시 燕都에 돌아가 입적하매, 그 舍利가 우리나라로 왔는데, 慧勤이 이를 받아 양주 檜岩寺에 모신 바 있다.

"靜菴"이라 題한 시다. 우선 이 시에는 "六窓", "四壁", "月"이란 소재가 등장한다. 이 소재의 본질을 파악하지 않고는 이해가 안 되는 것이 이 작품이다. 六窓은 眼·耳·鼻·舌·身·意의 六識, 또는 六根으로 인간의 6개의 감각기관을 말한다. 그리고 四壁은 地·水·火·風의 四大로서 곧 인간의 육체를 말한다. 그리고 月, 즉 달은 일반적으로 선시에서 온 세계를 차별 없이 비추는 知慧의 光明, 즉 깨달음의 경지를 말한다. 이렇게 볼 때 起·承句에서 인간적 본능에 의해 항상 煩惱의 원인이 되는 六窓이 적막하다 함은 모든 번뇌가 사라져 一念으로 돌아갔다는 것이다. "萬法歸一"의 公案이 가리키는 바다. 그리고 轉·結句에서 네 벽이 날아가 버렸다 함은 인간을 형성했던 四大가 해체되어 본래의 자리로 돌아갔다는 것이고, 여기에 달빛, 즉 지혜의 광명이 비춤으로 해서 無明은 온 데 간 데 없이 사라져 버린 것이다. 이는 곧 眞如의 보배를 가리고 있던 육체와 번뇌의 장벽을 초탈함으로써 眞我를 찾게 되는 悟境의 詩化이다. 깨달음의 과정을 이러한 시적 표현을 통하여 성취할 수 있다는 점에 慧勤의 높은 詩的眼目을 알게 하는 수작이다. 하나의 公案이 예술로 승화되는 순간이다. 아름다운 한편의 詩 속에 공안은 녹아서 흔적도 없다.

다음 역시 "祖師西來意"란 公案의 詩化이다.

秋深投杖到山中　가을 깊어 지팡이로 산에 오르니
岩畔山楓已滿紅　바윗가 단풍은 산에 가득 붉었네
祖道西來端的意　祖師가 西에서 온 분명한 뜻을
頭頭物物自先通　삼라만상 스스로 먼저 알리네.[35]

"遊山"이란 제목이 붙은 시다. 흔히 禪詩에 나타나는 "祖師西來意"

34 慧勤, 「懶翁集」, 『韓國高僧集』 高麗時代 3, 248쪽.
35 慧勤, 앞의 책, 328쪽.

는 어느 제자가 趙州에게 "달마가 서쪽에서 온 뜻은 무엇입니까" 물으니 "뜰 앞의 잣나무니라(庭前栢樹)"라 했다는 데서 나온 말이다.[36] 사실 제자의 물음의 궁극은 "불교란 무엇입니까"라는 근본적인 물음이었는데 대답은 엉뚱하게 나온 것이다. 그러나 趙州의 답은 엉뚱한 것이 아니다. 森羅萬象이 法身의 현현이란 禪的 의미에서 본다면 뜰 앞의 잣나무라 하여 예외일 수는 없다. 위 慧勤의 詩에서도 가을 산을 붉게 물들인 단풍이 眞如 그 자체다. 단풍이 말 없는 가운데 스스로 佛法을 說하고 있는 터에 굳이 물을 필요가 있는가.

慧勤은 철저한 臨濟禪의 선승이었지만, 어디까지나 下化衆生의 입장을 앞세우는 大衆佛教의 실천자로서 念佛을 중시하였다. 淨土思想에 있어서도 唯心淨土와 自性彌陀를 내세워 대중적 구제의식의 실현을 위해 혼신의 힘을 다했다. 그리하여『懶翁集』에는 100餘人이 넘는 이들에게 준 偈頌이 전하고 있으며, 수많은 口傳歌辭를 남기고 있음도 마찬가지 현상으로 볼 수 있다. 이러한 그의 救濟意識은 당시 高麗社會가 王朝 몰락의 역사적 전환기에 처하여 亡國의 혼란 속에 방황하는 대중들의 인간, 또는 高麗人으로서의 자각과 자신감을 깨우쳐 주려는 菩薩行에서 나온 역사적인 것이었다.

이상에서 살핀 景閑·普愚·慧勤 등보다 대략 半世紀 이상 늦게 등장한 涵虛堂 己和(1376~1433)는 朝鮮初의 승려로서 위의 3人과는 자못 다른 상황에서 생애를 보냈다. 우선 그는 禪僧으로서 慧勤과 無學自超(1327~1405)의 계맥을 이은 것으로 보인다.[37] 이로 보아 그 역시 臨濟宗의 선맥을 이은 것으로 보이나, 3人처럼 入元한 일은 없었다. 그리고 鮮初의 혹심한 불교 탄압 속에서 외롭게 고뇌하고 투쟁해야 했다. 이런 관계로 당시의 유·불간 유사한 상황이기는 했지만,

36 無門慧開,「無門關」第三十七則.

37 己和는 慧勤이 入寂한 바로 다음 해에 태어났으므로 두 사람이 만났을 가능성은 없다. 그러나 그의 詩 중 <遊神勒>·<遊西原復興寺>·<贈懶翁侍者覺牛號野雲> 등에 모두 慧勤에 대한 추모가 담겨 있어, 그의 禪脈을 따랐던 것으로 보인다.

儒·佛一體나 조화를 꾀하는 보아, 불교의 수호를 위한 이론적 대항을 하지 않을 수 없었다. 그래서 「顯正論」이나 「儒釋質疑論」 등을 저술했던 바, 이는 鄭道傳의 「佛氏雜辨」으로 대표되는 불교부정론 내지 불교비판론에 대항하기 위함이었다. 이와 같은 현상은 이미 麗末부터 나타난 현상이기는 했으나, 己和의 경우는 새로운 지배세력이 性理學으로 이론적 무장을 한 채 완전히 득세한 뒤여서 남다른 바가 있었다.

이러한 시대적 상황은 그의 詩文學에도 영향을 주지 않을 수 없었고, 이러한 그의 문학적 대응은 앞 시기의 3人 禪僧의 시적 경향과 일정한 차별을 불가피하게 했다.

우선 그의 이러한 점은 다음의 작품에도 잘 나타나 있다.

報曉鍾聲醒客夢 새벽을 알리는 종소리 나그네의 잠을 깨우고
穿林鳥語動征裳 숲 속에 지저귀는 새소리 나그네의 옷자락을 흔드네
從玆更憶廬山路 이로써 다시 廬山의 일을 생각하니
三笑依然在耳傍 세 사람의 웃음소리 의연히 귓가에 들리는 듯하다.[38]

"山中行代士吟"이란 題下의 詩 중 一首다. 제목에 나타나 있듯, 지나는 절에서 선비를 만나 一夜를 같이 했던 사실을 선비의 입장에서 읊은 작품이다. 결국 儒家의 선비와 禪家의 자신이 만나 서로 마음은 달라도 하룻밤을 함께 보내면서 의기가 투합했음을 비치고 있다. 그런데 작품 중 "三笑"은 廬山에서의 慧遠法師와 陶淵明, 그리고 陸修靜이 서로 만나 헤어지는 길에 虎溪에서 함께 웃었다는 "虎溪三笑"의 고사에서 나온 것으로, 그 사실 여부를 떠나 유·불·도 三教의 조화를 나타내는 예로 유명한 말이다. 그런데 己和가 儒家 선비와의 만남을 이 故事와 오버랩 시킴으로써, 儒佛調和論 내지 儒佛相通論이란

38 原詩는 "『涵虛大師文集』, 경인문화사, 1994"의 것을 취한다. 이하 같음.

당시 자신의 사상적·종교적 입장을 나타내고 있음을 알 수 있다. 당시 己和는 온통 儒學이 대세를 쥐고 팽창해 가는 사상계에서 온몸으로 불교를 지키는 한편, 유학과의 공존을 위한 절충·조화의 입장을 취하고 있던 터였다. 이러한 그에게 유가 선비와의 만남은 虎溪三笑와 비교되는 좋은 詩材였고, 위의 작품은 바로 그런 그의 마음을 담고 있는 것이다.

한편 다음 시는 禪人으로서의 고고함을 소나무에 의탁하여 읊고 있다.

森羅獨翠三冬雪 크고 무성한 소나무 삼동의 눈 속에 홀로 푸르르니
堂上主人心愈潔 堂 위의 주인 마음 더욱 고결하구나
闃寂淸閑番一爐 고요하고 한가한 중 향불 피어오르고
耐寒枝上邀明月 추위 견딘 가지 위로 밝은 달을 맞는다.[39]

"松堂"이란 제목의 이 시에 나오는 소나무는 禪人의 상징으로 보아 무방하다. 특히 조선 초기 심한 疎外 속에 方外人으로 밀려난 그들이지만, 그러한 역경 속에서도 푸르름을 지니고 高潔한 마음을 지킬 수 있음은 不退轉의 禪的 精進의 道人만이 누릴 수 있는 보배다. 閑寂한 분위기와 향 피어오르는 靜寂 속에 온갖 고난을 견디고 이긴 禪人이 맞는 明月, 그것은 眞如의 상징이기도 하다. 그래서 己和의 詩文學은 더 높은 시대적 의미를 갖는다.

(2) 일본 五山詩의 전개와 양상

日本 古典文學史에서 漢文學의 비중과 의의는 매우 크다. 그리고 한문학의 흐름은 세 번의 과정을 거치면서 발달하여 왔다.[40] 첫 번째

39 己和, 『涵虛大師文集』, 위의 책.

는 奈良시대에서 平安시대에 걸쳐 隋·唐의 영향을 받아 성하여, 『性靈集』·『經國集』 등을 내었던 한문학이었고, 두 번째는 中世 鎌倉시대 말기부터 南北朝시대를 거쳐 室町 말기까지 발달했던 禪家의 한문학, 즉 五山文學이 그것이었고, 세 번째는 근세 江戶시대 儒者들에 의한 漢文學類의 문학이 그것이었다. 그러므로 五山文學은 전후의 한문학을 이어주는 교량적 역할을 하는 중요한 문학사적 의의를 갖는 것이었고, 또 그것이 宋·元의 禪과 禪詩를 받아 일본문학으로 移植, 성장시켰다는 데 특이한 존재의미를 갖는다.

그러나 앞서 언급한 바와 마찬가지로 五山文學이라 할 경우도 그 기간, 대상, 인물, 문학의 형식과 내용상 다양한 層位가 존재하는 터여서 간단하지가 않다. 우선 그 시기에 있어서도 450년 說에서 300년, 200년, 150년說까지 다양하고,[41] 臨濟宗의 승려가 중심이기는 해도 曹洞宗 등이 포함되기도 하며, 형식상 禪詩가 중심이기는 해도 四六文 등과 다른 散文樣式이 포함되기도 한다.[42] 그리고 이러한 期間의 長短과 範圍의 廣狹에 따라 여기에 해당되는 대상 인물과 작품의 量이 또한 그 수를 헤아리지 못할 만큼의 편차가 있어 연구 상 難點이 제기된다.

이에 본 연구는 앞서 언급한 대로 鎌倉末에서 室町初에 이르는 150년을 대상으로 한다. 그러나 위로는 鎌倉 초기까지 올라가고, 아래로는 室町 全期를 거쳐 近世 初期까지 대략 450년으로 보는 安良岡康作의 견해[43]까지 고려해 넣되, 논의의 한계 상 五山文學의 핵심적 기간이라 할 위의 150년에 중점을 두고자 하는 것이다. 그러나 이 시기에 해당하는 13세기에서 14세기 중엽에 이르는 기간의 五山文學의 상황도 복잡한 양상을 보인다. 그래서 본 연구의 대상 인물 5人을 중

---

40 玉村竹二, 「禪と五山文學」, 『講座 '禪'』 第五卷, 1968, 203쪽.
41 여기에 대해서는 앞에서 詳述한 바 있다.
42 그러나 본 연구에서는 禪宗, 그 중에도 五山派의 漢詩만을 대상으로 한다.
43 安良岡康作, 앞의 책, 5~6쪽.

심으로 한 당시 日本 역사 속에서 禪宗과 五山派, 그리고 여기서 발생하고 발달했던 五山漢文學의 상황을 먼저 대강 파악하는 것이 필요하다.

우선 中世 日本에서 五山文學이 탄생한 배경은 다음 세 가지로 크게 나누어 볼 수 있다. 첫째, 鎌倉幕府는 당시 元에서 탄압 받던 宋·元의 禪僧을 적극적으로 초청하고 받아들여 禪宗의 기틀을 다졌다. 둘째, 이어서 室町時代를 연 足利幕府도 禪宗에 의지하여 政治·文化·外交 정책을 폈고, 역대의 將軍·武士들은 선종에 귀의하고 선사들과 친밀한 관계를 맺고 있었다. 셋째, 이에 따라 五山·十刹·諸山 등으로 조직화, 중앙집권화 된[44] 선종의 禪僧들은 막부의 적극적 지원 아래 마음껏 그들의 사상과 예술과 문학을 펼칠 수 있게 되었다. 이것이 五山文學이 존립하게 된 역사적 배경이었다.

鎌倉 時宗의 선생이었던 元庵普寧(1197~?), 無學祖元(1226~1286)과 蘭溪道隆(1213~1278), 一山一寧(1247~1317) 등 南宋末에서 元에 걸쳐 일본에 온 이들 歸化僧들은 모두 대륙의 선승이자 詩僧이었고,[45] 이들에 의해 영향 받고 교육된 일본의 선승들이 바로 五山文學의 생산자였던 것이다. 당시 日本에 귀화한 중국 승려가 18명에 이르고, 이들의 영향을 받고 13~14세기에 중국에 간 일본 留學僧이 93명이었다는 사실[46]이 당시의 상황을 알게 한다. 특히 이때의 선승들은 최고의 지식층이었고, 지성인이었으며, 당시 宋·元·高麗 技術을 이들이 수입하였고, 선종을 포함한 불교는 물론, 儒學, 唐宋이래의 중국문학 등이 이들에 의해 일본에 소개되었다. 심지어 국가의 外交文書까지도 이들이 담당하고 있었다. 그리고 일본 中世文化의 중심으로

44 五山의 명칭과 조직, 배경에 대하여는 "玉村竹二, 『五山文學』, 1961, 1~23쪽"에 상세하다.

45 西尾賢隆, 『中世の日中交流と禪宗』, 1997, 2~9쪽.

46 『本朝高僧傳』에 傳記를 실은 당시의 고승 469명 중 93명이 유학한 것으로 기록되어 있는 바, 이는 5명 중 1명에 해당한다(김태준·안영희 번역, 加藤周一, 『日本文學史序說』, 1995, 256쪽).

일본적인 문화로 지금까지 이어지고 있는 繪畫·茶道·庭園造成·建築樣式·能樂·狂言 심지어 書道·꽃꽂이 등 일본 예술의 사상적 바탕은 五山僧들에 의해 수입되고 확산된 당시의 禪思想 바로 그것이었다.[47] 五山派의 선승들에 의한 五山文學 역시 이러한 상황 속에 탄생한 禪文化의 한 갈래였던 것이다.

여기서 본 연구에서 대상으로 하고 있는 5명이 속한 詩僧, 文學僧의 상황을 살펴보기로 한다. 우선 당시 五山派는 거의 모두 臨濟宗이었다. 그리고 五山派에만 13派가 있었는데, 聖一派 虎關師鍊 外 21명, 佛光派 義堂周信·絶海中津 外 34명, 一山派 雪村友梅 外 13명, 그리고 大慧派에 中巖円月이 속해 있었나. 이들 5명이 속한 나섯 유파의 인원만 100여 명에 육박하고 있어 13派에 속한 총인원은 상당한 수에 이른다. 이는 당시 일본사회에 있어 禪宗, 특히 臨濟宗이 얼마나 큰 영향력을 가지고 있었는가 하는 하나의 징표가 된다고 할 수 있고, 이에 따라 그들에 의해 이룩된 五山文學이 얼마나 전성하였는가를 알 수 있다. 그러나 室町末 應仁의 亂(1467)에 의해 足利幕府가 종언을 고하게 되면서, 점점 퇴화의 길로 가던 五山文學도 변질되거나 자취를 감추게 되었다. 하지만 일본 중세의 정신과 문화를 지배하였던 禪의 文化는 일본문화사에 지워질 수 없는 자취를 남겼고, 그것은 현대 일본의 정신적 문화적 根底에 살아남아 不滅의 것이 되고 있다.

본 연구의 대상인 5명의 詩僧은 五山文學이 시작되면서 본격적인 단계에 돌입하기까지의 인물들로서, 연구가들에 의해 五山文學의 주요 詩人으로 평가되는 이들인 바, 그 중에도 쌍벽으로 꼽히는 이가 義堂周信과 絶海中津이다. 그리고 이들은 모두 佛光派에 속하며, 불광파는 夢窓派라고도 불리는데, 이는 일본 중세 禪文化의 창조자로도 일컬어지는 夢窓疎石(1275~1351)[48]이 그 중심인물인 때문에 붙여진

47 韓普光 번역, 柳田聖山, 『禪と日本文化』, 1995, 35~102쪽.
48 柳田聖山, 「日本文化の完成者-夢窓」, 위의 책, 202~298쪽.

이름이다. 夢窓派에는 위의 두 사람 외에도 春屋妙葩(1311～1388), 龍湫周澤(1308～1388), 橫川景三(1429～1493), 彦龍周興(1458～1481) 등 유명 詩僧들을 비롯하여 제일 많은 선승들이 참여, 제일 큰 파를 이루고 있었다. 이는 夢窓疎石이 足利幕府의 커다란 신뢰를 받은 당시 종교・사상・문화계에서 가장 영향력이 큰 인물이었기 때문이었다. 따라서 夢窓疎石은 五山文學의 핵심이 되는 五山派 詩文學의 창시자라 하여도 과언이 아니다.

이제 5명 五山詩僧들을 차례로 살피기로 한다.

먼저 虎關師錬(1278～1346)이다. 東福寺 제5세로 本覺國師란 존호를 받았던 그는 『濟北集』이란 詩文集과 『元亨釋書』(1322년 완성), 『禪儀外文集』, 『聚分韻略』 등을 남기고 있다. 특히 『元亨釋書』는 일본 최초의 僧傳으로 유명한데, 일본의 佛教史를 겸하고 있는 그의 45세 때의 저술이다. 그는 당시 學僧이면서 禪僧으로 활약이 컸는데, 학승으로서는 儒學, 중국문학에도 조예가 깊었고, 그의 필봉은 날카로운 바 있어 종횡으로 唐・宋의 文人과 학자들을 비판하였다.[49] 또 詩僧으로서는 그 이전의 詩僧들이 대개 宋・元 禪林文學의 연장선상에 있다 할 정도로 개성이 없었음에 비하여 그는 기존 시문에 대한 비판적 안목으로 자기 나름의 특성을 보여 차별화를 시도하였다.

扁舟汎月繞松洲 조각배에 달빛 싣고 松洲를 도니
松際月光時暫幽 소나무에 걸린 달 때로 희미해지네
柔櫓一聲波萬頃 저어 가는 노 소리에 일만 물결 일어나니
胸中爽氣濶呑天 가슴 속 상쾌한 기운 트여 하늘 삼킨 듯.[50]

起・承・轉句는 평범하나 結句에서 그의 禪師다운 기개와 호방함

49 今泉淑夫, 「虎關師錬の生涯と業績」, 『虎關師錬禪師』, 선문화연구소, 1995, 133～149쪽.

50 蔭木英雄, 앞의 책, 156쪽.

이 보인다. 그는 修道·修學 不二의 걸출한 禪僧으로 詩文보다는 學僧으로서 學問에 더 강점이 있었다고 평가되고, 또 詩보다는 文에 長技를 보였다. 그의 방대한 독서량과 博覽强記는 당대에 출중하여 당할 이가 없었고, 宋代 詩에도 비판을 가하여 韓愈·黃山谷은 칭찬하되, 陶淵明·歐陽修·蘇東坡·楊萬里에 대해서는 비난의 화살을 던지기도 하였다. 그러나 그는 어디까지나 禪僧이었고, 귀화승 一山一寧과 꽤 가까웠으나 入元한 일은 없었다.

그의 詩의 특징은 어휘는 다채로우나 個性이 약했고, 서정적인 면에 特長을 보이면서도 雄奇한 句意를 즐겨 표현하기도 했다.

다음은 그의 詩的 특징 중 일면을 보여주는 작품이다.

室苦蒸蚊坐不成 방에선 모기 등쌀에 앉아 있기 어려워
等閑背手蹈沙行 슬며시 나와 뒷짐지고 모래 밟으며 걸어 보네
中庭無物忽拘我 텅 빈 뜰에 갑자기 나를 막는 게 있어
細牽蛛絲一線橫 자세 보니 거미줄 한 가닥 가로 쳐져 있구나.[51]

坐禪三昧의 自在로운 경지에 침잠하는 禪人으로서는 좀 파격적인 작품이다. 禪定에만 잠길 수 없는 여름밤의 일을 가벼운 터치로 솔직히 자기 감정을 그대로 토로하고 있다. 그러나 자신을 가로막는 뜻밖의 거미줄은 禪者가 뚫어야 할 그 많은 障碍 중의 하나임을 滑稽的으로 나타낸 것으로 볼 수도 있다.

虎關의 시는 五山詩에서 높이 평가되지는 않는다.[52] 그러나 五山詩文의 初頭에 서서 그 길을 개척한 공은 인정되고 있다.

다음에 살필 雪村友梅는 寶覺眞空禪師로도 불리는 前期 五山詩僧 중 첫째로 꼽히는 인물이다. 虎關師鍊과 함께 귀화승 一山一寧에게

51 蔭木英雄, 앞의 책, 156쪽.
52 北村澤吉, 『五山文學史稿』, 1941, 154~159쪽.

同門修學하였다. 그러나 虎關이 一山의 박학과 평론적 학풍을 이어받았음에 비하여 雪村은 무엇보다도 당시의 중국어, 즉 華語를 열심히 배워 중국어 구사에 능통하였다.[53] 이런 실력도 있는 데다 구도심도 강하여 18세 때(1307) 원나라에 건너갔다. 그리고 무려 23년의 오랜 세월을 元에서 보냈는데, 그 때 지은 시들을 모은 것이 『岷峨集』이며, 따로 『雪村語錄』이 전한다. 그는 元에서 각지를 편력하면서 수많은 善知識, 大官, 碩儒들을 만나 법을 묻고 교유하였다. 따라서 그의 시에는 규모가 큰 중국의 문물·자연·인사·고적 등을 읊은 작품이 많다. 이런 작품에 나타난 그의 詩風은 웅혼하고 장려한 특징을 보이고 있다.

그러나 元에서의 생활이 평탄한 것은 아니었다. 그것은 2차에 걸친 元의 日本征伐이 끝난 20년 후였음에도 불구하고 당시 元의 日人에 대한 감정이 좋지 않아, 그곳의 官憲들은 일본 유학승들을 마구 잡아 투옥한 때문이었다. 雪村도 24세 때 잡혀 入元 6년 만에 霅川의 감옥에 투옥되어 고초를 당했는데, 혐의는 간첩행위였다. 그 후 3년 만에 다시 西蜀으로 쫓겨나 유배생활을 하다가 풀려나게 되었다.[54]

이러한 元에서의 간난과 고초가 雪村의 求道心과 詩心을 꺾지는 못했다. 오히려 投獄이란 구속은 그의 自由人에의 갈망과 詩情의 분출을 더 강하게 하였다. 元에서의 그의 개성적인 詩風은 이상과 같은 경험을 통하여 발휘되었다. 다음 작품에 그런 면이 잘 나타나고 있다.

> 乾坤無地卓孤筇 천지에 외로운 지팡이 하나 세울 곳 없으니
> 可是藏身處無踪, 진정 이 한 몸 감출 곳조차 없구나
> 半夜木人騎石馬 밤중의 木人이여, 石馬를 타고
> 銕圍撞倒百千重 쇠 울타리 백천 겹을 때려 부수라.[55]

53 蔭木英雄, 앞의 책, 194～195쪽.
54 木宮泰彦, 『日華文化交流史』(재판), 1965, 446쪽.
55 『岷峨集』 卷下. 玉村竹二, 『日本の禪語錄』 八 五山詩僧, 439쪽.

이 작품은 雪川에 투옥되었을 때 지은 4수 중 맨 앞의 작품이다. 異國의 감옥에 갇혀서도 意氣가 꺾이지 않은 채 自由를 외치고 있는 不退轉의 禪人다운 기개와 정신이다. 起·承句는 감옥 속의 상황이다. 轉句의 "木人騎石馬"는 『大覺禪師語錄』에도 上堂法語로 나오는 말로 하나의 환상적 願望의 표현이다.[56] 轉句는 말할 것도 없이 자기를 얽어매고 있는 감옥이며, 나아가 왼나라 그 자체이기도 하고, 깨달음을 막는 장애이기도 하다. 그러므로 結句는 障碍를 격파하는 혼신의 외침이다.

다음 <偶作十首> 중 맨 마지막 작품은 외지로 쫓겨나 갖은 고생을 다하면서도, 그리고 고된 精進 속에 깨달음은 멀지라도, 결코 위축되지 않는 雄渾한 기상을 느끼게 하는 작품이다.

函谷關西放逐僧　函谷關西에 쫓겨난 중
砂非飯本不勞蒸　모래는 밥이 안 되니 쪄봐야 헛수고
長伸兩脚深雲裏　두 다리 구름 속에 길게 뻗으니
自在烏沈兎又升　自在로이 진 달은 또 다시 뜨네.[57]

承句의 "蒸砂成飯"은 『楞嚴經』에 나오는 말로 원래부터 되지 않음의 비유이다. 禪을 하는 자가 婬을 끊지 않음은 모래를 쪄 밥을 만들려는 것과 같다는 비유이다. 이 시에서 "모래"는 자신을, "밥"은 부처를 말한다고 볼 때, 깨달음의 어려움과 자신의 용렬함을 나타낸 것으로 보인다. 아무리 노력한들 모두 헛수고요, 깨달음은 멀어만 간다는 시적 표현이다. 그러나 轉·結句에서 상황은 달라진다. "烏沈兎升"은 해가 지고 달이 뜬다는 말로 宇宙의 자재로운 순환을 말하는 것이다. 이 말은 轉句의 두 다리를 길게 뻗는다는 웅혼한 기상과 어울려 꺾일

56 蔭木英雄, 앞의 책, 196쪽.
57 『岷峨集』 卷下. 玉村竹二, 앞의 책, 440쪽.

수 없다는 雪村의 강렬한 기개를 나타내는 것으로 보인다.

1328년, 38세 때 본국에 돌아온 그는 信濃의 慈雲寺, 京都의 西禪寺, 建仁寺 등에 머물면서 禪을 널리 펴는 한편, 훌륭한 詩를 많이 남겼다. 岡田政之는 그의 『日本漢文學史』에서 雪村을 前期 五山文學의 최고봉의 一人이라 극찬하고 있다.[58]

佛種慧濟禪師 中巖円月(1300~1375)은 桓武帝의 遠孫으로 태어났다. 12세에 道慧大德을 따라 『孝經』, 『論語』 등을 공부하다가, 13세 때 梓山律師에게 삭발하고 三寶院에서 密教 공부로부터 시작하였다. 그 후 여러 名刹을 거치며 고승대덕을 만나 다양한 종파의 불교사상을 공부하였다. 19세 때 더 큰 공부를 위해 博多에 이르러 중국으로 도항코자 하였으나 뜻을 이루지 못해 上京하여 여러 곳을 순행하며 수행하다가, 1325년 26세 때 마침내 元에 가게 되었다.[59]

元에서 그는 名刹大寺를 순방, 그곳의 名禪들로부터 法을 듣는 한편, 儒學 공부와 함께 관계 典籍의 열람・수집에도 열중하였다. 특히 유명한 雪寶山 資聖寺, 百文山 大智寺에서의 정진과 禪의 거장 古林清武에게 자주 참예하였던 것은 그의 禪力의 향상에 크게 도움이 되었다. 1332년, 33세 때 7년 동안의 元에서의 생활을 마치고 귀국하였고, 그 후 일본 선불의 발전은 물론 중국의 학술・사상 보급과 전수에 온 생애를 바치고 1375년 76세를 일기로 入寂하였다.[60] 문집으로 『東海一漚集』이 있고, 『佛種慧濟禪師語錄』이 전한다.

그는 知見縱橫하고 博學廣才한 인물로 평가되고 있다.[61] 뿐만 아니라 정치사상과 정치적 견해에도 탁월하여, 天皇에게 表를 올린 일도 있었고, 당시 중국 政情에도 밝아 中國通으로 인정받았고, 그만큼 歷史意識이 투철한 인물로 당시 정부의 자문역이 되기도 하였다. 또 그

58 同書, 316쪽.
59 上村觀光, 『五山詩僧傳』, 1912, 84~88쪽.
60 上村觀光, 위의 책, 87쪽.
61 芳賀幸四郎, 『中世禪林の學問および文學に關する研究』, 1981, 341쪽.

는 禪者로서 중국에 있는 동안 儒學 및 朱子學에도 정통하게 되었을 뿐만 아니라, 易經・老莊에까지 知的 영역을 넓힌 터여서 귀국 후 이 방면의 講論을 통하여 당시 지식사회의 리더로 활약하였다. 한편 그의 문학적 공헌도 커서 다양한 형태의 詩文을 남기고 있는데, 法語・偈頌은 물론, 古詩・律詩・序・跋・贊・賦・四六文・논설・수필 등 미치지 않는 영역이 없었다. 특히 四六文의 모범이 되어 있는 『蒲室集』을 가져와 처음으로 소개함으로써 室町期 四六文 유행에 큰 공적을 쌓기도 하였다.[62]

中巖의 詩風은 高雅함을 특징으로 하고 있다. 그러나 그의 시풍에 대하여는 두 가지 설이 있다. 물론 작품에 따라 다를 수도 있지만, 北村澤吉과 玉村竹二는 그의 시풍을 盛唐의 풍이라 했고,[63] 蔭木英雄은 이에 반대, 그의 시에 있어서의 산문적・서술적・問答詩的・擬人詩的 특징과 수법, 그리고 철학적인 면이 시에 나타난다든가, 마음의 갈등을 표출하는 자기표출 등의 특색 등으로 보아 宋風詩라 단언하고 있다.[64]

客去藤陰轉寂寥　손님이 돌아가자 등나무 그늘은 더욱 쓸쓸해지고
倚門供望到山椒　나는 문에 기대어 먼 산머리 바라본다
寒鴉色引碧雲合　추운 하늘에 까마귀는 푸른 하늘 저 쪽으로 자취 감추고
初月影隨紅霧消　초생달 빛은 석양 안개 속에 사라져 가네
海送南風行夏令　바다에서 불어오는 남풍은 여름을 알리니
天將陰雨怒春潮　비 올 듯한 하늘은 봄 바다에 성난 듯
居閑獨喜於詩律　조용히 살아가며 홀로 詩 짓는 것 기뻐서
細著工夫楮葉雕　차분히 궁리해서 종이에 적어 둔다.[65]

62 芳賀幸四郞, 위의 책, 365쪽; 玉村竹二, 『五山文學』, 1961, 100쪽.
63 北村澤吉, 『五山文學史稿』, 1941, 239쪽; 玉村竹二, 위의 책, 99~101쪽.
64 蔭木英雄, 앞의 책, 219~220쪽. 이러한 두 가지 설에 대한 판단은 그의 시 모두를 분석, 검토한 후에야 가능하므로 필자의 견해는 보류한다.
65 『東海一漚集』 卷一.

"藤谷の春日"이라 題한 작품이다. 藤谷은 그가 원에서 돌아온 후 자주 머물던 崇福庵이 있는 곳으로, 그는 거기서 집필하기도 하고, 51세 되던 해에는 學人들에게 『中庸』을 講한 일도 있었다. 그리고 생애 중 여러 차례 고향인 듯 돌아와 쉬던 곳이다.[66] 自然의 推移와 변화에 따른 분위기는 시인에게 있어 詩情을 일으키는 동기를 부여한다. 詩情이 일었을 때 곧 그것을 窮究하여 가다듬고 적어놓지 않으면 변하든가 놓쳐버릴 수도 있다. 그래서 그때그때 적어놓지 않으면 안 된다.[67] 詩 原文 맨 끝줄의 "工夫"는 禪宗에서 公案에 대하여 깊이 참구한다는 뜻이기도 하며, 단순히 자연의 분위기에 촉발된 詩心 이상의 境界를 나타내고 있는 것으로 볼 수도 있다. 왜냐하면 그는 大慧派의 선을 일본에 토착화시키려 한 철저한 禪者로서 불교에 의한 富國太平策을 주장하기도 했고, 韓愈의 排佛論을 비판하여 儒佛一致論을 전개하기도 한 적극적인 불교인이었던 때문이다.[68]

끝으로 한 편의 작품을 더 보기로 한다.

歲晩天寒處　　한 해가 저물고 날씨마저 추우니
風淸月白時　　맑은 바람 불어오고 달빛 희게 빛나네
長吟乘逸興　　길게 읊조리매 높은 흥취 오르나니
獨座歎幽姿　　홀로 앉아 그윽한 자태를 歎하도다
世事那堪說　　복잡한 세상 일 어찌 말로 다할 건가
人生日有涯　　인생이란 스스로 한계가 있는 것
目前如何遣　　눈앞의 일조차 어찌할 바 모르거늘
身後不須期　　죽은 뒤의 일이야 어찌 기약할 수 있으리.[69]

---

66 그가 鎌倉의 바다가 가까운 藤谷의 崇福庵에서 읊은 작품은 그의 문집인 『東海一漚集』에 다수 전한다. 이 작품도 그 중의 하나다.

67 蔭木英雄, 『中世禪者の軌跡-中巖円月』, 1987, 272~273쪽.

68 蔭木英雄, 위의 책, 130쪽.

69 『東海一漚集』 卷一.

"歲晩"이라 題한 시로 범상한 이의 평범한 회포와 다를 바 없는 遣懷의 작품이다. 죽은 뒤의 일을 어쩌겠느냐는 끝 부분은 일반 士大夫나 儒者들의 死生觀 그대로다. 서슬이 퍼런 禪光이 번득이는 것만이 禪詩는 아니다. 가장 禪人다운 시는 선시 냄새가 풍기지 않는다. 그러나 中巖의 경우 대륙의 文人들의 시에 경도되어 그 영향을 많이 받은 것만은 사실이다.

義堂周信(1325~1388)은 空華道人으로도 불리는 詩僧으로, 다음에 살필 絶海中津과 함께 五山僧侶 중 두 巨擘으로 평가된다.[70] 어려서는 淨義大德에게 儒書를 배우다가, 14세에 삭발, 比叡山에서 수계, 불문에 들어섰다. 17세 되던 1341년 상경하여 臨川寺에서 당시 禪宗의 거봉 夢窓疎石을 뵙고 제자가 된다. 그 다음 해 그는 중국에 건너가려 하였으나 病으로 포기한다. 그 후 그는 五山之上이었던 南禪寺에 머물며 많은 도인들에게 경을 강하고 禪을 펴 큰 추앙을 받았다. 그는 유학에도 밝아 당시 막강한 권력자인 足利義滿에게 『中庸』·『論語』 등을 강의하기도 하였는데, 그는 義滿에게 유교를 강하고, 차츰 불교로 인도하다가 나중에는 깊이 禪宗에 귀의케 하여 큰 사상적 영향을 주었다. 그는 臨濟의 승려로, 법계는 龍山德見을 스승으로, 문학으로는 中巖円月을 스승으로 하여 그 계맥을 이었다.[71] 저서는 『空華集』·『日用工夫集』 등 수십 권이 있으며, 宋·元 선승의 七言絶句 수천 수를 골라 엮은 『貞和集』이 있다.

그는 天資器識이 淵深하고 도의가 고고하였으며, 학문이 넓었고, 항상 대중과 고락을 함께 하는 禪人이었다. 그리고 詩才가 종횡하여 그의 詩文은 당시부터 높이 평가되었을 뿐 아니라, 그의 文名은 대륙에도 알려져 大唐詩人과 비견되기도 하였고, 大明 瓦官講師 無逸克勤은 그의 文稿를 보고 극찬을 아끼지 않았다는 기록을 남기고 있다.[72]

70 賴山陽 編, 『五山詩抄』(芳賀幸四郎, 앞의 책, 343쪽).
71 寺田透, 『義堂周信·絶海中津』, 日本詩人選 24, 1977, 13쪽.
72 上村觀光, 앞의 책, 112~113쪽; 芳賀幸四郎, 앞의 책, 342~343쪽.

그의 詩風은 다양하나 閑寂枯淡이 특징을 이루고 있는 것으로 평가된다.

年登五十一衰翁 나이 오십길에 든 쇠약한 늙은이
懶拙無心繼祖風 게으르고 못나 祖風의 계승에 마음이 없다
莫怪閉門防俗客 괴이타 하지 말라. 문 닫아 俗客 막음을
閑邊有味似春濃 閑寂 속 즐기는 맛, 봄이 무르익은 듯하니.[73]

그의 시에는 열거할 수 없을 정도의 "夢"·"眠"·"睡"의 용어가 나온다고 한다.[74] 이것은 젊은 시절의 작품이나 만년의 작품이나 마찬가지라고 하는데, 위의 시는 50세에 오른 만년의 작품인 바, 이들 용어가 나오고 있지 않으나, 轉句의 문 닫아 걸고 손님을 막은 채 방에서 하는 일은 역시 잠일 듯하다. 그렇다면 이들 용어의 의미는 무엇인가. 그는 "神이 자재로이 노는 것을 꿈이라 하고, 如如하여 움직임이 없는 것을 山이라고 한다. 山은 우리 마음의 體를 드러내고, 꿈은 우리 마음의 用을 나타낸다(神遊自在之謂夢, 如如弗動之謂山, 山表吾心之體, 夢以顯吾心之用-<夢山說>)"라고 한 바 있다. 이는 대체로 仙界를 몽유하는 마음을 읊은 것으로 보이는 바, 이것은 당시 文學僧들의 하나의 理想境을 나타내는 표현으로 보인다. 위의 시에서 祖師의 禪風을 이을 생각도 없다함은 액면 그대로가 아니라, 脫俗한 閑寂 속 飄逸한 정신의 한 단면을 나타내고 있는 것으로 보인다. 위의 시의 제목은 "賽韻旭遠林訪"이다.

路去難成道 늙어가니 道 성취하기 어려워지고
病來懶出山 병이 드니 산을 나가기 귀찮아지네

73 蔭木英雄, 앞의 책, 261쪽.
74 위의 책, 260쪽.

中生寧可度　　衆生을 어찌 제도할 건가
世路更多艱　　세상일은 더욱 어려움이 많네
睡覺星低戶　　잠에서 깨니 별은 창에 나직이 뜨고
天明雪擁關　　하늘 밝으매 눈은 문짝에 잔뜩 쌓였네
遙怜螺髮叟　　저 멀리 영리한 곱슬머리 늙은이
跣足下孱顏　　맨발로 험한 산을 내려가노니.[75]

"示臘八徒"라 題한 이 시에서 그는 깨달음의 어려움과 중생제도의 힘듦을 말한 다음, 역시 한적한 산중 생활 속의, 잠을 말한다. 그런데 그 다음은 다르다. 끝의 二行은 단순한 情景의 묘사가 아니다. 원시에서 "螺髮叟"는 석가모니다. 석가모니는 雪山에서 苦行을 하였지만 얻은 바가 없었다. 그래서 다시 下山하고 만다. 6년 고행이 徒勞가 된 것이다. 작자는 그것을 연상하고 있다. 그러나 석가의 下山은 더 큰 향상을 위한 나아감이다. 그는 결국 泥蓮禪河의 보리수 밑에서 覺을 이룬다. 그런데 작자는 이것을 抒情的 터치로 詩化하고 있다.

그의 시에는 典雅·敦厚한 것도 있고, 귀족적인 風雅美를 나타내는 것도 많다. 그러나 그는 원래부터 항상 生死를 염두에 두고 용맹정진하라는 求道의 투철함을 주장하였다. 그런 가운데 隱逸 속에 祖風을 드날리지 못하는 자기 慘愧의 念이 시의 곳곳에 나타나 있다. 이는 그의 자기 참회의 求道精神을 알게 함이라 하겠다.

앞의 義堂과 함께 五山詩僧 중 쌍벽을 이루는 絶海中津(1336~1405)은 14세에 삭발하고, 16세 때 역시 夢窓疎石을 戒師로 大僧이 된다. 그 후 西芳寺에서 夢窓疎石으로부터 『圓覺經』을 배우고, 각 곳 명찰을 주유하다가 日本에 禪宗을 처음 전래한 榮西가 건립한 建仁寺에서 12년간 수행에 전념한다. 1368년 明에 건너가, 4년 후 그 곳 五山의 하나인 萬壽寺에 초청받아 首座가 된다. 그 후 그는 大慧派의

75 寺田透, 앞의 책, 98~99쪽.

문하에 참예하여 법을 들었고, 明 太祖에 알현하여 시를 읊는 등 명성을 얻어 文名을 날렸고, 많은 고승을 만나고 그 곳 명승고찰을 유람한 뒤 1376년 41세 때 귀국했다. 귀국 후 京都에 돌아왔고, 慧林寺 주지 등을 역임하다가 한동안 錢原에 은거하였다. 그러다가 1384년 51세 때는 당시 막부의 실세 義滿에게 『金剛經』을 강의하고, 이어 十牛圖를 통하여 禪要를 강설하는 등 권력층과 밀착하여 等持寺, 相國寺 주지 등을 연임했다. 1405년 세상을 떠나매 천황은 佛智廣照國師란 시호를 내렸다. 저서로는 시문집 『蕉堅藁』를 남겼다.[76]

그는 평소 高潔, 飄逸한 성품으로 특히 시에 뛰어났고, 義堂이 학자풍이었다면 그는 시인풍의 인물이었다.

그가 明에 머물 때는 처음 대륙의 禪林詩風을 따라 영향을 받았으나, 그 곳 일반 문인들의 시문에 지나치게 탐닉하여 修禪을 게을리하여 禪味를 잃어 가는 경향도 있었다. 明에 있는 동안의 그의 詩風은 대체로 懷古·望鄉·師友에의 情이었다.[77]

北固高樓擁梵宮 북고산 높은 누각 梵宮을 껴안으니
樓前風物古今同 누각 앞의 풍물은 예와 같구나
千年城塹孫劉後 천년의 城塹은 손권·유비 남긴 자취
萬里塩麻吳蜀通 만리의 소금과 마는 吳·蜀으로 통하네
京口雲開春樹綠 경구에 구름 개니 봄 나무 푸르고
海門潮落夕陽空 바다에 조수 빠지니 석양이 공허하다
英雄一去江山在 영웅은 한 번 가니 강산만 남고
白髮殘僧立晚風 백발의 남은 중만 저녁 바람에 서 있네.[78]

76 이상 그의 생애는 上村觀光, 玉村竹二, 寺田透 등의 앞의 책을 참고하여 서술하였다.

77 蔭木英雄, 앞의 책, 278쪽.

78 『五山文學集』, 新日本古典文學大系 48(3판), 1999, 80쪽.

明에 있을 때 지은 "多景樓"란 시다. 다경루는 江蘇省 북쪽 長江에 우뚝 솟은 岩山, 그 위에 세워져 있는 누각으로, "京口第一山"이라 불리는 곳이다. 그리고 吳의 孫權과 蜀의 劉備가 연맹을 맺었다는 유적이 山上에 전하는 것으로 알려져 있다. 絶海의 일련의 회고시 계열의 작품이다. 옛 삼국시대 吳와 蜀의 영웅들이 천하를 다투던 일을 회상하며 그 유적의 景光을 읊고 있다. 따라서 異國의 웅대한 역사적 유물 속에서 그 때의 회고와 함께 人生의 허망함과 무상함이 적절히 나타나 있다. 바닷물이 干潮로 빠져 석양만이 하늘 끝에 달려 있는 광경, 백발의 殘僧(남아 있는 중)만 저녁 바람에 서 있다는 표현이 주제와 썩 잘 어울린다.

41세 때 明에서 귀국한 絶海는 약 10년간을 山居生活로 보낸다. 여기저기 절을 옮겨다니면서 자연 속을 소요한다. 權力에의 집념도, 僧位에 대한 영달도 안중에 없이, 번거로운 도시를 피하여 한없는 산천 유랑 속에 피곤하면 그 곳의 절에서 쉰다. 參禪의 여가에는 雲鶴 취향의 시문을 짓고, 생각나면 다시 떠난다.

다음의 시는 그가 錢原(現 茨木市라고도 하나 未詳)이란 곳에 숨어 지낼 때 지은 작품이다. 그의 山居遊歷 시절 중 가장 많이 찾고 머물던 곳이다. 시는 그가 錢原에 머물 때 清溪和尙의 韻에 화답한 것으로 되어 있다.

世事從來多變態　세상일이 원래부터 變態 많음을
當初早悟有如今　당초에 그런 줄을 일찍이 깨달았네
青山高臥茅簷下　청산에 높이 누운 띠집 처마 아래
不許白雲知此心　흰구름조차 이 마음 앎을 허락지 않네.[79]

"錢原和清溪和尙韻"이란 題의 시다.[80] 在明 시절과 사뭇 다른 경향

[79] 『五山文學集』, 앞의 책, 161쪽.

으로 일견 隱者風의 작품이다. 그런데 이 시에는 사연이 있다. 한참 유력생활을 보내던 絶海는 義堂의 알선으로 귀경하여 당시 將軍을 만난 일이 있다. 이 때 장군에게 直言하였다가 귀에 거슬린 바 되어 다시 京을 떠나 숨어 지내던 곳이 錢原이다. 확실한 전말은 알려지지 않고 있으나 그의 현실참여의 실패 뒤에는 그의 곧은 성격적 일면도 있으려니와 그로서는 아주 불쾌한 모종의 일이 있었던 것으로 보인다. 起·承句는 그러한 變態의 세상을 말하고 있다. 그리고 結句의 "白雲"은 틀림없이 隱者의 벗이기는 하나, 그러한 白雲에게조차 모르게 하겠다는 작자의 마음은 世事에 연루된 숨겨진 뜻이 숨겨져 있다. 그것은 아마도 막강한 將軍의 권위에도 굴하지 않겠다는 絶海의 오기일 수도 있다.

이처럼 錢原에 은거하던 그도 마침내 1386년, 51세 때 等持寺 주지를 시작으로 京都로 돌아가 권력상층부와 밀착하면서 五山의 우두머리 相國寺를 맡는 등 僧位가 높아진다. 산중에서 도시로, 小庵에서 巨刹로, 조촐한 삶에서 화려한 삶으로 환경이 바뀌면서 그의 詩風 역시 달라진다. 어찌보면 그의 詩의 俗化라고도 할 이러한 경향은 室町 중기 이후의 五山詩의 일반적 변화의 일환으로도 볼 수 있다.

> 寺近皇居多貴遊 절들은 皇居에 가까워 많은 귀인들이 구경오고
> 看花還愛一庭幽 꽃을 보며 정원의 그윽함도 사랑하네
> 禪心未必負春色 禪心은 아직 春色에 밀려나는 건 아니지만
> 院院珠簾捲上鉤 절마다 주렴을 걷어 말아 고리에 걸어 올렸네.[81]

도시로 돌아온 이후의 일련의 작품 중 하나로 "輦寺看花"라 題한 시다.[82] 화창한 봄날 기화요초 만발한 도심의 화려한 寺院風景을 그

80 淸溪和尙(1300~1385)은 絶海와 같은 夢窓派로 元에 30년간 유학, 귀국 후 막부의 신임을 받아 天龍寺·南禪寺 등의 주지를 역임하였다(『五山文學集』, 위와 같음).

81 『五山文學集』, 위의 책, 186쪽.

린 작품이다. 承句에서 다만 꽃구경만이 아닌 山居의 幽深함을 내비치며, 轉句에서 禪心이 흔들리지 않음을 나타내고 있다. 그러나 結句에서 절마다 주렴을 걷어 올려 꽃을 바라보게 하였다함은 어쩔 수 없이 春心에 동화된 사원의 분위기이고, 여기에 絶海의 禪心도 詩心도 한껏 기울어져 있음을 감지할 수 있다.

江村北海는 絶海의 詩를 비록 근래의 詩人이라 하더라도 그의 시를 보면 몸을 숨길 것이라 극찬하였고,[83] 明나라의 如蘭도 絶海의 시를 비록 중국의 시인이라도 따르지 못할 경지를 지녔으며, 海東의 으뜸으로 그보다 나을 자 없다고 칭찬했음을 猪口篤志는 전하고 있다.[84]

5) 양국 禪詩의 차이와 특징

본고는 위에서 麗末鮮初와 日本 鎌倉 말기에서 室町 초기에 이르는 기간의 양국 中世 禪詩를 비교 연구함에 목적을 두고 고찰을 진행하여 왔다. 그리고 그 대상을 이 시기 양국의 禪僧과 그들의 작품에 주된 초점을 맞추어 검토하였다. 즉 양국 각 5명씩 10명 선승의 20편 시를 비교하여 그 특징을 찾고, 변별성을 추출하여 그 異同性을 살핌으로써 比較文學的 성과를 도출하고자 한 것이다. 그러나 이들이 비록 양국의 해당 시기의 禪詩를 대표할 만한 인물인 것은 사실이나, 동일한 중세라 하더라도 이들 외에 엄청나게 많은 詩僧들이 있었고,[85] 설사 10명의 작품만 하더라도 수백 편씩이 넘는 터여서, 이들

82 詩題에서 "輦寺"란 "京寺"란 말과 같은 의미로, 京都에 있는 높은 寺格의 사찰로서 天皇이나 將軍이 특히 돌보는 官寺의 최고위다. 相國寺가 그런 곳 중의 하나인데, 絶海는 相國寺 주지를 세 번이나 하였다. 그리고 相國寺는 天皇의 거처인 "御所"의 바로 위쪽에 위치하고 있다.

83 江村北海, 『日本詩史』 卷之二, 『新日本古典文學大系』 65(2쇄), 1995, 77쪽.

84 猪口篤志, 앞의 책, 250쪽.

85 이 경우 고려에 비하여 일본의 선승이 훨씬 많고, 그 자료 또한 상당히 많이 남아 있어 크게 대조된다. 이에 따라 이들에 수반된 연구도 일본에 비하여 우리의 연구가 미미하다.

제한된 작품만으로 완전한 비교 연구의 결론을 낸다는 것은 많은 문제점이 있을 것으로 생각한다.

다만 본항에서는 제한된 범위에서의 비교나마 당시 양국 禪僧들의 종교적・문화적・사회적 역할과 기능을 비교하여 그 차이점을 살피고, 이어 이들의 禪詩에 나타난 내용, 情趣, 詩風, 역사적 변모 및 唐宋詩, 그리고 宋元代의 선시와 관계를 살펴 그 특성과 상이점을 비교해 보고자 한다.

첫째, 禪僧들의 역할과 기능에 관한 것이다.

우선 당시 양국의 대부분의 선승들이 중국의 元과 明에 불교 유학을 한 사실과, 이들이 모두 중국의 臨濟宗의 영향을 받고, 그 禪風을 날리고 臨濟風의 시를 남기고 있음은 공통된다. 그리고 고려의 선종은 崔氏武臣 政權과 밀착하여 그 비호를 받은 이래, 王師・國師로서 왕의 자문에 응하는 등 최고 권력층과의 긴밀한 관계 유지가 있었고, 일본의 臨濟宗도 鎌倉幕府이래 室町時代의 足利幕府의 절대적 애호와 지원 속에 막강한 성세와 호화를 누려온 점에서 공통된다.

그러나 양국 선승의 사회적 기능에 있어서는 사뭇 달랐다. 우선 여말선초의 禪僧들은 종교인으로서 오로지 수행과 중생교화에 주로 몰두하였고, 국정에는 대체로 자문에 응하는 정도였다. 그러나 일본의 五山僧들은 臨濟宗 승려로서의 본분을 잃지는 않았으나, 그 역할과 기능은 다양하였다. 즉 그들은 당시에 있어 선승이면서 정치인, 외교관으로 국정에 깊숙이 참여하였고, 최고 지성인, 문화인으로서 높고 새로운 대륙문화의 수입과 移植과 전파의 첨병 역할을 하였다. 또 禪思想 이외의 儒學 등 소위 外學에 대한 입장도 달랐다. 여말선초의 선승들도 유학이나 性理學 등 대륙의 학문에 일정한 이해를 가지고 있었고, 특히 성리학의 수입 이후에는 時勢에 맞추어 불교와의 합일을 주장하기도 했다. 이에 비하여 그들이 유학・성리학, 중국 사상・철학의 수입자였던 만큼 학문적으로 많이 傾到되어 있었고, 유교 경전의 수입과 전파 및 講說에도 불교 못지않은 활동을 수행하였다. 양국 모두 한 때 儒·佛一致論에 공통성을 보이기는 했으나, 여말선초의 "外儒內佛"이란 용어와 五山僧들의 "儒心釋服"이란 용어가 대조되는 바와 같이, 일본의 경우 선승이면서도 유학에 몰입되어 있는 경우가 적지 않았다. 우리의 경우 "禪儒"라는 말이 일본에서 "儒僧"이라 불렸던 것이 같은 예라 하겠다. 이와 관련하여 이들의 對中國文學觀도 현격한 차이가 있었다. 여말선초의 선승들도 唐 이래의 중국문학에 일정한 이해를 가지고 있었고, 그들의 詩에도 중국 시작품의 활용이 자주 눈에 띄나, 주로 禪詩에 치중하여 그 중심을 잃은 일은 없었다. 이에 비해 五山僧들은 중국 유학시부터 풍부한 中國詩에 매료된 나머지 禪修行에 소홀하다고 비판받은 정도였다. 따라서 그들의 詩 또한 禪詩가 있는 것은 사실이지만, 禪趣가 탈색된 순수 文人詩類를 많이 썼고, 이런 현상은 시대가 내려갈수록 더욱 심해졌다. 특히 그들의 애호와 영향을 받았던 것은 唐의 李白·杜甫·白樂天·王維 등, 宋의 蘇東坡·黃山谷·歐陽修·王安石 등이 중심을 이루고, 元·明의 일부 시인까지 포함되고 있었다.

한편 禪僧들의 禪詩觀·文學觀·詩論 등에도 현격한 차이가 있었다.[86] 단적으로 말하여 여말선초 佛家側의 본격적 禪詩論은 존재하지 않았다.[87] 다만 儒家 쪽의 소위 "道本文末論"이 문학론의 중심이었고, 이것은 全朝鮮時代에 걸쳐 지속되었다. 이에 반하여 五山文學에서는 詩壇 및 評壇의 주도권을 선승들이 쥐고 있는 터라, 일찍부터 선시론이 활발하게 전개되었다. 초기 선시론의 중심은 "禪本文末論"이었으나, 후대로 내려갈수록 禪宗이 약화되면서 "文本禪末論"으로 흐르면서 변해갔다.[88]

둘째, 禪詩의 내용과 주제, 情趣와 詩風 등에 관한 것이다.

우선 전반적 측면에서 여말선초의 禪詩가 禪機詩·禪迹詩·示法詩

86 여기에 대하여는 간단히 요약될 문제가 아니어서 별도의 논문을 준비하고 있다.
87 印權煥, 「麗末鮮初 佛教詩論 序說」, 『李炳赫停年退任論叢』, 2003.
88 芳賀幸四郎, 「禪僧の文學観の變遷」, 『日本古典文學大系』 月報, 1966, 6~8쪽.

가 많음에 비하여 五山詩의 경우는 이들보다 禪趣詩[89]가 더 많다. 이에 따라 전자가 종교적·教化的·濟衆的이고, 은둔, 체념적이라 한다면, 후자의 경우는 문학적·정서적·懷古的이고 文人的·社交的인 경우가 많아 대조적이다. 시의 주제 사상성에 있어서도 고려의 선시가 臨濟詩風이 일관적으로 주도하고 있음에 비하여, 五山詩는 臨濟禪은 강하지 않은 대신 다양한 사상적 요소를 넓게 반영하고 있는 것이 다르다. 自然에 대한 시적 표현에 있어서는 고려의 선시가 직관적 交感力과 觀照的 物我一體의 투시력이 강한 반면, 五山詩는 이런 현상보다는 섬세하고 예리한 표현을 통하여 悟境의 문학화에 보다 다양한 면을 보인다. 한편 대사회적인 면에 있어서는 고려의 선시가 일부 국가의식, 현실인식 내지 愛民意識을 보이나, 보다 더 불교적, 즉 禪的 자각 위에서의 教化나 救濟的인 면이 강하게 나타난다. 이에 비해 五山詩는 보다 국가의식·민족의식·國土愛 등이 강하고, 社會意識의 측면에서 현실적 문제의식이 강하다. 한편 표현에 있어서는 우리의 선시가 단순하고 소박하며 여운을 남기고 있다면, 五山詩는 다양하고 현란하며 寫實性이 강하다. 그리고 양국 선시의 특징 중 두드러지는 면을 들자면, 우리의 玄妙함에 비하여 일본은 보다 雄渾하다는 점을 들 수 있다. 끝으로 고려의 경우와 달리 五山詩僧들의 작품 중에는 艶詩가 많다는 점이다. 처음 鎌倉시대 이래 僧詩에 나타나기 시작한 男色의 艶情詩가 室町 중·후기에 이르면서 점점 성해져, 三益永因의 『三益艶事』는 모두가 艶文 艶詩의 色情文學으로 이루어져 있을 정도다. 또 狂僧으로도 알려진 유명한 一休宗純(1394~1481)도 후반생을 정처 없이 방황하며 술과 여자로 보냈는데, 다수의 淫詩라 할 작품을 남기고 있다. 그가 남긴 두 편의 臨終偈 중 한 편 역시 이런 계열의 것이며, <美人陰有水仙花香> 등 차마 제목조차 들기 민망한 작품들이 많다. 이에 대한 평가는 肯·否 양면이 있는 것으로 알고

89 이들 禪詩의 명칭은 杜松栢의 논의를 따랐다(杜松栢, 『禪學與唐宋詩學』, 1977).

있다.

이상으로 양국 선시의 비교를 통한 차이와 특징을 대략 말했거니와, 좀 더 많은 詩僧들의 작품을 보다 심도 있게 연구할 경우, 많은 수정과 보완이 따라야 할 것임은 물론이다.

6) 결언

최근 동북아시아, 즉 韓·中·日 삼국 문화의 비교 연구가 활발해져 가고 있다. 사실 역사 이래 이 세 나라는 지역적으로나 문화적으로 동일 문화권을 이루어 상호교류와 영향의 授受가 긴밀히 이루어져 왔다. 특히 오랜 文化國으로서의 中國의 漢字가 문자가 없던 韓·日에 들어와 사용되고, 인도의 佛教가 중국을 통해 양국에 전래되며, 역시 중국의 儒教·道教까지 가세함으로써 삼국은 漢字文化의 공동문화권으로 오랫동안 문화를 共有해 왔다. 따라서 역사 이래 삼국 문화에 대한 연구는 상호 비교 연구를 통하지 않고는, 특히 文化 受惠國인 한·일의 경우 그 완전한 이해가 불가능함은 周知하는 바와 같다.

본 연구는 漢字로 기록된 佛教文學이 가장 전성하던 中世의 佛教詩, 즉 禪詩의 삼국 비교 연구를 목표로 우선 韓·日 양국만을 대상으로 연구한 것이다. 동일 사상·종교의 문학인 중국 중세의 禪詩가 한국과 일본에 유입되어 각국의 독자적인 민족적·정서적 개성에 의해 어떻게 변모되었으며, 그 요인은 어떠한 自國的 문화의 특성에 의해 이루어진 것인가를 비교함에 목적을 두고 진행하여 왔다.

사실 이 방면의 기존 연구는 아직 본격적으로 시작되지 않은 未開地다. 그런 점에서 본고는 그 첫 시도에 불과하며 본격적인 연구는 삼국 학자들이 다양한 측면에서 공동으로 수행해야 할 至難의 課題로 남아 있다. 더구나 이들 삼국의 이 시기 禪詩가 중세 삼국 문학의 공통분모를 이루었던 중심체라는 점에서 그 연구의 중요성과 의의 또한 크다. 그리고 이를 중심으로 하여 여타 양식의 佛教文學, 즉 불교설화·불교소설·불교시가·불교희곡 등 중세 동북아시아는 물론 越南까지 포함한 동아시아 전체의 불교문학이 폭넓게 연구되는 계기가 되어야 할 것이다. 이와 같은 결과를 얻기 위해서는 佛教思想은 물론 佛教史의 심도 있는 이해, 삼국의 文化와 文學的 특성에 대한 폭넓은 지식, 그리고 무엇보다도 삼국 言語를 구사하고 文獻을 독해할 수 있는 語學 실력을 구비해야 된다는 데에 研究者에게 부하된 책무 또한 막중하다.

-『한국한문학연구』 31, 한국한문학회, 2003.

3. 中·韓·日 漢詩에 나타난 故鄕意識

-文人詩·僧侶詩의 對比를 겸하여-

本考는 中·韓·日 삼국의 漢詩에 나타난 故鄕意識을 통하여 그 의미와 心象이 어떻게 나타나는가를 비교함에 목적을 두고 시작한다. 그리고 겸하여 작자가 일반 文人인가 詩僧으로서의 僧侶인가에 따라 故鄕의 의미가 어떻게 다른가 하는 점도 살피고자 한다.

人間은 누구나 태어나 자란 故鄕이 있고, 이 고향을 일생을 두고 사랑하고 그리워한다. 본능적인 歸巢本能에서 우러나오는 이와 같은 고향에 대한 사랑과 그리움은 가장 보편적인 人間情緖이며 가장 절실한 감정의 하나일 것이다. 그래서 東西古今을 막론하고 詩作品에는 고향을 題材로 하거나 主題로 한 경우가 많으며, 비록 시대와 지역이 다르더라도 愛鄕詩나 思鄕詩는 萬國共通이라 해도 과언이 아니다.

본고에서 대상으로 하는 中·韓·日 삼국의 각 시대, 그리고 각각 다른 詩人들의 작품들도 모두 故鄕을 노래하고 있다는 점에서 공통된다. 특히 과거 同一 漢字文化圈에서의 동일 형태의 漢詩로 쓰여 졌다는 점에서 그 공통성은 더욱 두드러진다. 그러나 비록 같은 故鄕을 대상으로 쓴 詩라 하더라도 국가별, 시대별 개인별 차이가 없는 것은 아니다. 특히 細部的인 意味와 心象에 있어, 그리고 표현과 묘사에 있어서는 일정한 차이를 드러내는 것이 사실이다. 이것은 詩人이 처하고 있는 自然環境이나 歷史, 文化的 背景, 그리고 개인적 才能이나 情況에 따라 얼마든지 다를 수 있기 때문이다. 여기서 比較硏究의 필요성이 제기된다.

이제 이와 같은 점을 세 가지의 내용으로 나누어 차례로 살피기로 한다.

1) 思鄕 · 望鄕의 고향의식

故鄕을 생각하고 그리워하는 詩에서 가장 많은 비중을 차지하는 작품이 여기에 속한다. 일찍이 고향을 떠나 客地를 떠돌면서 항상 정든 고향을 잊지 못하는 愛鄕心이 主調가 되어 있는 詩들이다. 그리움의 대상은 어릴 적 뛰고 놀았던 故鄕의 山川이다. 그리고 보고 싶고 만나고 싶은 것은 고향에 있는 부모와 가족들이다. 他鄕에서 나그네로서 아무리 오래 살아도 首丘初心(狐死首丘), 죽는 날까지 故鄕을 잊지 못하는 것이 인간의 常情이다.

먼저 唐詩 中 李白(701~762)과 岑參(715~770)의 작품을 들어본다.

牀前明月光　　침상 앞 밝은 달빛
疑是地上霜　　서리가 내린 듯
擧頭望山月　　머리 들어 산 위의 달을 보고
低頭思故鄕　　고개 숙여 고향을 그리워한다.

渭水東流去　　동으로 흐르는 위수
何時到雍州　　언제나 옹주에 이를 것인가
憑添兩行淚　　두 줄기 눈물을 실어 보내니
寄向故園流　　고향에 흘러가 머물러 보렴.

위의 詩는 李白의 <靜思夜>란 작품이고, 아래의 시는 岑參의 <見渭思秦川>이란 제목의 시이다. 李白은 "달"을 통하여, 岑參은 "물"을 통하여 故鄕을 그리워하고 있다. 이처럼 思鄕詩들은 自然物을 媒介로 하고 있는데, 달과 물 이외에도 "바람"과 "구름"이 많이 등장하는 自然素材이다. 李白은 한 때 가족들을 고향에 둔 채 오랫동안 南方을 방황한 적이 있고, 夜郞이란 곳으로 귀양 간 일도 있었다. 그러는 동안 고향과 가족을 멀리한 채 鄕愁에 젖었던 것으로 보인다. 이 작품은 매우 쉽게 써진 것으로 보이나, 眞率한 표현이 오히려 詩格을 높이고 있다. 고향 생각에 輾轉不寐하다가 달을 보고, 다시 고향을 생각하는 잔잔하고 애틋한 望鄕의 情이 무르녹아 있다. 그의 31세 때의 작품이라고도 하나, 확실하지는 않다.

岑參은 한 때 南北 邊境인 渭州에서 兵士들과 함께 고생하며 산 일이 있었다. 渭州에 있으면서 흐르는 강물에 思鄕의 눈물을 뿌리며 고향 秦川(長安)에 흘러가기를 바라는 마음은 차라리 悲壯感마저 느끼게 한다.

우리나라에서 최초로 思鄕詩를 남긴 이는 신라의 慧超(704~787)로 추정된다. 그는 10대 후반에 당나라에 건너가 密敎 공부를 하였는데, 그 4년 후인 723년 求法과 佛蹟 순례차 인도행을 감행한다. 海路로 인도 동해안에 도착한 그는 석가가 깨달음을 이루었다는 부다가야, 최초의 설법지인 鹿野苑 등 중·남·북 天竺國을 두루 돌아 727년 중앙아시아를 거쳐 4년 만에 唐에 귀환한다. 이때 남긴 기행문이 『往五天竺國傳』이다. 한국인이 남긴 최초의 외국 기행문이기도 한, 이 책에는 기행 중의 회포를 담은 五言律詩 5수가 전한다.

그 중의 1수가 思鄕詩이다.

月夜瞻鄕路	달 밝은 밤에 고향길 바라보니
浮雲颯颯風	뜬구름 흘러흘러 고향으로 돌아가네
緘書參去便	편지를 봉하여 구름 편에 보내려니
風急不聽廻	바람에 쫓겨 가느라 돌아보지도 않네
我國天岸北	내 나라는 지평선 멀리 하늘 끝 북쪽에 있고
他邦地角西	이 나라는 땅 끝 서쪽에 있는데
日南無有雁	이 곳 남쪽에는 기러기마저 없으니
誰爲向林飛	그 누가 소식 전하러 계림(신라)으로 날아갈까.

인도 순례 중 남긴 시 5수 중 두 번째 작품이다. 혜초는 中天竺國

에서 3개월 남짓 걸어 南天竺國에 이르는데, 그곳에는 龍樹(B.C.?~B.C.224)가 짓고 머물면서 대승불교를 크게 일으켰다는 절터가 있다. 이곳을 지나면서 읊은 시가 위 작품이다.

旅愁의 소재는 구름이다. 달 밝은 밤, 바람에 쫓겨 조국이 있는 동북쪽으로 흘러가는 구름을 바라보며 하염없는 향수에 젖지만, 소식을 전한다는 기러기도 없는 서남쪽 먼 타국 땅에서 혜초는 한 편의 思鄕詩로 마음을 달랜다. 어린 나이에 조국을 떠나 중국을 거쳐 부처의 나라 인도를 찾아 험하고 거친 여정 속에 오직 높은 求道心에 불타는 그였지만, 위의 시에서 그는 하나의 나그네일 뿐이다. 수만리 타국에서 천수백 년 전에 혜초가 느끼는 鄕愁는 현대의 그것과 다름 없다는 점에서, 思鄕과 望鄕의 정은 시공을 뛰어넘는 인간의 정서일 수밖에 없다.

다음은 朝鮮朝의 林億齡(1496~1568)과 洪顯周(1793~1865)의 시를 들어 본다.

江月圓還缺　　강에 뜬 달은 둥글다가 작아지고
庭梅落又開　　뜰 앞의 매화는 피고 또 지는데
逢春歸未得　　봄이 와도 돌아갈 수 없으니
獨上望鄕臺　　홀로 누대에 올라 고향을 바라보네.

旅夢啼鳥喚　　나그네 고향 꿈을 새소리가 일러주니
歸思繞春樹　　고향 생각 봄 나무를 감돌고
落花滿空山　　떨어진 꽃잎이 온 산에 가득하니
何處故鄕路　　고향 길 어디인지 알 수가 없네.

앞의 시는 林億齡의 <送白光勳還鄕>이란 시로 白光勳(1537~1582)이 還鄕함에 부친 작품이다. 海南 출신으로 中央에 진출, 科擧에 及第하여 벼슬길에 올랐는데 일찍이 떠난 고향을 늘 그리워하였다. 마침 知人이 고향에 가는 것을 보고 자신의 心情을 노래한 것이다. 달도 차면 기울고 꽃도 졌다가 피는 등 自然의 循環은 변함이 없는데, 봄이 돌아와도 고향에 돌아가지 못하는 자신의 처지를 如實히 보여주고 있다.

아래의 시는 洪顯周의 <偶吟>이란 작품이다. 위의 시와 마찬가지로 季節的 背景은 봄이다. 그러나 이 작품에서 鄕愁를 불러일으키는 것은 "새소리"다. 봄이 되어 처음 들리는 새소리는 누구에게나 고향을 연상하게 하거니와, 지는 꽃잎이 온 산에 가득하여 고향길이 어디 있는지 알 수 없다는 後半의 詩句는 誇張이면서도 春景과 鄕愁가 잘 어우러진 한 폭의 그림을 연상케 한다.

다음에는 日本 江戶시대의 尾藤二洲(1745~1813)와 松崎慊堂(1771~1884)을 보기로 한다.

庭草秋深接薜蘿 가을 깊어 뜰의 풀은 덩굴이 뻗어 있고
陰蟲鳴盡月婆娑 풀숲에 벌레 우니 달빛이 너울대네.
游人獨鮮聲聲恨 고향 떠난 나그네야 그 한을 아나니
寒入客夜今夜多 찬 기운 옷에 스밈이 오늘 밤 더하구나.

故國何日省慈闈 고향의 어머님 어느 날에나 뵈올까.
多病多年心事違 오랫동안 병이 많아 마음대로 안 되네.
雲路三千夢難至 구름길 삼천리 꿈에도 가기 어려운데
秋天無數雁空飛 가을 하늘 기러기만 헛되이 날아가네.

앞의 시는 尾藤二洲의 <聽蟲>이란 시이고, 다음은 松崎慊堂의 <秋日臥病有感>이란 작품이다. 두 작품 모두 季節은 가을이다. 그러나 앞의 시에서는 벌레가, 다음 시에서는 기러기가 각각 鄕愁를 자아내는 소재로 등장한다.

二洲는 江戶 中期 朱子學派의 儒者였다. 伊豫(現, 愛媛縣) 出身으로

일찍이 大坂에 나아가 學問과 文章을 연마하여 散文과 詩에서 일가를 이루었다. 柴野栗山, 古賀精里와 함께 寬政 三博士로 일컬어졌다. 가을 달밤에 우는 벌레소리에 고향을 떠난 나그네의 하염없는 시름을 切切히 읊고 있다. 소매에 스미는 찬기가 더욱 쓸쓸함을 더해 준다.

松崎慊堂는 江戶 後期의 儒者였다. 어려서 아버지의 명으로 僧侶가 되었는데 儒學에 뜻을 두고 江戶에 나가 朱子學을 공부하여 대성하였다. 특히 經典과 詩·文에 拔群의 존재였다. 그는 어려서 절에서 나온 이후 한 번도 고향땅을 밟은 일이 없었다. 그것이 한이었는데 늙고 病들어서는 歸鄕이 어려워지면서 어머니에 대한 그리움이 더욱 사무쳤다고 한다. 시에 등장하는 기러기는 편지를 전한다는 <雁書> 새라는 점에서 詩的 意味가 돋보인다.

2) 歸鄕·還鄕의 고향의식

오랫동안 客地生活을 하던 사람들은 언젠가는 故鄕에 갈 기회가 찾아온다. 기다리고 기다리던 그날이 오면, 오랜만에 볼 故鄕의 風景과 반갑게 만날 부모 형제와 친구들을 생각하며 가슴을 설렌다. 이러한 歸鄕과 還鄕의 기대와 기쁨은 누구에게나 마찬가지겠지만, 個人的 情況이나 時代的 狀況에 따라 한결같지는 않다. 특히 時代的 差異에 따른 歸鄕과 還鄕의 의미는 매우 다르다. 즉 현대에 있어 休暇 중 고향 방문이나 명절(節日)의 歸省은 자주, 그리고 1年에 몇 번씩 가능하다. 특히 교통수단의 발달은 客地와 故鄕의 거리와 마음을 아주 가깝게 좁혀놓아 고향에 대한 그리움도 그만큼 절실하지 않은 시대가 되었다.

그러나 과거시대의 경우는 현대와 매우 달랐다. 江과 山이 가로막히고, 道路와 交通手段이 不備했던 당시의 歸鄕과 還鄕은 극히 드물고 어려운 일이었다. 그래서 1~20年에 한 번, 一生에 한두 번이 고작이었다. 一生을 客地에서 보내고 끝내 故鄕에 가지 못한 채 生을 마감하는 경우도 많았다. 이런 時代의 歸鄕과 還鄕의 感懷는 지금으로선 想像할 수 없을 만큼 크고 깊었다.

다음 東洋 三國의 각 시대 詩人들의 귀향시, 환향시가 여기에 해당한다.

中國의 경우 歸鄕詩類로서는 陶淵明(365?~427)의 <歸去來辭>가 단연 壓卷이다. 陶淵明은 東晋 末期 詩人으로 29歲 때 벼슬에 나가 彭澤令이 되었으나 13年 만에 뜻이 안 맞는 官職을 그만두고 田園生活로 돌아왔다. 이 때 41歲에 지은 것이 <귀거래사>인데, 唐代뿐 아니라 韓國 日本의 古典文學에 많은 영향을 준 유명한 작품이다. 여기서는 <귀거래사>를 지은 다음 해에 같은 맥락에서 창작한 <귀원전거>의 앞부분, 일부만 들어본다.

少無適俗韻	젊어서부터 세속에는 맞지가 않아
性本愛丘山	성품은 본래 언덕과 산을 좋아했네.
誤落塵網中	잘못되어 속세에 빠져서는
一去三十年	한 번 가서 十三年을 보냈네.
羈鳥戀舊林	새장의 새는 옛 숲을 그리워하고
池漁思故淵	연못의 고기는 원래 살던 못을 생각하느니
開荒南野際	거치른 남녘 들을 개간하며
守拙歸田園	내 분수대로 전원에 돌아가리
(…下略…)	

陶淵明의 歸鄕詩는 여느 文人들의 작품과는 다르다. 그의 田園에의 歸鄕意志는 단순한 思鄕이나 愛鄕의 개인적인 것이기보다는 13年間 체험한 당시 사회의 不義와 矛盾에 대한 不滿, 그리고 그러한 世俗의 고통스러운 役人生活에서 하루 빨리 벗어나고자 하는 데에 있었다. 여기에 본래의 田園에 대한 뿌리 깊은 사랑과 田園生活에 대한 情景이 크게 작용한 것이다. 위의 詩에서 자신을 새장 속에 갇힌 새나 연

못에 가두어진 물고기에 比喩하고 있는 데서 이런 점이 잘 나타난다. 따라서 그의 歸田園은 오랫동안 그리던 고향에 대한 懷抱나 感想이 아니라 새장의 새가 본래의 숲을 찾은 듯, 연못 속의 물고기가 원래 살던 물을 찾은 듯한 歡喜와 悅慕였다. 즉 13년간의 방황을 청산하고 본래의 理想과 抱負를 실현하여 꿈에도 그리던 自然에의 復歸가 성취된 기쁨과 즐거움이란 점에서 일반 歸鄕詩와 다른 感興을 느낄 수 있다.

다음으로 唐의 賀知章(659～744)의 <回鄕偶書>를 들어 본다.

少小離家老大回 젊어서 떠난 고향 늙어서 돌아오니
鄕音無改鬢毛衰 고향 사투리 여전한데 백발만 늘어
兒童相見不相識 동네 아이들 만나보나 서로 낯설어
笑問客從何處來 웃으며 묻기를 '손님은 어디서 오셨나요.'

하지장은 唐 초기의 詩人으로 玄宗 때 禮部侍郎을 하였으나, 만년에 벼슬을 버리고 故鄕에 돌아가 道士가 되었다. 李白의 才能을 발견하여 玄宗에게 추천한 것으로 유명하다.

오랜만에 고향에 돌아온 所懷를 적은 詩다. 그리워하던 정든 고향에 돌아왔건만 여전한 것은 고향은 사투리 뿐, 떠난 뒤 태어난 고향 아이들은 알 리가 없어 오히려 客地에서 온 나그네로 본다. 3, 4句는 재미있는 표현이면서 허전한 마음속에, 이미 과거 속으로 아련히 사라진 어렸을 적의 자신을 回想하는 심정을 나타낸 것으로도 볼 수 있다.

다음 한국의 경우, 고려 中期의 시인 崔惟淸(1095～1174)의 <故園初歸>와 조선 中期 僧侶 休靜(1520～1604)의 <還鄕>을 들어본다.

里閭蕭索人多換 마을은 쓸쓸한 채 사람 많이 바뀌었고
墻屋傾頹草半荒 토담집 무너진 곳엔 잡초만 거칠었네.

唯有門前石井水　오직 문 앞의 돌 샘만 남아있어

依然不改舊甘涼　옛날의 달고 시원한 물맛은 여전하네.

시의 題目으로 보아 官界에 나갔다가 처음 고향에 돌아온 感懷를 읊은 것이다. 그는 高麗 睿宗, 仁宗 때 여러 高官職을 역임하였으나 學問을 좋아하여 冊을 놓는 일이 없었다고 한다. 經史子集은 물론 佛經에도 造詣가 깊었다. 有德하고 文才가 뛰어났는데 『東文選』에 수록된 <雜興> 9首는 田園의 한가로움과 悠悠自適하는 자연 속의 삶을 노래한 것으로 유명하다.

위의 시 起承句는 오랜만에 돌아온 고향의 변한 모습을 如實히 描寫하고, 轉結句에서는 그런 가운데서도 옛날의 돌샘[石井]과 그 물맛이 여전함을 통하여 옛 고향을 찾은 實感을 생생하게 느끼게 하고 있다.

三十年來返故鄕　30년 만에 고향에 돌아와 보니

人亡宅廢又村荒　사람들은 죽어 없고 집과 마을은 황폐하다

靑山不語春天暮　청산은 말이 없고 봄날은 저무니

杜宇一聲來杳茫　두견새 소리 아득히 들려오누나.

一行兒女窺窓紙　한 떼의 계집애들 창구멍으로 엿보고

鶴髮隣翁問姓名　흰머리 이웃 노인 내 성명을 묻누나.

乳號方通相泣下　젖먹이 적 이름 알고 서로 눈물 흘리니

碧天如海月三更　바다 같은 푸른 하늘, 달은 벌써 한밤중.

休靜은 朝鮮 宣祖 때의 명승 西山大師의 法名이다. 그는 처음 儒學을 공부하다가 禪에 沒入되어 僧侶가 되었다. 30세에 僧科에 合格, 높은 僧職을 역임하였는데, 禪學에 전념하여 많은 禪書를 저술하였고, 그 중에서도 『禪家龜鑑』은 명저로 유명하며 지금도 禪家의 教科書가 되어 있다. 특히 그는 宣祖 25年(1592)의 壬辰倭亂(文祿の役) 당

시, 팔도 도총섭이 되어 승군 5천 명 거느리고 官軍을 도와 敵과 싸워 대승을 거두기도 하였다. 義州에 蒙塵하였던 宣祖를 歸京시킨 것도 그였다.

一國의 高僧으로 義兵을 이끌고 殺戮의 戰爭에도 참여하였던 그였지만, 위의 詩 <還鄕>에서는 世俗의 還鄕人으로 돌아와 있다. 故鄕과 家族을 버리고 世間을 떠나 佛道에 들어간 僧侶이기에 故鄕을 그리워 할 리는 없지만, 그에게도 태어나고 자란 고향은 있다. 그리고 일생 중 어느 기회인가는 고향을 찾는 일이 있다. 30년 만에 돌아온 고향이라 했으니 그의 老年에 해당한다. 1句~4句는 오랜만에 찾은 고향의 風景과 情景을 말하고 있다. 그러나 5句~8句에서는 사뭇 다르다. 어린 여자 아이들의 異客에 대한 好奇心, 이웃 노인과의 通姓名, 알고 보니 어렸을 적 친구인지라, 서로 알고 반가워 흘리는 눈물, 모두가 너무 정겨운 인간적 風貌가 물씬 풍긴다. 그래서 道人의 작품 같지가 않다. 그러나 진정한 道人은 道人 같지 않은 데에 있다. 그래서 작자가 진정한 道人임을 이 詩는 말해주고 있다. 일반 文人들의 歸鄕詩와 다른 점을 여기서 찾아야 한다.

다음으로 일본 鎌倉 末期에서 堂町 初期에 걸쳐 살았던 中巖円月(1300~1375)의 <歸鄕中留博多寄別源>과 江戶 後期 良寬(1758~1831)의 작품 <曉>를 들어본다.

江湖憶昔共萍蹤　생각하니, 둘이 함께 강호에 떠돌면서
名自漂流歸海東　각자 유람하다 고국으로 돌아왔네.
彼此情含無限事　피차의 감회어린 한없는 일들이야
都盧只在不言中　그 모두가 무언 중에 담겨진 것을.

白雲堂上白頭師　白雲庵 庵主인 백발의 스승
堂下諸郞誰白眉　당하의 門弟들은 모두가 뛰어나
兄弟團欒相語處　모두들 단란하게 말을 나누며

莫忘餬口四方兒　異國에 떠돌며 寄食하던 나를 잊지 마소.

二十年來歸鄉里　20년 만에 고향에 돌아오니
舊友零落事多非　옛 친구들은 영락하고 일은 모두 그릇됐네.
夢破上方金鐘曉　上方寺 쇠북 소리에 꿈깨는 새벽에
空牀無影燈火微　빈 상에 그림자도 없이 등불만 희미하네.

앞의 두 수의 시는 中巖円月이 1325年 元에 가서 禪修行을 하다가 7년 만인 1332년 귀국할 때 지은 작품이다. 그는 귀국하여 博多에 머물면서, 함께 元에 갔다가 먼저 돌아와 그의 故鄕인 鎌倉에서 스승을 모시고 있던 別源圓旨(1294～1364)에게 부친 七言絶句 두 수이다. 첫 首에서는 함께 元에서 유학하던 別源圓旨와의 感慨 어린 이국에서의 방랑생활을 회상하면서, 아직 만나지 못해 나누지 못한 많은 이야기들이 아직 無言 속에 쌓여 있음을 내비치고 있다. 둘째 首의 白雲庵은 鎌倉 圓覺寺의 庵子이다. 그리고 師는 그의 스승으로 庵主인 東明慧日(1273～1340)이다. 작자는 그가 元에 있었던 近 十年의 세월이 지난 지금의 고향 寺院을 상상하면서 백발이 되었을 스승의 모습과 그 아래서 사이좋게 생활하며 수도하는 후배 學人들을 그리워하고 있다. 그리고 結句에서는 이국에서 떠돌며 겨우 糊口하다 10년 만에 돌아온 자신을 잊지 말고 반겨달라는 애틋한 호소가 담겨 있다. 그는 五山派의 名望 높은 禪詩人으로 虎關師錬(1278～1346)의 사랑을 한 몸에 받았고, 佛敎 先進國에 가서 오랫동안의 유학까지 마친 큰 인물이었지만, 故國의 故鄕에 돌아온 감상에서는 하나의 凡常한 平常人으로서 다감한 人間味를 보이고 있다. 歸國과 歸鄕이 겹쳤기에 감회가 더욱 깊었으리라.

마지막의 詩 <曉>의 작자 良寬은 曹洞宗의 僧侶로서 당시대의 유명한 詩人이며 歌人이었고, 書家이기도 했다. 道號는 大愚라 했고 越後(現, 新潟縣) 출신으로 18歲에 出家, 22歲 때 大人國仙(1723～1791)

의 德을 사모하여 그를 따라 玉島의 圓通寺에 가서 17年을 보냈다. 그리고 玉島를 근거로 하여 國內 여러 곳을 편력하며 碩學大德을 찾아 修道硏鑽에 전력을 다하였다. 그는 일생을 山林에 隱居하며 자연을 벗삼아 禪 과 詩와 書道에 몰두하여 淸貧한 일생을 보냈다. 그러다가 1791년 스승이 죽자, 그 4년 후 玉島를 떠나 故鄕으로 돌아왔다. 그 후에도 그의 行脚을 멈추지 않고 74歲로 생을 마칠 때까지 계속되었다. 그에게는 <曉> 외에도 <還鄕>이란 詩가 있는데, "今日還鄕問舊友, 多是名殘苔下人(오늘 고향에 돌아와 옛 친구들의 안부를 물었더니, 많은 이들이 이름을 땅 속에 묻었다네)."이라 하여 人生無常을 말하고 있다. 그가 언제 정확히 고향을 찾았는지는 알 수가 없다. <曉>에서 "二十年來"라 한 걸 보면, 40代에 鄕里에 있었던 듯한데(1796年頃), 정확한 년대는 알 수 없다. 1, 2句는 위에 引用한 <還鄕>과 같은 내용이고, 3, 4句는 꿈을 깨는 寺院의 새벽 종 소리와 희미한 등불만이 비치는 僧房의 閑寂함이 그의 삶의 채취를 느끼게 한다.

3) 禪詩에 나타난 고향의식

本考는 앞에서 주로 일반 文人詩에 나타난 故鄕意識을 살펴보았다(一部 僧侶 包含). 이제 本項에서는 僧侶들이 漢詩를 대상으로 故鄕意識을 살피기로 한다. 승려들이라 하더라도 禪家에 詩僧 등이 많기 때문에 이른바 禪詩가 대상이 될 것이다. 또 여기서 전제해 둘 것은 韓國의 禪詩에 국한한다는 점이다(中, 日의 佛敎詩에 대하여는 추후 보완할 것임).

僧侶들은 일찍이 鄕里와 家族을 떠나 山門에 들어가 得度, 授戒한 宗敎人이란 점에서 일반 文人들과 身分을 달리한다. 그들은 일생을 고향과 가족과 絶緣하고 修道에만 전념한다. 따라서 思鄕이나 望鄕意識이 없거나, 있다 하더라도 절실하지는 않다. 앞에서 일부 佛僧들의 思鄕詩를 보았지만, 그 意識의 根底에는 이미 脫俗의 超越的 人生觀

이 깔려 있다. 文人드의 思鄕詩와 同列로 논할 수 없다. 그런데 禪詩에 나타나는 故鄕意識은 그 의미가 대체로 두 가지로 나타난다. 즉, 故鄕이 일반적 의미인 出生의 地理的 처소가 아니라는 점에서는 공통되지만, 故鄕을 覺, 解脫, 涅槃의 세계로 표현하거나, 歸鄕을 臨終이나 辭世의 의미로 보아 죽음의 세계로 돌아가는 사실로 표현한다.

먼저 前者의 경우는 悟道詩, 開悟詩, 涅槃詩로 나타난다. 禪僧들은 오랫동안의 修道, 精進 끝에 깨달음을 이루고 그 境地를 詩로 표현하였다.

高麗 後期 冲止(1226~1292)와 慧勤(1320~1377)의 詩를 들어본다.

古園家業日荒凉 고향의 집안 일 날로 황량해가고
遊子迷津去路長 나그네 속세에서 갈 길 멀어라.
若向箇中廻眼覰 만약에 눈 돌려 그 곳을 보면
元來脚下是吾鄕 그 발 밑 서 있는 곳 바로 내 고향.

人人錯步不還鄕 사람마다 길을 잃어 고향 가지 못하누나.
山野殷勤又發揚 이 산승 은근히 일러두노니
忽憶念頭俱熱處 문득 생각 머리 뜨거운 곳 다다르면
飜天覆地覺花香 천지를 뒤엎고 꽃향기 깨달으리.

위는 <答李公行險>이란 冲止의 詩이고, 아래는 <示諸念佛人>이란 慧勤의 詩이다. 위의 詩에서 "古園", "吾鄕"은 고향을 말한다. 그리고 "遊子"는 生死苦海의 娑婆世界에서 방황하는 無明의 凡夫를, 그리고 "迷津"은 迷惑의 此世를 비유한 것이다. 여기서의 고향은 불교에서 인간이 마땅히 돌아가야 할 곳으로 말하는 本然의 處所, 즉 깨달음의 세계, 佛性·眞如의 경지이다. 따라서 作者는 迷津, 즉 極苦의 此岸에서 煩惱의 業障에 가려 스스로 부처임을 알지 못하고 헤매는 상태를 失鄕人으로 나타내면서, 방황하지 말고 깨달으면 자기가 곧 佛陀요,

서있는 곳이 彼岸, 즉 佛國土라는 사실을 깨우쳐 주고 있다. 그 곳이 바로 故鄕이란 것이다. 아래의 詩도 표현은 달라도 같은 의미로 되어 있다. 1句, "人人錯步不還鄕"이란 사람들이 길을 잘못 알아 고향에 가지 못한다는 뜻으로 깨달음을 이루면 그 곳이 고향이라는 것이다.

다음으로 歸鄕이나 還鄕을 죽어서 돌아가는 臨終이나 辭世로 보는 경우이다. 이처럼 죽음에 임하여 남기는 詩를 臨終偈, 辭世頌 또는 遺偈이라고도 부른다. 여기에 해당하는 詩僧으로 앞에 든 冲止와 景閑(1298~1375)의 작품을 차례로 보기로 한다.

閱過行年六十七 돌아보매 세상살이 六十七에
及到今朝萬事畢 오늘 아침 모든 일 모두 마쳤네
故鄕歸路坦然平 고향으로 가는 길 평탄도 하고
路頭分明曾未失 길 또한 분명하니 헤매지 않으리.
手中纔有一枝筇 더구나 손에는 지팡이 있거니
且喜途中脚不倦 도중에 다리 편함 또한 기쁘다.

人生七十歲 인생이 칠십세 살다 가기는
古來亦稀有 예부터 드물다 말해오지만
七十七年來 칠십칠년 그 전에 태어났다가
七十七年去 칠십칠년 지난 뒤 떠나가누나.
處處皆歸路 여기저기 모두가 돌아가는 길
頭頭是故鄕 곳곳마다 모두가 내 고향
何須理舟楫 그 어찌 배와 노 마련을 하리.
特地欲歸鄕 나는 그저 나대로 고향엘 갈 뿐.

위는 冲止, 아래는 景閑의 臨終偈이다. 冲止는 67年의 生涯를 마치면서 죽음으로 가는 길을 "故鄕歸路"라 했다. 그리고 가는 길에 지팡이가 있어서 힘들지 않고 편하고 기쁘다고 했다. 景閑도 77年을 살다 세상을 떠나면서 "處處皆歸路, 頭頭是故鄕"이라 했다. 곳곳이 나의 고향 가는 길이요, 가는 곳 모두가 나의 고향이란 것이다. 生死를 超越하여 生死一如의 경지를 모르는 俗人의 故鄕意識으로서는 상상하기 어렵다.(以上 脚註 省略)

※ 이상 本考에서 논의된 漢詩의 原文은 다음 參考文獻들에 의거하였으며, 번역은 여러 譯者들의 것을 참고하면서 筆者가 添削하였음을 附記한다.

-『고전과 해석』 7, 고전문학한문학연구회, 2009.

참고문헌

『往五天竺國傳』(譯文, 原文), 李錫浩, 乙酉文化社, 1970.
『圓鑑集』, 沖止, 亞細亞文化社, 影印本, 1973.
『韓國高僧集』(高麗時代 3), 佛敎學研究會, 1974.
『唐詩』, 李元燮, 玄巖社, 1977.
『선시감상사전』 I · II, 석지현, 민족사, 1997.
『韓國禪詩』, 金達鎭, 열화당, 1985.
『高麗時代 佛敎詩의 研究』, 印權煥, 高大民研, 1983.
『韓國佛家詩文學史論』, 李鍾燦, 佛光, 1993.
『高麗朝漢詩研究』, 卞鍾鉉, 太學社, 1994.

『唐詩三百首欣賞』, 劉大澄, 文化圖書公司, 1961.
『禪詩三百首』(高僧篇), 郭生旭, 時代文藝出版社, 2004.
『禪詩三百首』(居士篇), 郭生旭, 時代文藝出版社, 2004.
『禪學與唐宋詩學』, 杜松栢, 黎明出版公司, 1977.
『中國詩學批評史』, 陳良運, 江西人民出版社, 2001.

『五山文學集, 江戸漢詩集』(日本古典文學大系), 岩波書店, 1956.

『日本禪語錄』(五山詩僧), 玉村竹二, 講語社, 1978.
『良寬詩集』, 大島花東, 原田勘平 譯註, 岩波書店, 1986.
『五山禪僧傳記集成』(新裝版), 玉村竹二, 2003.
『中世禪者の軌跡, 中巖円月』, 蔭木英雄, 法藏館, 1987.
『五山文學の研究』, 俞慰慈, 汲古書院, 2004.
『日本漢文學史』, 岡田政之, 1951.
『日本漢文學史』, 猪口篤志, 1984.

4. 印度説話の東北亜伝来と伝承様相

-中・日・韓の鰐猿説話を中心として-

1) 説話の根源論とベンファイ(Benfey)の印度起源説

本発表は様々な説話根源伝播説の中で、ベンファイ(Benfey)の印度起源説話と関連して進行するため、まずこの説について簡単に説明する必要があると考える。ドイツのサンスクリット(Sanskrit)学者ベンファイは、印度古代説話集パンチャタントラ(Panchatantra)を翻訳する中で、ヨーロッパ各国説話と共通するものを多く発見した。彼は世界最古かつ豊富な量を誇る印度説話が、他の諸民族に伝播され、アジア、アフリカ、ヨーロッパへ拡がったと判断した。そして、ほとんど全ての説話がインドで発生し、やがて多くの民族に受容され、その民族の説話として定着したと主張した[1]。

しかし、ベンファイの印度起源説はいくらかの支持があったにも拘わらず、E.B.タイラー、A.ラングなど、人類学派の学説によって批判され、その正当性を失うに至った。彼らは、原始的な思考・信仰・空想は、すべての民族において非常に近似しているので、その結果、様々な地域で、独立的に類似の説話が発生したという結論に到達した[2]。多くの民族で説話が一致するのは、必ずしも相互の依存、または借用を示すものではなく、説話が幾度も発生することだという。つまり、説話の多元発生説を提唱し、説話の伝播説を否定した。そのため印度起源説話の存在基盤は揺らぐが、私は印度起源説が持つ一定の妥当性は依然として存在するのだと思う。特に古い時期に印度から仏教を受容して、仏教文化を大きく発展させた中・日・韓の場合、説話

1 A. アールネ著, 關敬吾 譯,『昔話の比較研究』, 岩崎美術社, 1970年・8~14頁.

2 金烈圭,『民談學槪論』, 一潮閣(韓國seoul), 1982年・78頁(韓國語版).

研究において印度起源説は格別の意味を持つ方法論だと言わざるを得ない[3]。

2) 鰐猿説話と本生説話(Jataka)

本発表で主に対象とする鰐猿説話という名称は、発表者が名づけたものである。この説話群は、同じモチーフを持つにも拘わらず、伝播された国々によって主動的な登場動物が異なっている。即ち、鰐と猿、鼈(すっぽん)と猿、虬と猿、亀と猿、竜王と猿、亀と兎、鼈と兎など様々な動物が登場して主動的な役割を果す。そのため説話の呼び名を統一するのは非常に難しい。だが、この一連の説話の中で、根源的な説話に位置付けられるのが印度説話なので、これに基づいて鰐猿説話と呼ぶことにする。

以上のように、国によって説話の登場動物は異なるとしても、説話の核心となる根幹はみんな同じである。その根幹を挙げてみると次のようになる。

① 海(水)中の動物Aは病気を治すため、陸地(山)の動物Bの肝(心臓)を必要とする。

② Aは陸地へ出てBをだまし、海中に誘引。肝を出すように求める。

③ Bは驚くが、機転を利かせ、肝を陸地に残してきたと嘘をつく。

④ Bは、肝を取りに行こうと、Aを伴って陸地に至るが、すぐに逃走する。

以上の根幹は、本発表で論ずる四カ国二〇種類の鰐猿説話で共通となっている。

3 金烈圭,『民談學槪論』, 一潮閣(韓國seoul), 1982年・78頁(韓國語版).

ところで印度説話は、仏教によって仏典説話として取り入れられたことで、譬喩説話(Avadana)、因縁説話(Nidana)、本生説話(Jataka)の三類に分かれた。鰐猿説話はその中で本生説話にあたる。本生説話というのは、仏陀の前生説話であり、仏陀がこの世において真理を悟った仏陀(Buddha、覚者)とjBuのは、前の世で長い間優れた功徳と修行を積んだ結果であるとして、前生の行為を説く話である。このようにジャタカ(本生説話)の主人公は、仏陀が悟りを得る前に修行を続けていた過去世の話なので、未来において悟りを達成するものだという意味のボーティサットヴァ(菩提薩埵、Budhisattva)、略して「ぼさつ(菩薩)」と呼ばれる。そしてこの「ぼさつ」は、ジャタカの中では普通の人間であり、あるときは動物・鬼神などの姿で表現され、功徳を積む行為を行う。このような話は次の形式で成っている。

① 現在の話－仏陀がどのような機会に、この前生の話を語ったかを説く部分。

② 過去の話－前生の話を説く部分で、ジャタカの本質的内容。この過去の話は、概ね印度伝来の説話を借用する。分量も多く興味深い。

③ 連結の話－右の①と②を連結する部分。つまり(説話内における)現在の人物と過去の話の主人公とを結び付け、因果関係を明らかにする部分。この連結話は最後に「その時の某は(また、鰐、猿など動物は)実に私であった」として、現在の仏陀の言葉で関連させる[4]。

3) 中・日・韓の鰐猿説話と収録文献

<印度の関連資料>

<パーリ(**Pali**)語本生説話>

4 ＜ジャータカ＞(本生譚・本生話・本生経) 武石彰夫・菅沼晃 編, 『仏教文學辭典』, 東京堂出版, 1980年・141～142頁・101頁.

① 猿王本生(Jataka 57)～岩本裕『インドの説話』(資料1)

② 鰐本生(Jataka 208)～『南伝大蔵経』第三十巻小部(資料2)

③ 猿本生(Jataka 342)～　〃　〃

<サンスクリット(Sanskrit)語本生説話>

④ パンチャタントラ(Pancha-tantra)～村松武雄訳『インド古代説話集』第四巻(資料3)

⑤ カターサリットサーガラ(Katha-sarit-sagara)『インドの説話』(岩本裕)

⑥ マハーヴァスツ(Mahavastu) 岩本裕前掲書(資料4)

<中国の関連資料>

① 六度集経(漢訳)『大正新修大蔵経』第三巻本年部上(資料5)

② 生経(仏説鼈獼猴経) (〃) 同上　(資料6)

③ 仏本行集経 (〃) 同上　(資料7)

④ 経律異相(中国撰述仏教説話集)「出鼈獼猴経」『大正新修大蔵経』第五十三巻事彙部上(資料8)

⑤ 法苑殊林　同上　691頁[5] (資料9)

<日本の関連資料>

① <猿退嘲海底菓>『注好選』(原本影印并釈文)東京美術 1983(資料10)

② <亀・猿の為に謀られたる語>『今昔物語集』岩波文庫(黄色19-1) 2006(資料11)

③ <学匠蟻螨の問答の事>『沙石集』同上(黄135-1) 1988(資料12)

④ <海月骨無し> 柳田国男『日本の昔話』新潮文庫 2005(資料13)

⑤ <猿の生肝> 永田義直『ふるさとの民話』金円社　1974[6](資料14)

5 中國の口伝説話は私の知るかぎりまだしられていない。

6 日本の資料はこれ以外にも次のようなものなどがある。
"The monkey`s liver" Seki keigo「The types of Japanese Folk-tale」
"Monkey who left his liver at home" Ikeda Hiroko「A type and motif index of

<韓国の関連資料>

① <亀兎説話> 金富軾『三国史記』(資料15)

② < 〃 > 権文海『大東韻府群玉』(資料16)

③ <兎公伝>(漢文小説写本) 1760(推定)(資料17)

④ <鱉兎歌>(国漢混用唱本写本) 1827[7](推定)

以上、印度及び東北亜三国の鰐猿説話と、その関連資料20例を挙げたが、若干の説明を付け加える[8]。

印度の場合、鰐猿説話はパーリ(Pali)語諸本とサンスクリット(Sanskrit)語諸本とに分かれ、前者はセイロンなど南部を経て、ビルマ、インドネシア、タイ、ベトナムなど東南亜へ伝播した。また後者はカシミールなど北部を経て、チベット、モンゴル、中国、韓国(高句麗、百済、新羅)、日本など東北亜へと拡がった。そして仏教・仏典の伝播に伴い、これらの説話もそれぞれの国へ伝えられ、その国の説話に大きな影響を与えた。特に人々の興味をそそる本生説話は、仏教僧侶によって民衆教化に用いられた。そのため鰐猿説話のようなモチーフは、広く民間の中に浸透していった。

また前者のジャタカは総数547の作品がよくまとまっているが[9]、後

....

Japanese Folk-literature」

「猿の生ぎも」關敬吾『日本の昔ばなし』(Ⅲ), 岩波文庫(黃236-3), 2004年・139～140頁(鹿兒島)

「猿の生き胆」稲田浩二『日本の昔話』(下), ちくま文庫(イー14・3), 2004年・89～90頁(山口縣)

7 韓國の口伝說話はあまり多く見られない。しかし長編叙事物として進化したパンソリ唱本と小說本は120余種がある。

8 鰐猿說話のモチーフは4カ國他, 世界的に分布していることを, 次のモチーフテキストを通してわかる。

"Monkey who left his liver at home" Aarne Thompson「The types of Folk-tale」(Helsink 1964年)

9 雲井昭善,「本生・因緣について」,『仏教の說話』, 89頁.

高楠順次郎監修,『南伝大藏経』第20巻, 大藏出版, 1935～1940年・266頁.

者は様々な梵語文献及び漢訳経典に散在している。これについては前述した通りだが、前掲した三つの梵語文献(④～⑥)に関しては、簡潔に言及しておきたい。

まずパンチャタントラ(Panchatantra)全五編は、古代インドの寓話集として多くのジャタカが収録されており、数種の伝本があるが、そのうち最も古い伝本は西暦3～4世紀頃の成立とされ、アジア諸国をはじめヨーロッパ諸国など60あまりの言語に翻訳されたといわれる。日本語訳は松村武雄と岩本裕の訳本がある[10]。

次のカターサリットサーガラ(Katha-sarit-sagara)は、11世紀に成立したソーマ・デーヴァ(Somadeva)作の全十八巻におよぶ大説話集で、『ブリハット・カター(Brahtkatha)』の改作として、1063年から1081年の期間を経て書かれたものであるいという。これには鰐猿説話を含め、ほかのジャカタ集との共通話も多く、漢訳の百喩経や雑譬喩経と一致、ないし類似した仏教説話も多く収めらている[11]。

また、マハーヴァスツ(Mahavastu)の内容は、仏陀の伝記が中心となっているが、その中には本生説話と譬喩説話も多く含まれている。勿論、鰐猿説話もその一つである[12]。

中国では仏教伝来(AD67)以来、数多くの印度僧、中国語訳経者によって、仏典が梵語から漢字に翻訳された。その量は非常に多く、後漢時代から元代に至るまでのおよそ1200年間に、内外の194名の翻訳者が翻訳した仏典は、1440部5586巻に及ぶといわれている[13]。その中で鰐猿説話が記載される六度集経は251～280年の間、生経は285年、仏本行集経は587～597年の間に、それぞれ翻訳された。このような漢訳経典中、いわば本生経類に属する経典は、みなジャタカが主な内容

10 松村武雄,「パンチャラントラ」,『世界童話大系』第10巻, 印度篇.
11 岩本祐,『インドの說話』, 紀伊國屋書店, 1994年・15頁.
12 前揭注, 11・90～96頁.
13 道安,「中國藏経譯印史」,『中國仏教史論集』, 989頁.

となっている。翻訳はほぼ直訳であり、一部表現の差や事物の名称の相違があるが、印度説話本来の基本的な構想に変わりはない。また経律異相と法苑珠林は仏教百科事典のような文献で、前者は王命を受け516年、僧旻などによって、後者は670年、釈道世によって編纂された。中国で編纂された文献だが、ただ仏典から説話だけを抜粋しただけなので、その内容上、中国的な改変は一切ない。鰐猿説話も経律異相は生経から、法苑珠林は仏本行集経から引用されている[14]。

日本での文献説話における鰐猿説話の初出は『注好選』である。この文献は、従来『続群書類従』巻第九百五十二に「注好選抄」として収められているものと、宮内庁書陵部に存する写本との二本が知られていたが、両書は中巻半ばまでのみの不完全なものであった。ところが1980年、東寺観智院文書調査で発見された古写本は、従来あった写本の原本であり、下巻の大部分も存しているもので、『注好選』の全貌が明らかになった。本書は1152年の古写本で、真言宗の開祖弘法大師空海の撰として伝えられたという説もある。しかし確証がとれている訳ではないので、まだ様々な課題が残っている。鰐猿説話はあたらしく発見された下巻の第十三に記載される[15]。

次は日本最大の説話集『今昔物語集』に所収されるものである。鰐猿説話は天竺・震旦部巻第五第二十五話に収められている。本書の成立時期ついては諸説があるが、およそ12世紀初め頃と推定されている。本書は中国・日本の様々な先行仏教説話集にその素材を求めているが、鰐猿説話は『注好選』から直接に引用されたものと推測される。

最後に鰐猿説話を伝えている文献は、無住の『沙石集』である。1283年に成立した本書は全十巻から成るが、同説話は巻第五の八「学匠の蟻螻の問答の事」に収録される[16]。

14 以上諸仏経は,『大正新修大藏経』に據る。

15 古代説話集,『注好選』 ＜原本影印並釋文＞, 東京美術, 1983年・194頁.
馬渕和夫,「東寺觀智院藏『注好選』解題」

4) 仏典説話 定着化と媒介者

仏典説話はどのようにして流布し、民間説話になるのか。また誰がどのような方法を通して、そのような役割をするのだろうか。もとより印度の仏典説話は仏教を一般大衆により面白く、より広く伝播するため、仏陀又は仏教僧侶たちによって例話として挙げられた話である。つまり、元来、印度民間説話を借用して譬喩説話、因縁説話、本生説話として仏典に収められたものを、説話に利用したものであった。このようにして仏典の説話は多くの人々に知られるようになった。

さて、このような方法は、仏教と仏典を受け入れた国々においても同じように繰り返された。即ち中、日、韓の僧侶たちにも親しまれ、しかも教訓的な仏典説話を好んで民衆教化に用いたため、印度説話は広く深く各国の民間に、たやすく浸透した。特に三国においては、唱導・俗講・講唱というのものが、仏典説話大衆化に大きく寄与した。これらは高僧、禅僧による高踏的な説法などよりも、仏典の比喩、因縁、本生説話を用いて大衆の心を仏教に惹きつけ、人々の教化に大きな力を発揮した。これに基づいて唱導文学・講唱文学・変文など、大衆的な仏教文学が初めて発生する。ここで、その媒介者として役割を果たしたのが、中国の説法師・唱導師・講唱師、日本の唱導師・物語僧・説教師・盲僧・俗法師・琵琶法師、韓国の琵琶居士・門僧・銅鈴僧・講唱師・俗講僧・念仏僧・乞僧などであった。そしてこれらの媒介者の説経・講経・宣説・唱説・講導などを通し、仏典説話は各国に定着化し始めるのである[17]。

16 韓國の鰐猿説話の所載文獻とその様相は省略する。これは次の拙稿に詳しい。印權煥,「トキ伝・水宮歌研究」, 高大民族文化研究院, 2001年・3～134頁(韓國語版).

17 井義憲,「唱道の文學」,『日本仏教研究』第2集, 豊島書房, 1967年・269～280頁.
福田晃,「日本昔話の成立-昔話の發生と伝播をめぐって-」,『韓國・日本の説話研究』,

5) 中・日・韓　鰐猿説話の受容様相＜三国鰐猿説話の内容対比＞

【次のページ図表参照】

以上、図表のように三国鰐猿説話の内容を比較したとき、各国の説話の共通点と相違点に、それぞれ異なる特徴が表れているといえる。

まず中国においては、サンスクリット語の原典が、数多くの人々によって長い期間をかけて漢訳されたことが、歴史的に最も意義あることだった。これによって印度説話は初めて東北亜に紹介された。またこの漢訳仏典は、そのまま韓国と日本に伝播し、その中にある印度説話が抽出および流布されることにより、両国の民間に根を下ろすことになった。その意味で中国の役割は非常に大きいといえる。しかし、中国における仏典の漢訳は、あくまで翻訳に過ぎなかったため、説話内容の中国的な変化はほぼ無く、ごく一部、事物の名称が変わっているのみである。仏教本生説話の固有形式も温存されていて、説話の仏教的意味も一切変わりはない。経律異相と法苑珠林に関しては、単純に種々の仏典から説話だけを選び、仏教説話集として編集したものだが、それなりの仏教説話史上の価値は十分にあると考えられる。

それに対して日本の場合は、一定の日本的な変容が見える。『注好選』、『今昔物語集』、『沙石集』などの仏教説話集の鰐猿説話は、全て漢訳仏典からそのまま引用されている。しかし、『注好選』は、本生説話の形式から外れ、「現在の話」と「連結の話」は削除され、本生説話の核心部分である「過去の話」だけが残っている。つまり、説話の仏教的意味あいが消えて、単に劇画的、寓話的な動物譚になっていると言え

仁荷大出版部, 1987・212～229頁.
梅棹忠夫, 「人類學における民話と伝承」, 稲田浩二他, 『民話と伝承』, 朝日新聞社, 1978年・3～60頁.

よう。説話の最後に「昔も獣はかく墓無くぞ有ける。人も愚痴なるは此等が如し。かくなむ語り伝へたるとや」(『今昔物語集』)「是は獣までも狂惑の心の有る事を経に説かれたり」(『沙石集』)という編者なりの個人的な教訓の言葉が添加されることは、そのような事実を証明している。

一方、『注好選』にも「現在の話」は無いのだが、最後の部分に「此の譬へは即ち亀とは提婆達多なり。猿とは尺迦如来なり。昔提婆達多仏を失ひ奉らむとす。然而れとも仏の方便勝りたるが故に、遂に勝ちて、一切衆生の為に正覚を成じ、法を説きて衆生を度したまふと者。又外典に云はく、抱朴子が云はく五百年の猿化して老人となると云々」とあり、これは本生説話の連結の話が、そのまま残っていることを示している。これをみれば、『注好選』の鰐猿説話は、日本の中で最も古く、その成立時期も、他の書より早いと思われる。

以上の本文献説話に対して、口伝説話には少々変わった様子が見られる。それは、登場動物の数が増え、竜王と御妃・公主・海月などが現れること、そして新しい挿話が加わっていることである。

つまり、前の資料④では海月が骨無しの姿になった由来譚のみが語られるが、資料⑤ではさらに亀の背に裂け目が生じた由来譚が添加されている。これは印度説話が日本に定着する過程で、仏教的説話から昔話に近づいていることが窺える。ただ、これ以上変化がなく、短い説話の段階のままで止まっているのは、鰐猿説話の変容の日本的な限界だと考えられる。

韓国の鰐猿説話に関しては、中国・日本のそれと比べると著しい変化が見られる。韓国の文献における鰐猿説話の初出は「亀兎説話」で、この説話の成立は西暦642年前後とみられる。比較的早い時期にもかかわらず、その内容は印度説話からかなり変化している。これは文献説話として成立するまでに、一定の期間を要したことを意味している。印度における本生説話の主役、鰐と猿との対立は、ここでは東海竜王・亀と兎との対立になっている。その他に脇役の登場、単純な計略譚への変化、本生説話の形式から外れていることなどがその変化として挙げられよう[18]。しかし、亀兎説話は未だ説話の段階に止まっているものであった。それに対して、この説話に基づいて朝鮮時代後期に長編小説化された「兎生伝」と「鼈兎歌」における鰐猿説話の変化は、印度説話の東北亜伝来史上大きな意義を持つ。これについては次の項で説明する。

6）韓国の兎公伝と鼈兎歌

七世紀中葉から口伝された亀兎説話(鰐猿説話の韓国型)は、およそ十六世紀に至って、長篇叙事へと生まれ変わる。口碑文学なので、その正確な作者、著作時期など詳らかではないが、この時期からパンソリと古小説の二つの形態であらわれることは事実である。パンソリとは、音楽を主として、文学、演劇などを合わせた総合芸術で、庶民による共作の民間芸術である。日本の語り物や謡、歌物語と類似し、長い叙事的な話を一人が歌ったり、語ったりしながら、演技を添えて進行する。庶民芸術の代表的なもので、ユネスコ世界無形文化財に指定されている。このパンソリの唱本が、読書物として分立して古小説になったとみられるが、もともとの小説から唱本になったという説もあるので、いま断定は避ける。とにかく、こうして伝わる鰐猿説話系の小説本と唱本だけでも、その数は一二〇余種(筆写本、板刻本、活字本、またハングル本、漢文本、ハン漢混用本)を数える。その各々に異なる名称があるが、本発表では小説本の代表として「兎公伝」[19]、パ

18 印權煥,「水宮歌根源說話研究」,『亞細亞研究』25号, 高大亞細亞問題研究所, 1967年(韓國語版).

19 本『兎公伝』は現伝異本のなかもっと最古本(1760年)として最近發見, 公開された。金貞女,「新資料, 漢文本, 兎公伝の成立時期と異本的特徵」,『パンソリ研究』第10集,

ンソリ唱本の代表として「鼈兎歌」の二本のみを論じる。

韓国の鰐猿説話が、短い説話から、長い小説とパンソリ唱本となる過程で顕れた変化は、おおよそ次の4つに分けられる。

① 水(海)と陸地(山)という単純な場所が、具体的な現実社会として再現されること。

② 鰐と猿のような2、3種の動物が、魚類、獣類、鳥類など数多くの登場動物へ増加すること。

③ 数多くの挿話と、他の説話が添加されて、事件とその展開が複雑、多様化したこと。

④ 叙述において対話、表現と描写、そして修辞などが、細かい部分まで具体的に敷衍、説明されていること。

以上の変化は、異本によって同一ではないので、各本の長さもそれぞれだが、長短を問わず、すべて小説の形態を採っているのは言うまでもない。各異本を比較するため、全体を場面分けした結果、総62場面になった。これは説話から小説になる過程で、その内容がどれほど拡大したのかがよく表れていると思われる。

次に小説とパンソリ本になってから、その構造と意味、主題と作品意識はどのように変化していったのかを考えてみる。最初の印度本生説話は、仏陀の前世譚として、仏教的意味をもつものであった。これが中国における変化は、翻訳と編集のみに限られたものであった。しかし、日本においては、本来の本生説話とは異なり(『注好選』は例外)教訓譚・動物由来譚にその意味が切り替わった。そして、韓国の亀兎説話に至っては、物語性に富んだ計略譚、智略譚となった。しかし、朝鮮時代後期には、兎公伝、鼈兎歌と再創作されながら、単純な説話

2005年・271～297頁(韓國語版).

から完全に脱皮して、複雑な構造、多様な意味と主題などを有する、今までにない姿を見せるようになった。

もともと鰐猿説話は、動物寓話であった。寓話とは比喩を通して人間社会を教訓的に批判、嘲笑するものである。このような動物寓話に基づいて創作された朝鮮時代後期の小説も、当時の時代状況と社会構造及び人間像などを反映している。つまり作品の中の水中(海中)は、現実社会の上層、陸地(山中)は下層をそれぞれ意味する。したがって、竜、鼈などをはじめとする水中の動物は、官吏層、権力層、富裕層などの支配者層、兎などをはじめとする陸地の動物は庶民層、農民層、貧乏層などの被支配層の世界を反映している。そして上層に属する魚類は社会的な強者、下層に属している獣類は弱者として描写されている。結局、作品の対立と葛藤は上層支配層の強者と、下層被支配層の弱者の争いになっている。上層は下層に対して忠誠を強要しながら権力の横暴を駆使し、下層は上層に対して強要と横暴を非難、批判しながら不義と矛盾に強力な不満と抵抗をする。このような対立は、異本によって少しずつ異なっているが、概ね、上層の強者の敗北と下層の弱者の勝利という結末を採っている。これは竜と鼈が兎の肝を奪って病気を治すことに失敗する一方、兎は危機に直面するが竜と鼈を欺いて、肝(命)を奪われることなく陸地へ逃げる、といった作品の結末から判断できる。このようにみると、作品の主な主題は不義の権力者の横暴に対しての善良な庶民らの風刺、皮肉、揶揄、嘲笑と、これに伴っている諧謔、滑稽などとみることができる[20]。

7) 印度説話の東北亜伝播経路

説話の伝播と伝承は、口伝と文献の両方からなるが、印度説話の東

[20] 印權煥,「水宮歌の庶民意識と諷刺性」,『語文論集』14・15合併号, 高大國語國文學研究會, 1973年(韓國語版).

北亜伝播は文献、即ち仏教に伴って伝えられた仏典によるものとみるのが当然と考えられる。口伝による伝来が、全く無かったとは言わないが、その可能性は非常に少ない。そのような観点でその伝播は仏教の伝来にしたがって、次のように考えることが可能である。

○印度古代説話→仏教本生説話→中国漢訳仏教説話→

→　韓国仏教説話　→　文献説話　→　口伝説話　→　古小説
　　　　|　　　　　　　　|　　　　　　パンソリ
→　日本仏教説話　→　文献説話　→　口伝説話

※・・・・・・点線部は関連可能性

国別		収録文献(作品)	登場動物と居場所		食べたい物	食べたい原因と理由	誘う言葉	誘引場所	行き方	嘘の内容	陸地到着以後
			主役	脇役							
印度	1	猿王本生 (Jataka,57)	猿(水辺) 鰐夫婦(水中)	無し	猿の心臓	鰐の妻の妊娠	※これ以後の話は他の説話と全く違う。これについては他の項目で説明。				
	2	鰐本生 (Jataka,208)	猿(森林) 鰐夫婦(水辺)	〃	〃	鰐の妻の食欲	果物が多い所	川の向こう側	鰐が猿を背負う	心臓を引き出して木の上にかける	猿は陸地へ逃げる
	3	猿本生 (Jataka,347)	〃	〃	〃	〃	〃	〃	〃	〃	〃
	4	Panchatantra	猿(樹上) 鰐夫婦	〃	〃	〃	鰐の家に招待	海中の鰐の家	〃	心臓を木の穴におく	猿は木の上に逃げる
	5	Katha sarit-Sagara	〃	〃	猿の肝の汁	猿と鰐の友情に対する鰐妻の嫉妬	〃	〃	〃	〃	〃
	6	Mahavastu	猿王(樹上) 鰐夫婦(海)	〃	猿の心臓	〃(鰐妻の嫉妬による病)	果物が多い所	川の向こう側	〃	心臓を木にかける	猿は陸地へ逃げる
中国	1	六度集經	獼猴兄弟(山中) 鼈夫婦	〃	獼猴の肝	鼈の妻の治療薬	水中の妙薬	水中	鼈が獼猴を背負う	肝を樹上にかけおく	獼猴は岸の上に逃げる
	2	生經 (仏説鼈獼猴經)	獼猴王(樹林) 鼈夫婦(水中)	〃	〃	猿と鰐の友情に対する嫉妬と病	食事招待	〃	〃	〃	樹の上に上がる
	3	仏本行集經	獼猴(岸上) 虬夫婦(海中)	〃	獼猴の心臓	虬の妻の妊娠による食欲	おいしい果物	海中	虬が獼猴を背負う	心臓を樹上のおく	〃
	4	經律異相	※2の生經と同じ。説話末に「出鼈獼猴經」と書き付ける。								
	5	法苑珠林	※3の仏本行集經と同じ。説話末に「仏本行集經云」と書き付ける。								
日本	1	注好選	獼猴(海辺) 亀夫婦(海底)	〃	獼猴の肝	亀の妻の妊娠	菓、豊富な所	海底	亀が獼猴を背負う	肝を木にかけおく	木に登る
	2	今昔物語集	猿(海辺の山) 亀夫婦(海)	〃	猿の肝	〃	〃	海	亀が猿を背負う	〃	木の末に昇る
	3	沙石集	猿(山) 虬(海中)	〃	〃	虬の妻の妊娠	〃	海中	虬が猿を背負う	〃	木の上に上がる
	4	日本の昔話 (柳田國男)	猿(日本島の山) 竜王・御妃(竜宮)	亀、海月	〃	御妃・産前の食べ物	ご馳走	竜宮	亀が猿を背負う	肝を山の木に引掛ける	樹の頂上に登る
	5	ふるさとの民話 (永田義直)	猿(陸地) 亀(竜宮)	竜公主、海月	〃	竜公主の病、薬	竜宮見物	〃	〃	肝を引き出して干す(陸地)	〃
韓国	1	三国史記	竜王(東海) 兎(陸地)	竜女、亀	兎の肝	竜女の病、薬	食べ物の豊富さと幸福な暮し	〃	亀が兎を背負う	岩石の底におく	草の中
	2	大東韻府群玉	※1の『三国史記』の説話を宿約して転載する。全く同じ内容。								
	3	兎生伝	竜王(東海) 兎(陸地)	鼈、他魚、獣、鳥類多数	兎の肝	竜王の病気の薬	様々な物が豊富な理想郷	竜宮	鼈が兎を背負う	岩の穴におく	山の中
	4	鼈兎歌	竜王(南海)	〃	〃	〃	〃	〃	〃	〃	〃

—『古代学研究所紀要』第四号，明治大 古代学研究所，2006.

5. 東アジアにおける中世の禅詩比較研究の序説
-高麗の禪詩を中心として-

1) はじめに

1980年代の韓国は、高麗時代(918～1392)の仏教詩に対する研究が殆ど行われていなかった時期である。しかし、筆者は1983年、高麗時代の仏教詩、とくに禅詩を対象として、高麗時代の代表的な六人の禅僧侶と彼らの作品に関する研究書、『高麗時代仏教詩研究』[1]を発刊したことがある。その後、日本の研究者である玉村竹二氏の『五山文学』[2]を入手して読んでいるうち、日韓両国における中世禅詩比較研究の必要性ということに興味をもちはじめた。そのような折に、2000年、京都大学から招聘教授として招かれて来日し、日本に滞在した一年間、五山文学に関する研究書や資料などを収集しながら、この方面の比較研究をはじめたのである。2001年、韓国へ帰国してからも、ほどなく研究論文を執筆し、二つの日韓比較研究論文を発表した[3]。この論文を切っ掛けに、日韓禅詩の比較研究を本格的に進行しようと思っていた。しかし、日韓両国の禅詩比較研究には当時の両国に非常に大きい影響を与えた中国の禅詩との関連研究が不可欠なことであり、結局、中世東アジア禅詩研究の最終的な課題は日・韓・中という東アジア三国の比較研究に帰結しなければならないことに気づいた。

本稿は、このような視点から出発しようとする。しかし、この方面の本格的な研究は三国の禅詩についての幅広く深い研究が必要とされる難題なので、本稿ではその序説として東アジア禅詩比較研究の輪郭

1 印權煥,『高麗時代仏敎詩硏究』, 高麗大民族文化硏究所, 1983(韓國語版).
2 玉村竹二,『五山文學』, 至文堂, 1961.
3 印權煥「高麗禪詩と日本五山詩の比較硏究」,『韓國漢文學硏究』 第31集, 2003(韓國語版).

と必要性を摸索しながら問題点と課題だけを探ることにする。

2) 中世の禅詩研究の東アジア的な地平と現況

韓国の高麗禅詩は当時、東アジアを貫流して、その宗教的・思想的背景を作り上げげた禅仏教の展開と密接に関連している。それゆえ、当時の日本と中国の禅仏教、そしてこれに基づいて成生された日中の禅詩との比較研究は非常に重要な課題である。また、韓国の場合のみならず、このような比較研究を排除してきた東アジアの三国の禅詩研究は、<井底蛙式>の自国文学だけに局限されている。当時の三国の禅詩が持っていた東アジア的背景と地平を無視すると、偏狭性と閉鎖性を免れられないだろう。したがって、禅詩の発信者である中国の禅思想と禅詩を背景として、当時の三国の影響の授受関係はどう成り立ったのか、受信者としての高麗と日本は同じ時代の同じ禅詩や禅詩論などをどう受け入れ、どう自国文学に受け入れ、それを土着化したのか。そしてどのような自国的変容を通して、各国の禅詩が個別的変化と特徴を見せながら、自国の文学史でどんな意義と位置を占めているのか。このような差別性と同異性の研究から、各国の禅詩文学の汎東洋性を究明しなければならない。なぜならば、禅仏教という同じ宗教思想に基づいたものでも、これを受け入れた国家によっては、民族と言語、歴史と文化・風俗と生活が異なるため、その受容と変容による自国的変化と創作という個別的特徴を現わすからである。

中世の中国は宋朝から元朝を経て明朝初に至るまでで、韓国の場合は高麗後期から朝鮮初期までの時期、日本は鎌倉末期から南北朝期を経て室町初期までの時期である。十二～十三世紀を前後したこの時期の三国は政治・社会的、及び文化・芸術の方面で相互に緊密な関係を堅持し、とくに禅仏教による思想・文化・芸術は、その主流を形成していた。既存の儒学に基づいた新しい性理学も立ち上がったが、この時期に関しては従来の大きな気勢であった禅仏教、禅文化が盛んだ時期である。ともかく、この点から考えると、当時の三国の文学研究が禅詩文学に焦点を当てなければならない理由があり、その研究方法も比較文学的方法で研究しなければないわけである。

ここで、我々は前述したように研究が個別国家ごとの研究に終わらないようにするため、次のような目標を設定しておきたい。

① 韓国―中国間の比較研究
② 韓国―日本間の比較研究
③ 中国―日本間の比較研究
④ 韓・中・日の三国間の比較研究

上のように、①・②・③の研究は先行課題であると言えよう。そうすれば、④の研究段階まで進んでいく当為性を発見できるだろう。しかし、④の段階の研究は①・②・③の段階の研究を経由しなければならないものであり、また最終的な研究であることからその意義が重い。

それでは、このような問題について三国の学会の研究状況と現状はどうか。これは三国の学会の動向を綿密に把握した上で可能な問題で簡単な問題ではない。しかし、筆者が最近、この方面に関心をもって調べた結果、いまだにこの方面の比較研究は未開地のままで残っていると言っても過言ではない。即ち、①と②はほとんど進んでない状態であり、③の場合は一部だけが行われているが、やはり本格的段階ではないと思う。したがって、④の場合は遥遠な問題として残っている。そしてこのような問題に対する三国の研究者たちの関心はおおよそ、次のような状況にとどまっている。

一つ目、中国の場合は近年、この方面の研究に関心がよせられているが、あくまでも自国中心の段階でとどまっている。これはこの方面に関する学問的な研究の歴史が短いこともあるが、中世仏教文学を含め漢字文化圏の宗主国というプライドがあるため、周辺国の漢字文学の学問的重要性を軽視しているのであろう。したがって、発信者としての研究は活発に行われているが、一方受信者の立場である韓国と日本の禅詩文学との比較研究は、皆無、または微々たるものだと思われる。原論的禅詩論と自国の禅詩文学、及び作家に関しては1970年代台湾の社松柏の業績、1980～90年までは大陸の孫昌武、周裕鍇、呉言生、楊恵南、張伯偉、張育英、陳国富等の研究が目立っている[4]。

二つ目は、日本の場合、五山文学とよばれる自国の禅詩文学に対しては十九世紀、明治時代から研究が始まっており、二〇世紀前半には上村観光、鈴木子順、岡山政之、北村沢吉らによる研究、さらに後半には玉村竹二、安良岡康作、芳賀幸四郎、蔭木英雄らによって集中的研究が行われた[5]。中国の来朝僧と日本の留学僧らの中国往来に関することなど、集中的ではないが、日中比較研究も、部分的に行われたことがある。そして、近年に至って朝倉尚氏による中国詩との比較研究が活発になっている[6]が、日中における禅詩の直接的で本格的な研究はまだ微々たるものである。

一方、日本の学界において日韓禅詩比較研究は筆者が知っている限り、殆ど行われていない。このような日本学界の動向は、その研究が初期から韓国との関係研究を除いているためだと思われる。すなわ

4 社松柏,『禪學與唐宋詩學』, 1977; 孫昌武,『禪宗美學』, 1999; 同,『禪思與詩情』, 周裕鍇,『中國禪宗與詩歌』(三刷) 2000; 吳言生,『禪宗詩歌境界』, 2001; 張伯偉,『禪與詩學』, 浙江人民出版社, 1992; 張錫坤,『禪與中國文學』, 吉林文史出版社, 1992; 張育英,『禪與芸術』, 浙江人民出版社, 1992; 陳國富外,『悟與美—禪詩新釋—』, 四川人民出版社, 1998など.

5 上村觀光,『五山詩僧伝』, 1912; 北村澤吉,『五山文學史稿』, 1941; 芳賀幸四郎,『東山文化の研究』, 河出書店, 1945; 安良岡康作,「五山文學」(『日本文學史』 第6・中世編・岩波書店・1961); 玉村竹二,『五山文學』, 至文堂, 1961; 同,「禪と五山文學」(『講座「禪」第5』1968); 木宮泰彦,『日華文化交流史』(再版), 1965; 芳賀幸四郎,「禪僧の文學観の変遷」(『日本古典文學大系』, 月報・1966)など.

6 朝倉尚,『禪林の文學』, 清文堂, 1985; 同,『抄物の世界と禪林の文學』, 1996.

ち、中国との関係と交流、及び比較研究に対する関心がより大きい。しかし、最初に仏教が伝来し、その後も一定期間において仏教・仏教文学の先進国の立場であった韓国に対しては、比較は勿論、それに対する言及もないのである。もちろん、日本が百済から仏教を受け入れた後、東アジア仏教の宗主国であった中国の唐・宋・元との直接交流によって韓国側からよりも大きな影響を受けたことは事実である。しかし、当時、同じ仏教文化圏だった隣国の仏教文化、中でも日本の中世漢文学の中心をなした五山詩に当る高麗の禅詩が、五山文学より早い時期に活発に創作された点を看過するのは問題である。同時期に類似した文学形態を持っている隣国との比較研究も必須的であるが、中世東アジアの仏教詩、禅詩の連結リングであった中・韓・日の中から韓国を除いては研究が完全ではないことは当然であろう。にもかかわらず、日本の研究者らの以上のような態度は、意図的で、視野の狭いものであると言うほうかない。二つの理由とも納得できないことは同じである。

三つ目、韓国の場合はどうか。端的に言うと、高麗禅詩と周辺国中世禅詩との比較研究、即ち、日本との比較、または中国との比較研究は皆無である。したがって、三国を視野に入れた比較研究には考えも及ばない。1994年の崔帰黙の研究[7]と、2003年の筆者の研究[8]がこれに当るが、この方面の研究史を一～二編の論文だけで論ずること難しいだろう。

韓国の学会におけるこの方面の研究は、古典文学研究者中の、仏教文学研究関係者、そして日本文学研究者中の、日本中世文学専攻者、中国文学研究者中の、宋・元の詩文学専攻者の研究業績に期待した

7 崔歸默, 『冲止に見られる民族意識に關する比較文學的研究』, ソウル大學修士論文, 1994(韓國語版).

8 印權煥, 「高麗禪詩と日本五山詩の比較研究」, 『韓國漢文學研究』 31集, 2003(韓國語版).

が、寡聞にして探し難いものであった。これは近年、韓日両国の共通的な現象で対象国の言語文字的な障害、漢字文学の忌避現象、仏教文学の難解性によるものであろう。一日も早く改めることが当面の課題であろう。

以上、高麗禅詩の東アジア的地平と韓日中・三国の研究現況とその問題点について探ってきた。その結果、問題の重要性、意義に比べて研究が微々たるものであり、皆無なことがわかった。二十一世紀の世界化・国際化の潮流の中、その関心が東アジアに集中している現実の中で、中世東アジア文学の一つの流れをなした仏教文学と仏教文学の研究はとても大きい課題だといえる。そして当時の仏教文学の中核であった仏教詩、及び禅詩の研究はより重要さを学者らが認識しなければならない。とくに各国の先行研究をもとに、三国の比較研究という共通目標を立てることが、この方面の学者らに与えられた最大の課題であることを再び強調したい。

3) 三国の禅詩研究の比較文学的視角

(1) 宋·元禅詩の影響と関連様相

高麗の禅詩研究を国内に局限すると、その本来の目的を果たすことは難しいことであろう。これについては前述した通りである。当然、ここで提起される課題は唐以上大きく盛えた宋・元禅詩との比較である。

この点から最終に注意すべき問題は、その宗教的・思想的背景である中国の臨済宗と看話禅の伝来と影響である。高麗末の仏教には、様々な宗派があったが、臨済宗が主流をなしていて、その次の看話禅の流行が高麗禅詩の産出の背景であった。二つ目は、禅思想と性理学との調和による儒仏一致論の登場である。周知の通り、この時期に儒教の性理学は伝来した。因みに、性理学というのは、中国で成立した当時から心性論という側面があって、禅思想と共通部分をもっている。そして、このような点は高麗の場合でも同じであり、新しい思潮である性理学の伝来は大勢であって、避けられないことであったが、在来の禅思想は心性論という共通の基盤によって、性理学との共存と合一という立場を取るようになった。これは儒仏とともに同じであって、当時の儒家側の李穀、李穡、元天錫、仏教側の金時習、己和、普雨らの儒仏一致論・儒禅同根論などがここに属する。このような思想的状況の変貌は麗末禅詩と仏教詩論に見られる詩禅一如論が生れる一つの背景になっていた。三つ目は禅詩の高麗的伝統の存在である[9]。すなわち、高麗中葉における知訥(1158～1210)の修禅社を通じた禅思想の発場と、これを受け継いだ高麗最初の本格的禅詩人である慧諶(1178～1234)の登場と彼による禅詩の淵叢としての『禅門拈頌』(1226)の刊行によって、高麗的な禅詩はすでに完成していた。とくに慧諶の豊な禅詩は、沖止(1226～1292)、一然(1206～1289)に継承されて高麗禅詩の大きな流れを形成したのである。四つ目は、臨済宗系の高麗禅僧たちの元への留学と、彼らによる禅思想、禅詩の影響である。すなわち、普愚(1301～1387)・景閑(1298～1375)・慧勤(1320～1376)らは元に留学した経験がある人物であり、一定期間、元における禅の大家と交流しながら、禅詩をもってお互いに応答するほどの実力をもった人物でもある。したがって、彼らによって、当時の元の禅と禅詩は、なおいっそう高麗の禅文学へ浸潤することができた[10]。

以上のように、四つの側面から見た韓中禅詩の比較研究の背景と状況を基にして、具体的な事例を上げながら、両国文学の交渉様相と比

9 印權煥,「麗末鮮初仏教詩論の序說」,『李炳赫停年退任論叢』, 同刊行委, 2003(韓國語版).

10 印權煥,「麗末鮮初仏教詩論の序說」,『李炳赫停年退任論叢』, 同刊行委, 2003(韓國語版).

較研究の可能性をみることにする。

中国禅詩の伝統は、詩仏とよばれる唐の王維(701～761)から始まる。その後、宋の蘇東坂(1036～1106)・黄山谷(1045～1105)を頂点にして、呂本中(1084～1145)らの江西詩派の詩・詩論と、葉夢得(1077～1148)・楊万里(1124～1206)・厳羽(1192～1243?・1248)らを経て、元・明・清代に至るまでに粘り強く受け継がれていった[11]。彼らの高麗末の禅詩への接脈は、大体宋代の蘇東坂・黄庭堅の詩の影響、厳羽の『槍浪詩話』、釈恵洪の『冷斎夜話』、魏慶之の『詩人玉屑』など禅文献の伝来と流布がその直接的契機となった。

まず、蘇東坂の高麗文人への影響は、すでに李奎報が『東国李相国集』で、そして林春が『西河集』のなかに、その内容と状況を書いているので、ここでは省略する。また、禅詩の宗主と呼ばれた黄庭堅についても『破閑集』・『櫟翁牌説』など、麗末の詩論集にしばしば言及されていて、彼の詩は勿論、詩論も広く紹介されていたことがわかる。厳羽・恵洪・魏慶之の『詩人玉屑』は、禅詩論が主流であった南北宋詩話の集大成で、詩学研究、又は詩学指導者とよばれており、高麗末まで存在していたという事実は、その影響の大きさを示している。特に『詩人玉屑』の内容は、禅詩とその関連詩論、詩話が中心になっている[12]。

以上、概論的に述べた結果、韓中両国間の中世禅詩の影響の授受関係はとても緊密なもので、その比較研究が切実であるのみならず、その可能性も、より大きく開けていることがわかる。

11 社松栢,『禪學與唐宋詩學』, 1977.

12 印權煥,「麗末鮮初仏教詩論の序説」,『李炳赫停年退任論叢』, 同刊行委, 2003(韓國語版).

(2) 日本の五山詩との比較論

高麗禅詩の比較研究のもう一つの対象になるのは日本である。日本の中世に当る鎌倉末期から南北朝を経て、室町初期までおよそ200年間の漢文学の中心をなした仏教漢詩の五山文学がその対象である。しかし、日本との比較研究は中国の場合とは違う問題が提起される。すなわち、中国との比較は影響による相互授受関係を通した比較であるが、日本との比較は影響と関係ない単純な比較となるのである。本稿の2項で論じた通り、日本は百済から仏教を伝授して、その後も交流を続けていたが、禅思想と禅詩に対して、韓日間の直接的交流と影響関係は確認されていないことが事実である。したがって、日本においてやはり中国の禅思想と禅文学とは、韓国と同じように垂直的影響関係である一方で、日本と韓国の比較は、水平的関係で論じるしかない。そのため、同一発信者から同一漢字文化圏で同一性格の文学をほとんど同じ時期に受け入れた韓日両国の場合、各々違う歴史的背景と文化環境の中で、どう受容して変容させたのか、又はどう自国の文学に反映させて文学史に融解したのか、という問題はやはり比較文学研究の重要な問題である。

日本文学史における五山文学は、それ以前の奈良時代、平安時代の漢文学とそれ以後、江戸時代の漢文学を繋げる橋梁的存在と位置づけられる[13]。中世鎌倉幕府は積極的な政策として兀庵普寧(1197～?)・無学祖元(1226～1286)らの南宋・元の帰化僧らを受け入れた。さらに彼らに影響され、教育された日本の禅僧たちも、大陸に渡って禅・禅文学をはじめとする先進文学を輸入した。これを切っ掛けに仏教漢文学である五山文学が誕生したのであるが、これには足利幕府の権力が、禅宗を積極的に支持・擁護したのが大きな要因となっていた[14]。この

13 玉村竹二,『五山文學』, 至文堂, 1961・一項.

ような状況で五山文学を先導したのが夢窓蘇疎石(1275～1351)であった。現代日本の禅文化研究の大家である柳田聖山によって、日本中世の禅文化の創始者と評価された夢窓疎石は、当時五山派の一つで一番勢力が大きかった仏光派を率いた人物であり、五山派詩文学の創始者でもあった。彼は足利将軍の絶対的な庇護の下、禅刹の創建、日本式庭園の造成、茶道、禅書など禅文化の創造における主導的役割をなして、五山詩の大家と評価され義堂周信(1325～1388)・絶海中律(1336～1405)を育て上げげた。これ以外にも、春屋妙葩(1311～1388)・竜湫周沢(1308～1388)などが彼の門下生だった。五山詩人らは、これ以外にも雪村友梅(1290～1346)・寂室元光(1290～1367)・別源丹旨(1294～1364)・中厳円月(1300～1375)などが有名である。彼らの仏教漢詩の作品は現在浩瀚な『五山文学全集』にほとんど収録されている[15]。

五山詩と高麗後期の禅詩はその時期もほぼ一致して、すべてが仏教漢詩であり、当時の宋・元の影響を受けて誕生、発展したことも一致する。これらのことから考えてみると、比較研究の可能性と必然性を切実に感じる。さらに両国の禅宗と禅詩が崔氏による武臣政権、足利幕府の武士政権の強力な支持を得て大きく発展した点や、また当時、両国の禅宗が中国の臨済宗の禅派を受け続いたことのみならず、ほとんどの禅僧たちに中国の留学経験があった点など、様々な共通点を有したことは、なおさらその可能性を高めるのである[16]。

一方、当時の両国の禅詩が宋の蘇東坡・黄山谷の影響を受けている点や、当時の詩創作教材として有名な魏慶之(1240年前後)の『詩人玉屑』が両国の詩壇に広く流布していた点も比較研究の課題を提供してい

14 芳賀幸四郎,「五山文學の展開とその様相」(『國語と國文學』35・10, 東大國語國文學會, 1959).

15 柳田聖山,『禪と日本文化』, 韓普光譯(韓國語版), 1995; 新日本古典文學大系『五山文學集』, 岩波書店, 1999.

16 木宮泰彦,『日華文化交流史』(再版), 冨山房, 1965.

る。麗末詩壇での蘇・黄両氏の比重と高麗末まで刊行された創作の手引き書である『詩人玉屑』については前にも言及したが、このような点は日本の場合も同じである。端的に言うと、現代五山詩研究の権威である芳賀幸四郎は、五山文学において蘇・黄両氏は味噌と醤油のような存在であると言っている[17]。さらに入矢義高は、『詩人玉屑』を五山詩僧たちの必読教本であったと主張している[18]。このように日韓両国の禅詩を比較すれば、大陸の影響をどう受け入れたのか、または受容する課程で現われる両国の弁別性はどうであったのか、という数多くの意味ある比較研究の課題を見出すことができる。

(3) 韓・中・日の禅詩論の比較問題

前の各項で言及したように、東洋中世の禅思想と禅詩は発信者である中国の頂点にして、韓日などの三国が交流し、共有した東アジア共有の思想と文学であった。このような禅詩に対する理論、すなわち、禅詩論も三国共通の詩論として登場した。つまり、禅という宗教的・哲学的思惟と、詩としての文学芸術が混じって仏教詩論となった当時は、東アジア詩学の重要な分岐点であったのである。しかし、共通的母胎で出発した三国の禅詩論は同一の様相で展開したのではない。日韓両国は自国の仏教詩論に編入させる課程において各々違う様相で、これを受容・発展させた[19]。中国の場合においても、中国詩論史の中で独自の変化を繰り返したのである。ここで三国の禅詩論比較の必要性が提起されると言えよう。

---

17 714芳賀幸四郎,「五山文學の展開とその樣相」(『國語と國文學』 35・10, 東大國語國文學會, 1959).

18 入矢義高,「五山詩の讀むために」(岩波大系『五山文學集』319頁).

19 詩と禪を關連して論じる場合, その用語については三國それぞれ異なっている。たとえば, 中國は詩禪一致論, 日本は詩禪一味論, 韓國は詩禪一如論と称している。

中国の禅詩論は、唐代の皎然(670年前後)・斉己(881年前後)、前蜀の貫休(900年前後)に端を発するが、一つの詩論として現われたのは、宋・元の時であった。禅詩と同じように黄山谷を祖とする呂本中の江西詩派は、続いて葉夢得・厳羽らに至ってから確固たる枝を形成した。このような流れは、清初の王士禎(1634～1711)に至って、「禅詩一致」という用語が文献に登場するようになった時に絶頂となった[20]。宋代の禅詩論は呉可・趙蕃・載復古らのいわゆる「学詩詩」や、元好間(1190～1257)の「詩為禅客添錦花禅詩詩家切玉刀」[21]という類の禅詩調和論、又は厳羽の「大抵禅道惟在妙悟詩道亦在妙悟」(『槍浪詩話』)という、所謂「以禅喩詩」などを経て具体化されたといえる[22]。

中国の禅詩論は、三国の元祖であるため、その伝統も長く、多様な中国詩論に大きな影響を与えつつ、時には調和し、時には対立様相を見せながら、その主流の一脈絡を形作ってきた。特に禅思想と禅詩とが脈絡を同じくすることで、多様な分岐と理論を形成して仏教詩論の中核をなして来た。それゆえ中国の禅詩論は数多くの禅詩論者を誕生させ、禅詩論書を量産し、多様な論議方法が登場して詩評壇を豊かにしながら、その伝統は現代の評壇まで続いている。

これに比べて、韓国の場合は、高麗時代の禅詩論は微々たるもので、それさえも、麗末以来朝鮮朝に至るまで、性理学による儒教的詩論に追い出され、断絶の危機に陥るようになった。しかし、その命脈だけは朝鮮後期まで持続された。高麗以降における韓国の禅詩論の当面の問題は資料上の問題である。現伝資料のうち、詩話集類と士大夫文人たちの文集類、禅僧たちの語録と文集などの資料から、極めて短編的な言及以外に、詩論といえるものも探し難いのが事実なのである。それでも「外儒処禅」、または「出儒処禅」といわれる麗末鮮初の儒

20 王士禎,『帯経堂詩話』巻三.
21 元好間,『元遺山詩集』巻十,「答俊書記學詩」
22 李壯応,『禪與詩』, 北京師大出版社, 2001・123頁.

家士大夫の儒禅一致論と禅詩に対する肯定的理解と同調、そして禅宗側詩僧・文人たちの儒仏相通論と詩禅一如論の主張、乃至「禅心詩思」を票榜した見解の中から、禅詩論の存在をある程度認知することができるのは幸いなことである。大体、前者に当る人物は李穀・李穡・元天錫・鄭道伝・李崇仁がいる。後者に当る人物は己和(1376～1433)、卍雨(1357～?)、金時習(1434～1493)・普雨と柳方善(1388～1448)・義砧(主に1380年代に活動)がいる。このように、少ない人数ではあるが、彼らによって麗末鮮初の禅詩論の存在が確認できる。しかし、性理学が圧倒する政治的・思想的環境の中、それ以上の実質的な禅詩論は存在し難かったことも事実であり、また資料の零細はそれ以上、体系的に把握することを不可能とする。このような状況で卍雨、金時習・普雨・柳方善らの存在はとても重要な意義をもっている。卍雨は当時儒家から高く評価された仏家の詩人であった。李崇仁から詩僧とよばれた彼に自身の詩集があったといわれているが、現在には伝わっていない。特に彼は詩学に詳しかったので、社詩註釈の場で質疑を受けた事実から、彼が単純な詩僧でないことと、禅詩論にある程度、寄与したことが窺える。一方、儒仏に精通した金時習は、当時の詩僧たちの作品を論評する立場にあった。また禅と詩と政治の調和を通じて現実的文学観を積極的に見せていたが、これが彼の禅詩論と関係ないとは言えないだろう。義砧も禅僧として卍雨と一緒に社詩に精通して、鄭夢周・李崇仁との詩交を通じて詩論に積極的に参加した。彼の詩評は当代一だったと柳方善は『泰斎集』で言っている。また徐居正から詩語が枯寒して痩淡しているという不当な評価を受けた柳方善は、義砧から薫陶を受けて、卍雨の詩を評価するなど、当時の禅詩評の一翼を担った人物でもある[23]。

23 印權煥, 「麗末鮮初仏教詩論の序説」, 『李炳赫停年退任論叢』, 同刊行委, 2003(韓國語版).

以上の論議をとおして、麗末鮮初の禅詩論の片鱗をうかがったが、大体儒家である詩論家は、禅詩貶下によって完全な姿を表すことができなかった。むしろ禅詩論は朝鮮後期に至って浮上している。これについては李普吾の論文に詳しく書かれている。

韓国の場合と異なり、日本の五山文学においての禅詩論は多様な方法論として活発に展開された。そして五山文学の全盛期を迎えた中世には持続的な発展を遂げて日本の詩評史の一時期を堂々と飾っていた。これは臨済宗の禅仏教が当時の幕府の積極的な庇護の下で政治・思想・宗教・文化の中心に浮上しながら、他の思想や宗教の干渉、または挑戦から優越な位置を確保していたためである。

この時期、五山文学の禅詩論は「詩論一味論」を評榜したが、これを最初に主張したのは友山士偲(1301～1370)であった。彼は義堂周信の先輩であり、元に渡って禅を学んで帰国してから禅の文字的表現物を主張しながら『友山録』で「詩禅一致論」を主張したのである。しかし、日本の禅詩論はここから始まったのではなく、凡そ次のような四段階の課程を経て展開された。第一段階は五山文学の初期で、学道と詩文の中、前者を強調した時期である。鎌倉時代から南北朝末期までに当るこの時期は、あく絨て展禅を第一義とし、その次に文学があるという立場なので、詩文学の立地は狭かった。しかし学道と詩文、すなわち、禅と詩が主食と副食の関係でありながら、段々両者の関係が縮まるようになり、詩を不可欠な禅助道の手段と認めることになった。どあるがもっと近づけるようになったのである。この時期に活動した人物には、曹洞宗の永平道元(1200～12燹にはと帰化僧であった蘭渓道隆(1213～1272燹に竺仙梵僊(1292～1312燹213～第二段階は室町初期から中期まで、先に述べた詩禅一味の詩論が登場した時期である。これは禅の文学化互からし、文学における宗教性と文学性を同等に認める詩論であり、第一段階の「詩本文未論」から一歩進んだ発展段階である。つ絨り、広義の詩禅一味論からみて、禅の意味が強調され、したがって禅詩が正当に評価された段階であると言える。つ絨り、詩文学無用論がある詩の一体化互主張する詩論の登場である。このような立場の人物では友山士偲をはじめ、仲芳円伊うになっ動した人燋には、東昭周厳うにな91～1461燓2活動した～第三段階は後期詩禅一味論の段階で、室町中期以後の応仁の乱(1467年)以前の時期である。この時には以前の詩禅一味論の性格に変化が起きて禅綈り詩の方が強調された～所謂「文本禅末論」が芽生えて、禅綈り詩詌され視されたのである。このように宗教性が強くなり、芸術性が強調される論議が登場して、詩においては深奥・優雅から芸術場し美的へ、深玄・崇高から繊細な技巧が強調される詩論へ変わることとなった。このように禅固有の意味が脱色されるようになって、従来の詩禅一味論は本来の意味を喪失して、禅僧・儒僧などにその性格が変化し、禅詩は唐・宋の一般文人らの詩の姿に変質する状況になった。この時の中心人物には横川景三(1419～1493)・万里集九(1428～?)・桂庵玄樹(1428～1498)がいる[24][25]。

以上のように変化してきた五山文学の禅詩論は、第四段階の応仁の乱以後の室町末期に至って、完全にその基礎が動揺し、段々衰退と消滅の道を辿るようになった。禅詩は一般化・世俗化しながら江戸時代初期以後の儒者たちの一般的な詩の中に吸収されるようになって、その姿は消えてしまったのである。これによって、禅詩論も同じ道を歩くようになった。

4) 三国の禅詩比較に期待される成果と意義

以上、三章から高麗禅詩を中心に中世東アジア三国の禅詩を比較文

24 芳賀幸四郎,「禪僧の文學觀の変遷」,『日本古典文學大系』月報, 1966.
25 芳賀幸四郎,『中世禪林の學問, および文學に關する研究』, 1981.

学的視角から窺ってみる。そして禅詩の理論的背景をなした三国の禅詩論も簡単にその差異点を比較してみた。しかし第一章で述べたように、本稿は具体的な事例を通じての精密な分析的研究ではなく、未だに未開の領域であったこの方面の研究に新しい局面を開くような試験的構図を提示することを主眼において出発した。したがって、明確な研究方法の提示と独自的結論にはもとより至っていない。そのため、筆者は研究の当為性を用心深く探索しながら、研究の地平を調べ、研究の視角を摸索することに注意して本研究を進行してきた。

いま、この方面の研究の期待される成果と意義、そして研究の課題と方向を指摘することで本稿の結論にかえたいと思う。

一つ、中世の東アジアの禅詩の比較研究を禅詩だけに局限しないで、この時期・地域の仏教文学全般に拡大して研究する必要がある。中世東アジアに共通した仏教文学は禅詩のみならず、仏教説話、仏教小説、仏教歌謡、仏教戯曲、仏教伝記、仏教随筆などさまざまある。これらは東アジア的流通を通して、その影響関係と変容様相を比較研究することでこの時期・地域の仏教文学の実状を把握して、その特徴を究明する絶対的結論を提出することが可能となる。

二つ、これは研究時期に局限した問題で、中世という一定時期に局限しないでその前後の仏教詩の研究に拡大させて、その歴史的連続性を確認する必要がある。このような作業は東アジア各国の仏教詩史という通時的研究の道を開くことが期待される。そしてこのような研究の結果、東アジア仏教詩史が成り立つようになるだろう。

三つ、趙東一の著書が主張した通り、一つでありながら様々な東アジア文学を各国の単一性と多様性、同質性と異質性を通して、いわゆる中世普遍主義の理想を究明することである。このようになったら、共同語文学と民族語文学によって成り立った漢字文化圏、そして中心部である中国と中間部である韓国と越南、そして周辺部である日本、このように成立する各国の垂直的・水平的文学の関係様相を有期的に解明することができる。そうすると、個別的国家の文学史から東アジア文学史へ、またここで再び世界文学史へ拡大する視角を確保することができる。ここに中世東アジア共通の仏教詩文学研究は一つの契機と手掛かりを提供する役割を遂行することができる[26]。

四つ、本研究が論じた範囲は韓・中・日の三国に局限した。しかし東アジア三国だけでは勿論、汎アジア的文学の全体像を確認することは難しい。ここに研究対象国の拡大を考えなければならない。この点からインド、越南、琉球、チベット、モンゴルなども包含する当為性が要請される。これからの韓国文学研究は国内だけに局限してはいけないことも時代的要請であろう。

五つ、東アジアは勿論、全アジア文学に対するより広い理解と各国文学の原典に容易く接近するための、語学的能力が必須である。のみならず、各国文学の学者たちの共同研究計画による共同研究もこれを遂行する研究団体、または機構の存在が必要である。このような能力と共同研究がないと、この方面の学界の課題が解決しないことはあまりも自明な理である[27]。

−『文化継承学論集』第三号, 明治大 文学研究科, 2006.

26 趙東一,『共同語文學科　民族語文學』, 1999(韓國語版).

27 この方面において最近, 貴重な研究書が發刊されたので, それらを紹介しておく。千坂嵃峰,『五山文學の世界』, 白帝社, 2002; 兪慰慈,『五山文學の研究』, 波古書院, 2004.

제3부

萬海詩와 思想의 문제

1. 萬海學의 전개와 그 전망적 과제

1) 萬海學의 成立과 意義

한 역사적 인물에게 그의 "學"이란 호칭을 부여한다고 할 때, 여기에는 일정한 要件이 충족되어야 한다. 우선 해당 인물의 학문·사상·문학·업적·인격이 탁월하여 역사적 典範이 될 수 있어야 하며, 또 이에 대한 후대의 객관적 檢證이 반드시 수반되지 않으면 안 된다. 元曉學, 退溪學, 茶山學 등이 그 좋은 예라 할 수 있다. 그렇다면 萬海學[1]의 성립은 가능한가.

萬海는 禪學과 佛敎維新論 등을 통한 禪敎雙修의 불교학자였고, 불교사상·문학사상·민족운동 등에서 보는 바와 같이 특유의 이념을 가진 사상가였다. 또 수많은 시(시조, 한시 포함)를 비롯하여 소설·수필·기행문·일기 등을 남긴 문학자였고, 이론과 행동을 겸비한 독립운동가 및 불굴의 지사였다. 그리고 이와 같은 점은 그의 사후, 55년간 400여 편에 이르는 그에 대한 국내외의 著書와 論文(학위논문만 80여 편, 이 중 박사논문 17편), 그리고 그의 연구에 참여한 200여 명에 의하여 이미 검증된 바 있다.[2] 또 그의 시는 영어·중국어·일어·프랑스어·독일어·스페인어·체코어 등 각국어로 『님의 沈默』 전편이 번역되어 전세계에 소개되기도 하였다.[3] 우선 이상과 같은 객관적 사실에서 '萬海學'의 성립 조건은 충분하다고 판단된다.

---

1 "萬海學"이란 용어는 1982년, 필자가 김재홍, 『韓龍雲文學硏究』의 서평에서 처음 사용한 것으로 생각된다(同年 『月刊朝鮮』).

2 이상의 통계는 다음 자료에 의거하였다. 전보삼, 「연구논저 발표 연대별 총목록」, 『한용운사상연구』 1, 한용운사상연구회, 1980; 김재홍, 「연구논저 총목록」, 『한용운문학연구』, 일지사, 1983; 최동호, 「연구자료」, 『한용운』, 건국대 출판부, 1999.

3 『님의 沈默』 소재 88편이 모두 각국어로 번역되었고, 중복 번역 편수를 모두 합치면 약 500회 정도가 된다. 그 중 <알 수 없어요>가 22회, <님의 침묵>이 25회 번역·소개되었다(김흥규 편, 『한국문학 번역 서지 목록』, 고려대 민족문화연구소, 1998, 798~820쪽).

萬海研究에 남다른 열정을 보였던 송욱은 만해를 인도의 타고르와 비견하는 일반적 논의를 뛰어넘어, 만해는 타고르에다 간디를 더한 것보다 위대하다고 말한 바 있다. 그것은 타고르가 시인이요, 간디가 독립운동가라면, 만해는 이 둘에다 佛教學까지 더한 인물임을 지적한 것이다. 사실 만해는 우리 현대의 佛教史, 文學史, 獨立運動史 등에서 각각 불멸의 족적을 남기고 있는 드문 존재다. 이런 점에서 萬海學이 지니는 역사적 의의가 매우 크다고 하지 않을 수 없다. 그리고 만해가 이상 세 가지 측면, 즉 불교인, 시인, 독립운동가로 각 부면에서 탁월한 위치를 점하고 있는 만큼, 만해학은 그 학적 범주로서 세 가지를 모두 포괄하고 있다. 따라서 이 세 가지 부문은 나름대로의 독자성과 개별성의 차원에서 연구되어야 한다. 그러나 만해학이 여기서 끝나서는 안 된다. 즉 만해학의 참된 의의는 궁극적으로 이들 세 분야를 전체적 시야를 통하여 하나로 통합함으로써 완성될 수 있다. 즉 萬海學의 본질은 통일된 하나의 像으로 파악되고 추출되어야 한다. 그럼으로써 만해학은 그 진면목을 드러내게 될 수 있을 것이다.

2) 만해학을 위한 資料整理 과정

1944년 만해 사후, 그의 全集이 간행된 1973년까지 약 30년에 이르는 遺稿 등 자료의 수집·정리·편집과정을, 이에 관여한 인물들과 함께 언급하기로 한다. 사실 만해에 대한 본격적 연구는 전집의 출간으로부터 비롯되었다. 그런데 전집이 나오기까지 30년이 걸렸으며, 여기에는 여러 문제들이 개재되어 있고, 이들에 대하여는 아직 알려지지 않은 부분도 많기에, 萬海學의 뿌리를 찾고 그 학적 근원을 밝히기 위하여 밝혀 둘 필요가 있다고 생각된다.

1944년 만해 사후, 그의 유고 등 자료 일체와 유품들은, 당시가 2차 세계대전 말기인데다 일가가 영성한지라, 돌보는 이가 없었다. 이에 친우이던 南汀 朴洸이 이들을 수습하여 지니고 헤매던 차, 1945년 해방을 맞이하였다.[4] 박광은 곧 유고 간행을 착수하고자 하였으나, 여의치 않다가, 1948년 "한용운전집 간행위원회"를 결성하였던 바, 이때의 위원은 박광 · 박영희 · 박근섭 · 김법린 · 김적음 · 허영호 · 장도환 · 김관호 · 박원진 · 김용담 · 최범술 등 주로 만해의 친우와 따르던 제자들이었다.[5] 그러나 일의 진전이 전혀 없는 사이 1950년 동란이 발발하였고, 위원들은 뿔뿔이 헤어졌다. 이에 남정은 남으로 피난을 가면서 유고를 아들 집에 맡겼던 바, 아들 역시 정세가 위급한지라 유고를 서울 집에 둔 채 남하하게 되었다. 당황한 南汀은 당시 국군 연락장교였던 朴元憲에게 부탁하여 유고를 大邱로 가져왔다가, 환도시 다시 서울로 가져왔다. 그러나 전란 후 혼란 속에 전집 간행은 여의치 않았고, 위원회마저 有耶無耶되고 말았다. 이에 남정은 1957년 만해의 제자였던 曉堂 崔凡述에게 유고 일체를 넘기고 전집 간행을 위임하기에 이르렀다.[6]

한편 1958년 봄, 당시 高大 재학생이며 高大文學會 회원이던 박노준(한양대 교수), 이기서(고려대 교수), 이화형(가업), 필자 등은 지도교수였던 趙芝薰과 선배 林鍾國의 권유에 따라 高大文學會의 사업으로 한용운 전집을 간행하기로 하고 자료수집에 착수하였다. 그러던 중 조지훈, 임종국으로부터 南汀이 만해의 유고를 소장하고 있다는 사실을 알게 되었다. 우리는 즉시 종로구 견지동으로 그를 찾아 그간의 유고 전전의 소식을 듣고, 유고는 桂洞의 崔凡述이 소장하고 있음을 알게 되었으며, 이어 최범술을 찾아가 우리 의도를 제시한 다음, 바로 양측이 함께 전집 간행에 힘을 모으기로 합의하였다. 그리하여 1958년 7월 중순경, 이전 간행위원 몇 명과 새로 고대문학회를 대표한 조지훈과[7] 문영빈이 추가 가담한 새로운 韓龍雲全集 刊行委員會

4 朴洸, 「序文」, 박노준 · 인권환, 『韓龍雲硏究』, 통문관, 1960, 1쪽.
5 崔凡述, 「간행사」, 『한용운전집』 제1권, 신구문화사, 1973, 2쪽.
6 朴洸, 앞의 글.
7 당시 필자 등은 학생 신분이어서 유고 정리와 편집을 담당하기로 결정하였다.

가 결성되었다. 그리고 일체의 원고의 수집과 정리는 고대문학회 회원들이 맡기로 약정하였다.

이에 同年 8월 초, 최범술과 박노준·이화형·필자 등은 유고 보따리를 들고 慶南 泗川郡 昆明面 소재의 多率寺에 내려가 유고 및 신문 스크랩 등을 원고지로 옮기기 시작하였다.[8] 한편 서울의 임종국과 고대문학회 회원인 이기서·정진규(『현대시학』 주간), 변영림(가사) 등은 고대·연대·국립도서관 등에서 만해의 글을 찾아 정리하였다. 이렇게 하여 多率寺 팀은 2학기 개강 관계로 8월 말경 일단 정리를 끝내고 귀경하였고, 서울 팀도 합류하여 보니 대략 전체 원고의 ⅔가량이 완성을 보게 되었다. 그러나 9월 개학 후에도 나머지 자료 탐색과 원고정리를 계속하여 같은 해 연말경 전집 원고는 거의 완료가 되었다. 그리하여 1959년 초, 이미 『李箱全集』을 간행한 바 있는 林鍾國이 구체적인 편집에 들어가 대략 10여 권에 이르는 규모로 전집 편집을 완료하였다. 곧이어 通文館 主 李謙魯와 전집 간행의 구두 계약을 완료한 바 있었으나, 끝내 성사되지는 못하였다. 결국 전집 간행 착수 1년여 만에 모든 일은 완료하게 된 것이다.

그러나 그 후 전집 간행은 일을 주도하였던 최범술의 개인적인 가정문제가 전집 원고에까지 영향을 미쳐,[9] 원고 전체가 한때 행방불명, 일부 유실되는 등 우여곡절을 겪게 되었다.[10] 그러는 동안 우리는 최범술과 관계를 유지하면서 전집 간행을 촉구하였으나 여의치 못하였고, 마침내 10년이 경과한 1970년 초에 이르러서야 전집 간행의 가능성이 이루어져, 그동안 해체되다시피 했던 제3차 韓龍雲全集 刊行委員會가 열렸던 바, 이때의 위원은 최범술·민동선·김관호·문후근·이철우·박노준·이화형·조위규·필자 등이었다.[11] 그리하여 곧

8 현지에서 서정기(고려대 사학과)가 합류하였다(朴洸, 앞의 글, 2쪽).

9 여기에 대한 사항은 개인의 가정 사정이어서 상술을 생략한다.

10 그런 중에도 최범술은 다른 인원을 계속 동원하면서 유실된 원고의 보완과 재정리에 노력하였다.

新丘文化社와 계약을 맺고, 1973년 6월 6권으로 된 전집이 비로소 탄생을 보게 되었다.[12] 이렇게 되어 만해 사후 29년 만에 전집이 출간되었고, 이때부터 만해연구가 한층 활기를 띠게 되면서 萬海學 성립의 토대가 마련되었던 것이다.

3) 만해 연구사 개관

(1) 일반적 관심의 시기(1940~1950년대)

만해가 세상을 떠난 1944년을 전후한 1940년대와 1950년대의 만해에 관한 글은 대체로 讀後感, 人物評, 追悼文, 感想文들이 대부분으로 일반적 관심 수준이어서 연구에 해당할 만한 것이 없었다. 그래서 현재 조사된 바로는 1926년 『님의 沈默』이 간행된 직후, 같은해에 柳光烈이나 朱耀翰이 《시대일보》나 《동아일보》에 각각 쓴 시집에 대한 독후감 2편 등을 포함하여 이 시기에 발표된 글은 모두 21편에 지나지 않는다.

그 중에 추도문에 해당하는 것으로 만해의 大朞를 맞아 쓴 최범술의 추도문(『신생』 5호, 1946)과 장도환의 묘소 참배문(『신생』 5호, 1946)이 있고, 인물평으로는 조영암이 만해의 문학과 생애를 짤막하게 말한 글(『자유세계』 1권 1호, 1952)과 조지훈의 2편, 즉 "한용운 선생"(『신천지』 9권 10호, 1954)과 "한용운론"(『사조』 1권 1호, 1958) 등, 그리고 홍효민의 "만해 한용운론"(『현대문학』 통권 56호, 1959)이 있다. 일찍이 만해가 아무도 돌보지 않던 독립투사 一松 金東三 선생의 유해를 모셔 尋牛莊에서 영결할 때, 어린 나이에 부친 趙憲泳과 함께

11 崔凡述, 앞의 글. 이 때 趙芝薰은 작고(1968)하여 빠지게 되었다. 또 간행위원 중 직접 관련이 없는 인사들이 포함되었는데, 이는 최범술의 의도였다.

12 전집의 편집위원 10여 명은 일부 자료의 보완과 해설에 참여한 인사, 학계·문단의 저명인사들로서, 출판사 측에서 위촉한 것으로 보인다.

참여하였던 조지훈인지라, 일찍부터 만해에 대한 관심이 컸던 것으로 보인다. 조지훈은 이들 인물론에서 만해가 詩人·志士·佛教人으로서 한 점의 흠도 없는 전인적 인물임을 말하고 있다. 한편 이 시기 만해의 시와 시인적 측면에 대하여는 趙演鉉이 『現代文學』에 연재하던 "한국현대문학사" 제26회에서 논한 바 있고,(『현대문학』 통권 32호) 정태용이 "한국현대시인연구"(『현대문학』 통권 29호)에서 만해를 다룬 바 있다.

이 시기는 비록 20년이 넘는 기간이기는 하나, 8·15해방과 6·25동란이라는 국가적 대변이 있었고, 일제 말 문학의 암흑기 이후 학계나 문단이 제대로 자리잡기 이전이어서, 만해에 대한 학문적·문학적 관심 또한 영성할 수밖에 없었다. 누락된 것까지를 계산하면, 그 수는 더 많을 것으로 생각된다.

(2) 본격적 연구의 시발(1960년대)

이 시기, 1960년대는 본격적 연구가 비롯되면서 萬海學의 기초를 세운 기간이었다. 이렇게 볼 수 있는 것은 최초의 만해연구 단행본인 박노준과 인권환의 『韓龍雲研究』(通文館, 1960)가 간행되었고, 송욱의 심도 있는 만해시 연구가 계속되었을 뿐 아니라, 김학동·김윤식·신동문·최원규·고은·김우종·백낙청·김현 등 신진 평론가들의 만해시에 대한 다양한 접근이 활발하게 시도된 때문이었다.

먼저 『한용운연구』를 출간한 두 사람은 당시 대학 재학생이었지만, 앞 2)항에서 기술한 바와 같이 1958년에 한용운전집 편찬에 가담하여 이미 만해의 발표·미발표를 망라한 모든 업적을 독파한 터였다. 또 이러한 과정에서 만해의 친구·제자들로부터 많은 정보·일화 등 제반 새로운 자료를 입수·소화한 터여서, 전집이 미간된 당시의 상황에서 매우 유리한 조건을 지니고 있었다. 특히 1960년 이전의 萬海研究가 3)-(1)항에서 보듯 연구란 이름에 값할만한 것이 없어 두 사람의 용기를 자극하기에 충분하였다. 특히 이 과정에서 알게 된 만해의 위대성에 비하여 너무도 세상에 알려진 바가 미미하다는 점에서 만해의 한 부면이 아닌, 모든 면에서의 연구를 의욕적으로 시도하게 된 것이다. 그리하여 학부 3학년이었던 1958년 겨울 방학을 이용, 집필에 들어가 1959년 10월경 원고지 1,600장 분량을 탈고하였다. 그리고 1960년 10월 통문관 간행으로 "생애 · 사상 · 학문", "불교에 관한 연구", "문학에 관한 연구"(시 · 소설), "독립 투쟁에 관한 연구", "일화를 통해 본 인간 만해" 등 5편, 국판 391페이지의 연구서가 출간되었던 것이다. 그러나 자료상의 강점에도 불구하고 학부 4년생이란 年齒로 인하여, 서술상의 미숙과 서투름, 고증상의 문제들이 없을 수 없어, 당시 저자들의 스승인 조지훈의 교열을 받은 바 있다.[13] 그러나 최초의 만해에 관한 종합 연구서라는 점에서 당시, 또는 그 이후의 연구에 기여한 바는 적지 않았다.

이 시기, 또는 그 이후의 만해시 연구에 새로운 장을 연 글은 송욱의 "유미적 초월과 혁명적 我空"(『사상계』 117호, 1963)이었다. 시인이자 영문학자였던 그는 "만해 한용운과 R. 타고르"라 부제를 단 위의 글에서 타고르의 시집 『園丁』과 만해의 『님의 沈默』을 비교하고 있는데, 이 글은 1970년 그의 『詩學評傳』에 재수록되면서 더욱 주목을 받았다. 그는 위의 글에서 "사색과 명상에 잠겨 생명의 기쁨을 노래한 타고르와는 달리, 만해는 我空과 혁명 속을 자유롭게 갈마들며 민족과 종교와 문학에 몸을 바친, 우리가 보기에는 救世의 대영웅이었다"[14]고 하면서, 『님의 沈默』의 가치를 첫째, 우리 신문학사에서 가장 높고 넓으며 깊은 인간성을 표현한 작품, 둘째, 현재 이 나라에서 시로서 표방되는 것보다 훨씬 더 높고 절실한 '시'를 싱싱하게 담고 있다[15]고 하여, 만해시가 시문학사적으로 그 비중이 매우 큼을 말하

13 조지훈은 저자들의 교열 요청을 흔쾌히 수용, 약 1개월에 걸친 정독을 통해 오류를 지적하고, 문장을 수정토록 하였으며, 약 100매의 원고를 삭제토록 하였다.

14 송욱, 『詩學評傳』, 일조각, 1970, 321쪽.

고 있다. 끝으로 “나는 다음과 같은 시가 있는 나라에서 시인이 된 것을 행복하게 생각한다”[16]고 하며, 만해의 시 <讚頌> 전문을 인용하고 나서, “만해의 조국애는 이처럼 깊고 넓은 종교와 사회정의, 그리고 새로운 생명의 창조를 노리는 공변된 것이다. 불교의 ‘寂滅’은 만해에서 역사적 생명이 약동하는 바탕이 될 수 있었다”[17]고 끝을 맺고 있다. 결국 송욱의 이 글은 만해시에 대한 최초의 본격적인 비교문학적 연구임과 동시에 역사와 종교, 인간과 사회적 측면에서 만해시의 본질적인 면을 심도 있게 천착한 연구사적 의의가 큰 이 시기의 글로 평가된다.

뒤이어 이 시기의 신진 시인, 평론가들에 의하여 만해에 대한 직·간접적인 시론, 시인론, 시문학사적론 등의 업적이 나왔다. 여기에는 김학동, 「현대시인논고－만해 한용운의 시문학사적 위치 1·2」(『동양문화』 4, 5집, 대구대, 1965, 1966), 김윤식 「소월·만해·육사론」(『사상계』 160호, 1966), 최원규 「한용운 시의 이해」(『충남대 대학원 논문집』 2집, 1969), 고은 「한용운론」(『월간문학』 8호, 1969), 김우종 「한용운론」(『현대시학』 1권 5호, 1969), 백낙청 「시민문학론」(『창작과 비평』 14호, 1969), 김현 「여성주의의 승리」(『현대문학』 178호, 1969) 등을 들 수 있다.[18] 이 외에 서정주의 「만해 한용운 선사」(『사상계』 113호, 1962), 조지훈의 「한국의 민족시인 한용운」(『사상계』 115호, 1966)이 나온 것도 이때였다. 또 임종국과 박노준은 『서울신문』의 한국의 기인들을 다룬 「흘러간 성좌」를 통하여 14회(1965년 2월)에 걸친 일화 중심의 만해론을 펼쳐 만해 연구에 일조하였다. 그리고 이 시기에 간행되거나 발표된 만해 관련 저서나 글들은 대략 50여 편을 헤아린다.

15 송욱, 위의 책, 296쪽.
16 송욱, 위의 책, 322쪽.
17 송욱, 위의 책, 322쪽.
18 이 외에도 더 있으나, 주로 계속 활동한 기성 평론가, 그리고 교지나 신문 등을 제외한, 이 방면에서 인정받는 收錄誌분을 대상으로 하였다.

(3) 영역의 확대와 연구의 심화(1970년대)

이 시기는 1940년대 이래의 萬海에 대한 일반적 학적 관심이 크게 확대되어 문단과 학계의 중심 과제로 부상한 시기다. 그것은 연구와 연구자의 폭발적 증가가 단적으로 말해준다. 이 시기에 발표된 글이 160여 편, 새로 연구에 참여한 이만도 100여 명에 이른다. 이러한 만해 연구 활성화의 가장 큰 動因은 1973년 『韓龍雲全集』의 간행이었다. 당시까지 詩集 이외에 이렇다 할 자료가 없던 터에 6권의 전집 간행은 연구의 활기를 일으키기에 족하였다. 여기에 1970년대에 들어와 문단의 확장과 대학 문학강좌의 증설, 대학원 학위논문의 증가 등, 연구 여건의 향상이 맞물린 결과였다. 그리고 이 시기 연구의 가장 두드러진 면은 연구 영역의 확대와 이에 따른 연구의 심화였다.

전 시기에 이어 시에 관련된 연구 영역은 기존 논자들에 새로운 연구자들이 가담하면서 더욱 활기를 띠었는데, 만해 연구 모든 영역 중 가장 관심의 집중도가 큰 것이 이 영역임은 전 연구사를 통하여 동일하게 나타난다. 이 시기 이 영역에서 가장 특기할 사항은 송욱의 『全篇解說 님의 沈默』(과학사, 1974)이었다. 전 시기부터 만해시에 남다른 관심을 경주해 온 송욱은 국판의 본문만 444페이지에 이르는 이 책에서 만해시 88편 전편을 대상으로 매 행을 따로따로 분리 해설하는 등 만해시의 총체적 탐구에 총력을 다하고 있다. 또 그는 "『님의 沈默』의 텍스트와 板本", "『님의 沈默』과 禪思想", "『님의 沈默』의 構造" 등 3편의 논설을 앞뒤에 붙여 단순한 해설서의 범위를 넘고 있다. 여기서 그는 만해시를 깨달음의 경지를 詩로 드러낸 사랑의 證道歌로서, 禪의 세계를 처음으로 인간화·역사화·현대화·보편화한 작품으로 평가하고 있다. 또 역사상 처음으로 20세기에 母國語로 된 石窟庵과 같은 예술품으로 평가하면서, 서양과 인도에도 없고 중국·일본·우리나라에만 있는 禪, 20세기 중국이나 일본에 나타나지 않은 大禪師가 모국어로 쓴 證道의 詩集으로 "세계문학사에서 유일무이의 존재"[19]라 말하고 있다.

한편 이 시기 시의 연구 영역은 일반적인 시론·시인론의 차원을 넘어 다양한 측면으로 진전되었다. 즉 주제·사상론과 이에 결부된 "님"의 정체에 대한 문제, 詩史的·思潮史的 문제, 개별 작품론, 장르·문체·표현론, 소재론 등이 그 중심을 이루었다. 그리고 이 때 이와 같은 면에서 중요 업적을 내어 만해시 연구의 기틀을 다진 이들로는 신석정·이원섭·정한모·문덕수·김장호·김열규·김우창·박요순·김용직·조재훈·이명재·송혁·석지현·윤재근·송재갑·임중빈·허미자·장백일·임헌영·오세영·염무웅·김재홍·최동호 등을 들 수 있다.[20] 이들은 모두 문단의 원로·중진·신진들로서, 모두 1~2편 이상의 업적들을 남기고 있어 이 시기 만해시 연구의 높은 열기를 말해주고 있다. 그리고 이 외에 만해의 時調와 漢詩에 대한 학적 관심도 김종균·한춘섭 등에 의하여 이루어져 그 진폭을 넓혔다.

이 시기, 시 이외 영역에 대한 업적들로 만해소설에 대한 연구, 불교 등 만해의 사상에 대한 연구, 독립운동과 애국지사적 연구, 그리고 그의 전 생애에 걸친 인물·傳記的 연구들을 들 수 있다. 소설 관계로 백철 「시인 한용운의 소설」(『한용운전집』 5, 1973), 김우창 「한용운의 소설」(『문학과 지성』 17호, 1974), 이명재 「만해소설고」(『국어국문학』 70호, 1976)가 있고, 사상 관계로 정현종 「불교인으로서의 만해」(『나라사랑』 2호, 1971), 서경보 「한용운과 불교사상」(『문학사상』 4호, 1973), 조명기 「만해 한용운의 저서와 불교사상」(『한용운전집』 3, 1973), 홍이섭 「한용운과 불교사상」(『문학과 지성』 14호, 1973), 최범술 「한용운 선생의 사상」(『불광』 41호, 1978), 조동일 「한용운」(『한국문학사상사시론』, 1978), 목정배 「만해의 평화사상」(『불교학보』 15

---

19 송욱, 『全篇解說 님의 沈默』, 과학사, 1973, 서문~4쪽.

20 이들 업적들의 상세한 면은 지면 제약으로 생략함. 앞의 주 2)의 "연구목록" 참조.

집, 1978), 이양순 「한용운의 사회사상에 관한 연구」(이화여대 대학원, 1978), 안병직 「조선불교유신론의 분석」(『창작과 비평』 14권 2호, 1979) 등이 있으며, 독립지사적 관계로 안중식 「만해 한용운의 독립사상」(『창작과 비평』 5권 4호, 1970), 정광호 「민족적 애국지사로 본 만해」(『나라사랑』 2집, 1971) 등이 있다. 특히 이 시기에 韓龍雲의 傳記가 단행본으로 나와 이채를 띠는데, 문덕수 『한용운의 생애와 문학』(을유문고 141, 1974), 임중빈 『한용운 일대기』(정음사, 1974), 고은 『한용운 평전』(민음사, 1975), 조종현 『만해 한용운』(현암사, 1975) 등이 그것이다.

끝으로 이 시기 만해 연구의 열기를 주도하고, 그 학문적 관심의 척도를 보여주는 예로 각 문예지와 전문지 등의 萬海研究 특집호 발간과, 만해를 다룬 碩·博士論文이 다수 출현한 사실을 빼놓을 수 없다. 먼저 특집 관계를 순서대로 보면, 1971년 외솔회의 『나라사랑』 2집에서 시인·지사·불교인 등의 측면에서 모두 9명의 필자를 동원하고 있는데, 이 중 만해의 유일한 혈육인 한영숙의 「아버지 만해의 추억」이 이채롭다. 다음 1973년 『文學思想』은 통권 4호에서 6명의 필자를 동원, 역시 특집으로 다루고 있는 바, 김우창의 「궁핍한 시대의 시인」이 주목되는 글로 평가된다. 또 1978년 『佛光』 41호에서 6명이 만해의 시·사상·소설을 다루고 있는데, 만해의 제자였던 최범술의 「한용운 선생의 사상」이 유의할 만하다. 1978년에는 『文藝中央』 가을호에 4명이 집중 집필하고 있는 바, 김현의 「만해, 그 영원한 이별의 미학」이, 1979년 『창작과 비평』 14권 2호의 2편 중, 김흥규의 「님의 소재와 진정한 역사」가, 그리고 같은 해 『文學思想』 통권 80호의 3편 중, 김열규의 「『님의 沈默』에 대한 해석학적 접근」 등은 연구사적 의의가 큰 업적들로 평가된다. 또 이 시기 만해연구는 대학의 학위논문으로도 다수 나타나기 시작하는데, 1974년 최동호의 석사논문인 시적 변모를 중심으로 한 「만해 한용운 연구」를 비롯, 1978년 이인복의 박사논문으로 만해를 소월과 비교 연구한 「한국문학에 나타난 죽음의

식」 등 10여 편이 나와 만해연구의 깊이를 더하였고, 강용흘에 의한 최초의 영역시집 『Meditation of the lover』(1970)가 나온 것도 이 때였다.

(4) 방법론의 다양화와 萬海學의 定立(1980~1990년대)

이 시기는 기존 연구자들의 계속적인 연구, 다수 신진 학자들의 등장, 그리고 연구 방법론의 다양화와 이에 따른 연구 업적의 엄청난 증가로, 萬海學이 하나의 學으로서 정립되는 바탕을 확고히 한 기간이다.

특히 이 시기 벽두, 1980년에 '萬海思想硏究會'가 결성되고, 같은 해에 『韓龍雲思想硏究』 1집, 1981년에 2집이 출간되었던 바, 이는 새로운 만해연구의 출발을 예고하는 의의 있는 일이었다. 1집은 1부에서 만해 연구의 기존 논문 16편을 발췌 수록하고 있고, 2부는 <연구논저 발표연대별 총목록>이 수록되어 있는데, 이는 최초의 방대한 논저목록으로서 그 의의가 매우 컸다. 전보삼에 의하여 이루어진 이 목록에는 1926년 5월부터 1979년 12월까지 발표된 단행본·논문·계간지·월간지·대학교지·주간지·일간지·기타로 분류된 총 296편의 목록이 연대별로 수록되어 있어,[21] 연구자들이 빼놓을 수 없는 자료가 되고 있다. 또 2집에는 제1부에 논문 12편이 수록되어 있다. 이 중 인권환 「한용운 소설연구의 문제점과 과제」, 김용덕 「『님의 沈默』 異本考」 외 수 편은 新稿들이다. 제2부는 전집에 빠진 만해의 글 18편이 거두어지고 있는 바, 새로운 자료로서 의의가 매우 커서 이 작업을 수행한 전보삼의 노력은 매우 값진 것이라 할 수 있다. 또 1980년 동국대 한국문학연구소에서 만해 관계 학술회의를 개최하여 박항식(시조), 김장호(시), 이병주(한시), 구인환(소설) 등의 발표가 있었던

21 萬海思想硏究會 편, 『韓龍雲思想硏究』 1집, 민족사, 1980, 382~393쪽.

것도 특기할 만하다.

다음으로 이 시기에 주목되는 바는 기존 연구자들의 지속적인 활약과 함께 많은 새로운 연구자들이 등장하고 있는 점이다. 특히 대학원의 석·박사 논문으로 나온 이들을 들 수 있는데, 박사논문 17편, 석사논문 56편이 만해 연구라는 점에서, 그 관심도를 잘 보여주고 있다.[22] 지면상 박사에 한하여 필자와 수여대학·연도를 보면, 김재홍(서울대, 1982), 김현자(이대, 1982), 신상철(동아대, 1983), 윤재근(경희대, 1984), 유근조(단국대, 1984), 김영석(경희대, 1984), 김영민(연세대, 1986), 채수영(경기대, 1987), 김영호(숭실대, 1988), 김선학(동국대, 1990), 고재석(동국대, 1990), 윤석성(동국대, 1991), 허탁(부산대, 1991), 김광길(경기대, 1991), 신달자(숙명여대, 1992), 염창권(교원대, 1994), 최태호(외국어대, 1994) 등을 들 수 있다.[23] 이 중 김재홍의 논문을 대표적으로 들어보면, "기초적 고찰"에서 만해 저작의 문체·문학관·『님의 沈默』 書誌考를, "장르적 접근"에서는 漢詩의 검토, 시조의 형식과 은유, 시 세계의 특징, 『님의 沈默』론, 소설론을, "구조의 분석"에서는 시형의 분석, 聯의 형태, 시의 구조, 이미지 유형, 은유론, 역설의 구조, 표현적 특성을, "문학적 연구"에서는 만해시와 전통시, 당시대 시와의 관련, 만해 문학의 문학사적 위치를 치밀하게 고찰하고 있다. 이러한 연구 내용은 모든 장르를 망라한 만해 문학을 총체적으로 다루고 있는 점, 문학 본질적 연구방법론을 다양하게 적용, 치밀한 연구를 시도하고 있는 점, 전통시·당대시·후대시들과의 관련 하에서 문학사적 고찰을 폭넓게 하고 있는 점 등에서 매우 두드러진 업적으로 평가된다. 그리고 연구사적 견지에서 만해 문학만을 종합적으

22 이상의 통계는 목록에서 학위논문이라 명기된 것만을 대상으로 하였다. 따라서 『대학원 논문집』 등에 발표된 것과 누락된 것까지를 계산하면, 그 수는 더 많을 것으로 생각된다.

23 이상은 1994년까지의 학위이기에, 그 이후 1999년 전반기에 이르는 약 5년 동안의 논문은 제외되었다. 또 만해를 부분적 측면만을 다룬 경우도 포함시키지 않았다.

로 연구한 최초의 단행본이란 의의도 크다.[24]

이 시기 만해 연구의 또 다른 특징은 다양한 인접학문과 서구 문예이론적 방법론의 등장이다. 이미 이전 시기부터 비롯된 이러한 현상은 이 시기에 이르러 더욱 다채로워지면서 만해 연구 또한 세분화되고 심화되어 갔다. 서지학·심리학·언어학·신화학·기호학·정신분석학·구조주의·비교문학·수사학·철학·종교학·국어학적 연구 등을 들 수 있는데, 여기서 다시 학적 방법론은 미학적·존재론적·변증법적인 문제로, 종교학은 불교는 물론 道家的 방법까지 나타난다. 불교는 또 唯識學·華嚴學·禪學·中觀論·圓佛的 측면 등으로 다변화되어 갔고, 국어학에 있어서는 意味論·語彙論·表記法, 그리고 국어교육학적인 방법까지 등장하였다. 이처럼 이 시기에 이르러 절정에 이르는 방법론의 다양화는 萬海學의 진폭의 확대와 심화에 기여한 바 컸다.

또 이 시기 연구에서 두드러지게 부각된 문제는 만해와 국내 시인, 또는 외국 시인들과의 비교 연구를 들 수 있다. 국내 시인으로는 素月과의 비교가 가장 많이 나타나며, 그 외 陸史·李箱·芝溶, 그리고 夕汀·芝薰·金顯承과의 비교도 시도되고 있다. 외국인의 경우로는 타고르의 경우가 가장 많은 가운데, 휘트먼·릴케와도 비교되어 이채를 띠고 있다. 그리고 시에 비하여 관심도가 낮았던 만해의 時調·漢詩·小說에 대하여 비교적 많은 업적이 나왔는데, 시조의 경우 장미라(1980)·박항식(1980)·김재홍(1981), 한시의 경우 이병주(1980)·박원길(1988)·김미선(1989)·최태호(1992), 소설의 경우 인권환(1981)·김동길(1984)·김미애(1991)·김용범(1991) 등이 여기에 해당한다.

이 시기의 연구는 1980년에서 1994년까지 14년간 지속되었다. 이 동안 발표된 저서와 논문은 모두 144편에 이르고, 앞서 말한 바와 같이, 석·박사논문이 그 절반인 71편에 이르는 대신, 만해에 대한 단

24 同 論文은 같은 해 一志社에서 단행본으로 간행되었다.

독 연구의 단행본이 영성한 편이라는 점이 특징을 이룬다. 1994년 이후의 업적이 조사 미비로 논의에서 빠진 것이 못내 아쉬우나 일단 여기서 마무리하기로 한다.

4) 연구사적 反省과 그 전망적 과제

이상에서 제한된 지면상 간략하게 연구사를 개관하여 보았다. 이를 통하여 제기되는 연구사적 반성과 그 전망적 과제를 차례로 살피기로 한다.

첫째, 50여 년간의 연구사, 400편이 넘는 논저, 200명이 넘는 연구 참여자라는 길고 많은 연구 연륜, 업적, 연구인을 헤아림에도 불구하고, 아직 본격적인 研究書가 많이 나오지 않고 있다는 점이다. 1960년 박노준·인권환의 종합 연구서에 해당할 『韓龍雲研究』, 1982년 김재홍의 만해문학 종합연구서인 『韓龍雲文學研究』, 1984년 『님의 沈默』을 종합적으로 연구한 윤재근의 『님의 沈默 연구』, 1988년 한용운과 휘트먼의 문학사상을 비교 연구한 김영호의 『한용운과 휘트먼의 문학사상』, 1996년 최동호의 만해시의 이해·감상을 위주로 한 『한용운』, 그리고 평론을 곁들인 시 해설서인 1974년 송욱의 『全篇解說 님의 沈默』 등 외에는 수종의 문고판 解說書·傳記集類가 있을 뿐이다. 1980년대부터 나오기 시작한 박사논문이 저서로 나왔을 듯한데, 조사의 한계 때문인지 아직 파악되지 않고 있다. 이러한 현상은 관심은 많으나 좀 더 집약적이고 체계적이며 지속적인 만해 연구자가 드물다는 증좌다. 이것은 그 많은 글들과 연구자들의 업적이 분산된 채, 일회적이거나 단편적인 관심만으로 끝났다는 사실을 말하며, 만해학의 공고한 기반 형성에 문제가 될 수 있다는 점에서 반성해야 할 과제다. 이런 점에서 우선 지금까지의 연구를 중심으로 기존 연구를 분류·체계화한 萬海研究叢書나 萬海研究全集을 기획해 볼만한 일이다.

둘째, 만해 연구에 있어 문제되는 爭點들이 이의제기 상태에서 답보하고 있다는 점이다. "님"의 정체는 무엇인가. 만해의 시는 禪詩인가 아닌가. 선시라면 고려·조선시대 고승들의 선시와 맥락이 닿는가, 그렇지 않은가. 만해의 漢詩와 한글시는 같은가 다른가. 다르다면 왜, 어떻게 다른가. 詩人·佛敎人·獨立志士로서의 만해는 각각 다른가, 하나로 통합되는가. 통합된다면 어느 면이 중심이며, 그 底邊을 이루는가. 만해의 독립선언서 公約 三章 添記는 사실인가 아닌가. 만해는 元曉에 비견될만한 高僧인가, 실패·破戒한 佛敎維新論者일 뿐인가. 물론 연구의 완벽한 결론 도출은 어렵다. 그러나 이들 쟁점들에 대한 논의가 활발히 전개되어야 만해학은 살아있는 "學"으로, 그리고 그 뿌리와 기반을 단단하게 넓힐 수 있게 될 것이다.

셋째, 지금까지 주로 만해시 연구에 동원된 다양한 방법론들은 모두 타당한가. 그렇다면 그 얻은 결과의 객관성은 인정되는가. 무분별하고, 서투르며, 잘 소화되지 않은 이들 서구 방법론들이 가져다 주는 문제점은 없는가. 또 지금까지 논자들은 韓龍雲思想이란 용어를 많이 써왔다. 이것은 佛敎思想인가, 文學思想인가, 獨立思想인가. 그 개념과 내용은 각각 무엇인가. 또 이들을 통합한 한용운사상은 존재하는가. 그렇다면 그것은 어떤 사상인가. 또 만해가 스스로 말한 佛敎的 社會主義란 어떤 것인가. 앞으로의 심도 있는 논의가 요청된다.

넷째, 지금까지 불완전하거나 소홀히 다루어진 영역은 없는가. 傳記와 小說 영역이 그런 것으로 판단된다. 지금까지 나온 傳記는 일화가 많고, 실증성이 약하다. 한 예로 萬海가 1908년 30세 때 일본을 유람하며 曹洞宗大學校(現 駒澤大學)의 야스다(淺田) 교수와 교류한 상세한 사실과, 그 때 남긴 11편의 漢詩는 어떤 의미가 있는가. 소설의 경우 다양한 연구가 되어 있지 않고, 대체로 해석이 분분하고 작품적 가치를 낮게 평가하고 있는 것이 일반적 경향이다. 좀 더 정밀한 고찰이 요구된다.

다섯째, 만해문학에 대한 汎東洋的·世界文學的 차원에서의 연구가 요청된다. 그의 시가 많이 번역되고, 외국인 연구자가 증가하는 추세여서 이 점을 유의하지 않으면 안 된다. 송욱이 만해를 "세계문학사에서 유일무이한 존재"라 한 말은 아직도 유효한가 구체적으로 밝혀야 할 것이다.

여섯째, 끝으로 완벽한 研究目錄의 작성과 여기에 근거한 자세한 연구사가 아직 안 되어 있다. 이를 위하여 지금까지 조사된 목록을 다시 검증하고, 누락분을 찾아내야 할 것이며, 연구사도 영역별·문제별 분류가 요청된다. 그리하여 이를 다시 통합하는 거시적 연구사가 이루어져야 할 것이다. 연구사의 비판적 검증을 토대로 새롭고 독창적인 연구가 가능하다는 점에서 이 작업은 매우 긴요한 일이 아닐 수 없다.

끝으로 제한된 지면에 다룬 연구사이기에 좋은 업적들을 모두 상세히 소개하지 못한 점과, 본의 아니게 누락된 연구자가 있을 것으로 생각되어 송구함을 금할 길이 없다. 앞으로 보완할 것을 약속한다.

–「제1회 만해학 국제학술회의 발표논문집」, 『만해축전』, 만해사상실천선양회, 1999.

2. 萬海詩에 있어 法身의 현현과 보살정신

1) 서언

1999년 제1회 <만해축전> 학술대회에서 필자는 「萬海學의 전개와 그 전망적 과제」란 제목의 발표를 한 바 있었다.[1] 그때 본인 발표의 "논평"을 담당했던 吳世榮은 논평의 끝에 萬海詩 연구과제로 다섯 가지의 문제를 제기했었다. 모두 중요한 과제들이었지만, 특히 다음의 두 가지는, 평소 古典禪詩 연구에 관심을 두어 오던 필자로서는 매우 큰 관심을 갖지 않을 수 없었다. 즉,

> ① 만해시의 불교적 의미가 보다 구체적으로 논의되어야 하겠다. 가령, 佛教文學으로서의 가능성, 禪詩와의 관계 등,
> ② 만해시가 선시라면 그것이 어떻게 사회참여, 혹은 저항문학으로서의 기능과 관련될 수 있는지의 해명[2]

이 바로 그것이었는데, 이 두 가지 문제는 만해시 본질의 이해에 빠질 수 없는 기본과제라 할만 했기 때문이다.

그러나 필자는 전공상 古典佛教文學, 그 중에도 高麗時代 禪詩에 관심을 집중하다보니 미처 만해시까지 연구할 여력이 없는 채 지내왔다.

이상 두 가지 문제에 대하여는 그 후 만해시 연구자들에 의해 다양하게 다루어져 왔다.[3] 대체로 萬海研究의 기존 연구사를 통관할 때 『님

---

[1] 인권환, 「현대시의 반성과 만해문학의 국제적 인식」, 『1999 · 만해축전』, 만해사상실천선양회, 162～178쪽.

[2] 위의 책, 211쪽.

[3] 그 동안 만해문학 연구에 대한 기존 연구의 전체적 내용은 김재홍의 「만해문학연구 어디까지 왔나」에 상세하다(『2004 만해축전 발표집』, 백담사 만해마을, 2004, 155～180쪽).

의 沈默』의 시인으로서의 만해 연구가 주류를 이루어 왔다. 그 외 불교人, 獨立志士로서의 만해 연구가 있지만, 좀 더 심화된 연구를 위하여는 시인 만해연구를 비켜가기는 어렵다. 그러다 보니, 위의 두 가지 문제에도 직·간접적으로 관련되지 않을 수 없다. 이 방면의 수많은 기존연구가 앞서 제기된 만해시의 두 가지 문제에 모범답안을 내놓았다고 볼 수는 없고, 또 어느 누구라도 모든 논자들에게 전적으로 공감할 결론적 해답을 제시하지는 못 하는 문제다. 그것은 만해시가 지니고 있는 형이상학적 심오함, 그리고 그 핵심어라 할 “님”이 가지는 多義性, 重義性이 근본적으로 간단하고 단정적인 접근을 불허하고 있기 때문이다. 이 글 역시 만해시의 본질적 문제에 대한 모색의 한 중간보고이다. 따라서 좀 더 심도 있는 천착은 더 많은 숙고를 기다려야 할 것 같다. 어쨌든 이 글은 앞서 말한대로 오세영이 제기한 두 가지 문제를 다루려는 목적으로 출발한다.

첫째, 만해시는 선시인가 아닌가. 그의 시를 선시라 할 때, 그의 漢詩와 국문시는 같은가 다른가. 그리고 선시로서의 만해시는 어떤 구체적인 의미를 갖는가. 또 그의 선적인 깨달음은 어떤 양상으로 시에 표현되어 있는가.

둘째, 그의 시를 선시라 한다면, 항상 논자들이 만해의 志士的 생애와 불굴의 志操와 관련지어 민족적 현실인식의 시, 나아가 저항시적 측면으로 보는 사실을 어떻게 평가할 것인가. 과연 그런 평가는 가능하며, 가능하다면 앞의 선시라는 측면과 어떻게 연관되며, 그리고 이 두 가지 측면은 만해시 속에 어떻게 조화되어 나타나는가.

이상 두 가지는 별개의 문제이기도 하면서 결국은 만해시의 본질적 이해라는 점에서는 일치한다. 이 글은 이상의 두 가지 문제를 동시에 다루고자 하며, 논의 과정에서 일부 高麗·朝鮮시대의 禪詩와 대비하고자 하는 바, 이는 萬海詩가 전통 불교시, 선시와 어떻게 접맥되는가를 살피는 의도에서 임을 말해둔다.

2) 만해시와 선시

萬海詩는 禪詩인가? 이 문제는 우선 선시의 개념과 종류의 해명과, 그간 만해시의 이 문제에 대하여 어떤 논의가 있어왔나를 살피는 것이 순서이다. 그러나 이 문제는 장황할 뿐 아니라, 굳이 여기서 상론할 필요를 느끼지 않는다. 따라서 여기서는 이에 대한 기존 논의를 짚고 넘어가는 것으로 대신하고자 한다.

우선 선시의 개념과 종류에 대하여는 杜松栢,[4] 印權煥,[5] 李鍾燦,[6] 李普吾[7]의 앞선 논의가 있었고, 최근에는 바로 만해시의 이 문제에 의문을 제기했던 吳世榮[8]의 상세한 논급이 있어 좋은 참고가 된다. 사실 작금의 문단에는 선시인으로 평가되는 시인들과 그들의 선적인 시가 다수 나왔고, 이에 대한 批評도 활발하다. 그러나 시단의 이런 경향에서 다소 혼란과 무리가 감지되는 상황이라 좀 더 냉정한 평가가 요구되는 문제인 것도 사실이다.

필자는 이에 대하여 詳論을 피하기로 했거니와, 만해시에 대한 선시적 평가를 목표로 하는 이 글로서 그 논리의 전개상 暫定的 假說이나마 전제하지 않을 수도 없다.

우선 필자는 "禪詩"와 "禪的 詩"(禪趣詩, 禪味詩 등이 이에 해당한다)로 양분하기로 한다. 사실 선시나 선적 시라 하더라도 "선"과 "시"의 본질적 同質性 때문에[9] 굳이 종교시니 비종교시니 하는 명시적 구분은 필요 없다는 것이 필자의 지론이다. 그럼에도 불구하고 선시, 또는 선적 시라 하여 "禪"이란 말을 앞세우는 것은 이 말이 불교에서 그 최고의 경지인 覺에 이르는 첩경이요, 다른 어느 종파에서 보다

---

4 杜松栢, 『禪與詩』 弘道書局, 1981; 『禪學與唐宋詩學』, 黎明文化事業公司, 1977.
5 印權煥, 『高麗時代 佛教詩의 硏究』, 高大 民族文化硏究所, 1983.
6 李鍾燦, 『韓國의 禪詩』, 고려편, 二友出版社, 1985.
7 李普吾, 『韓國佛教文學의 硏究』, 1997.
8 吳世榮, 「현대시와 불교의 영향」, 『2004 · 만해축전』, 389～391쪽.
9 印權煥, 주 5)의 책, 31～36쪽.

禪宗의 승려들에서 시인이 많이 배출된다는 역사적, 현실적 사실 때문이다.

우선 禪詩는 선종의 승려로서 오랫동안 선의 참구에 수행·정진하고 마침내 悟道詩를 쓰고, 꾸준히 시 창작을 한 선승의 시작품을 말한다. 그러나 이 경우 禪은 물론 教學에도 정통할 수 있고, 또, 비록 오도시를 남기지 않았다 하더라도, 출가하여 선에 오랫동안 수행정진하고 시를 쓰는 선승의 작품도 해당한다. 어쨌든 禪的 체험과 自覺을 바탕으로 하고 있는 이들의 작품을 禪詩로 보자는 것이다.

다음, 선적 시는 이상에서 말한 선승 외에 출가 승려로서 教學에 정통한 學僧이거나, 일반 시인으로서 선을 잘 이해하고 그 경향으로 보아 선적인 인식이나 불교적 인생관 세계관을 지닌 禪詩風의 작품을 일관성 있게 발표하는 이들의 작품이 해당한다. 어디까지나 선시와 그 맥을 같이 하고 있으나, 禪味를 지닌, 禪的 趣向 내지 선적 경향의 작품일 뿐, 作者가 선승도 아니며 悟道의 체험도 없고, 선적인 체험과 自覺을 바탕으로 하고 있지 않은 작품이 여기에 속한다.

이상 필자의 선시 양분론은 비록 이글의 전개를 위한 잠정적인 것이라 하더라도 많은 문제점이 제기됨은 물론이다. 위 禪詩의 경우, 해당하는 선승이 쓴 시이면 모두 선시인가. 그 바탕이 된다는 "禪的自覺" 여부를 어떻게 판별해낼 것인가. 또 선적 시의 경우에도 작자의 선에 대한 이해나 경험의 유무를 어떻게 작품평가에 연계할 것인가, 그리고 禪趣나 禪味를 여타 일반시의 정서나 정취와 어떻게 변별해낼 것인가 등의 문제가 그것인데, 이들 문제와더불어 선시의 명확한 개념과 세분된 분류는 좀 더 심화된 논의와 검증을 거친 별고에서 기대해야 될 것 같다.

3) 만해시의 전통시적 맥락

필자는 만해는 禪僧이며 만해시는 禪詩라는 전제 하에 논의를 시작한다. 만해가 禪敎兼修의 선승이라는 사실은 그의 수행이나 불교적 학문, 그리고 그의 시나 논설을 통하여 躍如히 들어나는 사실로 이미 학계에 주지된 바와 같아 새삼스런 언급이 불필요하다. 특히 만해가 1917년 12월 3일 밤 10시경 좌선 중, 홀연히 무엇이 바람에 맞아 떨어지는 소리를 듣고 疑情이 단번에 풀렸다는 悟道頌이 이를 단적으로 말해준다.

男兒到處是故鄕 남자가 이르는 곳 모두가 고향인데
幾人長在客愁中 얼마나 많은 이들 나그네 시름 속에 있는가
一聲喝破三千界 한 소리 크게 질러 삼천계를 뒤흔드니
雪裡桃花片片紅 눈발 속에 복사꽃이 조각조각 붉구나.[10]

굳이 잘 알려진 오도송을 든 것은 고려시대 禪詩와 대비코자 함이다. 만해의 오도송의 핵심어는 "故鄕"이다. 그런데 전통적으로 선시에 나오는 "故鄕"의 의미는 첫째로, 佛性, 眞如로 표현되는 깨달음의 세계를 말한다. 따라서 客愁에 젖어있는 나그네는 無明의 중생들이다. 그러니까 만해의 오도시는 깨달음의 경지를 나타내면서 無明을 떨치고 빨리 깨달으라는 준엄한 사자후도 담고 있는 셈이다. 고려시대 冲止(1226~1292)와 慧勤(1320~1377)의 시들은 그 맥락을 같이 한다.

審雨堂前天地闊 심우장 앞 천지는 끝없이 넓고
遊仙枕上歲年長 유선침 위 꾸는 꿈 길기도 하다
縱然客路猶堪樂 나그네 가는 길 즐겁다 한들
爭似催裝返故鄕 행장 챙겨 고향에 돌아감만 하리.[11]

10 『韓龍雲 全集』 一卷, 1972(역문은 필자).
11 冲止, 『圓鑑集』(영인본), 아세아 문화사, 1973, 111~112쪽.

人人錯步不還鄕 사람마다 길을 잃어 고향 가지 못하누나
山野慇懃又發揚 이 산승 간절히 일러두노니
忽憶念頭俱熱處 문득 생각머리 뜨거운 곳 다다르면
飜天覆地覺花香 천지를 뒤엎고 꽃향기 깨달으리.[12]

앞의 <示人>이란 慧勤의 시에서 "고향"과 "나그네"란 말의 관련은 만해의 오도송과 같이 佛性을 깨닫지 못하는 중생들의 허망한 방황을 의미한다. 따라서 고향을 찾고 고향에 돌아간다 함은 佛性의 자각, 眞如에의 회귀를 말한다. 다음 慧勤의 <示諸念佛人>의 경우도 마찬가지인데, 특히 만해시의 3, 4句와 혜근시의 3, 4句는 "꽃" 소재를 통하여 깨달음의 경지를 보여주고 있다는 점에서 거의 일치하고 있다.

둘째로 전통 禪詩에 있어 "故鄕"은 歸鄕, 또는 還鄕으로도 표현되는데, 이 경우 첫째의 경우와 마찬가지이면서도 구체적으로는 스님의 臨終 辭世를 나타낸다. 따라서 臨終偈나 涅槃詩에 주로 나타난다. 앞의 冲止의 임종게가 그 전형이다.

閱過行年六十七 돌아보매 세상살이 육십칠년에
乃到今朝萬事畢 오늘 아침 모든 일 다 마쳤네
故鄕歸路坦然平 고향으로 가는 길 평탄도 하고
路頭分明未曾失 또한 분명하니 헤매지 않으리
手中纔有一枚笻 더구나 손에는 지팡이 있거니
且喜途中脚不倦 도중에 다리 편함 또한 기쁘다.[13]

스님의 임종을 涅槃이라 표현하기도 하는 것처럼 不生不滅을 체득한 도인에게 죽음은 별 의미가 없다. 오히려 속인들의 歸鄕과 같은

12 慧勤, 「懶翁集」, 『韓國高僧集』, 고려시대 3, 佛教學會, 385쪽.
13 冲止, 주 10)의 책, 243~244쪽.

희열이 있다. 이처럼 임종을 귀향으로 나타낸 예는 고려말의 선승 景閑(1298~1375)의 경우도 같다.[14]

이상 만해의 오도송이 臨濟宗系 선승이었던 고려시대 선승들의 禪詩와 맥을 같이 하고 있는 사실은, 만해 역시 臨濟 宗風, 즉, 禪風을 잇는 禪僧임을 확고히 해주고 있다. 그리고 이러한 사실은 그가 『님의 침묵』을 낸 1926년 이전에 이미 禪의 寶典인 『十玄談註解』를 간행하고 있는 데서 그의 禪的 思惟의 성숙과 완성을 다시 한번 알게 한다. 이와 같은 점에서 萬海의 시가 禪的 自覺에 토대를 둔 禪詩임은 명확하다.

그리고 1917년 오도시 이후에 이루어진 대부분의 漢詩까지 포함한 그의 모든 시는 고려시대 이래의 禪詩를 계승하고, 韓末 이후 이를 다시 한글 시로 開花시킨 것으로 우리 불교시사는 물론, 한국시사에 획기적 일로 평가되어 마땅하다.

4) 만해시는 연애시인가

앞의 1)항에서도 언급한 것처럼 만해시 이해의 핵심어는 "님"이다. 시집 제목은 물론, "님"과 이에 해당하는 "당신"이 거의 절반씩을 이루며, 88편의 시 중 대략 80편의 시에 등장한다. 그 외 "그" "그대" "누구"가 등장하는 경우도 있지만 몇 편 안 된다. 우선 이런 사실이 만해시 연구자들에게 "님"을 주목하지 않을 수 없게 했고, 실제로 만해시 연구의 대부분은 "님"의 본질이나 정체 파악, 또는 이에 관련된 논의가 거의 전부를 차지한다 해도 과언이 아니다. 결국 "님"을 말미암지 않고 만해시의 핵심에 접근할 수 없는 것이 사실이고, 이에 따라 "님"에 대한 설명도 각양각색이어서 논자에 따른 다양한 견해의 차이를 면밀히 비교 검토하기는 매우 어렵다.[15]

14 景閑, 『白雲和尙語錄』, 주 11)과 같은 책, 118쪽.

그동안의 "님"에 대한 논의를 네 가지로 정리하면 다음과 같다.

① 異性, 즉 애인으로 세속적 사랑의 대상

② 조국, 민족,해방등 현실적 역사적 대상

③ 佛陀, 眞如, 衆生등 불교적 대상

④ 이상 ①②③의 복합적 대상

만일, ①로 보면 만해의 시는 연애시 애정시가 되고, ②로 보면 애국시, 현실인식의 시, 민족시, 저항시 등이 되며, ③으로 보면, 불교시, 선시가 된다. 그리고 ④의 견해로 본다면, 해석 여하, 또는 작품에 따라 위에 거론된 다양한 내용을 복합적으로 지닌 다양한 성격의 시가 된다. 다시 이들 네 가지 논의의 상항을 연구사적 측면에서 보기로 한다. ①의 경우는 만해시 연구 초기에 일부 언급되었지만, 그 후 재론자가 없다가 근래 오태환에 의해 본격적으로 제기되었고,[16] ②는 1950년대 말 정태용에 의해 제기되었으나[17] 역시 그 후 현재에 이르기까지 동일한 견해는 나오지 않고 있다. 한편 ③은 주로 불교적 측면으로 해석하는 경우로, 그동안 산발적으로 논의되어 오다가 근래 이병석에 의해 집중적으로 다루어졌다.[18] ④는 대부분의 논자들에 의하여 가장 많이 다루어지는 바로, "님"의 본질과 정체의 규명에 폭넓고 다양한 시도들이 제기되고 있다.

15 그동안 "님"에 대한 기존 논의를 종합적으로 다른 예로 대표적인 것은 다음과 같다.
김재홍, 『한용운문학연구』, 일지사, 1982, 86~93쪽.
이가림, 「만해시에 대한 형이상학적 접근」, 『1999 · 만해축전』, 1999.
이병석, 「만해시의 신비와 초월지향적 형상화 연구」, 『2000 · 만해축전』, 179~184쪽.

16 오태환, 「알 수 없어요-자기 연민이 빚어낸 極彩의 미인도-」, 『시안』, 2004년 겨울호.

17 정태용, 「현대시인연구 Ⅲ」, 『現代文學, 29호, 1957, 192쪽.

18 이병석, 주 15)의 논문.

이상 네 가지 "님"에 대한 諸說에 있어서 제일 활발한 논의는 역시 ④의 경우다. 이 경우 주로 ②와 ③을 복합적으로 본다는 점에서도 견해를 같이 하면서도, 그 세부적 논의에 있어서는 관점이나 해석의 각도가 다르다. 즉 ②③과 함께 ①까지를 포함하여 ④의 견해를 말했던 조연현의 경우는[19] 별도로 하더라도, 대부분의 논자들은 ①을 제외한 ②③의 복합으로 보는 점에서는 동일하나, 그러나 그 이해에 있어서뿐 아니라. 이들의 복합적 관계의 先後나 主從관계의 설명에 있어 한결같지 않고, 경우에 따라서는 애매모호하거나 지나치게 유추적인 推論이나 假說에 머물고 마는 경우도 적지 않다.

결론적으로 말하여, 필자 역시 연구자의 대다수를 차지하는 ①을 제외한 ②③의 복합으로 "님"을 이해하고, 그런 견해가 타당하다고 생각한다. 따라서 근래 만해의 학문과 사상을 18세기 한국 性理學의 한 지역학파인 "湖學"이라 하고, 그의 불교를 "儒家佛教"라 한 한계전의 견해[20]와, 앞서 말한, "님"을 異性으로서의 연정의 대상으로 보고, 만해시를 "연애시"로 규정한 오태환의 주장에 동의할 수 없다. -한용운 시 읽기를 위한 반성과 모색의 한 좌표-란 부제를 붙인 글에서 그는 "한용운의 전기적 사실에 압복된 일부 문학연구가들의 콤플렉스는……賞讚 일색의 감상적 태도를 낳을 가능성을 품는다"[21]고 전제하고 "그의 님을 불교적 진리나 민족의 해방 쪽으로 해석하는 것은 시도 자체가 아예 무모하다는 느낌을 지울 수 없다" 하면서 작품 <알 수 없어요>를 상세히 분석한 끝에 "이 작품은 한용운의 다른 대부분의 작품들과 마찬가지로 연애시로 읽어야 한다"[22]고 주장하고 있다.

19 조연현은 그의 『現代文學史』에서 "한용운 문학을 대표하는 『님의 침묵』은 그 시집 전체가 한 여성의 애인에 대한 극진 한 사모의 정을 노래한 것이었다. (중략) 이를테면 이러한 연연한 애정의 표백이 『님의 침묵』 전체에 일관된 정신적 자체였다." 고 전제하고, 이어 "님"의 정체는 단순히 애인에 그치지 않고 불타, 자연, 조국이 되기도 한다고 말하고 있어 양면성을 보이고 있다.

20 한계전, 「만해 한용운 사상과 그 비젼」, 『1999 · 만해축전』, 179~195쪽.

21 오태환, 주 15)와 같은 책, 220쪽.

22 오태환, 주 15)와 같은 책, 232쪽.

이어 그는 "그의 승려적 지사적 측면에 휘둘리어 그의 시를 읽는 관행이 되다시피한 태도는 이제 버려야 한다, 영웅콤플렉스에서 벗어날 때는 이미 지났다"[23]고 결론을 내리고 있다. 분명 필자의 견해와는 상치되지만, 이 글에서는 상론할 겨를이 없다.

5) 만해의 시대적 행적과 "님"

실상, 만해시에 있어 "님"이 복합적 의미를 지니고 있다는 것은 "님만 님이 아니라 기룬 것은 다 님이다"란 만해의 시집 <군말>의 첫 문장에서[24] 만해 스스로 밝히고 있다. 그리고 조지훈의 짤막한 다음 말에서 좀 더 상론된다.

> 지사로서 선생의 강직한 기개, 고고한 節操는 불교의 온축과 문학작품으로써 빛과 향기를 더 했고, 禪敎兼修의 宗匠으로서의 선생의 證得은 민족운동과 서정시로 표현되었으며, 선생의 문학을 일관하는 정신이 또한 민족과 佛을 일체화한 "님"에의 가없는 사모였기 때문이다.[25]

조지훈의 이 언급은 1974년 송욱의『님의 침묵 전편해설』이 간행됨으로써 좀 더 구체화되었다. 송욱은 88편의 시 전부를 면밀히 감상·해설하면서, 만해시를 그의 깨달음의 證驗을 시화한 "사랑의 證道歌"이며, 또 이 시집을 통하여 禪의 세계를 처음으로 인간화하고 역사화함으로써, 동시에 그것을 현대화하고 보편화 하는 데 성공하였다[26]고 말하였다. 또 그는 만해시 전편을 해설하는 데 "님" 또는 "당신"을 <佛法>, <깨달음>(空, 禪定, 法身)과 <독립>, <중생>(한국인),

23 오태환, 주 15)와 같은 책, 239쪽.
24 송 욱,『님의 沈默 全篇解說』, 과학사, 1974, 3쪽에서 再引.
25 조지훈,「韓龍雲論」,『詩와 人生』, 박영사, 1959, 149쪽.
26 송 욱, 주 24)와 같은 책.

<자연> 등으로 말함으로써, "님"은 단일한 어느 하나만이 아닌 복합적 의미가 내포된 것으로 보아, 앞 항의 ②③의 복합설을 확고히 하였다.

이상 송욱의 저서에 대하여, 정당한 객관론적 평론이라기보다 찬미 일변도가 앞서는 약점을 드러냈다든가,[27] 불교적인 관점에서 기계적으로, 연역적으로 시를 해설함으로 만해시가 지닌 문학성, 예술성을 다양하게 해명하는 데 한계를 지닌 것으로 판단된다.[28]는 등의 평가가 있어 왔고, 또 그러한 지적은 타당한 면이 있는 것도 사실이다. 그러나 이것은 처음의 본격적인 업적이기에 불가피했던 한계로 보이며, 이 점 후속 연구자들에 의해 보완되어 나가야 할 과제이다. 어쨌듯 송욱의 이 선구적 업적은 만해시 연구에 획기적 진전을 보게 한 것이 사실이며, 그 이후 연구자들에게 부동의 指南이 되었음은 부정할 수 없다. 그리하여 88편 전편을 대상으로 詩學과 禪學의 깊이 있는 이해를 토대로 심도 있고 정밀하게 천착한 그의 탁월한 만해시 해석은 쉽게 허물어지지 않은 典範으로 남을 것이다. 다만 만해시를 깨달음의 證驗의 詩化란 불교적, 禪的 해석에만 집착하다 보니, 詩語 하나하나까지를 반드시 그런 쪽으로만 해석하는 데서 오는 무리와, "님"의 의미를 "空"이나 민족과 독립으로 귀결시키려는 선입견에서 오는 단정적 논리가 자칫 애매성에 빠지거나 공식적인 해석의 틀에만 갇힐 우려가 있음은 부정할 수 없다. 그리고 김재홍이 지적한 바[29]와 같이 만해시가 지닌 문학성이나 예술성이 소홀히 다루어진 점은 보완되어야 할 미비점으로 남는 것도 사실이다.

이상 만해 자신의 "님"에 대한 말, 조지훈의 좀 더 구체적인 설명, 그리고 송욱의 『만해시 전편 해설』에서 만해시의 "님"이 불교적 의미와 민족, 현실적인 의미 등의 복합적인 의미를 지니고 있다함은 이미

27 이병석, 앞의 책, 181쪽.
28 김재홍, 주 3)과 같은 책, 160쪽.
29 김재홍, 앞의 책; 앞의 논문.

명확한 사실이 되었다. 그리고 수많은 만해시 연구자들에 의하여 이 점은 다각도로 재조명되었다. 그러나 이처럼 근본적인 면에서는 같은 견해임에도 불구하고, 작품에 입각하여 "님"의 의미를 구체적으로 설명하는 데 있어서는 한결같지가 않다. 즉 이 글 4)항에서도 잠깐 언급한 바와 같이 "님"의 복합적 의미의 해석에서 논자에 따라 불교적 측면에 있어서나, 민족·현실적인 측면에 있어서나, 이들 두 가지 의미의 설명과 해석은 물론, 이들 서로가 어떤 관계로 어떻게 조화되어 詩化되어 있는가를 규명함에 있어서는 상당한 견해의 차이를 보인다는 것이다. 그것은 어쩌면 만해시가 지닌 형이상학적이고 관념적인 점에서 불가피한 일일 수도 있다. 즉 "님"의 의미를 단정적으로 명료하게 풀어낸다는 것은 누구에게 있어서나 어려운 일이고, 또 이에 대한 완벽한 결론의 도출은 불가능한 것일 수도 있다. 그러나 만해시의 "님"의 해석에 있어 그의 생애나 사상, 그리고 그 시대와 행적을 분리해 생각하기 어렵다는 것이 사실이다. 작품은 작품대로 그 독자적인 예술로서 이해, 평가되어야 한다는 명제가 엄존하고, 만해의 시 또한 여기에서 벗어날 수 없음은 당연하다. 또 만해시의 형태적, 운율적, 미학적, 구조적, 수사적 측면에서의 기존 연구도 다수 나온 바 있다. 그러나 적어도 "님"의 본질적 의미의 해석에 있어서는 작자와의 관련이 불가피하다는 것은 이미 대부분의 연구자들에 의해 공감대가 형성되어 있다. 이 글 역시 같은 궤적에서 "님"의 해석에 임하고자 한다.

6) 만해시의 정신적 공통분모

萬海는 禪師요 志士이며 詩人이다. 그리고 그는 이 세 가지 면에서 역사에 지워지지 않을 족적을 남겼다. 따라서 그에 대한 개별적 차원에서의 연구는 가능하다 하더라도 그의 사상이나 문학, 행적이나 업적을 전인적인 차원에서 총체적으로 파악하기 위하여는 어느 한 면만이거나, 어느 한 면을 제외하고 생각하기는 어렵다. 부언하자면, 만해에 있어 불교(禪), 문학(詩), 독립운동(志節)이 서로 유기적 관계로 일체화되어 총체적 하나로 이루어져 있기에, 이들의 상호연관성을 배제하고는 올바른 파악이 불가능하다는 것이다.

그럼에도 불구하고 만해를 이루는 이 세 가지 측면은 그 연관관계에 있어 반드시 동일하거나 대등한 비중으로 이루어져 있지는 않다. 즉, 불교, 문학, 독립운동을 만해를 형성하는 삼각형으로 본다면, 그 저변을 이루는 것이 불교요, 여기에 토대를 두고 문학과 독립운동이라는 두변이 양립하여 삼각형을 이루고 있다. 이것은 만해의 생애에 있어 이들의 선후관계를 살필 때 확연하다. 만해는 먼저 불교인, 선사가 되었고, 수도 끝에 깨달음을 이룬 후에 지사가 되고 시인이 된다. 환언하면, 불교를 통해 인생관 세계관을 확고히 한 바탕에서, 世間의 현실문제에 적극 참여, 독립운동 사회운동을 하였고, 그러한 일련의 과정에서 그의 정신적 사고와 감회를 문자로 나타낸 것이 시이다. 따라서 이들 세 가지 면의 정신적 공통분모로 그 바탕을 이룬 것이 불교인 셈이다.

그렇다면 그 정신적 바탕이 된 불교적 깨달음, 즉 禪의 성취와, 거기에서 다시 志士가 되고 詩人이 되는 관련과 과정을 어떻게 불교적으로 설명할 것인가. 萬海의 불교사상, 그리고 禪思想이 어떤 것이며, 이것이 그 현실인식과 詩로 나타는 데 있어 어떤 계기를 통하여 어떤 양상으로 나타났는가에 대하여는 기존 연구에서도 많이 논의된 바 있다. 이를 일일이 거론, 검토할 겨를은 없지만, 그동안 논의에 등장했던 것만 들어보더라도 禪思想을 위시하여 空思想, 華嚴思想, 觀音信仰, 唯識學, 維摩經 등 다양한 불교사상과 철학적 경전이 거론되었다. 그리고 그의 불교를 혁신불교며 대중불교요, 구세불교이며 실천불교로 설명하는 등, 그의 종교 활동, 사회활동에 대하여도 폭넓은 논급이 있어왔다. 그리고 이러한 만해의 불교사상이나 불교활동이 서로 유기적인 것으로 하나의 특징적인 萬海佛教를 형성하고 거기에서 방사된 것들임은 말할 것도 없다. 이러한 점은 이 글에서 논하려는 만해시도 예외는 아니다. 그렇다면 만해불교의 원리와 내용, 그리고 그 실천사상이 어떤 것이었나를 우선 일별하지 않을 수 없다.

만해는 禪敎兼修의 수련을 통하여 悟道를 성취한 후 菩薩佛敎의 적극적 실천에 임하였다. 만해는 심산유곡에서 선학의 궁구에 몰두하거나 禪悅에만 침잠하지 않았다. 그의 불교적 성향이 그랬을 뿐 아니라, 당시에 처한 역사적 현실이 이를 용납하지 않았다.

불교의 최고의 목적은 깨달음(自覺)의 성취이다. 그런데 완전한 깨달음은 自覺과 함께 남을 깨닫게(覺他) 하고, 더 나아가 깨달음의 실천까지를 완수하는 데(覺行窮滿) 있다. 여기서 대승불교에서 내세우는 菩薩과 보살행으로서의 六波羅蜜이 강조된다. 보살은 菩提薩埵의 약어이다. 그리고 원어인 산스크리트어 "bodhisattva"의 음역이다. 원어인 "bodhi"(깨달음)와 "sattva"(중생)의 합성인 만큼, 그 뜻은 "깨달음 추구하는 사람" 또는 "깨달음을 구하며 실천하는 사람"이 되는데 대승불교에서는 후자의 의미로 쓰인다. 즉 깨달음을 구하여 이를 갖추었으나 깨달음의 경지에 안주하지 않고, 세간에 머물며 모든 중생을 제도하여 모두 함께 성불할 때까지 世世生生 중생구제에 모든 것을 바쳐 정진한다는 것이다. 즉 悟界와 迷界의 사이에서 위로는 覺을 구하고(上求菩提), 아래로는 중생을 교화하는 것(下化衆生)이 보살의 사명이다. 그 중에도 더 큰 사명은 후자에 둔다. 즉 자기의 깨달음을 구하는 것(自利)과 동시에 남을 구제함을 자기일(自利・利他同事)로 하되, 利他에 더 치중한다는 것이 보살의 行願이다.

이러한 행원을 이루기 위하여 온갖 베품과 인내와 희생과 노력을 하는 것이 六波羅蜜이란 보살의 덕목이다. 모든 중생의 깨달음을 위해, 佛國土란 이상사회의 전설을 위해 끓는 물에도 뛰어들고, 타는 불에도 몸을 던지는 것이 보살행의 실천이다. 그리하여 極苦의 此岸으로부터 極樂의 彼岸으로 일체의 중생을 남김없이 제도(轉迷開悟)하여 함께 모두 불도를 이루며(皆共成佛道), 그 때까지 스스로는 영원히

열반에 이르지 않겠다는 것이 보살의 서원이다.

결국 만해는 좀 더 완성된 깨달음을 추구, 지향하면서, 한편으로는 보살도의 실천이란 불교의 정도를 걸었다. 그리고 이런 그의 정신은 그대로 그의 詩와 현실인식에 반영되었다. 즉 스스로의 證道를 통해 느끼는 고뇌와 희열, 그리고 원륭무애한 眞如界의 오묘함에 대한 찬양과 찬미, 또 모든 중생을 고통으로부터 구제하고, 이상사회, 즉 佛國土를 이루겠다는 소망과 서원을 시로, 행동으로 구현하려 한 것이다. 그리고 이러한 두 가지 서원의 대상을 "님" 또는 이에 해당하는 "당신"으로 표현한 것이다. 이제 이와 같은 점을 그 시를 통하여 설명하기로 한다.

7) 만해시에 나타난 법신의 현현

앞의 4), 5)항에서 만해시에 있어 "님"에 대한 諸說과 의미의 다양성을 설명하면서, 결국 "님"은 복합적 의미로 해석되어야 함을 말하였다. 또 6)항에서 "님"의 다양한 의미를 크게 둘로 나누어 첫째, 깨달음의 완전 성취와 그 眞如의 세계에 대한 찬양, 찬미란 "깨달음의 노래"와 둘째, 보살도의 실천으로서의 중생제도와 佛國土의 완성을 기원하고 희구한 "보살행의 노래"로 볼 수 있음을 말하였다. 이렇게 볼 때, 전자의 경우 "님"은 空·法身·眞如·佛性·實相·法界·眞空妙有 등이거나, 이들의 顯現으로서의 삼라만상의 自然으로, 本體界의 경지를 나타낸 것이다. 또 후자의 경우의 "님"은 衆生·祖國·民族·解放·自由·平等이거나, 이들을 구제하거나 실현시킬 수 있는 구원자로 그리고 이들의 활동공간인 現象界의 경지를 나타낸 것으로 볼 수 있다. 이렇게 볼 때, 만해시 전체에 나오는 "님"은 이상 둘 중 어느 하나이기도 하고, 이 중 몇 가지가 함께 어울리거나 중복된 것일 수도 있다. 또 이와 같은 점에서 만해시 전체는 ①"上求菩提의 노래", ②"下化衆生의 노래", ③ 이상 ①②의 혼합과 중복형으로 대분

될 수 있다. 이를 다시 그 경계의 차원에서 보면 ①은 본체계의 경지이고, ②는 현상계의 경지이며, ③은 본체계와 현상계의 중도적 통합이란 不二의 입장에서 凡聖을 초월하여 본질적으로 동일하다는 空의 경지라 하겠다. 이때 ③은 또 華嚴의 四法界說에서 말하는 理事無碍法界로 설명될 수도 있다. 하지만, 만해시의 모든 작품이, 그리고 여기에 등장하는 많은 "님"이, 반드시 이상 ①②③으로 기계적으로 분명하게 三分 된다고 보기는 어렵다.

우선 이 항에서는 ①의 경우를 작품을 통해 말하기로 한다. 시 <어데라도>의 전문을 들어 본다.

> (1) 아츰에 일어나서 세수하랴고 대야에 물을 떠다 놓으면, 당신은 대야 안의 가는 물결에 되야서, 나의 얼굴 그림자를 불쌍한 아기처럼 얼려줍니다.
>
> (2) 근심을 잊을까 하고 꽃동산에 거닐 때에 당신은 꽃 새이를 슬쳐오는 봄바람이 되야서, 시름없는 나의 마음에 꽃향기를 묻혀주고 갑니다.
>
> (3) 당신을 기다리다 못하야 잠자리에 누었더니, 당신은 고요한 어둔 빛이 되야서, 나의 잔부끄럼을 살뜰이도 덮어줍니다.
>
> (4) 어데라도 눈에 보이는 데마다 당신이 계시기에, 눈을 감고 구름 위와 바다 밑을 찾어보았습니다.
>
> (5) 당신은 微笑가 되야서 나음 마음에 숨었다가, 나의 감은 눈에 입맞추고 「네가 나를 보너냐」고 조롱합니다.[30]

전체 5행의 서술적 표현으로 된 이 시 5행 전체에 "당신"과 "나"의 관계가 서술되어 있는데, 다른 시들과 마찬가지로 "당신"은 곧 "님"이다. 또 나는 곧 話者인데 구도자로서의 작가 자신일 수도 있고 未

[30] (1), (2), (3) 등 행의 번호는 설명의 편의를 위하여 필자가 매김. 이하 같음.

覺의 중생일 수도 있다. 당신과 나의 관계를 대비하여 보면 다음과 같다.

(1) 당신(물결)	-나(얼굴)	~ 아기처럼 얼려준다
(2) 당신(봄바람)	-나(마음)	~ 꽃향기를 묻혀준다.
(3) 당신(빛)	-나(부끄럼)	~ 부끄럼을 덮어준다.
(4) 당신(구름・바다)	-나(눈)	~ 당신을 찾는다
(5) 당신(미소)	-나(눈)	~ 입 맞춘다.

(1)~(4) 행에서의 "당신"은 모두 자연물(물결, 봄바람, 빛, 구름・바다)로 나타난다. 이 때의 자연물은 모두 法身의 현현이다. 진리의 당체인 법신은 자연의 모습으로 온 우주에 편만하다. 따라서 깨달은 이의 눈으로 볼 때, 삼라만상이 법신 아님이 없다. 이런 경지는 본체계의 理가 현상계의 事와 혼연일체가 되어 자연이란 현상으로 나타난 것으로 이른바 色卽是空 空卽是色의 경지다. 그래서 자연이 곧 진신이요, 眞如佛性이며, 따라서 자연으로 나타나는 모든 존재가 진신의 펼침이며, 空의 구현이다. 위의 (4)에서 "어데라도 눈에 보이는 데마다 당신이 계시기에"라 함은 보이는 자연 모두가 법신의 현현으로 온 우주에 편만하다는 것이며, "눈을 감고 구름 위와 바다 밑을 찾아보았습니다"는 진술은 완전한 깨달음을 위해 존재의 근원인 佛性을 깨치기 위해 정진하는 보살행을 나타낸 것이다. 그러나 아무리 법신의 자연이 온 세상에 편만하다 하더라도 미혹의 세간에서 假我에 妄執하는 분별심의 소유자들은 자연에서 법신을 찾을 수 없기에 스스로 眞我임을 알지 못 한다. 그러나 이 시의 話者인 "나"는 보살행을 실천하는 구도자로서 자연에서 법신을 찾고, 법신은 자연으로 화하여 깨달음을 일깨워 준다. (1)에서 법신은 "물결"이 되어 "나"를 아기처럼 얼려주며, (2)에서는 "봄바람"이 되어 꽃향기를 묻혀준다. 또 (3)에서는 "빛"이 되어 부끄러움을 덮어주고, (5)에서는 "미소"가 되어 나

의 눈에 입맞춤을 해준다. 특히 마지막 (5)에서의 "입맞춤"은 "깨달음"을 의미한다. 이어 微笑로 화한 "당신"이 "네가 나를 보너냐"고 한 물음은 네가 너의 마음 속에 지닌 佛性을 찾았느냐(明心見性)는 물음이다. 결국 만해는 이 시에서 스스로의 見性 체험을 시화하면서 몽매한 세간의 범부들에게 깨달으라는 질타를 담고 있기도 하다. 이처럼 <어데라도>라는 시는 제목 자체에서부터 어디에나 편만한 眞如佛性의 존재를 자연을 통해 말함으로써 "당신"은 곧 진신의 화현인 자연임을 극명하게 드러내고 있다.

"깨달음의 노래"로서 깨달음의 성취와 悟境에 대한 찬양과 찬미를 법신의 현현인 자연을 통하여 노래한 작품으로 이상 <어데라도> 외에도 다수 있지만, 그 중에서도 <님의 얼굴>이란 작품도 이 유형의 대표적 작품으로 꼽을 만하다. 작품 전문을 보기로 한다.

(1) 님의 얼골을 「어여쁘다」고 하는 말은 적당한 말이 아닙니다.
(2) 어여쁘다는 말은 人間사람의 얼골에 대한 말이요. 님은 인간의 것이라고 할 수가 없을 만치 어여쁜 까닭입니다.
(3) 自然은 어찌하야 그렇게 어여쁜 님을 인간으로 보냈는지, 아모리 생각하야도 알 수가 없습니다. 알것습니다. 自然의 가온대에는 님의 짝이 될만한 무엇이 없는 까닭입니다.
(4) 님의 입설 같은 꽃이 어데 있어요. 님의 살빛 같은 白玉이 어데 있어요.
(5) 봄 湖水에서 님의 눈결 같은 잔 물결을 보았습니까. 아츰 볏에서 님의 微笑 같은 芳香을 들었습니까.
(6) 天國의 音樂은 님의 노래의 反響입니다. 아름다운 별들은 님의 눈빛의 化現입니다.
(7) 아아 나는 님의 그림자여요.
(8) 님은 님의 그림자 밖에는 비길만한 것이 없습니다.
(9) 님의 얼굴을 어여쁘다고 하는 말은 적당한 말이 아닙니다.

위 시 전체에는 "님"이 14번이나 등장한다. 그리고 여기서의 "님" 또한 法身의 현현으로서의 자연이다. 따라서 (1)(2)(3)에서 4번이나 사용된 "어여쁘다"는 말은 자연의 아름다움을 찬미함과 함께, 眞空妙有로 표현되는 무궁한 법신의 조화를 찬탄한 형용사다.

다음 麗末 禪僧인 白雲禪師 景閑과 懶翁王師 慧勤의 禪詩들도 同軌의 작품들이다.

釋迦不出世　　석가가 세상에 나오지 않고
達磨不西來　　달마가 서쪽에서 오지 않았어도
佛法遍天下　　佛法은 천지에 두루 퍼져서
春風花滿開　　봄바람에 꽃들은 활짝 피었으리.[31]

山河大地眼前花 산하와 대지가 눈 앞의 꽃이거니
萬象森羅亦復然 삼라만상 모두 이와 같은 것
自性方知亦清淨 본래 청정함을 비로서 알면
塵塵剎剎法王身 넓고 넓은 온 세상이 모두가 法身.[32]

경한의 "居山詩"(十八)라 제한 위의 시와, 혜근이 중국에서 인도승 指空和尙에게 보였다는 아래의 시 모두 자연을 노래한 것이지만, 단순한 儒者類의 자연예찬이 아니다. 깨달음을 통한 眞我의 획득에서 오는 자연관이다. 이런 자연관조의 경지에서는 彼我도 主客도 時空도 없다. 실체와 현상이 相卽相入이다. 그러기에 煩惱가 곧 菩提요, 衆生이 곧 부처이며, 穢土가 곧 淨土다. 모두가 眞如一心 속에 녹아 있다. 자연이 그것을 如如하게 보여주고 있다. 위 만해시의 경우도 마찬가지다.

제목 "님의 얼굴"은 말 그대로 幽深하고 玄妙한 法身의 용모란 뜻

31 景閑, 주 13)과 같은 책, 198쪽.
32 慧勤, 주 11)과 같은 책, 249쪽.

이며, 이는 곧 자연의 실상이란 의미이기도 하다. 작품의 맨 첫 행과 마지막 행이 수미쌍관하게 "님의 얼골을 「어여쁘다」고 하는 말은 적당한 말이 아닙니다"라고 같은 서술이 되풀이 되고 있는 것은 시의 형태상 고도의 기교다. 그리고 이 말은 최상의 진리, 최고의 경지는 필설로 형용할 수 없다는 뜻이다. 禪에서 언어와 문자를 배격하는 이유가 여기에 있다. 그러나 만해는 不離文字란 차원에서 그렇게 표현한 것이다. 그리고

님의 입술 - 꽃
님의 살빛 - 白玉
님의 눈결 - 물결
님의 미소 - 芳香
님의 노래 - 天國의 音樂
님의 눈빛 - 별

이렇게 님의 아름다운 모든 것을 직유법을 통하여 자연에 비유하고 있지만, 이는 단순한 비유가 아니다. 자연현상으로 나타난 꽃, 白玉, 물결, 芳香, 천국의 음악, 별 등은 모두 님의 입술, 살빛, 눈결, 미소, 노래, 눈빛이며, "님" 그 자체다. "自然은 어찌하야 그렇게 어여뿐 님을 인간으로 보냈는지, 아모리 생각하야도 알 수가 없습니다"라 하고, 이어 "알겠습니다. 自然의 가온대에는 님의 짝이 될만한 무엇이 없는 까닭입니다"라 한 것은 자연으로 화현한 진신과, 진신의 幽玄함을 극찬하는 시적 표현이다. 한편 (7)과 (8)의 "그림자"는 최고의 깨달음에 대한 敬畏이면서 스스로 그런 경지에 못 미친다는 겸양의 표현이다. 보살은 覺을 이루었으되 계속 보살행의 실천을 통하여 더 큰 향상을 지향한다(上求菩提). 그러기에 화자는 스스로 "님"의 "그림자"임을 자처한다. 그리고 그림자처럼 항상 眞如光明과 함께하며, 순응하는 자신의 모습을 표현한 것이다.

만해는 禪僧이기에 그의 모든 시는 禪을 떠나 생각하기 어렵다. 이런 점에서 자연으로 화현된 진신의 경지는, 깨달음에 따라 眞我의 확인 과정을 10가지 단계로 나누어 그림으로 나타낸 北宋 廓庵(12세기 후반)의 十牛圖의 9번째 "返本還元"에 해당한다. 십우도의 그림에 이 경지는 아무 것도 없고 흐르는 물과, 물가에 있는 꽃 핀 나무 한 그루뿐이다. 이는 아무 것도 생각하지 않는 청청한 마음이 온 우주와 하나로 통일되어 있음을 보여준다. 즉 원래의 근본으로 돌아간 경지(返本還元)가 자연, 물과 꽃나무로도 표현된 것이다. 깨달아 근본으로 돌아와 보니 깨닫기 이전의 그것 그대로 라는 것(悟了同未悟)이 이것이며, 깨닫고 보니 옛 그대로 "산은 산이요 물은 물이다"(山是山水是水-靑原禪師)는 것도 같은 말이다. 실로 진실의 근원으로 돌아 자기의 참된 모습, 諸法實相의 경지가 여기다. 산하대지가 모두 佛性의 바다요, 우주의 본원이다. 그래서 返本還元의 경지를 十牛圖의 頌에서는 "물은 절로 아득히 흐르고, 꽃은 절로 붉게 피었다"(水自茫茫花自紅)[33]고 했다. 그러나 여기서의 자연 경물은 자연 그 자체가 아니고, 수행자의 마음의 상태가 無我에 이른 상황이다. 그것 그대로가 자기의 근원적인 現成인 것이다. 결국 만해는 <님의 얼굴>이란 시를 통하여 자연이면서 자연이 아닌, 중생이 본래부터 가지고 있는 佛性을 禪의 경지에서 노래한 것이다.

이상에서 ①에 해당하는 시 2편을 들어 논하였거니와, 이 외에도 <樂園은 가시덤불에서>, <달을 보며>, <사랑을 사랑하야요> 등이 여기에 해당하는 작품이다.

8) 만해시에 나타난 보살정신

이 항에서는 ②의 경우, 즉 보살행의 노래인 "下化衆生의 노래"에

33 上田閑照 柳田聖山, 『十牛圖』, 筑摩書房, 1999, 61쪽.

해당하는 작품들을 살피기로 한다. 하화중생의 보살행에 대한 설명은 앞의 6)항에서 한 바 있기에 생략하고, 우선 이에 해당하는 작품 <나룻배와 行人> 전문을 들고 설명하기로 한다.

(1) 나는 나룻배.

(2) 당신은 行人

(3) 당신은 흙발로 나를 짓밟습니다.

(4) 나는 당신을 안고 물을 건너갑니다.

(5) 나는 당신을 안으면, 깊으나 옅으나 급한 여울이나 건너갑니다.

(6) 만일 당신이 아니 오시면, 나는 바람을 쐬고 눈비를 맞이며 밤에서 낮까지 당신을 기다리고 있습니다.

(7) 당신은 물만 건느면, 나를 돌어보지도 않고 가십니다 그려.

(8) 그러나 당신이 언제든지 오실 줄만 알어요.

(9) 나는 당신을 기다리면서 날마다 날마다 낡어갑니다.

(10) 나는 나룻배.

(11) 당신은 行人

작품 처음과 마지막이 똑같이 "나는 나룻배 당신은 행인"으로 되어 있는 이 작품은, 결국 "나"와 "당신"과의 단순한 관계가 내용을 이루고 있어, 만해시 중 비교적 이해가 쉬운 작품이다. 여기서 "나"는 菩薩로서의 화자요, "당신"은 그 구제의 대상이 되는 衆生이다. 이를 현실적 차원에서 전자는 독립지사로서의 만해, 그리고 후자는 일제의 압제하의 우리 민족일 수도 있다. 그러나 여기서는 불교적 차원, 특히 앞서 말한, 下化衆生을 목표로 하는 보살행의 입장에서만 논하기로 한다.

"나"인 "나룻배"는 迷界인 此岸에서 佛性을 깨치지 못하고 방황하는 중생들을 悟界인 열반의 彼岸으로 건네주는 보살이다. 보살은 이런 목적을 달성하기 위해 여섯 가지의 덕목, 즉 六波羅蜜을 실천해야 한다. 이 시에서 흙발로 나를 짓밟고(3), 물만 건너면 나를 돌아보지 않고 가는 당신이지만(7), 깊으나 옅으나 급한 여울이나 당신을 안고 건너간다(5)는 것은 忍辱·精進의 보살행의 고된 실천을 말한 것이다. 그리고 여기에는 중생과 고락을 함께 한다는 同体大悲의 심원한 이상이 담겨 있다. 또 중생의 깨달음을 위해 世世生生 모든 고난과 희생을 마다 않는 보살이기에, 바람을 쐬고 눈비를 맞으며 밤에서 낮까지 당신을 기다리고(6), 언제든지 오실 줄만 알기에(8), 날마다 날마다 낡아가는(9), 고행을 묵묵히 실천하는 것이다. 그래서 (6)과 (9)에서 반복되고 있는 "기다림"은 사바세계 최후의 한 사람까지 기다려서 남김없이 구세하겠다(衆生無邊誓願度)는 인내와 희생의 의지를 나타낸 것이다. 그리고 보살은 未覺의 중생이 모두 깨달음을 이루어 불국토가 완성될 때까지, 스스로는 열반에 세계에 이르지 않겠다고 서원한다. 여기서 완전한 覺은 自利와 利他가 동시에 이루어져야 가능하다는 대승불교 구제주의의 이상을 읽을 수 있다. 이처럼 <나룻배와 行人>은 보살의 중생제도와 여기에 수반되는 보살행의 서원과 실천을 시화한 작품이다.

이 작품과 같이 "나"와 "당신"을 보살과 중생의 관계로 노래한 시는 <나의 꿈>, <버리지 아니하면>, <苦待>, <自由貞操> 등이 있다.

(1) 당신이 맑은 새벽에 나무 그늘 사이에서 산보할 때에, 나의 꿈은 적은 별이 되야서 당신의 머리 위에 지키고 있겠습니다.
(2) 당신이 여름날에 더위를 못이기어 낮잠을 자거든, 나의 꿈은 맑은 바람이 되야서 당신의 周圍에 떠돌겠습니다.
(3) 당신이 고요한 가을 밤에 그윽히 앉아서 글을 볼 때에 나의 꿈은 귀따라미가 되야서 책상 밑에서 「귀똘귀똘」 울겠습니다.

-<나의 꿈> 전문

당신이 새벽에 산보할 때, 별이 되어 지키고(1), 당신이 더위에 지쳐 낮잠을 잘 때, 바람이 되어 떠돌고(2), 당신이 가을 밤 글을 볼 때 귀뚜라미가 되어 울어주겠다(3)는 화자의 꿈은 <나룻배와 行人>에서 행인을 강 건너로 건네주는 나룻배와 마찬가지로 보살의 이상 실현, 즉 衆生濟度의 이상을 나타낸 것이다. 즉 당신인 중생이 迷妄에 헤맬 때(산보), 지혜(般若)의 별로 인도하고(1), 중생이 煩惱의 열병에 어쩔 줄 모를 때(더위, 낮잠) 자비보시의 바람이 되어 식혀주며(2), 중생이 사색의 세계에 잠길 때(가을, 독서) 三昧의 경지(禪定)로 이끌겠다(3)는 것은 "나" 인 보살이 布施·禪定·般若 등 6바라밀의 보살행을 실천하겠다는 뜻으로 보인다.

이와 같은 점은 <버리지 아니하면>에서도 분명하게 나타난다. 즉 3연으로 이루어진 이 시의 매연 2행은 모두 보살의 중생에 대한 따뜻한 사랑의 실현과 깨달음으로 인도하는 보살의 서원을 잘 보여준다.

<1연의 2행>

당신이 나를 버리지 아니하면 나는, 一生의 등잔불이 되야서, 당신의 百年을 지키겄습니다.

<2연의 2행>

당신이 나를 버리지 아니하면, 나는 服從의 百科全書가 되야서, 당신의 要求를 수응(酬應)하겄습니다.

<3연의 2행>

당신이 나를 버리지 아니하면, 나는 마음의 거울이 되야서, 속임없이 당신과 苦樂을 같이 하겄습니다.

이 작품의 제목 <나를 버리지 아니하면>은 매 연 2행의 첫머리에도 반복되고 있는데, 중생이 보살을 멀리 하거나 떠나지 않는다면의 의미로 항상 중생과 함께 하는 恒順衆生의 교화방편을 나타낸 것이다. 그리고 1연의 "등잔불"은 중생의 앞길을 밝혀주고 인도하며, 2연의 "百科全書"는 중생의 지혜를 충족시켜 주고, 3연의 "거울"은 중생의 마음의 거울이 되어 고락을 함께 하는 방편물로 되어 있다. 이는 6바라밀의 맨 처음인 布施(法施, 財施, 無畏施)바라밀의 표현으로 이해된다.

한편 시 <苦待>는 3연으로 된 만해의 시 중 장편에 속하는 작품인데, 매 연의 1행은 "당신은 나로 하야금 날마다 날마다 당신을 기다리게 합니다"로 3번이나 반복되고 있다. 이는 제목 <苦待>와 함께 이 시의 주제가 만해시의 주정서의 하나인 "기다림"이란 점을 시사하는 것이다. 이 시에서 화자인 "나"는 "당신" 즉 중생을 "期待를 가지고 마을 숲 밖에서 기다리고"(1연), "황혼에……문 밖에서 기다리고"(2연), "쓸쓸한 잠자리에 누어서 기다린다"(3연)며 기다림의 간절함을 호소하고 있다. 보살은 원래 自覺과 覺他, 自利와 利他를 함께 한다. 관음보살·지장보살의 서원이 그것이다. 모두 釋尊의 교화를 돕기 위하여 보살의 자리에 머물며 중생교화에 진력한다. 그러기에 항상 중생과 함께 하면서 온갖 모욕과 박해를 인내하면서 苦樂을 같이 한다. 결국 "기다림"이란 보살의 중생에 대한 이러한 하염없는 사랑과 소망의 한 표현이다. 시 <自由貞操>에서 "내가 당신을 기다리고 있는 것은 기다리고자 하는 것이 아니라, 기다려지는 것입니다/ 말하자면 당신을 기다리는 것은 貞操보다도 사랑입니다."라던가, 같은 시에서 "나는 님을 기다리면서 괴로움을 먹고 살이 집니다/ 어려움을 입고 키가 큽니다." 등이 모두 중생구제의 사랑, 그리고 중생을 기다림에서 오는 고통과 고난도 보살적 삶의 일부임을 나타낸 것이다. 그것은 보살행이 곧 깨달음의 일부이며 고행이 곧 깨달음의 한 실천이기 때문이다.

禪에서 깨달음의 경지는 다만 열반의 경지에 자족함에 있지 않다. 오히려 그 깨달음을 숨기고 감춘 채, 시끄럽고 죄악이 들끓는 현실사회로 돌아와 함께 살면서 모두 成佛토록 함이 최고의 경지요 禪의 완전한 실천이다. 十牛圖의 10번째의 入廛垂手가 여기고 바로 出出世間이다. 십우도 入廛垂手의 그림에는 어깨와 배를 맨살로 드러낸 노인이 긴 지팡이 짚고 젊은이와 만나는 장면이 나온다. 사람들이 사는 평범한 세간의 거리 풍경이다. 그 序의 후반을 보면 다음과 같다.

> 提瓢入市 策杖還家 표주박 들고 저자에 들어 지팡이 짚고 집에 돌아가
> 酒肆魚行 化令成佛 술집도 찾고 생선가게도 들러 성불하도록 교화한다.[34]

또 頌은 이렇게 되어 있다.

> 露胸跣足入廛來 가슴 드러낸 채 맨발로 저자에 돌아오니
> 抹土塗灰笑滿顋 흙투성이 재투성이나 얼굴에는 웃음 가득
> 不用神仙眞秘訣 신선의 비법 같은 것 하나 안 써도
> 直教枯木放花開 곧 바로 마른 나무에 꽃 피게 한다.[35]

위 十牛圖의 序와 頌이 "입전수수"의 경지를 잘 말하고 있다. 自覺은 覺他에서 그 깨달음이 증명되고, 覺他는 自覺에 바탕해야 완전한 것이 된다. 즉 깨달음을 숨기고 세간에 뛰어들어 너나 없이 모두 깨친다(自他不二). 그리하여 번뇌의 중생과 고락을 함께 하며 세속의 진흙탕 속에 연꽃을 피운다(和光同塵). 그러다 보면 세상사 모두가 그대로 佛法에 맞지 않는 것이 없다. 이것이 보살의 중생에 대한 무한한 자비의 실천이요, 깨달은 이가 마지막으로 할 일(一切衆生 皆共成佛道)이며, 이것이야말로 세상과 인간의 본래의 모습(本地風光)이다.

만해는 자기만의 깨달음으로 만족할 수 없었다. 그러기에는 그의 대승적 보살정신이 용납하지 않았고, 거기에 그가 처한 역사적 현실은 그의 지혜와 행동을 요구하였고, 만해는 여기에 흔연히 응하였다.

34 廓庵, 『十牛圖』, 경서원, 2003, 212쪽.
35 上田閑照, 柳田聖山, 위의 책, 256쪽.

그리고 그는 그의 깨달음을 이렇게 실천할 수 있는 상황을 기꺼이 받아들였고, 그의 중생에 대한 자비심을 실현할 대상이 있는 것을 행복으로 생각하였다. 그래서 그는 현실세계에서 그의 구세적 보살정신을 유감없이 발휘하였고, 그리고 이러한 유마적 삶을 통하여 침탈된 조국의 주권과 독립을 회복하고, 억압과 궁핍에 신음하는 동포에게 자유와 평등을 찾아주어 고통없는 삶을 누리게 하는 것을 최대의 사명이며, 더 없는 영광으로 생각하였다. 따라서 그의 시에서 "사랑"은 다양한 의미를 지니지만, 佛法과 함께 중생, 즉 현실적으로 절망과 시름에 빠져 있는 동포, 민족에 대한 사랑이 큰 비중을 차지한다.

그가 <白由貞操>의 2행에서 "말하자면 당신을 기다리는 것은 貞操보다도 사랑입니다"라 하고 있는데, 여기서 "당신"을 중생, 민족으로 볼 때, "사랑"은 역시 보살의 자비심에서 오는 것으로 구체적으로는 현실의 질곡에서 헤매는 우리 민족에 대한 사랑이다. "貞操"가 특정한 이성에 대한 여인의 도덕적 가치라는 한계에 머문다면, "사랑"은 좀 더 크고 근원적인 가치를 지닌다. 이 사랑 때문에 만해는 出世間의 산중에 머물지 못하고 세간에 매어 산다. 같은 시 7행에서 "大自然을 따러서 超然生活을 할 생각도 하야 보았습니다"는 그런 생각의 표현이다. 따라서 그의 시에 나오는 "사랑의 束縛"이란 말은 그를 세속에 머물게 하는 장치이면서, 또 그가 택한 깨달음의 길이기도 하다.

> 나는 禪師의 說法을 들었습니다. 「너는 사랑의 쇠사실에 묶여서 苦痛을 받지말고, 사랑의 줄을 끊어라. 그러면 너의 마음이 질거우리라」고 禪師는 큰 소리로 말하얐읍니다.
>
> 그 禪師는 어지간히 어리석습니다.
>
> 사랑의 줄에 묶이운 것이 아프기는 아프지만, 사랑의 줄을 끊으면 죽는 것보다도 더 아픈 줄을 모르는 까닭입니다.
>
> 사랑의 束縛은 단단히 얽어매는 것이 풀어주는 것입니다.
>
> 그러므로 大解脫은 속박에서 얻는 것입니다.

님이여, 나를 얽은 님의 사랑이 줄이 약할까버서, 나의 님을 사랑하는 줄을 곱들였습니다.

-<禪師의 說法> 전문

사랑의 束縛이 꿈이라면
出世의 解脫도 꿈입니다.
웃음과 눈물이 꿈이라면
無心의 光明도 꿈입니다.
一切萬法이 꿈이라면
사랑의 꿈에서 不滅을 얻겠습니다.

-<꿈이라면> 전문

앞의 시에서 "사랑의 쇠사실", "사랑의 줄", "사랑의 束縛"이란 말은 모두 같은 의미로 보아야 한다. 특히 "사랑의 줄"이란 말은 5번이나 쓰이고 있다. 그리고 아래의 <꿈이라면>에서도 맨 첫 행에 "사랑의 束縛"이란 말이 나온다. 이 두 작품은 이들 용어의 공통점 외에도 그 주제면에서도 동일한 계열의 작품이다. 앞서 말한 대로 "사랑의 속박"은 중생에 대한 사랑으로 인해 세속에 묶여 있는 상황을 나타내면서, 그것은 피동적인 자기구속이 아니라 스스로의 중생에 대한 자비의 실현을 위한 자기 선택이며, 동시에 완전한 깨달음의 성취를 위한 일이기에 마땅히 자기가 가야 할 길이다. 그러므로 <禪師의 說法>에서 세속의 집착과 애착을 끊으라는 의미의 "너는 사랑의 쇠사실에 묶여서 苦痛을 받지 말고, 사랑의 줄을 끊어라"라는 선사의 설법에 대하여 만해는 어리석다고 일축하면서 "사랑의 줄에 묶이운 것이 아프기는 하지만, 사랑의 줄을 끊으면 죽는 것보다 더 아픈 줄을 모르는 까닭입니다."라고 한다. 결국 만해에게 있어 사랑의 속박을 풀거나 끊으라는 것은 보살행을 그만 두고 세속을 떠나거나 깨달음의 완전한 실천을 포기하라는 의미가 되기 때문이다. 이런 의미는 같은 시

4행에서 "大解脫은 속박에서 얻는 것입니다."라 하고 있는 데서 명징하게 드러난다. 이와 같은 점은 다음 시 「꿈이라면」의 끝에서 "一切萬法이 꿈이라면, 사랑의 꿈에서 不滅을 얻겠읍니다"라고 마무리 하고 있는 데도 명확히 드러난다. 이상 본 항에서 살펴 본 작품들은 선적 깨달음에 바탕을 둔 만해의 현실인식의 시, 또는 저항적 사회의식의 시에 해당하고, 이렇게 볼 때 이들 작품에서 기다리고, 사랑하고, 그리워하는 "님"은 중생·민족·조국·해방에 해당한다 하겠다.

이러한 중생교화의 보살행은 고려 선시의 경우에도 많이 나타난다.

六道輪廻何日休 유도 윤회함을 언제나 그치려나
思量落處實爲愁 떨어질 곳 생각하니 실로 걱정일세
唯憑念佛勤精進 오직 염불 의지하여 부지런히 힘써서
拶透塵勞驀到頭 번뇌망상 떨어버리고 피안으로 가세나.[36]

夢幻年光過耳順 꿈같은 세월 흘러 예순 지나니
孤山村塢也相宜 고산의 촌마을 흠뻑 정들어
飢來喫飯困來睡 배고프면 밥 먹고 피곤하면 잠자니
李四張三都不知 세상 사람 아무도 못 알아보네.[37]

앞의 시는 懶翁王師의 <示諸念佛人> 연작 중의 1수이고, 다음 시는 白雲禪師의 <居山詩> 연작 중의 1수이다. 나옹의 시는 제목에서 볼 수 있는 것처럼 염불하는 중생들에게 꾸준히 염불에 정진하여 윤회를 벗어나 깨달음에 이를 것을 교화하는 내용이다. 懶翁은 고려말의 난세, 즉 元나라의 침략, 고려왕조의 몰락, 불교의 타락, 성리학의 대두 등으로 인해 혼란한 역사적 전환기에서 갈 길을 읽고 헤매는 민중

36 慧勤, 앞의 책, 385~386쪽.
37 景閑, 앞의 책, 115~116쪽.

에게 교화를 통하여 인간성의 회복과 갈 길을 제시하였다. 당시 불교는 구세적 사명을 망각한 채 쇠퇴의 길을 걷는 상황이었다. 나옹이 이런 세태를 개탄하는 시 <嘆世> 4수, <警世> 5수를 짓고 있는 점[38]이나, 구전되다가 후에 한글, 이두로 기록되어 전하는 <西往歌>, <尋牛歌>, <僧元歌> 등의 가사 작품을 남기고 있는 점 등이 그의 구제 의식을 잘 보여준다. 여기서 그의 적극적인 대중교화의 시대적 사명을 볼 수 있는데, 그에게는 이외에도 많은 깨달음의 禪詩가 있음은 물론이다.

아래 景閑의 시는 세속에 묻혀 불법을 펴는 보살적 교화를 역연히 보여주고 있다. 그는 특히 당시 元에 유학까지 다녀온 고승이었지만, 王의 부름에 일체 나가지 않고 일생을 초야의 禪客으로 보낸 이다. 위의 <居山詩> 역시 그런 그의 행적을 잘 보여주는 작품인데, 특히 結句 "세상 사람 아무도 못 알아보네"는 그의 고산에서의 자재로운 생활과 교화가 세속에 완전히 동화된 眞俗一如의 상황을 잘 나타내고 있다. 실로 전정한 眞人은 도인으로 보이지 않는 데 있다. 處染常淨의 경계가 바로 여기일 터이다.

9) 〈讚頌〉과 〈알 수 없어요〉의 복합적 의미

이 항에는 ①과 ②가 복합되어 나타나는 경우의 작품을 살피기로 한다. 이러한 경우의 작품은 <讚頌>이다.

> 님이여, 당신은 백번이나 단련한 금결입니다.
> 뽕나무 뿌리가 산호가 되도록 天國의 사랑을 받으옵소서
> 님이여, 사랑이여, 아츰볓의 첫걸음이여
>
> 님이여, 당신은 義가 무거웁고, 黃金이 가벼운 것을 잘 아십니다.

38 印權煥, 앞의 책, 202쪽.

거지의 거친 밭에 福의 씨를 뿌리옵소서
님이여, 사랑이여, 梧桐의 숨은 소리여

님이여, 당신은 봄과 光明과 平和를 좋아하십니다.
弱者의 가슴에 눈물을 뿌리는 慈悲의 보살이 되옵소서
님이여, 사랑이여, 얼음바다에 봄바람이여

각 3행의 3연, 총 9행으로 되어 있는 이 작품은 자유시인이면서도 정형적 짜임새를 가진 형태를 보여준다. 특히 전 3연의 1, 2, 3행이 각각 조화를 돋보이게 하는 작품이다. 효과적 이해와 설명을 위하여 각 행을 재배열해보면 다음과 같다.

<각 연 1행>

님이여, 당신은 백번이나 단련한 金결입니다.
㉮ 님이여, 당신은 義가 무거웁고, 黃金이 가벼운 것을 잘 아십니다.
님이여, 당신은 봄과 光明과 平和를 좋아 하십니다.

<각 연 2행>

뽕나무 뿌리가 산호가 되도록 天國의 사랑을 받읍소서
㉯ 거지의 거친 밭에 福의 씨를 뿌리옵소서
弱者의 가슴에 눈물을 뿌리는 慈悲의 보살이 되옵소서

<각 연 3행>

님이여, 사랑이여, 아츰볕의 첫걸음이여
㉰ 님이여, 사랑이여, 옛 梧桐의 숨은 소리여
님이여, 사랑이여, 얼음바다에 봄바람이여

우선 각 연의 1행만으로 되어 있는 ㉮는 '님'의 훌륭함과, 이에 대한 찬송으로 일관되어 있다. '님'은 수 없이 단련된 不壞의 金剛石 같은 義의 중함과 물질의 허망함을 잘 아는 哲人이며, 희망의 봄과, 어둠을 헤치는 光明과 적대와 증오를 종식시키는 平和를 가져다 주는 救世의 주인이다. 매 행 첫머리에 "님이여"라는 감탄어를 반복 사용함으로써, 話者의 "님"에 대한 찬양과 호소력을 효과적으로 나타내고 있다. 분명히 話者는 무명과 번뇌로 불안에 흔들리며, 불의와 물질이 횡행하고, 암흑으로 뒤덮혀 앞을 볼 수 없는 상황과, 그러한 사회 속에서 살고 있다. 그래서 번뇌와 죄악, 공포와 전율 속에서 無明을 걷어주고 광명과 평화를 오게 할 眞身의 출현을 갈망하고 있는 것이다. 그것은 인간의 본원적인 문제로 깨달음에의 추구와 열망일 수 있고, 역사적 현실이 당면한 민족적 과제를 풀어줄 선지자일 수도 있다. ㉯는 "님"에 대한 話者의 기원과 호소로 되어 있다. 즉 "님"의 영원무궁한 축복을 기원하면서, 무지와 궁핍으로 황폐화된 대지의 중생들에게 풍요와 지혜의 축복을, 그리고 무한한 慈悲와 布施를 갈망하고 있다. 특히 ㉯에서 "거지"와 "약자"란 구체적 지칭을 통해 迷路를 방황하는 중생과, 강자에 억눌리고 짓밟히는 피압박 민족을 시사하고 있음은 매우 주목할만 하다. 또 ㉯에서 "자비의 보살이 되옵소서"란 기원은 話者의 간절한 보살행의 서원이 극명하게 나타나 있는 것으로 보인다. ㉰는 매 연의 마지막 행인데, 1행들인 ㉮의 첫귀처럼 모두 "님이여"란 감탄적 呼格으로 시작한다. 그러나 ㉮와 달리, 이어서 "사랑이여"란 역시 감탄적 호격이 반복됨으로써 "님"이 곧 "사랑"임을 강조적으로 암시한다. 만해시에 많이 등장하는 "사랑"이란 말은 표면적으로는 일반적 의미로 보이지만, 대체로 모든 迷界의 중생을 불쌍히 여기고 사랑하는 자비의 마음, 즉 法愛이며, 이는 곧 만해가 감지하는 민족애 동포애이기도 하다. 한편 ㉮, ㉯와 달리 ㉰에서는 "님"과 "사랑"에 이어 "아츰 볏", "옛 梧桐", "봄바람" 등 자연물이 매 행에 등장하고 있다. 그리고 이들 자연물에 대한 서술이 앞의 "님", "사랑"과 함께 동격으로 쓰이면서 서술은 감탄형 호격으로 되어 있다. 즉 "님"

"사랑" 자연물"이 같은 의미로 표현되면서 ㉮㉯와 다른 면을 보여준다. 여기서 유의할 점은 이들 세 가지의 자연현상이 어찌하여 "님"과 "사랑"과 같은 의미로 쓰여졌는가 하는 점이다.

여기서 우리는 ㉰에서의 自然은 곧 眞如 法身의 顯現임을 알 수 있는데 이에 대한 설명은 위 7)항에서 상론한 바 있기에 여기서는 생략한다. 다만 여기에 준하는 조선조 普雨(1515～1565)의 시를 들어 대비해본다.

雲收千嶂碧　　구름 걷히니 산봉우리마다 푸르고
花發萬林香　　꽃이 피니 온 숲이 향기롭다
觸目毘盧體　　보이는 모두가 부처의 본체거니
春風沒處藏　　봄바람에 어디에도 감출 곳이 없구나.[39]

轉句의 毘盧는 화엄경의 교주인 "毘盧遮那佛"의 약어인 바, 위의 시에서 법신불로 나타나 있다. 이상 <讚頌>을 통해서 알 수 있는 바와 같이 "깨달음의 노래"와 "보살행의 노래"의 복합형 작품에 등장하는 "님"은 眞身을 통한 깨달음의 추구이거나, 진신의 현현으로서의 자연, 그리고 無明의 중생과 억압 받는 백성을 구원하는 보살로 해석된다. 이런 계열의 작품은 <찬송> 외에도 <알 수 없어요>가 있다.

<알 수 없어요>는 만해시 중에도 秀作으로 꼽히는 작품이어서 많은 연구자들에 의해 논의의 대상이 되어 왔다. 모두 6행의 긴 서술로 되어 있는데, 6행 중 5행이 法身 顯現으로서의 자연을 노래한 것이어서, 일견 이 글의 7)항에서 설명한 "깨달음의 노래" 즉, 上求菩提의 바탕에서 자연을 통해 "님"인 法身을 찬양, 찬미한 시로 보아도 무방하기도 하다. 1～5행의 핵심어를 추려보면 다음과 같다.

---

[39] 金達鎭, 『한국의 선시』, 열화당, 1985, 228쪽.

<A>　　　<B>

1. 오동잎 - (누구의) 발자취
2. 하늘　- (누구의) 얼골
3. 향기　- (누구의) 입김
4. 시내　- (누구의) 노래
5. 저녁놀 - (누구의) 詩

위에서 <A>는 자연현상이다. <B>는 <A>의 자연현상이 "누구"라고 인칭대명사로, 지칭된 사람의 "발자취", "얼골", "입김", "노래", "詩" 인가를 "…입니까"란 의문형 어미로 묻고 있다. 이것이 1~5행까지의 중심내용을 이루고 있다. 그렇다면 이 부분의 핵심은 "누구"가 누구인가를 파악하는 것이다. 만해시에서 "누구"는 항상 "님"을 지칭하고 있기에 결국, 모든 시에서와 같이 "님"의 정체가 관건이 된다. 여기서 필자는 이 글의 앞에서 누누이 언급한 바와 마찬가지로 여기서의 "누구"는 "님", 결국, *法身*이며 그 현현으로 되어 있는 것이 시에 등장하는 아름다운 자연이다. 이렇게 되고 보면 여기서 자연물을 수식하는 형용사, 수식어에 대하여는 지나치게 예민하게 대응하여 의미를 따질 필요가 없다. 그것은 만해의 시적 수사일 뿐이며, 다양한 대상 자연의 아름다움을 여실히 나타내려 한 시적 기교일 뿐이다.

문제는 맨 끝 6행이다. 6행은 앞의 1~5행과 성격을 달리 하고 있다. 특히 1~5행이 모두 한 문장으로 되어 있음에 반하여 6행만 두 문장으로 되어 있다. 또 시 전체 중 6행에서 유일하게 "나"가 등장하고 있다. 그리고 6행에서 제일 중요한 문제는 그 첫 문장인 "타고 남은 재가 다시 기름이 됩니다."란 전체와 비교해서 다소 이질적인 내용이다. 이 문장은 다음으로 이어지는 "그칠 줄 모르고 타는 나의 가슴은 누구의 밤을 비키는 약한 등불입니까"라는 마지막 문장을, 같은 형식으로 표현된 1~5행과 이어주는 연결고리가 되어 있음이 분명하다. 그리고 의미상 맨 끝문장과 관계가 있음도 분명하다. 여기서 마지막 문장의 "나"는 보살이요, "누구"는 無明과 압제 속에 신음하는 중생 내지는 민족으로 본다면 "밤"은 그들이 처하고 있는 암흑의 현실적 상황이다. 여기서 "등불"은 무명과 암흑을 헤치고 중생을 인도하는 향도가 된다. 그리고 "그칠 줄 모르고 타는 나의 가슴은"은 중생구제와 독립과 자유의 회복에 대한 갈망이 끊임없이 강렬하다는 보살행의 실천의지적 표현이다. 다시 문제가 되는 것은 "타고 남은 재가 다시 기름이 됩니다."라는 연결문장이다. 여기서 "기름"은 이어지는 문장의 "등불"을 밝히는 데에 없어서는 안 될 존재다. 그리고 "탄다"는 의미는 이어지는 "타는 나의 가슴"에서의 "탄다"와 연결되는 말이다. 만해의 가슴은 끊임없이 誓願의 실현을 위해 "그칠 줄 모르고" 타고 있는 것이다. 이렇게 볼 때, 타고 남은 재가 다시 기름이 되고, 기름은 다시 만해의 가슴에서 불타고, 다시 불타고 남은 재는 기름이 되고, 이렇게 반복되어 만해의 가슴에서 타고 있는 "등불"은 비록 "약한" 것이기는 해도 "그칠 줄 모르고" 타면서 중생과 민족의 "밤"을 지키는 것이다. 이것은 보살행에 있어 불퇴전의 서원으로 無上의 불도를 모두가 이룰 때까지 영원이 지속된다는 것(佛道無上誓願成)을 나타낸 것이다.

작품의 마지막 행인 6행을 이런 의미로 파악할 때, 앞부분 1~5행과의 관련 문제가 남는다. 앞서 말한 바와 같이 1~5행은 모두 법신의 현현으로서의 自然이다. 그대로가 眞空妙有의 실상이다. 일체의 존재가 실체가 없기에(無自性) 그 본성은 空이다. 空의 바탕은 緣起다. 모든 것은 因果관계로 이어지고 緣起관계로 맺어져 있다. 그러기에 종래에는 空이 될 수밖에 없다. 1~5행에서의 "오동잎, 하늘, 향기, 시내, 저녁놀"이란 자연도 현상 자체로는 각각 모습을 달리하고 있지만, 그 바탕으로는 互具融攝하여 圓融無碍 하나의 眞空으로 되어 있다. 그래서 결국 6행의 "타는 나의 가슴"인 "등불"도 이와 같은 큰 원리에서 벗어나는 것은 아니다. 다만 6행에서는 앞부분에서와 달리 화자인 "나"의 행원으로서의 보살행의 의지를 나타냈을 뿐이다.

전 작품을 이처럼 이해한다고 할 때 제목은 "알 수 없어요"라는 말의 본의는, 오히려 부정을 통하여 존재의 근원을 "안다"는 말의 역설적 反語인 셈이다.

10) 결언

이상 아홉 항목에 걸쳐서 만해시에 있어 "님"의 의미를 法身의 顯現과 보살정신이란 불교적 양대 축을 중심으로 살펴보았다. 사실 "님"의 의미를 뒷받침하는 이 양대 축이 제거된 만해시는 어설픈 서경시거나, 감상적인 인정시에 머물 수밖에 없다. 그런 점에서 법신의 현현으로서의 자연의 아름다움과, 보살정신으로서의 현실참여의 구원의식은 만해시를 이루는 중요한 핵심으로 높은 시적 가치를 담보한다. 그리고 생경한 종교시에 그치지 않고 깨달음이란 심오한 경지에 抒情의 옷을 입히고, 고차원의 禪的 存在論에 文芸美를 접목시킴으로써, 아름답고 격조 높은 미적 경지를 개척한 만해의 시는 아무리 높이 평가해도 지나침이 없다. 우리 문학사상 어느 종교를 막론하고 시로, 시인으로, 이만큼 탁월한 위치를 확보한 종교인은 전무후무하다 해도 과언이 아닐 터이다.

이상 필자가 시도한 만해시 읽기는 기존의 많은 연구자들의 만해시 연구가 산적해 있는 상황에서, 또 하나의 혼란만 가중시키는 것이 아닌가 하는 두려움도 없지 않다. 또 필자의 시도가 얼마만큼의 객관성을 확보하고 있는지, 이 글에서 인용하고 분석한 작품 외의 여타의 많은 시들에는 어떻게 적용될 수 있는지, 그리고 다른 측면의 읽기의 틀로는 어떤 것들이 가능할지, 모두 과제로 남김은 어쩔 수 없다.

어쨌든 만해시는 부드럽고 호소력 있는 여성적 화법에, 다듬어지지 않은 평범한 시어들, 그리고 쉽게 읽혀지는 서술 등으로 모든 이들의 사랑을 받으면서도, 깊은 의미를 그 안에 품고 있는 점에서, 동시대는 물론 현재까지 그 불멸의 가치를 인정받고 있는 것은 사실이다.

그러나 만해시는 本有하고 있는 관념적 요소와 형이상학적 內包로 인하여 아무나 쉽게 접근할 수 있는 시는 아니다. 게다가 禪 특유의 비약·초월·역설·반어·비유·상징 등이 시 곳곳에 잠복해 있어 일견 난해시로 인식되기도 하고, 그래서 그 접근이 용이하지 않은 것도 사실이다. 때문에 그 해석이 다양하고 견해가 분분한 것이 현실이다. 그러나 그렇다고 해서 만해시를 종교적 哲理의 시나 고차원의 경지만을 표현한 관념의 시로 평가하거나, 신비주의나 신통력으로 이해되는 초월적 시로 해석하려는 것은, 그의 시를 異性을 향한 극진한 사모의 정을 나타낸 애정시, 연애시로 보는 것만큼이나 실상의 궤도에서 벗어난 것이다. 그리고 만해는 높은 禪的 達觀을 통하여 우주와 자아의 본질을 투시하였고, 維摩的 삶의 실현을 통하여 역사적 현실에 적극적이고 과감하게 참여하여 근대사에 큰 족적을 남긴 전인적 인물이었다. 따라서 그와 그의 시를 이해함에 있어, 그에 접근할 어느 정도의 정신적 높이를 가지지 않아서는 안 된다는 사실을 만해시 연구자들은 알아야 한다.

만해는 시인이고자 목적하지도 않았고 詩業의 수련에 오랫동안 전념하지도 않았다. 그래서 시인 등단을 꿈꾼 바도 없고 스스로 시인으로 자처하지도 않았다. 다만 그가 갈고 닦아 세운 그의 세계관 인생관과, 여기에 토대를 두고, 그가 처하였던 역사와 현실에서 해야 할 사명과 상념을 고유어인 우리말을 가지고 시라는 틀에 담아냈을 뿐이다. 인간은 아무리 고고한 정신적 경지를 체험했다 하더라도 그것이 촉발될 현실적 계기가 주어지지 않는다면, 다만 높은 哲人이거나 道人만으로 서재나 산방에서 일생을 보내고, 제한된 행동과 업적에 머물 수도 있다. 만해가 만일, 억압 속에 고통 받던 일제치하가 아니고, 자유와 평등과 행복이 충만된 조국에서 살았다면, 그의 시는 아예 탄생하지 않았거나 교훈적인 교화시나 警世詩에 머물었을지도 모른다. 그러나 시대는 그를 요구했고, 그는 흔쾌히 이에 응하여 뜻있고 값진 삶을 살며 국가와 민족을 위해 큰 일을 하고, 불후의 업적을 남긴 것이다.

실로 만해는 천부의 두뇌와 예술적 자질을 『님의 沈默』 88편의 시 속에 유감없이 담았다. 그리하여 그의 시는, 1920년대 우리 문단·시단의 수준에서 애원과 소망, 그리움과 기다림, 감탄과 의문의 호소력 있는 표현을 통하여 幽玄한 思惟와, 감미로운 抒情, 그리고 현실인식을 통한 저항의식을 균형있게 배합하여 시화하는 데에 성공하였다. 풍부한 고유어를 자재로이 활용하여 국문 자유시의 아름다움을 개척하였으며, 투명한 自然觀照를 통한 자연소재의 효과적인 시적활용에 새 경지를 열었고, 반복과 반어·역설과 기지, 비유와 상징 등 완벽한 시적 기교를 구사하여 우리 現代詩史에 큰 획을 그었다. 뿐만 아니라, 신라시대의 가요 이래, 고려 禪詩와 조선시대 불교시를 거쳐 면면히 이어져 온 우리 불교시의 전통을 현대에 접목시켜, 현 시단 시인들의 선적인 시, 불교시의 활발한 창작에까지 이어주는 큰 과업도 이룩한 것이다.

-『만해학 연구』 창간호, 만해학술원, 2005.

3. 萬海의 사상과 문학에 있어 前近代性의 문제
-전통사상, 전통문학과 관련하여-

1) 萬海學의 어제와 오늘

"萬海學"이라는 용어는 필자가 1982년 만해문학연구 최초로 박사논문이었던 김재홍의 「한용운문학연구」 서평에서 처음 썼었고,[1] 그 후 1999년 "제1회 만해축전"에서 「만해학의 전개와 그 전망적 과제」란 학술발표에서 거듭 사용하였다.[2]

당시 필자는 元曉學, 退溪學, 茶山學이 존재하는 학계의 상황에서 일체의 만해연구를 묶는 萬海學이란 용어가 필요하다는 생각이었다. 그후 2005년 "만해 학술원"이 생기고 그 연구지로 『만해학 연구』 창간호가 나오면서 만해학은 학술용어로 확고하게 정립되었다. 그러나 만해에 대한 학적 관심이 비롯된 것은 훨씬 전이었다.

즉, 1944년 그렇게도 기다리던 민족의 독립을 1년 앞두고 만해가 타계한 후, 그에 대한 학적인 관심은 추모문, 회고담 그리고 간단한 인물론으로부터 시작되었다. 그러나 최초로 연구에 값할만한 업적은 1960년 필자와 박노준의 저술인 『한용운 연구』의 간행으로 이루어졌다. 당시 "한용운 전집" 편찬을 위하여 유고를 비롯한 만해의 전 저작을 통람하였던 두 사람은 이를 바탕으로 만해의 생애와 독립운동, 시, 소설, 일화까지 아우르는 최초의 본격적 연구를 시도하였다. 그러나 기존 연구가 전무하였던 당시 상황에다, 두 사람 모두 학부 재학중의 집필이었던 관계로 자료의 강점이 있었음에도 연구 방법이나 연구의 심도에 있어 일정한 한계 또한 불가피하였던 것이 사실이었다. 그 후 두 사람 모두 대학원에 진학, 고전문학으로 전공을 바꾸면

1 『월간조선』, 조선일보사, 1982.9.
2 『만해축전』, 만해사상실천선양회, 1999.

서, 한 번도『한용운 연구』초판을 수정, 보완할 염두도 못한 채 지금에 이르렀다. 더구나 필자는 만해연구를 계기로 처음 불교에 관심을 가지고 고전불교문학 연구로 전공을 정한 후 이 방면의 석·박사논문을 쓰는 등 불교 문학연구에 종사해왔으나, 만해 관련 연구는 5, 6편 정도의 논문에 그치고 만해연구의 중심에서 멀어져 있었다. 그러나 그 후 50년간 만해연구는 수많은 본격적인 연구자에 의해 다양한 연구가 심도있게 이루어져 실로 한우충동(汗牛充棟)의 연구업적이 축적되어 만해학은 이제 부동의 반석에 올라있다. 우선 학위논문만 해도 석사논문 77편,[3] 박사논문 23편에 이르고 있어 만해학의 오늘을 단적으로 말해준다.[4]

이와 같은 그동안의 만해연구는 단순히 양적 증가에 그치지 않고 그 내용과 질이 크게 향상되어 있는 점에서 괄목할 만하다. 특히 1970년대 들어와 만해연구가 본격화 되었고, 또 독립운동과 생애, 佛教維新과 그 행적,『님의 침묵』의 시문학적, 詩史的 가치 등에 집중되어 왔던 만해연구가 1999년 제1회 만해축전을 계기로 새로운 영역의 개척과 참신한 방법론의 활용을 통하여 만해학의 외연을 넓히고 내포가 심화되고 있는 작금의 연구상황은 크게 괄목한 연구의 진전이라 할 수 있다.

특히 근년에 이르러 만해연구의 새로운 면으로 주목되는 경향은, 만해사상 연구의 확대와 심화, 만해시 연구의 선사상 등 불교사상적 배경연구,『님의 침묵』의 시만이 아닌 시조, 한시 등과의 장르를 뛰어넘는 전반적 차원에서의 만해시의 본질과 全體像 파악을 위한 통합적 연구 등이 그렇다. 또 만해의 사상과 문학을 당대에 국한하지 않고 通時代的으로 전후 시대의 맥락과 결부시키면서 사상사, 문학사, 사회사적 연속성의 차원에서 그 역사적 의의와 위상의 파악과 정

3 2008년까지의 학위논문, 일반논문, 저서 등은 "「만해연구자료 총목록」,『만해축전』, 2008"을 참조.

4『만해학 연구』2, 만해학술원, 2006 참조.

립에 학적관심이 경주되고 있는 점과, 만해연구가 동아시아는 물론 비교문학적 관점에서 국제적 관심의 과제로 부상하고 있는 점 등은 참신한 연구로 그 결과가 기대되는 연구의 진전이라 하겠다.

이러한 근년의 연구동향에 맞추어 본고는 만해사상의 近代性과 前近代性 그리고 脫近代性이란 일련의 기획연구의 일환으로 집필된다. 이중 필자는 "전근대성"의 과제를 다루게 되는데, 이 문제를 만해사상뿐만이 아니라 만해문학에까지 범위를 넓혀 논하고자 한다. 그리고 전근대성에 연계되는 傳統, 傳統文化, 傳統思想, 傳統文學과의 관련 연구도 불가피하므로 이 부면에 대한 논급도 같은 주제 속에 포함될 것임을 미리 말해두고자 한다.

2) 전근대성의 문제와 傳統思想과 傳統文學

(1) 近代性, 前近代性, 脫近代性

본고에서 주로 문제삼고자 하는 전근대성의 문제는 탈근대성과 함께 모두 근대성이란 용어에 관련된다. 이는 두 말이 모두 근대성에 바탕을 두고 생겨난 용어들이기 때문이다. 근대성이란 용어는 원래 역사의 시대구분에 있어 고대, 중세, 근세, 근대, 현대 등 시기구분에서 나온 말이나 여기에 "성"이란 말이 붙으면서 "근대의 성격이나 경향"을 나타내는 말로 굳어진 것이다. 즉 근대(modern)→근대성(modernity)이 되고, 여기서 다시 전근대성(premodernity)-탈근대성(postmodernity)란 용어가 생겨난 것이다. 이렇게 볼 때, 전근대성과 탈근대성은 어디까지나 근대성에 중심을 두고 단순히 그 전후를 말하는 용어로 파생된 것이다. 따라서 먼저 근대성의 제반문제 즉, 시기, 성격, 본질, 역사적 의미, 전후의 영향 등이 폭넓게 논의되어야 하고 그와 같은 바탕 위에서 전근대성이나 탈근대성에 대한 문제의 논의가 가능하다.

우리의 경우 문학사상 근대성에 대한 본격적 담론은 먼저 김윤식과 김현에 의하여 제기되었다. 즉 두 사람은 1973년의 『한국문학사』에서 한국의 근대성은 朝鮮朝 영·정시대(1780~1880)에 싹텄으며, 서구적인 근대성의 척도로 한국의 근대성을 보아서는 안 된다고 하여 한국에는 독자적인 근대성이 존재하였다고 주장했다. 즉 한국 자체내의 구조적 모순과 갈등을 이해하고 그것을 극복하려는 정신이 근대의식이라 하여, 한국의 근대성은 自生的이란 입장에서 이른바 "移植文化論"이나 "傳統斷絶論"은 배격되어야 한다고 하였다.[5]

이와 같은 한국 문학사의 근대성의 시기, 성격론 이후, 한국의 근대성에 대한 논의는 활발하게 제출되었다. 그중 근래의 논의를 몇 가지 들어 보면, 이광호는 20세기의 한국 문학사는 "한국 근대문학사" 또는 "한국 현대문학사"로 불린다면서 "근대/현대"의 개념이 우리의 경우 서로 겹치면서 복잡한 양상을 띤다가 말하고, 그 때문에 "근대" 또는 "근대문학"은 모순과 상처의 명칭으로 어떤 의미에서는 문학적 근대성에 도달하기 위한 투쟁의 역사였다고 말한다.[6] 그리고 최원식은 한국의 근대성은 분열되고 二重性을 띠어 맹목적인 근대 추종과 낭만적인 근대 부정 사이에서 끊임없이 흔들려 왔다고 보았다. 그리하여 우리의 근대는 그 역사적 조건으로 인해 근대와 근대 이후가 混在하는 상황을 보였다고 말하였다.[7] 한편 서준섭은 韓龍雲의 文章과 文體를 논하면서, 만해의 문체는 근대와 탈근대를 동시대에 사유하는 담론형식을 보여준다면서, 이러한 만해의 문체적 다양성은 당시 우리 근대의 역사적 상황이 복합적이고 모순적이었다는 사실에 기인하는 것으로 보고 있다. 그리하여 만해의 이러한 면도 근대와 탈근대를 동시에 시사하는 것으로 파악하였다.[8]

5 김윤식·김현, 『한국문학사』, 민음사, 1973.

6 이광호, 「모순으로서의 근대문학사」, 『문학과 사회』 겨울호, 문학과 지성사, 1992.

7 최원식, 「한국문학의 근대성을 재고한다」, 『창작과 비평』 겨울호, 창작과 비평사, 1994.

이에 비하여 이선이는 만해가 근대를 어떻게 인식하고 이해하였나를 치밀하게 고증하면서 만해가 발견한 근대의 성격은 무엇인가를 탐구하고 있다. 그는 이와 같은 점을 『조선 불교 유신론』과 「조선 독립의 서」를 통하여 만해의 근대에 대한 이해를 밝히고 있는데, 만해의 근대 이해가 곧 만해사상과 실천의 모태가 되며, 이러한 萬海思想이 社會主義와 民族主義가 합치되는, 억압 없는 삶에 대한 강한 믿음의 기본 전제가 되었다고 말하고 있다.[9] 결과적으로 만해의 근대 이해는 東洋의 관념적이고 정신주의적인 도덕문명의 실천이라는 구한말 開化儒學者들과 같은 이상에 터를 두고 있었기 때문에 역사적인 구체적 근대를 明澄하게 통찰하는 데 실패하였다고 보았다.[10]

이상 우리 문학사에 있어 근대성에 대한 諸說을 살펴보았는데, 특히 1990년대 이후의 논의에서 나타나는 공통점은 첫째, 우리의 근대성은 근대와 현대가 그리고 근대 추종과 근대 부정 등이 겹치면서 이중성, 혼재성을 나타내고 있으며, 둘째, 이러한 가운데 만해의 근대성은 근대와 탈근대를 동시에 사유하는 談論이며, 그 바탕이 되는 만해사상에는 근대주의와 민족주의가 혼재하는 가운데 만해의 근대 이해는 피상적이었기 때문에 현실과 유리되어 있었고, 민족주의에 경도된 나머지 구체적 근대는 통찰하지 못했다는 등의 두 가지로 요약된다.

이상과 같은 논의들에 대하여 필자는 대체로 동의한다. 그리고 전근대성의 문제를 다루는 것이 본고의 주과제이기 때문에 이상의 근대성 논의에 가담할 여력이 없다. 다만 전근대성의 문제에는 그 바탕이 되는 근대성에 대한 논의의 이해가 불가피하기 때문에 간단히 우선 근래의 제설을 살펴본 것이다.

---

8 서준섭, 「한국 근대시인과 탈식민주의적 글쓰기」, 『한국시학연구』 13, 한국시학회, 2005.

9 이선이, 「문명과 민족을 통해 본 만해의 근대 이해」, 『만해학 연구』 3, 만해학술원, 2007.

10 이선이, 앞의 논문 참조.

(2) 전근대성과 전통론

전항에서도 말한 바와 같이 前近代란 용어는 다만 近代 以前이란 특정 시기에 대한 명칭이다. 그러나 전근대가 전근대성, 전근대적이란 명사, 형용사로 바뀌면서 단순한 시기구분에 대한 명칭에 그치지 않고 전근대가 내포하고 있는 특정 성격이나 경향을 말하는 용어가 되었고, 동시에 그 의미도 근대적이 아닌, 근대 이전의 舊時代的, 封建的인 것으로 비근대적인 문화를 지칭하게 되었다. 즉 전근대적, 전근대성이란 이미 시대성을 상실하여 버려야 할 낡고 退嬰的인 사상과 문화, 그리고 唾棄해야 할 관습, 인습으로 치부하는 것이 일반적인 경향이 되었다. "낡은 전근대적 전통을 탈피하고"라든가, "근대적 지평을 확보하지 못한 전근대적 전통적 사유에 머문 지적 한계", "전근대적 상식 속에 머문 사유기반의 부실" 등의 표현들이 대체로 그런 용례다.

이처럼 전근대성, 전근대적이란 말이 부정 일변도의 용어가 된 이유는 무엇일까. 그것은 대체로 다음과 같은 우리 근대 초기의 역사적 사회적 상황에 기인하고 있다.

오랜 鎖國의 문을 열고 급격히 밀려오는 서구의 근대문화를 받아들일 때, 우리의 역사와 문화는 이들을 주체적으로 소화하고 수용할 준비가 되어 있지 않았다. 즉 일정한 정착기간을 거치지 않은 상황에서 갑작스레 피동적으로 받아들여야 했던 근대적 외래문화는 충격과 경이 그 자체였다. 그런 가운데서 우리의 근대와 근대성은 비로소 형성과 성장을 시작한 것이다. 그렇다 보니 당시 우리의 역사적 현실에 있어 외래의 서구적 근대문화는 열정적으로 따르고 본받아야 할 동경의 대상이었다. 이런 상황에서 주체적 민족성이나 민족문화에 대한 관심이나 자각은 도도한 新思潮에 밀려날 수밖에 없었다. 그런데 문제는 단순히 이러한 상황에 그치지 않고 근대와 전근대, 근대성과 전근대성이 긍정과 부정이라는 측면으로 양분되었던 사실이다. 즉 서구의 근대적인 것은 긍정적이며, 재래의 전근대적인 것은 부정적이라는 일반적 인식과 통념이 그것이다. 이른바 傳統否定論과 傳統斷絶論은 이렇게 시작되었던 것이다. 때문에 민족적이고 전통적인 것은 전근대적이기에 근대, 근대성에 배치되는 것이므로 배격되어야 하고 신시대 신사조로서의 근대와 근대성은 따르고 본받아야 할 당위로 여겨졌던 시대에 전통문화, 전통사상이 자리할 곳은 없었다. 일부 전통긍정론자들이 있었다 하나, 그것은 대체로 復古的 鄕愁에 의한 禮讚이나 讚嘆이었을 뿐이다.

이러한 전통과 전통문화에 대한 왜곡된 인식은 당시를 논의하는 오늘날의 논자들에게서도 발견할 수 있다는 것은 놀라운 일이다. 한 예로 "전통으로의 복귀라는 전근대적 의식", "전근대적 사유양식인 폐쇄된 전통정신" 등이 그 예에 해당한다.

필자는 여기서 전통의 개념을 명확히 해둘 필요성을 느낀다. 그렇지 않으면 앞으로 논의될 전통문화, 전통사상, 전통문학 등의 용어들도 본질적 의미에서 일탈할 가능성이 있기 때문이다.

첫째, 전통(Tradition)은 역사적, 집단적, 문화적 개념이다. 따라서 그것을 형성시킨 집단의 존재가 역사적으로 지속되는 한, 일시적 침체나 부진은 있을 수 있어도 끊어지거나 없어지지는 않는다. 그리고 집단이 창조한 모든 문화의 저변을 흐르며 면면히 지속된다.

둘째, 전통은 과거적 가치만이 아니라 현재적 가치로도 존속되며, 나아가 미래적 가치로까지 지속되는 時空을 초월하는 生命體다. 오랫동안의 집단 구성원들의 공명, 공감을 받아 역사적 磨滅을 견디고 살아남은 일관성 있는 살아있는 정신적 체계다.

셋째, 전통은 향수나 회고의 대상이거나, 우연히 발굴되는 문화재로서 선조들의 문화적 우월성을 과시하기 위한 박물관적 존재가 아니다. 그것은 끊임없는 硏鑽을 통하여 찾아지는 것이며, 꾸준한 실천을 통하여 체득되는 것이며, 새로운 비판과 검증을 통하여 창조되는 것이다. 그러므로 과거 그대로, 맹목적으로 模倣하거나 踏襲하는 것

은 전통의 본질에서 벗어난다.[11]

일찍이 T. S. Eliot이 20세기 초『The Egoist』에「전통과 개인의 재능」(Tradition and Indivisual Talent)(1917)이란 글을 통하여 주장한 괄목할 전통론은, 19세기의 낭만주의에서 20세기의 신고전주의(neoclassicism)로 변화하는 과정에서 그 본질로서의 전통주의의 바탕을 마련하였다. 이처럼 신고전주의의 저변에는 전통의 옹호와 회복이라는 흐름이 과학주의에 의해 급속히 붕괴되고 있는 인간성을 전통의 복귀를 통해 구원하려는 의지가 크게 작용하고 있었다. 그리고 이것이 문학적으로 반영된 것이 20세기 문학에 대두한 傳統論이었다.[12]

이상 위에서 우리 근대 초기의 전통론의 상황과 전통의 개념 그리고 엘리엇의 전통론을 거칠게나마 살펴보았다. 이는 이 시대를 살았던 한용운의 사상과 문학, 그리고 그에 있어 전근대와 근대, 그리고 탈근대의 의식을 어떻게 이해하고 자리매김할 것인가에 대한 예비적 검토를 위함이었다. 그리고 또한 한용운의 사상과 문학에 있어 전통과 전통사상, 전통문학적 측면을 어떻게 접근하고 파악할 것인가 하는 본고의 주제에서 피할 수 없는 과제이기 때문이다.

(3) 전통사상과 전통문학의 양상

한국의 傳統思想은 앞서 살핀 전통의 본질 그대로 오래전에 발원하여 장구한 시간에 걸쳐 끊어지지 않고 내려온 우리의 사상이다.

그렇다면 우리의 전통사상은 무엇인가. 혹자는 유불도 3교사상을 말하고 혹자는 儒佛道는 외래사상이니, 고유의 무격신앙(巫覡信仰-Shamanism)이나 민간신앙(Folk-Belief), 여기에 화랑의 이념이었던 국선도(國仙道)를 들기도 한다. 그러나 이 모두는 맞기도 하고 틀리기도

11 인권환,『한국민속학사』, 열화당, 1978.
12 오세영,「전통이란 무엇인가」,『현대시의 전통과 창조』, 열화당, 1998.

한다. 실상 우리의 전통사상은 이상의 모든 고유사상, 외래사상이 장기간에 걸쳐 상호 소통하고 혼융(渾融)한 상태에서 이루어진 것이기 때문이다. 전통의 중요한 속성의 하나는 가변성(changeability)과 신축성과 융통성(flexibility)이다. 이러한 속성은 모든 이질성을 종합하고 외래적인 것까지 자신의 논리로 소화 용해시키며, 심지어 모순되는 것까지도 융합시키는 기능을 가지고 있다.[13] 한국의 문화와 사상도 이러한 전통의 기능에 의해 형성, 발전되어 온 것이다.

조지훈은 한국의 과거 문화의 유형과 성격을 "부여~고구려문화"[시베리아문화+한(漢)문화], "삼한~신라문화"(시베리아문화+인도문화), "백제문화"(한문화+인도문회), "고려문화"(불교문화), "조선문화"(유교문화) 등으로 나눈 바 있다.[14] 그리고 시베리아문화는 후대로 내려올수록 소멸되고 동양문화는 마침내 "한문화+인도문화"밖에 남지 않았다고 보았다. 그러나 한국의 문화는 시베리아문화를 바탕으로 여기에 한문화, 인도문화의 전통을 흡수, 수용하면서 현대문명에 이른 대표적인 문화라는 것이다.[15] 이와 같은 조지훈의 문화유형 분류가 지나치게 도식적일 수도 있다. 그러나 한국의 전통문화가 다양한 주변문화가 혼입, 수용되고 이것이 한국적 변화인자를 바탕으로 개성적 창조를 거듭하면서 수천 년 지속되어 왔다는 사실을 잘 보여주고 있다.

불교만 하더라도 인도에서 생겨났지만 중국에 들어와 禪佛教 등 심화된 사상으로 다변화하였고, 다시 한국에 들어와서도 신라의 元曉나 義湘, 고려의 義天이나 知訥 그리고 조선의 已和나 休靜 등에 의해 한국적 전통불교로 순응, 정착되어 왔다. 이와 같은 점은 유교도 마찬가지여서 성리학의 경우 조선조의 退溪와 栗谷에 의해 그 이론

13 오세영, 앞의 논문 참조.

14 조지훈, 『한국문화사 서설』, 탐구당, 1964(인권환, 『한국 전통문화의 현대적 모색』, 태학사, 2003에 재인용).

15 조지훈, 위의 책 참조.

이 더욱 정치해졌고, 조선 후기의 실학에 이르러서는 이른바 改新儒學이라할 정도로 전통성리학의 관념론이 당시 현실에 맞는 실용적 사상으로 변모하기도 하였다. 그 이후 개화기의 이른바 開化思想도 新舊思想의 橋梁的 역할을 다하면서 면면히 그 전통을 이었다.

이렇게 볼 때 우리의 전통사상은 샤마니즘적 바탕에 외래의 중국 문화, 인도문화를 흡수 수용하여 일관성 있게 종합하면서 성립되었고, 근대에 이르러서 이러한 바탕 위에 다시 서구의 근대적 사상과 문화를 접목시켜 한국의 근대 또는 현대의 전통사상으로 발전한 것이다. 이런 점에서 전통사상은 오래 살아 있는 고목이다. 고목 그 자체의 기둥과 뿌리는, 즉 正體(Identity)는 변함없이 무궁하나 해마다 새로운 잎과 가지가 돋아나듯 전체적 형체는 끊임없이 변모한다. 하지만 새로운 잎과 가지는 다만 지엽적인 존재가 아니라 궁극적으로는 나무의 기둥과 뿌리와 생명적 연대성을 가지고 있다.[16]

다음 전통문학의 경우에도 그 원리적 측면에서 전통사상과 그 생성원리나 본질적 성격, 그 전개과정은 마찬가지다.

한국문학사는 대체로 고전문학, 개화기문학, 현대문학으로 구분되지만 개화기문학 이후는 보통 현대문학이란 범위 속에 포괄되기도 한다. 그러나 이는 어디까지나 시기적 구분일 뿐이다.

한국문학은 한국인이 한자, 또는 한글을 통하여 한국적 생각과 정서를 바탕으로 창작한 모든 형태의 문학 일체를 가르킨다. 따라서 여기에는 記錄文學(Written literature)으로 한문문학, 한글문학이 있고 따로 구전으로 내려온 口碑文學(Oral literature)이 있다. 이런 전체상으로서의 한국문학의 시대적인 전개과정이 한국문학사다. 그런데 이런 문학사는 세계 어느 나라를 막론하고 전통이란 맥락 위에서 전개된다. 따라서 전체 문학사는 전통과 관련 없이 쓰여질 수도 없고 이해될 수도 없다. 이러한 문학적 전통은 종교적 상상력, 역사적 상상력 등에

16 이상섭, 『문학비평 용어사전』, 민음사, 1981, 255쪽.

의해 일관되게 통합되고 계승된 하나의 규범이라 정의해도 무방하다.[17] 그리고 이러한 문학적 전통의 기본이 되는 것이 언어이다. 작자나 독자, 청자나 화자나 언어를 매개로 하여 문학을 수수한다. 문자는 다를 수 있어도 언어는 불변이다. 언어는 곧 전통과 역사성의 산물이기 때문이다. 현대의 문학이라 하더라도 과거의 전통문학이 사용했던 언어를 계속 사용하지 않을 수 없고, 언어와 동시에 표현력과 표현내용도 많이 받아들이지 않을 수 없다. 이것은 작자는 물론 독자의 경우에도 마찬가지다.

이런 점에서 신라시대의 가요는 그 뿌리에서 현대시와 맞닿아 있고 삼국시대의 설화는 현대소설과 맥락이 통한다. 여기서 傳統文學이 운위된다. 우리가 "전통율격", "전통서정"을 말하고 "소월과 미당시의 전통성"을 운운하는 것이 그러한 예에 해당한다. 독창적 창조성은 참신한 문학의 시도와 실험을 말하지만 그것도 어디까지나 전통문학의 터전 위에서의 이야기다. 근대기에 들어온 이후에도 전통을 부정, 파괴하고 전통으로부터 탈피하고자 하는 일체의 傳統否定論, 傳統斷絶論도 역설적으로 보면 스스로 전통의 자각을 의미하는 것이다.

T. S. Eliot은 그의 유명한 「전통과 개인의 재능」에서 전통은 역사의식을 내포하는데 이 역사의식은 과거의 과거성에 대한 인식일 뿐만 아니라 그 現在性에 대한 인식인 동시에 항구적인 것에 대한 인식이고, 일시적인 것과 영구적인 것을 함께 인식하는 의식이며, 그리하여 문학자로 하여금 전통성을 갖게 하는 것이라 했다. 이처럼 끊임없이 변하고 발전하는 문학사 가운데에서 전통문학은 그 저류를 형성하는 불변의 생명체인 것이다.

17 오세영, 앞의 논문 참조.

3) 萬海思想의 양상

(1) 만해사상의 형성과 전개

“만해학”이란 용어의 기원과 그 시기에 대하여는 본론의 앞에서 언급한 바 있거니와, “萬海思想”이란 용어가 처음 등장한 것은 1980년 “만해사상연구회”에서 간행한 『韓龍雲 思想 硏究』부터였다. 그후 1996년 “만해사상실천선양회”가 생기고 여기에서 1999년 “제1회 만해축전”이 열리면서부터 일반화 되었다. 특히 최근 만해사상에 대한 학적 관심이 제고되면서, 다양한 만해사상론이 발표되고 있어 만해학의 확대를 실감하게 한다. 이는 만해사상의 다양한 사상적 스펙트럼을 밝혀내기 위한 당연한 연구의 진전이라 할 수 있다. 그러나 사상(Thougt, Ideology)이 하나의 학술용어로 정립되기 위하여는 일정한 사고의 바탕에서 얻어진 체계적인 의식내용으로서, 이것이 하나의 일정한 개념으로 정립되는 논리가 밑받침 되지 않아서는 안 된다. 그렇지 않으면 단순한 추상명사에 그칠 수 있기 때문이다.

만해사상의 경우 불교사상, 독립사상, 문학사상, 민족사상, 생명사상 등은 이미 그런 반열에 올라 있다고 본다. 그러나 평화, 자유, 평등, 자주, 사회, 정치, 민주, 민중, 진보, 통일사상 등은 위의 몇 가지 사상에 종속되는 하위개념어이거나 아직 이론적으로 개념이 정립되지 않은 것이어서 자칫 이와 같은 만해사상의 인플레가 만해사상 파악에 혼란과 애매성(ambiguity)으로 작용할 가능성이 있다.

이런 점에서 김재홍이 다양한 만해사상의 구조와 특성을 체계적으로 정리하여 각 사상 간의 연관관계를 일목요연하게 밝힌 것은 앞으로 만해사상연구의 한 指南으로 삼을 만하다.[18] 여기서 여러 가지 만해사상 중에는 “이념”, “의식”, “정신”, “특질” 등의 용어로 바꾸어 쓰

[18] 김재홍, 「만해사상의 구조와 특성」, 『만해학 연구』 2, 만해학술원, 2006.

는 것도 하나의 방법일 것이라는 것이 필자의 견해다.

그러면 만해사상은 어떻게 형성되었는가.

만해(1879~1944)의 생애는 개화기 초에 해당하는 19세기 말에서 일제 말인 20세기 중반에 걸치는 우리의 근·현대에 있어 가장 변화와 고초가 심했던 시기에 해당한다. 특히 만해는 나라가 망해 식민지가 되고, 보수와 개혁 세력 간의 극심한 갈등과 근대와 현대의 교체 속에 동서양 문화가 충돌하는 격동의 상황을 지켜보면서, 10대와 20대를 보냈다. 그리고 이런 가운데서 만해사상은 형성되기 시작한 것이다.

대체로 만해사상은 다음과 같은 세 가지 요인을 바탕으로 형성되고 전개된 것으로 보인다.

첫째는 전통 사상적 요인으로 주체적 민족주의를 바탕으로 한, 전통불교의 존재를 들 수 있다. 오랜 과거가 물려준 언어, 풍속, 신앙, 종교, 관습, 규범 등 한 집단의 문화를 전통문화라 할 때, 한 인간의 관념과 사상은 어느 누구도 여기서 자유로울 수 없다. 만해가 처음 역사와 시대에 눈을 떴을 때 허다한 전래의 문화와 사조가 전개되어 있었고, 그것들은 소용돌이치는 역사의 격랑 속에서 길항(拮抗)을 거듭하면서 시대의 흐름과 변화 속에 浮沈하고 있었다. 그 가운데서 가장 주목할 전통사상은 외래의 불교와 유교의 양대 흐름이었다.

불교는 삼국 이래 신라에서 가장 화려한 꽃을 피웠고, 고려에서는 국교로서 국가통치의 지도이념이었을 뿐 아니라 禪思想을 중심으로 한, 불교문화가 전성하여 불교예술, 불교문학이 찬란한 모습으로 나타났다. 조선조에 와서는 斥佛崇儒政策이 국책으로 강화되면서 사찰의 산간화, 승려의 천민화, 신앙의 통속화로 승려의 도성출입까지 금지 당하는 극도의 핍박 가운데 겨우 명맥만 유지하는 상황이었다. 거기에 일제의 식민정책에 의한 탄압으로 더욱 큰 난관에 처해 있었다.

한편 儒教는 삼국시대의 유학 이래 고려 말 性理學을 거치면서 조선조에 들어와서는 국교로 정립되어 지배적인 統治理念으로 부상하였고, 국민의 윤리도덕의 강령으로 그 위력을 발휘하였다. 그러나 관념에만 함몰된 朱子學이 조선 후기를 넘어서면서 현실적 改新儒學 내지 實學으로 변모하였다. 그러나 정통 유학은 陽明學 그리고 개화기 실학정신을 이어받은 국학과 더불어 여전히 저력을 유지하는 상황이었다.

이상 전통사상의 근간으로 깊은 뿌리와 오랜 역사를 자랑하는 두 사상 중 만해사상의 중심을 이룬 것은 기본적인 민족 주체이념을 바탕으로 받아들인 전통 불교사상이었다. 근래 만해의 학문과 사상을 18세기 성리학의 한 지역학파인 호학(湖學)이라 하고, 그의 불교를 儒家佛教라 한 설도 있었지만,[19] 그 설득력에 개연성이나 타당성은 없다. 재언할 필요도 없이 만해사상의 핵심은 불교다. 만해가 禪師요, 독립지사이며, 시인이라는 세 축을 이루는 삼각형의 저변은 불교사상이다. 결국 만해의 정신적 공통분모는 불교사상으로 그의 모든 저술, 언설, 행적의 사상적 바탕이 되었던 것이다.

둘째는 외래 사조적 요인이다. 1876년의 본격적 개항으로 오래 닫혔던 쇄국의 문이 열리자 동서양의 열강들이 몰려들어 우리나라는 그들의 각축장이 되었다. 그런 중에 甲申政變(1884)과 甲午更張(1894)을 거쳐 乙巳勒約(1905)에 이르기까지 우리나라보다 앞서 서구문명을 받아들였던 가까운 이웃나라들인 중국, 일본과 러시아의 세력이 노골적인 야욕을 보였다. 이에 대한 대응력이 취약했던 우리는 親清派, 親日派, 親露派로 갈리어 우왕좌왕 좌충우돌하는 가운데 국력은 쇠진하고 있었고 선진 서구문화는 물밀 듯 침투하여 왔다. 일정한 근대교육을 받지 못했던 만해는 명철한 판단으로 그러한 상황을 직시하고 있었고 명석한 두뇌와 강렬한 의지로 당시의 현실타개에 도전하였다. 향리에서 서당공부를 하며 동학혁명을 목도하였던 만해는 1903년에 출가, 1905년 득도하고 수도생활을 하던 중 홀연히 산중생활을 중단하고 산에서 나와 국외를 주유하였다. 즉 1906년에 중국과 만주, 시베

19 한계전, 「만해 한용운 사상과 그 배경」, 『만해축전』, 만해사상실천선양회, 1999.

리아를 둘러보았던 그는 1908년에는 일본에 건너가 5개월간 머물면서 서구적 선진문화와 문물을 체험하였다. 그리고 국내외의 신문과 서적 등을 통하여 한반도를 둘러싼 국제적 상황을 목도하고 새로운 근대적 신지식을 섭취하였다.

이와 같이 축적된 체험과 지식을 통하여 전통 불교사상에 몰입되어 있던 만해는 새로운 사상적 개안을 이루었던 것으로 보인다. 그리고 여기에는 잘 알려진 바와 같이 중국 근대문화의 선각자 량치차오(梁啓超, 1873~1929)와 일본의 저명한 계몽주의자로 명치유신을 이끌었던 후꾸자와 유키치(福澤諭吉, 1835~1901)의 영향이 컸던 것으로 보인다. 특히 전자의 저술인 『飮氷室文集』을 통하여서는 근대사에 있어 불교적 역할의 중요성을, 그리고 후자의 『文明之槪略』에서는 서양문명의 유래와 이를 통한 일본근대화의 사상적 배경의 이해에 매우 큰 자극을 받았던 것으로 보인다. 그 외 지리서 『瀛環志略』을 통한 세계에 대한 인식, 그리고 일본 체류 중에 曹洞宗大學(現 駒澤大學)에서의 경험은 일본의 근대 불교에 대한 인식뿐 아니라 불교의 개혁의 필요성을 절감하게 하였던 것으로 판단된다. 이와 같은 외래적 요인들이 만해사상의 변화와 확대에 크게 기여하였던 것이다.

셋째는 당시 우리나라의 현실 투쟁적 요인이다. 당시 우리나라 현실은 허다한 역사적 사회적 과제를 안고 있었다. 그 중에도 庚戌國恥(1910)후 3·1운동(1919)의 실패를 거치면서 국권의 회복과 민족정기를 되찾으려는 독립운동은 국내외를 막론하고 間斷없이 지속되었다. 이러한 시대 상황에서 만해는 선각자적 역사의식과 선구자적 참여의식으로 독립쟁취의 선봉장으로 자임하고 나선 것이다. 대체로 일제하 항일 민족운동의 유형을 보면 크게 국외파와 국내파가 있었다. 그리고 국외파에는 무장투쟁을 통하여 독립을 성취하려는 적극적 행동파와 국제적 외교와 세계적 인식을 통하여 국가의 정통성을 계승하고 국권을 회복하려는 정치·외교파가 있었다. 독립군, 안중근, 윤봉길 등이 전자에 속하고 상해 임시정부, 김구, 이승만 등이 후자에 해당된다. 한편 국내파에는 포호입굴(捕虎入窟)의 정신으로 국내에 머물면서 적극적 행동과 활발한 언설, 필봉을 통하여 투쟁하며 지조를 굽히지 않는 강경파와 조용히 민족의 교육, 산업, 언론을 세우고 키워 국력을 배양, 후일을 기약하려는 온건파가 있었다. 전자에 만해가 단연 독보적 존재라 할 수 있고, 후자에는 김성수가 우뚝하다.

실로 만해는 20대의 불교수학에 의한 인격도야. 그리고 현실과 외유를 통한 투철한 현실인식, 근대의식의 파악과 체험을 바탕으로 입지(立志)를 하였고 30대부터 비롯되는 후반생은 온통 식민지하에서 일제와 몸으로 부딪치고 싸우며 살아왔다. 때로는 종교운동과 사회운동을 통하여, 때로는 단체의 조직과 결성을 통하여, 때로는 만인을 감복시키는 사자후(獅子吼)와 심금을 울리는 필봉으로 대중의 계몽과 교화를 통하여 민족정기를 일깨우고 독립의식을 고취하였다.

이상 세 가지 요인을 바탕으로 형성된 만해사상은 그대로 그의 일생을 관통하고 있다. 따라서 만해사상의 전개도 연대에 따라, 시대에 따라 순차적으로 변모되어 갔다. 먼저 전통사상적 요인에 의해 주체적 민족의식과 전통불교사상이 사상적 기층으로 형성되었다. 그리고 이를 바탕으로 시대의 변화와 만해의 지적 체험이 확대 심화되면서 근대의식과 근대문화에 대한 새로운 개안과 인식으로 자유, 민주, 평등의 서구적 이념을 접목시켰다. 이를 통해 만해사상은 개혁과 개조, 변화와 전환의 방향으로 나아간 것이다. 이렇게 생성되고 확대, 심화, 그리고 전변 되어간 만해사상은 식민지하 일제 당국과의 투쟁과 국민대중의 계몽과 교화에 진력하면서 독립사상, 민족사상의 실천적 방향으로 보다 더 강화되어 간 것으로 보인다.

(2) 만해의 저서와 논설에 나타난 만해사상

①『조선 불교 유신론』의 경우

본항에서는 이상 세 가지 요인에 의해 형성된 여러 측면의 만해사상이 그의 저서, 논설에서 어떻게 구체적으로 실현되고 있는가를 검토하고자 한다. 단, 시, 시조, 한시 등의 문학작품에 대하여는 다음 항에서 상론되겠기에 여기서는 생략한다.

만해의 저서는 『조선 불교 유신론』(1913), 『불교대전』(1913), 『정선 강의 채근담』(1917), 『십현담주해』(1925), 『님의 침묵』(1926) 등 5종이다. 주지하는 바와 같이 이중 만해의 사상적 주조를 이루고 있는 것은 『조선 불교 유신론』과 다음에 논할 논설 「조선 독립의 서」(1919)이다. 『조선 불교 유신론』은 1910년에 쓰여지고 1913년 간행된 바, 그의 최초의 본격적 저술이다. 즉 그가 출가, 수행, 득도를 거쳐 일본 등 외국의 문화적 체험을 한 후 귀국하여, 이미 식민통치에 들어간 당시 불교계의 혼란과 난맥상을 목도한 다음, 새로운 불교의 진로와 방향을 제시한 저술이다. 그는 이 저서를 통하여 유교로 위축된 불교를 회복하여 근대적 종교로 만들고, 새로운 불교를 토대로 서구적 근대 문명을 받아들여 우리나라를 문명국으로 실현하려는 의도를 강렬하게 보여주고 있다. 책의 이름에서 잘 나타나듯 만해는 인습에 매어 迷夢에 빠져 있는 재래의 무력한 불교를 혁신의 대상으로 하여 과감한 혁파를 주장하였다. 새로운 승려의 교육, 진정한 선사상의 선양, 근대적 포교방법의 지향, 나아가 염불단의 폐지, 사원의 도시 진출, 의식의 축소, 간소화, 승니(僧尼)의 결혼 권장 등 다양한 측면에서의 과감한 파괴를 전제로 한 혁신안을 내놓은 것이다. 그러나 만해의 이러한 급진적 개혁안들은 현실 불교를 타개하기 위한 방안이었을 뿐, 傳統佛教의 본질에 대한 부정이나 그 흐름의 단절을 의미하는 것은 아니었다. 비록 만해가 역사적인 구체적 근대를 명징하게 통찰하는데 못 미쳤다는 것은,[20] 사실이라 하더라도 이는 당 시대의 현실인식으로는 어쩔 수 없는 한계이기도 했다. 그렇다 하여 만해가 조급한 계몽주의를 앞세운 채 자유, 평등, 진보와 같은 용어에 대한 조악한

20 이선이, 「문명과 민족을 통해 본 만해의 근대」, 『만해학 연구』 3, 만해학술원, 2007.

이해로써 계몽에 나서는 지적 나태를 드러내었고, 그의 승려대처론 등 불교 유신 모두가 짧은 동안의 피상적인 일본 見聞에서 비롯된 천박하고 저돌적인 만용이라 평가하는 것은,[21] 부정적 선입견에서 오는 단견이다. 조선 후기 실학파의 주장과 이론이 뜻대로 실현되지 않았고, 갑신정변이나 갑오경장이 내세웠던 개혁정책이 그대로 실천되지 않았다 하여 그 역사적 당위성이나 정당성이 부정되는 것은 아니다. 오히려 시대를 앞서간 선견지명의 측면에서 평가할 수도 있다. 만해의 불교 유신 또한 그대로 실현되지 않은 건 사실이다. 그러나 당시 조선조 500년의 탄압에 의한 좌절과 부진의 타성에 빠져 역사적 전환기에 활로를 못 찾고 식민통치를 맞았던 우리 불교의 과감한 혁신과 전진을 위하여 만해의 불교 유신은 불교사적 요구이기도 했고, 또 만해 아니면 아무도 할 수 없는 개혁안이기도 했다. 그리고 실상 그의 주장이 그후 실현된 부분도 있고, 아직 해결해야 할 과제로 남아 있는 부분도 적지 않다.

② 「조선 독립의 서」의 경우

「조선 독립의 서」는 다양한 제목으로도 불려지는데, 1919년 서대문 감옥에서 작성한 것으로 알려져 있다. 그리고 「조선 독립에 대한 감상의 대요」는 전자보다 4개월 후에 《독립신문》에 발표된 것으로 제목은 다르나 내용은 같다. "1 개론, 2 조선 독립선언의 동기, 3 조선 독립선언의 이유, 4 조선 총독 정책에 대하여, 5 조선 독립의 자신"의 5항목으로 되어 있는 이 장편의 논설은 그의 민족사상을 바탕으로 한 독립사상을 체계적, 논리적으로 명쾌히 진술한 명문이다. 만해의 독립사상을 파악하기 위하여 그 내용을 살피면 1. "개론"에서는 인간에 있어 자유와 평화의 중요성을 말하고, 당시 세계정세를 논한 다음,

21 배병삼, 「만해 한용운의 사회사상과 실천에 대한 비판적 고찰」, 『만해학 연구』 3, 만해학술원, 2007.

3·1 독립선언의 정당성을 강조하고 있다. 2. "조선 독립선언의 동기"에서는 우리 민족의 저력과 세계 대세의 변천을 살피고 민족자결주의를 주장하고 있다. 3. "조선 독립선언의 이유"에서는 민족의 자존성과 조국사상에 바탕을 둔 우리 독립선언의 타당성과 자유주의, 그리고 우리 민족의 세계평화에 대한 의무와 일본의 침략적 야욕을 규탄하고 있다. 4. "조선 총독 정책에 대하여"에서는 조선 총독의 학정과 우리 민족의 종교와 교육에 대한 중요성과 독립의 불가피성을 논하고 있다. 5. "조선 독립의 자신"에서는 일본의 침략주의를 비난하고 그들의 식민정책의 실패가 필연적이므로, 우리 독립의 인정과 보장을 강력히 촉구하고 있다.

「조선 독립의 서」에 나타난 만해의 독립사상은 자유주의와 평등주의의 이념을 바탕으로 하고 있다. 그리고 민족의 자유와 주권의 쟁취, 종교와 교육의 자주성, 조국 독립의 정당성과 자심감 여기에 일본 침략주의의 종국적인 실패를 예견하는 등, 탁월한 판단과 불퇴전의 기개, 그리고 정확한 역사의식이 논리정연하게 나타나 있다. 이러한 점들이 「조선 독립의 서」에 躍如히 드러나 있고, 그의 예견 또한 적중했음은 역사가 증명하고 모든 연구자들이 인정하는 바다. 그러나 만해는 실패한 민족주의자 또한 실패한 사상가라는 일부 견해도 있는 터여서[22] 신중한 검토가 요망된다.

4) 만해의 문학과 傳統文學의 관련 양상

만해시는 전통시와 어떤 관련이 있으며 어떤 맥락으로 연결되어 있는가. 전통시와의 단절인가 계승인가. 계승이라면 어떠한 양상으로 변용, 계승되었는가. 그것은 파괴인가 창조인가. 만해의 시는 시집 『님의 침묵』과 시조, 한시 등으로 이루어져 있다. 그리고 전통시가는

22 배병삼, 앞의 논문 참조.

멀리 신라의 가요(향가)에서부터 고려가요와 가사, 조선시대 시조와 가사, 그리고 구비문학으로서의 민요가 있다.

이제 각 장르별로 대비 고찰하여 이상의 문제들을 살펴보기로 한다. 그리고 이들간의 대비는 문자, 양식(장르), 정서(심상), 소재 등의 측면으로 나누어 특징적인 면만을 간단히 논급하기로 한다.

(1) 만해시와 전통시

만해시는 『님의 침묵』 수록 88편, 그리고 전통시는 각 시대의 각 양식을 통틀어 傳統詩歌로 묶어 논하기로 한다. 단, 본항에서는 만해의 시만을, 그리고 시조와 한시는 다음항에서 다루기로 한다.

우선 시, 또는 시가의 글쓰기에 있어 문자는 전통시가 향찰, 이두, 한자, 한글, 국한혼용 등 다양한 문자로 표현하고 변천하여 왔음에 비하여 만해시는 한글로만 쓰였다는 점에서 완전한 한글전용의 현대시라는 문장사적 의의를 갖는다. 만해와 더불어 1920년대 시단의 쌍벽을 이루는 김소월(1902～1934)의 첫 시집 『진달래꽃』이 1925년에 나왔고, 만해의 『님의 침묵』이 1926년에 연이어 나온 것을 감안한다면, 위의 문장사적 의의는 두 사람이 공유하는 바다. 또 이와 함께 한용운, 김소월은 1920년대에 우리 현대시를 완성, 그 불변의 토대를 마련했다는 사실도 새삼스러운 이야기는 아니다. 한편 시 형태상 대부분의 전통 정형시는 근·현대에 들어와서 그 종막을 고하고 겨우 시조 형태만 남았다. 물론 단기간의 개화기 문학시대의 개화가사, 창가, 신체시의 과도기적 관계를 거치기는 했어도 전통시가의 형태를 계승한 대표적인 양식인 자유시의 본격적인 실험은 만해와 소월에 의해 본격적으로 이루어졌다는 사실도 주목할 만하다. 그러나 모든 전통시가 양식이 소멸되고 겨우 시조만 남은 터에 시조조차 그 주류를 자유시에 빼앗긴 사실은 우리의 성급한 근대문학의 실험이 저지른 오류였다는 지적이 있는 것도 유의할 만한 사실이다.[23]

다음으로 정서와 이미지(心象) 등이 응집된 전통정서와 만해시와의 관련이다. 대체로 우리 고전시가에 나타나는 전통적 정서 중 대표적인 것이 恨이다. 한은 죽음, 이별에서 오는 슬픔, 그리고 기다림, 그리움 등의 모든 정서를 내포한다. 그리고 한은 이들 정서들이 뭉쳐 이루어진 채 풀리지 않는 데서 오는 체념, 좌절, 원망이 그 기저를 이룬다.

그리하여 恨의 감정은 상실감을 근거로 하며 회복의지나 극복의지보다는 대상과 주체에 대한 원망, 체념, 미련 등의 감정을 바탕으로 한다.[24] 실상 古詩歌 <공후인>, <황조가>나 <정읍사> 그리고 고려가요의 <가시리>, 민요 <아리랑> 같은 작품들이 전통정서의 맥락을 밟고 있다. 그리고 현대시에 와서도 김소월과 서정주의 많은 시들이 그 연장선상에 놓인다.

이처럼 전통정서의 핵을 이루는 한의 본질은 무엇이며 만해의 시에 나타나는 전통적 한의 정서는 어떻게 나타나는가. 인간의 원한(願恨・怨恨・寃恨)은 소원, 원망, 울분, 비탄, 좌절, 체념 등이 오랫동안 쌓이고 맺혀 이루어지고 굳어진 심리적 갈등의 복합체다. 그리고 이와 같은 한은 이별, 죽음, 핍박, 수난, 착취, 탄압 등 타인과 밖으로부터 가해진 힘에 의해 축적된 것으로, 주체는 항상 이들이 모순된 것, 왜곡된 것, 비정상적인 것으로 판단하기에 이를 극복하고 해소하려는 욕구도 갖게 된다. 그러나 이러한 욕구가 없이 운명적인 것으로 체념하고 만다면 한은 비탄, 비장, 애절, 애한(哀恨)에 그치고 만다. 하지만 체념이 아닌 극복이란 적극적인 길을 나갈 때 주체는 한의 해소를 위한 "한풀이"의 방법을 택하기도 한다. 그리하여 한풀이는 부정을 긍정으로, 실패를 성취로, 긴장을 이완으로, 억압을 해방으로 변환시키는 힘으로 작용한다.[25]

23 민병기, 「현대시와 전통 율격」, 『현대시의 전통과 창조』, 열화당, 1998.

24 심재휘, 「소월시를 통해 본 전통 서정의 의미」, 『현대시의 전통과 창조』, 열화당, 1998.

대체로 전통시가의 한은 운명적 체념과 소극적 좌절에 머무는 원망과 애한이고 현대시의 김소월 시도 여기에 해당한다. 그러나 같은 맥락의 서정주는 그러한 전통서정을 오늘에 되살려 현대적으로 형상화함으로써 전통의 창조적 계승이라는 측면에서 다른 면을 보인다.[26] 그러나 만해시에 있어서 이별의 슬픔과 기다림과 그리움으로 나타나는 한은 단순한 체념에 그치는 애한이 아니라 이를 극복하고 초극하려는 실천적 의지와 행위가 내포되어 있다는 점에서 전통정서와 그 성격을 달리 한다.[27]

> 타고 남은 재가 다시 기름이 됩니다<알 수 없어요>
> 님은 갔지마는 나는 님을 보내지 아니하였습니다<님의 침묵>
> 그러나 당신이 언제든지 오실줄만 알아요<나룻배와 행인>
> 님이 주시는 한숨과 눈물은 아름다운 생의 예술입니다<생의 예술>
> 미는 이별의 창조입니다<미는 이별의 창조입니다>
> 오셔요 당신은 오실 때가 되었습니다. 어서 오셔요<오셔요>

위의 6편의 시에서 뽑은 싯귀들은 님과의 이별에서 오는 슬픔과 님에 대한 기다림과 그리움이 다만 원망이나 애한, 체념이나 좌절로 나타나지 않는다. 오히려 한의 정서들을 제어하고 극복하는 의지, 그리하여 님과의 만남에 대한 확신, 더 나아가 만남과 헤어짐을 초극하여 이를 지양하는 고차원의 사유가 진술되어 있다. 그리고 이와 같은 사유는 만해가 불교의 깨달음을 통해 도달한 唯心論的, 形而上學的 명상에 맞닿아 있다.[28]

이와 같은 점에서 만해시는 전통정서의 맥에 순응하면서 이를 극

25 인권환, 『예술과 장인문화』 下, 고려대 한국학연구소, 2007, 461~462쪽.
26 김재홍, 『현대시의 전통과 창조』, 열화당, 1998, 175쪽.
27 오형엽, 위의 책, 252쪽.
28 오형엽, 위의 책, 259쪽.

복하여 새로운 시대, 새로운 정서의 계승, 창조라는 우리 현대시의 신국면을 여는 높은 시적 상상력을 보여주고 있는 것이다. 뿐만 아니라 그의 시가 전통불교 한시, 즉 선시의 맥을 계승하고 있고, 이를 다시 한글 선시로 그 새 흐름을 창조한 점은 한국시사상 획기적 사실로 평가할 수 있다. 또 그의 『십현담주해』(十玄談註解)(1925)의 선사상을 배경으로 이루어진 『님의 침묵』(1926)이 한국 최초의 선시집이란 점도 韓國詩史에 명기할 만하다.

끝으로 소재면에 있어서의 관련은 다양한 측면에서의 논의가 가능하나 여기서는 자연소재에 관하여만 간결히 논급하기로 한다. 우선 전통시기에 있어서의 자연은 감상과 찬탄의 대상으로서의 객관적 존재였다. 그리고 한가한 심정으로 유유자적하는 소요와 안심락도하는 소박한 삶의 공간이었다. 따라서 대체로 花朝月夕, 吟風弄月의 대상으로서의 자연이었다.[29] 그러나 만해시에 허다하게 등장하는 자연은 선적 깨달음에 의한 法身顯現으로서의 자연이다. 따라서 敍景이나 景物, 讚嘆의 대상이 아니라 物我一體의 통일적 시각으로 대하는 眞如佛性 그 자체가 자연이 된다.[30] 이와 같은 불교적 자연관은 이미 고려시대의 선시에서부터 나타난 바이지만, 만해는 이를 현대의 한글 자유시에서 성공적으로 수용하고 있는 점에서 그 탁월함이 높이 평가된다.[31]

(2) 만해시조와 전통시조

고려 말에 기원되었다는 시조는 전통시가의 중심을 이루는 형태로서 다양한 유형의 작품이 전해오고 있다. 그리고 위의 왕으로부터 평

29 인권환, 『고려시대 불교시의 연구』, 고려대 민족문화연구소, 1983.
30 인권환, 「만해시에 있어 법신의 현현과 보살정신」, 『만해학 연구』 창간호, 만해학술원, 2005.
31 인권환, 『한국불교문학연구』, 고려대 출판부, 1999.

민에 이르기까지 전국민 각 계층에 의해 지어지고 가창된 국민문학, 국민음악으로 꾸준히 지속되어 왔다. 작품 수에 있어서도 수천 편을 헤아리는 막대한 작품이 전하고 있고 전통시가 중 유일하게 현재까지 그 형태가 살아 지속되는 장르다. 이와 같은 전통시조는 개화기 문학시대에 이르러 대략 1904~1910년간 당시 《대한매일신보》에 "詞藻", "靑丘新謠"라는 고정난을 통하여 이른바 개화기 시조가 연재되었다. 이때의 시조는 단형시조로서 종장 4구가 사라지는 등 변화가 보였으나 대체로 고시조의 형식을 그대로 계승한 것이었다.[32]

그러나 작품의 주제에 있어서는 전원생활이나 자연완상이 거의 사라지고 당시대상을 보여주는 시대의식, 애국의식, 단결고취, 독립투쟁, 참여의식 등을 주로 보여주고 있다. 개화시조는 곧이어 이른바 신시조의 시대를 열고 최남선 등이 활발한 작품활동을 하였던 바, 그는 1926년에 우리나라 최초의 개인 시조집인 『백팔번뇌』를 간행하였다. 모두 108수의 작품이 수록된 이 시조집의 작품들은 대략 2, 3년간 쓰여진 작품에서 골랐다 하니 그 수는 더 많았던 것 같고 창작의 시작도 꽤 이전부터였을 것으로 짐작된다.

만해가 남긴 시조는 현재 36 또는 39수로 밝혀져 있다. 그리고 그가 처음 시조를 발표한 것은 1922년 『개벽』 27호에 <무궁화 심으과저>란 옥중시조를 발표하면서부터였고, 그 후 1938년 『신불교』 16집에 <제심우장>을 발표하기까지 대략 16년간이었다. 그리고 그중 가장 시조 창작이 활발하였던 것은 1930년대로 보고 있다.[33]

만해 시조 중 옥중시 계열의 작품들은 그 내용이 민족의식 고취와 애국심 昻揚이 주를 이루고 있다.[34] 그의 시대의 궁핍, 불교적 교훈과 선적 의취, 산중생활의 정서, 삶의 주변에 대한 상념 등 그의 내면세

32 조남현, 「개화기 시조의 형식과 의식」, 『현대시의 전통과 창조』, 열화당, 1998, 56쪽.

33 김대행, 「한용운의 시조와 삶의 문제」, 『한용운 연구』, 새문사, 1982.

34 김종균, 「한용운의 한시와 시조」, 『한용운 사상연구』 창간호, 1980, 298~299쪽.

계를 보여주고 있다. 이와 같은 점들은 고시조의 그것과 변별되는 특징이지만, 형태와 어법에 있어서는 구태를 못 벗어나 있다. 특히 "읽어 무삼하리오"(<공화난추>), "잠 못 이뤄 하노라"(<추야몽>), "그를 슬퍼 하노라"(<무제>) 등 종장 끝귀의 서술이 古時調 그대로여서 新時調로서의 참맛을 잃고 있다. 이런 점에서 시조에서는 그의 시에서 만큼 성공적이지 않은 것으로 판단된다. 따라서 만해의 시조는 동시대의 시조 작가인 가람이나 노산의 작품에 못 미치는 것으로 평가된다.

(3) 만헤 한시와 전통 한시

현재 전하는 만해의 한시는 총 165수로 확인되었다.[35] 이 중 절구(絶句)가 5언, 7언 합하여 125수, 율시(律詩)가 5언, 7언을 합하여 35수. 모두 160수에 이른다. 이와 같은 한시의 작품 수는 『님의 침묵』의 시 88편의 2배가 되는 양이어서 그의 시가 중에 차지하는 한시의 비중이 매우 크다. 또 이와 같은 점은 만해시 연구에 있어 시, 시조, 한시 간의 횡적인 연구는 물론, 총체적인 연구의 필요성이 매우 중요하다는 사실을 절감하게 한다.

만해는 전통 한시 작가와 같이 고체시보다는 근체시를 즐겨 썼고, 그중에도 절구가 대부분을 차지한다. 내용상으로는 불교 관련시가 가장 많고, 즉흥적 한적(閑寂)을 읊은 작품, 그리고 고향 및 달[月]에 관련된 작품이 그 다음을 이룬다. 차운작(次韻作)으로는 이백, 소동파, 두보 등의 작품이 올라있고, 당시 명망이 높았던 박한영(朴漢英, 1870~1948) 대종사와의 화작(和作) 차운시가 9편 14수나 되어 선사간의 교유가 깊었던 것으로 보인다. 그 외 매천(梅泉)같은 지사나 열사에 관련된 작품도 있다.

35 이병주, 「만해선사의 한시」, 『한용운 사상연구』 2, 민족사, 1981, 265쪽.

이상과 같은 만해의 한시가 오랜 역사를 지니고 흘러온 전통 한시와 어떻게 접맥이 되는가 하는 것은 시문학의 연속성과 결부하여 매우 중요한 문제다. 이와 같은 점을 전통 한시와 만해 한시의 동일한 소재나 시상의 비교를 통해 살피기로 한다.

여기서 먼저 매화를 소재로 한 작품을 각각 들어보기로 한다.

> 雪擁金橋凍不開 금교에 눈이 덮여 아니 녹으니
> 鷄林春色未全廻 계림의 봄빛은 아직도 먼데
> 可怜青帝多才思 영리한 봄의 신 재주도 많아
> 先著毛郞宅裏梅 모레네 집 매화꽃에 먼저 피었네.[36]

> 宇宙百年大活計 우주의 무궁한 조화로 인해
> 寒梅依舊滿禪家 예런 듯 선원 가득 매화 피었네
> 回頭欲問三生事 고개 들어 삼생을 물으려니
> 一秋維摩半落花 한 가을 유마경에 떨어진 꽃잎.[37]

위의 시는 고려 충렬왕 때 國師였던 一然(1206~1289)의 작품이고, 아래 작품은 만해의 <觀落梅有感>(매화꽃 지는 것을 보고 느낌)이란 시다. 두 작품 모두 매화꽃을 소재로 읊은 7언 절구이나 두 사람 사이에는 1000년 가까운 시간적 거리가 있다. 그리고 시를 쓰게 되는 계기에서도 서로 다르다. 위의 시는 신라의 불교가 처음 전래된 상황을 읊은 것이다. 신라 16대 눌지왕 때 중 墨胡子가 고구려로부터 신라에 와 毛禮의 집에 숨어서 불교를 전파하였다. 이는 신라에 불교가 정식으로 인정되기 훨씬 전이었다. 이 사실을 일연이 시로 표현한 것이다. 일연은 『삼국유사』에서 두드러진 불교적 기사를 다룬 다음, 해

36 일연, 『삼국유사』(인권환, 『고려시대 불교시 연구』, 고려대 민족문화연구소, 1983, 120쪽에서 재인용)

37 『한용운 전집』 1, 신구문화사, 1973; 최동호 편, 『한용운 시전집』, 문학사상사, 1989.

당기사에 관련된 讚詩를 쓰고 있다. 찬시는 창작시로서 관련 사항에 대한 개인적 감흥을 나타낸 것이다. 위의 시도 불교가 공인되지 않은 신라사회를 얼어붙은 눈으로 말하면서 불교가 전래되는 봄을 기다리고 있다. 青帝는 봄의 신이나 봄을 가져다주는 圓融無碍한 法身을 말한다. 이 법신이 화현한 것이 모례의 집 매화꽃이다. 따라서 매화꽃은 불법의 상징이다. 아래의 시는 만해가 매화를 읊은 17수 중 한 편이다. 그의 한시 중 매화시가 많은 것은 그가 매화를 즐겨 시재로 사용했음을 뜻한다. 선원에 가득 핀 매화는 우주의 조화다. 삼생은 "과·현·미"의 세계로 圓通한 불교의 진리를 말한다. 만개한 매화를 보고 오묘한 진리를 느끼고 있는 차에 매화가 이를 알고 펴들고 읽고 있는 『維摩經』에 떨어진 것이다. 여기서 매화는 불법의 상징이다. 만해가 『유마경』을 즐겨 읽었던 사실을 감안하면, 시에서의 無言心法이 한 편의 아름다움으로 詩化 되어 있다. 2편의 매화시가 천 년 세월을 뛰어 넘어 맞닿고 있다. 그리고 이는 전통 한시가 만해의 한시 그대로 이어짐을 말해준다. 이는 전통시 연속성의 증거가 되기도 한다.

다음에는 고향을 제재로 한 시를 대비하기로 한다.

古園家業日荒凉 고향의 집안 일 날로 황량해가고
遊子迷津去路長 나그네 속세에서 갈길 멀어라
若向箇中廻眼觀 만약에 눈 돌려 그 곳을 보면
元來脚下是吾鄉 그 발밑 서 있는 곳 바로 내 고향.[38]

男兒到處是故鄉 남자가 이르는 곳 모두가 고향인데
幾人長在客愁中 얼마나 많은 이들 객수 속에 헤매나
一聲喝破三千界 한 소리 크게 질러 삼천계를 뒤흔드니
雪裏桃花片片紅 눈발 속에 복사꽃 조각조각 붉구나

38 충지, 『원감록』(영인), 아세아문화사, 1973, 242쪽.

위의 시는 고려 원감국사 충지(冲止, 1226～1292)의 고향을 心象으로 한 작품이다. 충지 이외에도 고향을 제재로 한 시는 慧勤(1320～1377), 景閑(1298～1375) 등에 의해 다수 지어져 고려 후기 선시의 소재적 특징을 알게 한다. 선시에서의 고향은 출생하고 성장한 지리적 처소로서의 의미가 아니다. 대체로 선시의 고향은 불성의 자각이거나 眞如에의 회귀, 즉 깨달음의 경지를 말한다. 또 歸鄕 또는 還鄕이라 할 경우는 스님들의 임종이나 辭世를 의미한다. 충지는 위의 시에서 불성을 깨치지 못하고 사바세계에서 迷惑에 빠져 헤매는 중생들을 나그네에 비유하고 있다. 그러나 스스로 지니고 있는 불성을 자각하면 바로 깨달음을 이룰 수 있고 그곳이 바로 니르바나[涅槃]의 세계란 것이다. 즉 깨달음을 밖에서 구하지 말고 자기 자신, 그리고 서 있는 그 곳. 바로 현실에서 이루라는 것이다.

아래에 만해의 시는 그가 1917년 백담사에서 깨달음의 순간을 읊은 悟道詩・開悟詩로 널리 알려지고 자주 인용되는 작품이다. 여기서 고향이나 나그네 그리고 그 상황도 고려시대 충지가 지은 시의 경우와 다르지 않다. 다만 충지의 시는 깨달음을 성취한 이후 그 경지를 말하여 모든 이들의 깨달음을 촉구하는 경우이고, 만해의 시는 그가 직접 깨달음을 성취하고 그 순간의 마음을 나타낸 것이다.[39]

"눈발 속에 복사꽃 조각조각 붉구나"라는 結句는 깨달음의 경지를 상징적으로 나타낸 것이어서 고도의 심오하고 幽玄한 세계를 의미한다. 그런데 여기서도 복숭아꽃이 등장하고 있어 선시에 있어 꽃소재가 많이 등장하고 있음을 알 수 있다.

앞에서 만해의 시와 고려 후기 선시인들의 공통된 소재와 시적 상념의 비교를 통하여 그 관련성을 살펴보았다. 여기서 시대와 상황은 달라도 공통된 소재와 여기에 담겨져 있는 시적 함의가 다르지 않음

39 만해의 한시 중 사향시(思鄕詩) 계통의 시로, 그가 오도하기 이전의 작품에는 일반적인 고향에의 동경을 보여주는 작품도 있다.

을 알 수 있다. 이는 우리 전통 한시가 시공을 초월하여 같은 맥락으로 통하고 있을 뿐 아니라, 만해의 한시 또한 전통 한시의 연장선상에 있음을 말해주는 것이기도 하다. 또한 이들을 통해서 삼국 이래 역사를 관통하고 있는 선종, 선사상의 연면한 계승과 臨濟宗의 宗風이 만해 한시에 깃들어 있음도 확인된다.

5) 만해사상, 문학에 있어 前近代性의 극복과 창조

이상 본고에서는 만해의 사상과 문학에 있어 전근대성의 문제를 전동사상, 전통문학과 관련하여 살펴보았다.

우선 앞에서 만해학의 어제, 오늘을 간결하게 개관하고 만해사상의 연구에 있어 근래 대두되고 있는 전근대성의 문제와 이에 직접적으로 관련된다고 보는 전통사상과 전통문학과의 관계를 근대성, 전근대성, 탈근대성 그리고 전근대성론과 전통론, 끝으로 전통사상과 전통문학의 양상 등 세 가지 문제로 나누어 검토하였다. 다음 만해사상의 양상을 형성과 전개, 저서와 논설에 나타난 만해사상의 두 가지 측면에서 설명하였다. 여기서 저서는 『조선 불교 유신론』을, 논설은 「조선 독립의 서」를 주 대상으로 하였다. 마지막 항으로 만해문학과 전통문학의 관련 양상에서는 만해의 시, 시조, 한시를 각각 전통시, 전통시조, 전통한시와 관련 작품의 예를 들어 비교 고찰하였다.

결과적으로 만해는 근대성의 방향과 진로를 전통, 전통문화, 전통사상, 전통문학에 바탕을 두고 이들의 광맥에서 찾고자 했던 것으로 보았다. 만해는 이들을 새로운 근대성에 용해시켜 자기화를 이루고, 이를 다시 탈근대의 방향으로 지향하고자 했던 것이다. 이런 점에서 본고에서는 전근대, 또는 전근대적이란 용어가 다만 근대를 설명하기 위한 장치적 용어일 뿐인데다, 그 의미가 오래고 낡은, 그리하여 버려야 할 인습적인 것으로 보는 용어상의 폐단을 불식시키기 위하여 가급적 기피하고, 그 대신 전통사상, 전통문학 등의 말로 바꾸어 사용하였다. 따라서 전통문학의 어떠한 점들이 만해사상, 만해문학에 어떻게 구현되고 있는가를 말하는데 노력하였지만, 능력 등 여러 가지 문제로 충분한 논의로 만족할 만한 결과를 내지 못하고 과제로 남겨두게 되어 매우 아쉽다. 그러나 만해는 그의 사상과 문학을 통하여 전통을 살리되 부정적 측면의 전근대성을 극복하고 그 토대위에 새로운 우리 사상과 문학을 창조하고자 하였고, 또 그런 면에서 일정한 선구적인 성취가 있었던 사실을 확인하였다.

특히 시문학에 있어 만해는 깨달음이란 심오한 형이상적 경지에 서정의 옷을 입히고, 고차원적인 선적 존재론에 문예미를 접목시켰으며, 풍부한 고유어를 자재로이 활용하여 차원 높은 국문시의 아름다움을 개척하였다는 점을 높이 평가하였다. 그리하여 만해는 적적하던 1920년대 우리 문단에서 애원과 소망, 그리움과 기다림, 감탄과 의문, 그리고 적절한 비유, 반복과 반어, 역설과 기지, 높은 비유와 상징을 통하여 우리 시사에 큰 획을 그은 탁월한 시인임을 다시 한 번 강조하였다. 특히 만해가 그의 言說과 행적을 통해 보여준 민족정신, 독립정신, 불교 개혁사상, 禪敎兼修의 정신을 바탕으로 역사적 현실에 적극적이고 과감하게 참여하였던 바, 이러한 점이 그의 시에 저항정신으로 작용하고 있음도 주목해야 된다고 말하였다.

끝으로 만해의 불교사상과 불교개혁운동에 있어 유의할 점은 그가 革新佛敎, 大衆佛敎를 주장하면서도 臨濟禪의 宗風顯揚에 진력하였고 또 스스로 지켰던 사실과 그가 주장한 사회주의 역시 단순히 불교와 사회주의를 결합하려 했던 것이 아니라는 점이다. 이는 오히려 국권을 빼앗겨 민족주체성이 허물어져가고 독립정신이 흔들리는 시대에 원효의 和諍精神을 되살리려는 원대한 포부로 볼 수 있다는 것이다.[40]

–『만해학 연구』 5, 만해학술원, 2009.

40 김인환, 『한용운의 “님의 침묵”을 읽는다』, 열림원, 2003, 6쪽.

제4부

韓國 佛敎散文의 자료와 연구

1. 新羅 觀音說話의 양상과 문제

1) 研究의 意義와 研究史

우리의 많지 않은 고문헌 가운데 『三國遺事』만큼 다방면에서의 막중한 가치와 의의를 지닌 문헌도 없다. 崔南善은 일찍이 "누가 『三國遺事』를 출발점으로 하지 않고서 朝鮮의 神學을 말하며, 朝鮮의 神話學 특히 國民 及 古史 神話學을 말하며, 조선의 社會力 及 其 發達史를 말하며, 古語學 地名學 氏族學 文學史 思想史 宗教史를 말할 수 있으랴"[1]라 갈파한 바 있다. 실로 『삼국유사』 한 권은 신화·전설집이요, 민속지요, 시가집이며, 불교사요, 삼국시대사다. 뿐만 아니라 일일이 列擧할 수 없을 정도의 여러 분야에서 빼어놓을 不朽의 고전이다.

신라시대 觀音說話에 대하여 고찰하려는 이 글 또한 『삼국유사』를 주 대상으로 하지 않을 수 없는 이유도 여기에 있다. 즉 신라시대 설화의 대부분이 여기에 실려 있고, 또 『삼국유사』는 佛教說話集이라 할 만큼 충분한 자료를 수록하고 있는 문헌이기 때문이다.[2] 특히 卷第三 <興法>은 삼국의 불교 전래와 그 전개, <塔像>은 불탑이나 불상, 그리고 사찰의 연기와 그 영험, 卷第四 <義解>는 고승들의 이적과 영험담, 卷第五의 <神呪>, <感通>, <避隱> 역시 이들 외에 일반 불교신도들의 신앙적 기록을 전하는 설화들이 그 전 내용을 이루고 있다. 따라서 이들 자료의 불교사 내지 불교문학적 가치가 매우 크고, 이에 따라 이들에 대한 연구 의의 또한 막중한 것이 사실이다. 그러

1 崔南善, 「三國遺事解題」, 『六堂崔南善全集』 8, 玄岩社, 1973, 22쪽.

2 『三國遺事』 외에도 각종 金石文, 寺蹟記類, 그리고 『三國史記』, 『海東高僧傳』, 『殊異傳』(逸文), 『法華靈驗傳』 등 국내 자료가 있고, 중국 문헌으로 『續高僧傳』, 『宋高僧傳』, 『祖堂集』, 『弘贊法華傳』, 『釋門自鏡錄』, 『大唐西域求法高僧傳』 등이 있으며, 일본 문헌으로는 『本朝高僧傳』, 『元亨釋書』, 『日本靈異記』 등이 있으나, 그 자료적 가치를 『삼국유사』에 비할 수 없다.

므로 이들에 대한 연구 또한 크고 다양한 의의를 지닌다고 할 수 있다. 즉 佛教說話에 국한하여 보더라도 그에 대한 연구는 "韓國佛教敍事文學의 원류와 근원의 파악", "古典佛教文學史의 초기 상황의 연구", "新羅人의 당대적 세계관 역사관 현실관의 이해", "신라시대 민간불교의 상황과 특성의 고찰", "一然의 불교사관과 설화의식의 색출", "一然 당시의 고려사회와 불교계의 상황 파악" 등 중요한 문제들의 이해와 파악을 가능하게 한다.

이와 같은 연구의 의의와 중요성에 입각하여 그동안 이 방면에 대한 연구도 많이 축적되어 왔다. 이를 연대별로 간단히 보기로 한다.

1960년대의 필자와 蘇在英, 金煐泰의 연구는 그 최초의 독자적 연구라는 의의가 있는 것으로 생각된다. 즉 필자는 『삼국유사』 소재의 불교설화에 국한하여, 그 분류와 명명을 시도하면서 여기에 나타난 龍信仰, 彌勒信仰, 彌陀信仰 등을 살펴보았고,[3] 소재영은 『삼국유사』 소재 설화 전반을 대상으로 폭넓은 분석과 검토를 하면서 설화의 특징과 여기에 나타난 新羅人의 의식을 추출하고자 하였다.[4] 또 김영태는 『삼국유사』 소재 <白月山二聖說話>에 국한하여 그 불교 신앙과 사상적 의미를 깊이 있게 다루었다.[5] 또 필자는 이 시기 말기에 설화와 소설의 근원탐구를 통하여 佛典說話의 한국적 전개와 그 변용을 탐색하기도 하였다.[6]

1970년대에 이르러서는 黃浿江 · 金煐泰 · 金學城 · 洪順錫 등에 의하여 그 연구의 폭과 깊이를 확장해 나갔다. 특히 황패강은 신라불교설화의 자료와 문헌, 분류와 명명, 전승의 원리와 양상, 사상과 신앙을 깊이 있게 다루어 이 방면 최초의 연구 단행본을 내어 획을 그었고,[7] 김영태는 전시기에 이어 <彌勒寺創建緣起說話> 등의 연구를 지

3 印權煥, 『古代說話의 佛教的 考察』, 高麗大 大學院, 1962.
4 蘇在英, 『三國遺事 說話의 硏究』, 高麗大 大學院, 1963.
5 金煐泰, 「新羅 白月山二聖說話硏究」, 『趙明基 華甲記念論叢』, 1965.
6 印權煥, 「佛典說話의 토착화와 변용」, 『文化批評』 3, 1969.
7 黃浿江, 『新羅佛教說話硏究』, 一志社, 1975.

속하였다.[8] 한편 김학성은 <武王說話>, <處容說話>, <水路夫人說話> 등을 대상으로 그 형성 및 변이 과정을 고찰, 새로운 면을 열었고,[9] 홍순석은 <佛寺緣起說話> 집중적으로 다루어 이 방면 연구에 기여하였다.[10]

1980년대에 들어와서는 연구인의 증가에 따라 연구 영역이 넓어져 갔고, 연구 업적도 많이 나타났다. 우선 그 전반기에 趙東一은 『삼국유사』 설화연구에 대한 문제와 방향의 제기로 새로운 연구 방법을 제시하였고,[11] 이어 불교설화에 나타난 숭고하고 비속한 삶을 문제 삼아 새로운 관점을 보여주었다.[12] 또 林東周는 주로 <菩薩化現說話>에 대한 심도 있는 고찰을 하였고,[13] 필자 또한 한국불교설화의 형성과 전개를 체계적으로 살피는 한편[14] <觀音說話>에 대한 고찰을 시도하였다.[15] 80년대 후반기에는 李東夏, 金容德, 尹錫山, 曺喜雄, 鄭出憲, 田英鎭 등의 연구가 활발히 이루어져 새로운 면이 다양하게 천착되었다. 이동하는 『삼국유사』 소재 불교설화의 기록과정을 살피면서 여기에 나타난 세계관의 형성 요인과 내용상의 특징을 종교적 측면과 계층적 측면, 그리고 역사적 상황의 입장에서 논하였고,[16] 김용덕과 윤석산은 불교설화의 형성, 그리고 傳承原理를 고찰하였다.[17] 한편 조희웅도 불교설화의 형성과정을 살폈으며,[18] 정출헌은 기존 연구가

8 金煐泰, 『彌勒寺創建緣起說話考』, 『馬韓·百濟文化』 1, 1975.
金煐泰, 『新羅 佛敎說話의 한 考察』, 『한국철학연구』 8, 1978.

9 金學城, 「三國遺事 소재 說話의 形成 및 變移過程考察」, 『冠嶽語文論集』 2, 1977.

10 洪順錫, 『韓國佛寺緣起說話硏究』, 단국대 대학원, 1979.

11 趙東一, 「三國遺事 說話硏究의 문제와 방향」, 『구비문학의 세계』, 새문사, 1980.

12 趙東一, 「三國遺事 佛敎說話와 숭고하고 비속한 삶」, 『한국설화와 민중의식』, 정음사, 1985.

13 林東周, 「菩薩化現說話에 나타난 菩薩化現의 원리와 양상」, 『國際語文』 2, 1981.

14 印權煥, 「한국불교설화의 형성과 전개」, 『금강』, 1985.

15 印權煥, 「관음화신설화」, 『한글새소식』 157, 1985.

16 李東夏, 「삼국유사 소재 불교설화에 대한 일고찰」, 『三國遺事 論文選』, 白山資料院, 1986.

17 金容德·尹錫山, 「한국 불교설화의 형성과 전승원리」, 『한양어문연구』 4, 1986.

18 曺喜雄, 「三國遺事 佛敎說話의 形成過程」, 『韓國文學史의 爭點』, 集文堂, 1986.

지나치게 불교적 선입견에 빠져 있다고 보고 『삼국유사』 설화에 나타난 一然의 民衆觀을 계층적 갈등을 통하여 비판적 차원에서 논하였다. 또 전영진은 『삼국유사』 <紀異>篇의 <緣起說話>를 주 대상으로 하여 국가의 흥망에 관련된 의미를 연구하였다.[19]

이상 외에 불교와 부분적인 관련이 있거나 전혀 비불교적인 설화에 대한 연구는 많다. 한 예로 <處容說話>나 <薯童說話>에 대한 연구는 그 자체만으로도 연구사가 가능할 정도다. 그러나 이들 기존연구에 미흡한 점이 없는 것은 아니다. 특히 기존연구에서 공통적으로 나타나는 문제점으로 첫째, 불교설화를 佛敎 敎化의 방편으로서의 기능에만 관심을 둔 나머지 불교적 측면에만 결부, 당시대의 사회적 역사적 측면, 그리고 당시대인들의 삶의 실체와 특성을 간과해온 점, 둘째, 불교설화 전반에 대한 검토는 있으나 개별작품이나 동일 계열 설화들에 대한 정밀하고 심도 있는 고찰이 영성했다는 사실, 셋째, 해당 설화들이 신라를 배경으로 하고 있는 점에서 신라적 차원에만 관심을 두고, 편자인 一然이 살았던 고려시대적, 또는 편자의 개인적 차원에서의 연구가 소홀하였다는 점 등을 지적할 수 있다.

따라서 앞으로의 과제는 이와 같은 기존연구의 문제점을 바탕으로 대략 다음과 같은 점에 유의해야 할 것으로 생각된다.

① 수록된 불교설화의 확실한 根源, 정확한 註釋, 주도한 考證 등 완전한 원전 비평의 확립.

② 이들 설화가 왜 생겨났으며 어떻게 변화하였는가의 생성과 변화의 구명.

③ 이들 설화들은 당시대의 어떤 점을 반영하며 동시에 어떤 의미를 갖는가 하는 점의 해명.

---

19 田英鎭, 「삼국유사 소재 연기설화연구」, 『국문학논집』, 1989.
鄭出憲, 「三國遺事 說話의 世界觀에 대한 考察」, 『語文論集』 28, 1989.

④ 이들 설화들은 후대 서사문학에 어떤 영향을 주었으며 또 어떻게 발전하였는가 하는 점의 고찰.

⑤ 편자인 일연의 독창성이나 주관이 어떻게 얼마나 개입되었는가의 문제점 해결.

⑥ 이들 설화들이 갖는 고려시대적 의미와 가치의 규명.

이상과 같은 제반 문제점은 新羅佛敎說話의 완벽한 연구를 위하여 반드시 요청되는 주요 과제라 할 것인 바, 본 연구는 이와 같은 점을 『三國遺事』에 수록된 <觀音說話>에 국한하여 그 대체적인 면을 고찰하고자 한다.

2)『三國遺事』佛敎說話의 근원과 형성

『삼국유사』 설화의 대부분이 佛敎說話임은 撰者 一然의 사회적 위치와 성분 때문임은 이미 주지하는 바와 같다.[20] 즉 일연이 신라의 고도였던 慶州人이요, 國師에 이른 불교인인 탓으로 신라의 불교설화가 그 중심을 이루고 있음은 당연한 현상이라 할 수 있다. 그러나 한편 신라 고려가 불교를 국교로 하였던 터였고, 도 佛敎文化의 꽃이 만개하였던 시대였던 만큼 이는 자연스런 현상이었을 것으로 생각할 수도 있다. 어쨌든 『三國遺事』의 풍부한 불교설화는 매우 다양한 양상을 띠고 있어, 단일하고 일률적인 파악이 불가능하다.

대체로 이들 불교설화의 근원·형성은 다음의 네 가지 측면으로 나누어 생각할 수 있다.

① 根源佛典으로부터의 流出과 借用

② 固有民間說話의 불교적 윤색 및 개작

20 崔南善, 앞의 책, 21쪽.

③ 中國佛教說話의 수용과 토착화

④ 새로운 불교설화의 창작과 생성

①의 경우는 『觀音三昧經』에서의 유출이 확실한 <羅刹女受戒說話>[21] 등이 그 대표적인 예인데, 이는 대체로 승려들에 의한 說經·講經·讀經 등이나 대중적인 講說·歌唱 등에 의하여 가능하였을 것으로 믿을 수 있다. 원래 佛典說話는 인도의 고유설화로서 釋迦牟尼가 근기가 낮은 대중들에게 알기 쉽게 불교의 진리를 이해시키고자 그의 說法에 人證한 것이었다. 이렇게 불전에 수록된 설화는 불교를 받아들이는 나라에 불경을 따라 유입되는데, 이때 불승들을 매개자로 하여 불전설화의 민간유출이 가능하게 되었던 것이다. 즉 승려들이 각종 공식적 法會나 개인적 儀式을 통하여 대중을 교화함에 있어 비유적이고 흥미로운 불전의 설화를 활용함에 따라 불전설화의 민간화가 가능하게 되는 것이다. 또 이들 승려들에 의하지 않고, 문자 이해의 능력이 있는 信徒들에 의한 직접적인 유출 가능성도 아주 배제할 수는 없다.

②의 경우는 <武王說話>[22]나 <處容說話>[23] 등이 그 대표적인 예로서, 이는 불교 전래 이전의 고유설화가 불교 유입 후 그 전승과정에서 종교적 목적에 의해 불교적 윤색과 개작이 가해져 불교설화화한 것이다. 즉 재래설화에 나오는 민간신앙적 絶對者가 佛·菩薩 등 불교의 절대자로 바뀐다거나, 실제의 역사적 사건이나 인물이 불교적 사건이나 인물로 변색되거나 하여, 佛寺·佛像의 영험설화, 高僧大德의 이적설화, 또는 佛寺 창건의 유래가 되는 연기설화 등으로 변모된 것 등이 이에 해당된다. 따라서 이들 설화들의 구조적 틀은 기존설화

21 一然, 『三國遺事』, 李東歡 校堪本(民族文化推進會, 1973) 卷三 塔像第四 <魚山佛影>.

22 一然, 앞의 책, 卷第二 <武王>.

23 一然, 앞의 책, 卷第二 <處容郎 望海寺>.

의 모습을 지니고 있으나, 그 주제적 의미는 불교의 각종 덕목, 즉 淨土往生이나 求法傳敎, 因果應報나 布施功德, 祈禱發願이나 持戒忍辱 등으로 바뀌어 종교적 기능을 백분 발휘하고 있어 불교의 전도에 긴요한 역할을 한다.

③의 경우는 <畵家避福說話>[24] 등이 그 대표적인 예로서 중국의 불교설화가 구전 또는 문헌을 통하여 전래 정착된 것이다. 중국은 우리나라에 불교를 처음 전해준 나라로 불교에 관련된 人的·物的 교류가 매우 밀접하고 또 빈번했던 관계로 설화상의 교섭 또한 활발하였다. 따라서 여기에 관련된 불교설화도 적지 않다. <화가피복설화>도 신라에 와서 衆生寺의 大悲像을 이룩한 중국 화가의 이야기로서 등장인물과 배경이 모두 중국으로 되어 있어 중국의 설화로 볼 수 있다. 일연은 이를 "古傳"이라 하여 수록하고 있는 바, 이 설화는 일찍이 전래되어 오랫동안 신라에 전승되어 왔던 것으로 여겨진다.

④의 경우는 <異次頓殉敎說話>[25] 등이 그 대표적인 예로서 『삼국유사』 대부분의 불교설화가 여기에 해당한다. 이들은 전적으로 새로운 창작설화라는 점에 그 특징이 있다. 불교 전래 후 우리나라의 정치·사회·문화·민속 등 모든 영역에 걸쳐 불교가 침투되었거니와, 이에 따라 高僧, 寺刹, 佛像 등의 영험·이적과 일반 신도들의 불교적 신앙과 생활에 따르는 새로운 불교설화가 창작 생성되고 전승되었던 것이다. 그리고 이 가운데는 특정 불교인에 의한 개인적 창작도 있고, 신도집단에 의한 자연발생적인 것도 있어 그 형성의 계기가 단일하지 않다.

이상에서 논의된 바와 같은 근원에서 형성된 설화들은 『三國遺事』에 수록됨에 있어 撰者인 一然의 손에 의해 취사선택되었다. 그리고 그 과정에서 일연의 의도와 취향에 따라 윤색·개작·첨삭이 가해졌

24 一然, 앞의 책, 塔像第四 <三所觀音 衆生寺>.
25 一然, 앞의 책, 興法第四 <原宗興法 厭髑滅身>.

음도 물론이다. 일연은 대체로 기존의 설화를 수록함에 있어서 '기록된 자료'와 '구전된 자료'의 두 가지에 의존하였을 것으로 믿어진다. 전자의 경우에는 각종의 內外文獻과 金石文으로부터, 후자의 경우에는 다양한 측면의 傳承者에 의한 제보로 다양한 자료의 採錄이 가능하였을 것으로 믿어진다. 실제로 『삼국유사』에는 周禮 · 史記 · 漢書 등의 중국문헌과, 『三國史記』, 『海東高僧傳』, <駕洛國記> 등 국내문헌, 그리고 각종 古記 · 寺誌 · 碑碣 · 案牘 등 수많은 인용 문헌과 文籍이 나타나 있어, 그 섭렵한 문헌의 방대함을 알 수 있다. 또 口碑採錄類에도 鄕傳 · 按古 · 古傳 · 古老 · 諺傳 · 俚傳 등으로 그 유래를 밝히고 있어 그의 채록 범위가 매우 넓었음을 알게 한다. 이렇게 폭넓은 자료를 편찬 수록함에 있어 原典이나 口傳 그대로의 충실한 경우도 많지만, 一然의 선별적인 취재나 의도적인 윤색도 없지 않았을 것임은 물론이다.

3) 신라 관음신앙의 근거와 전래 시기

신라 관음설화가 신라 불교계의 觀音信仰을 모태로 형성되었음은 물론이다. 따라서 관음신앙의 종교신앙적 근거와, 신라에의 전래 시기와 그 상황의 파악은 신라 관음설화의 이해에 선행되어야 할 과제라 할 수 있다. 관음신앙의 所依經典 및 경전은 대체로 다음과 같다.

① 『法華經』 觀世音菩薩普門品

② 『華嚴經』 入法界品

③ 『千手千眼觀自在菩薩大悲心陀羅尼經』

④ 『十一面觀世音菩薩神呪經』

⑤ 『無量壽經』, 『大阿彌陀經』

⑥ 『首楞嚴經』

①의 경우, "관세음보살보문품"만을 독립시켜 『觀音經』이라 하기도 하는데, 신라 관음신앙에 가장 큰 영향을 준 것이 바로 이 경이다. 당시 華嚴宗과 法相宗에서도 그 숭앙의 대상으로 받들던 관세음보살에 대하여 이 경은 다양하게 그 신통력을 말하고 있다.

> 만일 한량없는 백천만억 중생들이 많은 괴로움을 겪고 있을 때, 관세음보살의 이름을 듣고, 한 마음으로 그 이름을 외운다면 관세음보살은 즉시 그 음성을 살피어 모두 괴로움에서 벗어날 수 있도록 할 것이다.[26]

이와 같은 내용으로 해서 신라 관음설화의 거의 대부분이 이 經과 관련을 가지고 있는 바, 이는 결코 우연한 일이라 할 수 없다.

②의 『화엄경』 입법계품 역시 관음의 덕과 자비를 누누이 설하면서, 그 樂園淨土라 할 普陀洛迦山을 설하고 있어 색다른 면을 보인다. 즉 貞元本 四十卷 華嚴에 "觀自在菩薩在補怛洛迦"라 하여 관음의 住處를 분명히 하고 있고, 또 이와 같은 점은 八十卷華嚴에도 마찬가지로 나타난다.

③에는 관음이 인간의 현실적 고난을 퇴치시켜 줄 뿐만 아니라 원하고 바라는 바를 모두 성취시켜 줌을 누누이 설하고 있다. 특히 "이 經을 誦持하는 사람은 세간의 팔만사천종의 귀신병을 모두 고쳐 낫게 할 수 있다"(誦持此神呪者 世間八萬四千種鬼病 悉皆治也 無不差者)라 하여[27] 인간의 가장 큰 고통인 병을 고쳐주는 보살임을 강조하여 더욱 강한 숭앙심을 일으키게 하고 있다.

④에는 十一面觀音菩薩이 일체중생으로 하여금 善法을 염하게 하여, 憂惱를 없애게 하며, 모든 病 · 모든 재앙 · 모든 악몽 · 모든 橫死者 · 모든 惡心을 없애게 할 것임을 佛陀에게 말하고 있다.[28] 이는 십

---

26 "若有無量百千萬億衆生 受諸苦惱 聞是觀世音菩薩 一心稱名 觀世音菩薩 卽時 觀其音聲 皆得解脫."(『妙法蓮華經』 第七卷 二十五 觀世音菩薩普門品).

27 『佛說千手千眼觀自在菩薩大悲心陀羅尼經』.

일면관음보살이 十一面의 心呪를 지니고 慈悲行을 실천함에 있어 차별이 없음을 말하여 『천수천안다라니경』과 함께 특히 인간의 병을 고쳐주는 보살임을 말하고 있는 것이다.

⑤에는 관음이 서방 극락세계 阿彌陀佛의 脇侍菩薩임을 설하고 있다.

> 극락세계에는 가장 높은 두 보살이 있어 그 위신과 광명이 삼천대천세계를 두루 비추는데 ……하나는 관음보살이고 둘째는 대세지보살인 바 이 두 보살은 이 국토에서 보살행을 닦고 명이 다해 전화하여 그 불국에 낳았다.[29]

이와 같은 『無量壽經』이 설하고 있는 바는 『大阿彌陀經』과 『陀羅集經』에서도 마찬가지로 나타나 있고, 『觀無量壽經』에는 관음이 극락에 왕생하려고 원하는 자의 命終時에 나타나 그를 영접하여 간다고 설하고 있다. 따라서 관음은 현실적인 존재일 뿐 아니라 他方인 극락세계에서도 중요한 존재임을 보여 救世利生의 무애자재한 圓通大士임을 말하고 있다.

⑥의 『首楞嚴經』 卷第六에는 다음과 같이 관음의 應身에 대하여 말하고 있다.

> 세존이시여, 저는 관세음여래께 공양하옵고 그 여래께서 幻聞熏聞修金剛三昧를 일어주심을 입사와 佛如來로 더불어 자비의 힘이 같기 때문에 제 몸이 32응신을 이루어 여러 국토에 들어가나이다.[30]

28 『佛說十一面觀世音菩薩神呪經』.

29 彼佛國中 …… 有二菩薩最尊第一 威神光明普照三千大千世界 …… 一名觀世音 二名大勢至 是二菩薩 於此國土修菩薩行 命終轉化生彼佛國. (『佛說無量壽經』 卷下).

30 世尊 由我供養觀音如來 蒙彼如來授我如幻聞熏聞修金剛三昧 與佛如來 同慈力故 令我身成三十二應 入諸國土.(『首楞嚴經』 卷第六)

라 하고, 이어 佛身, 獨覺身, 緣覺身 등 32의 변화신을 차례로 말하고 있다.

이상으로 관음신앙의 所依經典과 관련경전을 통하여 관음의 신통력과 변화신을 보았거니와 이들 佛典들이 언제 신라에 전래되었는지 그 확실한 연대는 알 수 없다. 또 경에 따라 그 전래 연도가 다르기에 신라에 있어 관음신앙의 발생연대 또한 정확히는 알기는 어렵다. 다만 善德女王 5년(636)에 중국을 다녀온 慈藏의 탄생설화에 관음신앙이 나타나는 것으로 보아 대략 6세기 말에는 이미 신라사회에 관음신앙이 널리 퍼져 있던 것으로 보인다. 그러다가 義湘이 중국으로부터 귀국한 문무왕 11년(671) 이후, 그가 洛山 의 성굴에 관음소상을 모셔 관음의 근본도량으로 삼으면서 7세기 이후 관음신앙은 크게 번졌던 것으로 보인다.[31]

특히 의상의 <白華道場發願文>에는 저간의 소식이 잘 나타나 있다.

> 오직 제자는 世世生生에 관세음을 칭함으로써 본사를 삼되, 보살이 미타를 이마 위에 이듯 나 역시 관음대성을 이마 위에 이고 十願六向과 千手千眼과 大慈大悲를 다 동등하게 가져 몸을 버리고 몸을 받는 차계타방에 머무는 곳을 따라서 그림자가 항상 따르듯 항상 설법을 듣고 진화를 조양하여 널리 법계의 일체 중생과 같이 대비주를 외우고 보살의 이름을 생각하여 함께 圓通三昧의 성해에 들기를 원한다.[32]

이와 같은 義湘의 발원은 일찍이 신라에 千手觀音信仰이 널리 유포되어 있음을 잘 말해주고 있다. 어쨌든 관음설화를 포함한 『三國遺

31 金承璨, 『新羅鄕歌硏究』, 第一文化社, 1987, 28쪽.

32 "惟願第子 生生世世 稱觀世音次爲本師 如菩薩頂載彌陀 我亦頂載觀音大聖 十願六向 千手千眼 大慈大悲 悉皆同等 捨身受身 此界他方 隨所住處 如影隨形 恆聞說法 助揚眞化 普令法界 一切衆生 誦大悲呪 念菩薩名 同入圓通三昧性海."(<白華道場發願文>, 金承璨, 앞의 책, 33쪽에서 재인용).

事』의 불교설화의 형성연대가 대체로 삼국통일을 전후한 약 150년간, 즉 7세기 초에서 8세기 중엽에 집중적으로 나타나는 것으로 보아, 이 시기에 관음설화 또한 다수 형성되었을 것으로 믿어진다.

4) 신라 관음설화의 양상과 특징

觀音菩薩은 觀世音, 觀自在, 觀世自在 등으로도 불려지며 대자대비를 근본서원으로 하는 보살로 救世大士, 大悲聖者라 하기도 한다. 또 여러 변화신으로 化身하여 고통 받는 중생들을 구제하는데 여기서는 『法華經』의 33응신, 『首楞嚴經』의 32응신 등이 있다.

대체로 관음설화는 관음보살이 변화신으로 현실계에 나타나 중생을 구제하는 이야기가 대부분이다. 이와 같은 변화신에는 化身과 應身(報身), 그리고 法身이 있다. 화신은 부처님이 중생을 위하여 알맞은 대상으로 화현하는 몸이며, 응신은 원과 행의 과보로 나타나는 존재이고, 법신은 법계에 두루 편만한 본체신을 말한다. 이와 같은 3身은 서로 다르면서 한 몸이기도 하다. 또 화신과 응신은 법신을 근원으로 하고 있다. 이 중에서 관음설화에 주로 나타나는 관음은 化身이다. 화신은 부처님이 중생을 위하여 알맞은 대상으로 화현하는 것이기에 그 변화가 다양하다. 즉 여인·아이·거사 등 여러 가지 모습으로 나타난다.

化身에 대하여 『金光明經』 <三神分別品>은 이렇게 말하고 있다.

> 여래께서 일찍이 수행하는 가운데 일체 중생을 위하여 여러 가지 법과 수행을 원만하게 성취하였다. 그 수행으로 인해 자재를 얻었고, 그 자재력으로 중생의 마음과 행위를 따라 그들이 놓인 여러 가지 경계에 따라 때를 놓치지 않고, 때를 기다리지 않고, 어느 곳이나, 어느 때에나, 어느 행위에나 알맞게 설법하여 여러 가지 몸을 나타낸다. 이를 일러 화신이라 한다.[33]

이와 같은 관음의 化身은 신라 관음설화의 중심을 이루며 나타난다. 이제 관음의 화신을 중심으로 신라 관음설화의 양상을 說話名, 收錄篇名, 설화의 내용, 화신의 모습, 관련사항과 연대, 현신의 양상을 도표화하면 다음과 같다.

■『삼국유사』 소재 신라 관음설화

	설화명	수록편명	설화내용(요지)	관음의 화신	관련사항 연대	현신
1	仁容寺관음도량영험설화	권제2기이제2 文虎王法敏	당나라의 고종이 신라의 김인문을 옥에 가두었으나 나라에서 그를 위해 인용사를 세우고 관음도량을 개설한 후 풀려나게 되었다.		인용사 관음도량 671	(陰助)
2	崔兒避禍설화	권제3탑상제4 三所觀音衆生寺	신라말, 최은함이 견훤의 침입으로 어지러워지자 아들을 중생사의 관음상 밑에 두었다가 난리가 끝난후 가보니 살아 있었다.		중생사 관음상 신라말	(陰助)
3	栢栗寺대비상영험설화	권제3탑상제4 栢栗寺	부례랑과 안상이 말갈에 잡혀가고 거문고와 피리가 없어졌던 바, 그 부모가 관음상에게 빈 후 승려의 도움으로 모두 돌아오게 되었다.	승려	백률사 관음상 효소왕대	化身
4	敏藏寺관음보살영험설화	권제3탑상제4 敏藏寺	보개의 아들 장춘이 해상을 따라가 행방불명이 되었는데 그 어머니가 관음상에 빈 후 승려의 도움으로 귀국하게 되었다.	승려	민장사 745 관음상 경덕왕대	化身

33 “如來昔在修行地中 爲一切衆生修種種法 是諸修法至修行滿 修行力故而得自在 自在力故隨衆生心 隨衆生行 隨衆生界 多種了別 不待時 不遇時 處所相應 時相應 行相應 說法相應 理種種身 是名化身.”(『金光明經』 <三身不別品>)

5	白月山二聖 성불설화	권제3탑상제4 南白月二聖…	노힐부득은 찾아온 낭자를 환대하여 미륵불이 되었으나 달달박박은 낭자를 박대하여 성불을 못하였다가 훗날 노힐의 호의로 무량수불이 되었다.	낭자	백월산 709 남사 성덕왕대	化身
6	希明兒得眼 설화	권제3탑상제4 芬皇寺大悲…	희명의 아이가 태어난 지 5년 만에 안맹하자, 희명이 아이를 시켜 관음상 앞에 노래를 지어부르게 했더니 곧 눈이 밝게 되었다.		분황사 관음상 경덕왕대	(陰助)
7	洛山寺연기 설화	권제3탑상제4 洛山二大聖…	의상이 낙산의 해변 굴에서 관음 진신을 보았던 바, 진신의 말대로 대나무가 난 자리에 절을 짓고 관음상을 모셨다. 이가 곧 낙산사다.	진신	낙산사 671 이후 관음상 문무왕대	化身
8	觀音松설화	권제3탑상제4 洛山二大聖…	원효가 논에서 흰옷의 여인을 만나고, 또 빨래하는 여인을 만나 새의 지시를 받았으나 누구인지 몰랐다가 나중에야 그것이 낙산사 대비상의 현신임을 알게 되었다.	여인 · 새	낙산사 671 이후 관음상 문무왕대	化身
9	調信覺夢설화	권제3탑상제4 洛山二大聖…	조신이 태수의 딸을 사모하여 관음상에게 빌다가 꿈에서 뜻을 이루어 40년을 살았으나 마침내 늙고 병들어 헤어지는 찰나 꿈을 깨어 인생무상을 느꼈다.	여인	세규사 (옛날신라)	化身
10	信孝居士설화	권제3탑상제4 臺山月精寺…	효성이 지극한 신효거사가 한 노부인으로부터 살만한 곳을 지시받았는데, 그곳	노부인	월정사 자장이후 (고기록)	化身

			이 바로 자장법사가 얽은 집이었다. 신효가 거기에 머물렀는데 그곳이 곧 월정사였다.			
11	慈藏出生설화	권제4의해제5 慈藏定律	자장의 아버지가 아들이 없어 관음상에게 빌었더니 그 어머니가 별이 품안에 들어오는 꿈을 꾸고 자장을 낳았다. 석가모니 탄일과 같은 날이었다.		선덕여왕 이전	(陰助)
12	廣德嚴莊설화	권제4탑상제5 廣德嚴莊	광덕이 극락으로 간 후 엄장이 그 부인을 탐했으나, 그 부인의 충고로 크게 깨닫고 엄장은 원효에게 배워 극락에 가게 되었다. 그 부인은 분황사비로 관음의 화신이었다.	여인	문무왕대 원효생존시	化身
13	憬興治病설화	권제4탑상제5 憬興遇聖	경흥이 병을 얻어 누워 있었는데 한 비구니가 11가지 상으로 춤을 추어 웃게하여 병이 나았다. 그후 그 여인의 지팡이가 11면 보살상 앞에 있었다.	비구니	남항사 관음상 신문왕대	化身

이상 도표를 통하여 신라 관음설화의 양상을 드러나거니와, 이를 토대로 그 특징적 사실을 추출하면 다음과 같다.

첫째, 『삼국유사』 소재 菩薩化現說話 중 관음화현설화가 제일 많다는 점이다. 즉 彌勒보살, 文殊보살, 普賢보살 등 여타 보살의 화현설화가 1, 2편 정도씩 나타나는데 비하여, 관음설화는 이상의 13편 외에도 중국의 관음설화 1편,[34] 고려시대 관음설화 3편[35]이 있고 그 외 단

34 一然, 앞의 책, 興法第三 <三所觀音 衆生寺>.

순한 관음화현의 기록일 뿐 설화로 볼 수 없는 것도 2곳[36]이나 있어 모두 19편의 관음설화 및 관계기록이 있다. 이것은 당시 신라사회에 觀音信仰이 성했고, 당시 사람들이 관음의 자비를 크게 원했다는 사실을 말하는 증거이기도 하다.

둘째, 관음설화와 관련기록으로 보아 주로 文武王, 神文王, 景德王, 成德王, 孝昭王代에 해당하는 삼국통일(735)을 전후한 약 100년(661~765)에 걸쳐 주로 나타나고, 특히 그 후반부 즉 신라 말에 해당하는 관음설화가 많다는 점이다. 이와 같이 특정 신앙이 일정한 시기에 주로 나타난다는 것은 佛教史나 불교신앙적 사실 이외에 당시의 사회상과 서민 내지 국민들의 의식구조와도 매우 유관할 것으로 믿어진다.

셋째, 이들 관음설화와 근원경전 또는 소의경전과의 관련을 보면 대략 다음과 같은 양상이 나타나는 바, 이는 해당 경전의 신앙적 영향을 보여주는 예가 된다.

① 『法華經』, 觀世音菩薩普門品

자장출생설화(권제4 의해 제5)
인용사관음도량영험설화(권제2 기이 제2)
광덕엄장설화(권제4 답상 제5)
신효거사설화(권제3 탑상 제4)
백률사대비상영험설화(권제3 탑상 제4)
백월산이성성불설화(권제3 탑상 제4)
민장사관음보살영험설화(권제3 탑상 제4)
최아피화설화(권제3 탑상 제4)
조신각몽설화(권제3 탑상 제4)

35 위와 같음.

36 一然, 앞의 책, 卷第三 <臺山五萬眞身>; 卷第四 <郁面婢念佛西昇>.

관음송설화(권제3 탑상 제4)

②『華嚴經』入法界品
낙산사연기설화(권제3 탑상 제3)

③『千手千眼觀音在菩薩大悲心陀羅尼經』
희명아득안설화(권제3 탑상 제4)

④『十一面觀世音菩薩神呪經』
경흥치병설화(권제4 탑상 제5)

여기서『법화경』에 관련된 설화가 10편으로 나타남을 볼 수 있는데, 이는 신라의 관음신앙은『법화경』의 영향이 제일 크고 또 당시 불교인들이 이 경을 중요시했다는 증거가 될 수 있을 것으로 추측된다.

넷째, 관음보살의 化身과 現身에 있어 화신은 여자(여인 · 낭자 · 비구니 · 노부인 등)가 6예로 가장 많고, 기타 승려 2예, 진신 1예의 순이며, 현신에 있어서는 化身이 8예로 가장 많고, 應身이 1예, 현신이 없이 陰助만을 하는 경우가 4예로 나타나 있다. 여기서 신라 관음설화의 관음이 자비와 온화의 여성적 경향이 두드러지며, 관음이 인간의 현실적 고통의 해소에 적극적 직접적으로 참여하고 있음을 알 수 있다.

다섯째, 관음이 淨土를 普陀洛迦山이 아닌 신라의 국토로 생각했다는 점이다. 원래『華嚴經』에 설해 있는 관음이 머무는 곳으로서의 보타낙가산은 인도의 남해에 있는 것으로 알려져 있음에 반하여, 신라에서는 洛山寺 聖窟, 五臺山 東臺, 滿月山 聖地 등을 관음의 주처로 생각하였다. 이는 신라인들의 현세의 地上佛國土觀을 보여주고 있는 사실로 평가할 수 있다.

여섯째, 이상 관음설화에 나타난 관음의 救世濟衆의 자비는 대략 다음과 같은 네 가지 유형으로 나타난다.

① 苦難救濟型
인용사관음도량영험설화
쵀아피화설화
백률사대비상영험설화
민장사관음보살영험설화
자장출생설화

② 成佛誘導型
백월산이성성불설화
조신각몽설화
광덕엄장설화

③ 佛寺補助型
낙산사연기설화
신효거사설화

④ 治病救苦型
희명아득안설화
경흥치병설화

여기서도 관음의 救世利地行 중 중생의 현실적 고난을 구해주는 것이 다른 어느 것보다 두드러진 신라적 관음의 특성이었음을 말해주고 있다.

5) 신라 관음설화의 사회 · 역사적 의미

說話는 口碑文學이기에 그것을 산출하고 전승시킨 집단의 의식이 투영된다. 그리고 이와 같은 集團意識은 곧 그들의 현실적 삶의 모습과 의미를 반영한다.

신라 관음설화는 종교설화로서의 佛教說話, 그 중에도 관음신앙에 국한된 것이나, 그렇다 하여 불교적 가치와 의미만이 있는 것은 아니다. 거기에는 新羅人들의 삶을 통한 生活觀 · 死生觀이 있고, 현실관 · 역사관이 스며 있다. 또 이를 거두어 정리 문자화한 一然의 주관적 안목과 당시대의 사회적 · 역사적 상황이 또한 투영되어 있음을 배제할 수 없다.

신라 관음설화의 불교적 특징에 대하여는 앞에서 논한 바 있으므로, 여기서는 그 사회 · 역사적 의미를 간단히 살피기로 한다.

먼저 관음신앙이 생겨나 확산되고 이에 따라 觀音說話가 형성되던 7 · 8세기의 신라인과 그들의 사회는 어떠하였는가. 이때는 三國統一을 전후한 시기로 국가사회적으로 매우 혼란한 시대였다. 그 前期에 있어서는 삼국의 통일을 위한 파괴적인 전쟁으로 생활과 민심의 피폐가 말이 아니었고, 그 後期에 있어서도 이민족인 唐軍과의 각축전으로, 그리고 전후의 불안과 혼란으로 상황은 마찬가지였다. 한때 생활이 윤택하여 慶州에는 기와집만 있었다 하나 이는 일정한 시기 경주의 관리 귀족층에 국한된 사실이었고, 대다수 서민에게는 해당사항이 아니었다. 더구나 王權爭奪이 날로 심해지는 가운데 骨品制에 의한 지배층의 권력독점과 귀족관료층의 피지배층에 대한 압박과 수탈이 지속되었다. 이와 같이 신라 후기사회가 날로 침체 · 붕괴되어가는 가운데 대다수 신라인들은 정신적 안정과 귀의처를 갈구하고 있었다.

한편 이와 같은 상황은 그로부터 약 500년 후인 12 · 13세기 고려시대 一然의 시기에 와서도 마찬가지였다. 밖으로는 蒙古의 간단없는 침략과 유린, 안으로는 武臣의 등장과 발호로 국토의 황폐와 백성들의 참상은 말이 아니었다. 전대에 高句麗, 百濟 유민들과 民族意識으로 뭉쳐 唐軍을 몰아낸 것처럼, 이때도 몽골의 침탈에 맞서 그들에 대한 대항의식에서 민족적 주체성이 강조되는 시기이기도 했다. 그런 가운데 지배층의 과도한 착취로 일반 백성들이 경제적 곤란과 정신적 불안으로 편안할 날이 없었음은 당시 冲止나 李奎報의 愛民詩에 잘 나타나 있는 바와 같다.[37] 이때 知訥이 修禪社를 중심으로 한 불교 정화운동을 통하여 고려의 上下사회의 正路를 찾고자 한 사실도 그러한 시대적 정신적 혼란을 극복하고자 함이었고, 觀音信仰이 강조되고 또 널리 민간에 퍼졌던 것도 그 때문이었다.

이상과 같은 두 시대의 유사한 상황에서 강조되고 또 널리 신앙화되었던 관음신앙과 이를 반영한 관음설화의 사회·역사적 의미는 대략 다음의 네 가지 측면으로 파악할 수 있을 것으로 생각된다.

첫째는 관음신앙이 당시대인의 현실적 고통과 계층간의 갈등, 그리고 시대적 불안을 해소시켜주는 기능을 하였다는 점이다. 즉 모든 중생의 고통과 불행을 가장 가까이서 가장 따뜻하게 보살핀다는 관음보살의 同體大悲의 대자비 속에 시대적 아픔을 잊고 함께 하나가 되어 정신적 안정을 구하고, 또 이를 통하여 사회적 갈등과 모순으로부터 오는 고통을 감내할 수 있는 힘을 얻었던 것이다.

둘째는 觀音의 차별없는 慈悲가 당시 피지배층인 서민층에 대한 인식을 새롭게 해주었다는 점이다. 즉 관음신앙이 出世間의 고차원의 깨달음보다 世間의 이익을 중시함으로써 大衆佛教 民衆佛教의 확산을 가능하게 하였으며, 진정한 佛法은 世間에 있고 숭고한 깨달음도 낮은 근기로부터 비롯되어야 한다는 데서, 역사에서 잊혀지거나 매몰되어 온 庶民層의 존재와 의미를 부각시켰다는 것이다. 관음설화의 주인공들이 대부분 역사상 무명의 인물들이라는 점이 이를 입증한다.

37 印權煥, 『高麗時代 佛教詩의 研究』, 高麗大 民族文化研究所, 1983.
金時鄴, 「李奎報의 現實認識과 農民詩」, 『大東文化研究』 12, 1979.

인간성의 회복과 인간의 평등에 대한 의식도 여기에서 싹터 갔을 것으로 생각된다.

셋째는 觀音의 淨土가 멀리 다른 곳에 있는 것이 아니라, 바로 우리가 사는 新羅나 高麗에 있음을 강조함으로써 國土에 대한 자부심과 애착을 유발시켰다는 점이다. 이는 또 불교의 護國理念과 일치되면서 民族의 和合과 民族的 主體性의 확립에도 작용하였을 것으로 믿어진다. 그리고 이와 같은 점이 삼국통일 후 고구려·백제 유민과 결속, 외세인 唐의 세력을 축출하는데 기여하고 고려시대 몽골의 세력에 항거, 고려인의 일체감을 갖게 하는 데에 일조하였을 것으로 생각된다.

넷째는 부정적 의미로서, 관음신앙이 在來信仰과 융화되어, 그 呪術性이 강조됨으로써 지나친 祈福信仰으로 기울어져 현실적 갈등과 고뇌를 개척하려는 적극적 의지를 상실하게 되었을 것이란 점이다. 즉 지나치게 초현실적 힘에 의존하여 스스로의 운명을 극복하려는 노력이 약해짐으로써 現實對應力을 잃게 되었으리란 점이다. 이와 같은 점은 또 심원한 佛教思想을 세속화시켜 그 본래의 참뜻을 흐리게 하였다는 점도 지적할 수 있을 것이다.

이상에서 『三國遺事』에 수록된 관음설화의 사회·역사적 의미를 新羅 당시와, 高麗代 『삼국유사』의 시대를 상호 관련시켜 그 공통적 의미를 살펴보았거니와, 이는 또한 그대로 편자인 一然의 불교관, 사회관, 역사관의 표현이라 할 수 있다. 그 중에서도 一然은 國師에 올랐던 고승이었기에 佛教觀이 그 정신적 공통분모를 이루고 있음은 말할 나위도 없다. 그의 불교사관은 대체로 佛教史 영역의 확대, 佛國土, 호국불교사상의 강조, 불교계의 제모순에 대한 비판, 그리고 民衆 및 大衆佛教에 대한 의식 등으로 나타나는데,[38] 이 가운데 민중 및 대중불교에 대한 의식은 觀音說話와의 관계가 밀접하다는 점에서 주

38 金相鉉, 「三國遺事에 나타난 一然의 佛教史觀」, 『韓國史研究』 20, 1978.

목된다.

한편 一然의 民衆史觀에 대하여는 그동안 긍정과 부정의 양론이 제기되어 왔던 바, 金泰永·金相鉉이 전자의 입장이었고, 李基白·李東夏·鄭出憲이 후자의 입장이었다. 김태영은 『三國遺事』의 民衆史料에 주목하면서 이는 당시 귀족정권의 독선적 지배와 횡포에 대한 반발의식을 내포한 것으로 民衆의 生活을 옹호한 입장을 나타낸 것이라 했고,[39] 김상현은 당시 몽골 간섭하의 고려 후기 불교계에 대두되었던 民衆에 대한 自覺을 바탕으로 一然은 당시 서민들의 고통을 직시하면서 이들 계층에 대한 투철한 인식을 견지하였다고 하였다.[40] 이와 반대로 이기백은 『삼국유사』의 民衆관계 기사가 來世往生信仰이나 出家관계에 두드러지고 있음을 지적하여 이들 史料는 민중을 중심으로 하는 史觀에서 나온 것이 아니라고 주장하였고,[41] 이동하는 『삼국유사』 소재의 불교설화들은 당대 불교 엘리트들이 역사적 시련과 패배를 현실 속의 타개책이 아닌 觀念 속에서의 해결을 모색하면서 신비주의적 색채를 불러일으킨 것으로 보고, 一然의 현실비판은 체제의 유지와 옹호에 있다고 하였다.[42] 또 정출헌은 一然의 民衆觀은 지배층과 피지배층의 신분질서를 인정하는 인간관으로서 지배층의 시각을 견지하였으며, 그리하여 民衆의 고난이나 시련을 외면하고 개인적 차원의 구원에만 문제삼아 현실모순을 직시하지 못한채 당시 지배층의 민중의 불만을 무마하려는 統治理念과 상통하는 입장을 취했다고 하였다.[43]

이에 대하여 필자는 一然의 民衆史觀을 긍정적 차원으로 보고자 한다. 즉 『三國遺事』에 일관되는 일연의 사관은 민족적·주체적·서

39 金泰永, 「三國遺事에 보이는 一然의 歷史意識에 대하여」, 『慶熙史學』 5, 1974.

40 金相鉉, 앞의 책, 43~48쪽.

41 李基白, 「三國史記論」, 『文學과知性』 겨울호, 1976.

42 李東夏, 「三國遺事 所載 佛教說話에 대한 一考察」, 『三國遺事論文選』, 白山資料阮, 1986.

43 鄭出憲, 「三國遺事 說話의 世界觀에 대한 考察」, 『語文論集』 28, 1989.

민적이다. 그리고 대다수 불교설화, 그 중에도 觀音信仰을 강조하고 觀音說話를 다수 수록하고 있고, 이들이 대부분 서민과 서민의 생활, 서민의 현실적 고통을 보여주고 있음은 일연이 觀音의 慈悲로 민중의 고통을 해소시키고자 하는 의도의 표현으로 同體大悲에 바탕을 둔 恆順衆生의 불교적 民衆觀의 소산이라 보기 때문이다. 『삼국유사』의 민중적 사료들을 비민중적인 것으로만 속단한다든가, 일연의 사관을 관념적인 것으로만 보고, 그가 지배체제의 유지와 옹호를 견지하였으며, 더 나아가 반민중적 입장에서 당시 민중들의 고통이나 현실모순을 외면하였다는 논의는 당시의 제반 여건을 균형 있는 관점에서 보지 않은 결과가 아닌가 한다. 즉 당시의 특성을 고려하지 않은 채 특정 선입견에 입각하여 일방적으로 논단하려 할 때, 균형감각을 잃은 편향적 견해란 오해를 불러일으킬 수 있다는 것이다. 一然은 관음설화를 통하여 고승들의 고차원의 깨달음보다 세간의 민중들에 대한 관심을 중시하였다. 그리고 진정한 불법은 深山古刹에 있는 것이 아니라 현실에 있다고 보았으며, 숭고한 깨달음도 낮은 根機에서부터 비롯되어야 한다는 입장을 취하였다. 『삼국유사』 전편의 근저에 일관되어 있는 이와 같은 사실만으로 그의 民衆觀은 긍정적으로 보아야 할 것이다. 그가 당시 민중의 불만이나 힘을 규합하여 통치 지배계층에 도전하거나 투쟁하지 않았다 하여 반민중적이라 몰아붙이는 것은 계급투쟁론적 이론의 기계적 적용에 경도된 견해가 아닐까 싶다.

6) 신라 관음설화의 전개와 영향

신라시대에 형성되어 고려시대에 기록된 觀音說話는 후대 설화문학 소설문학을 포함한 佛教敍事文學의 전개에 끼친 영향도 적지 않다. 이는 별도의 깊은 고찰을 요하는 과제일 것이므로 여기서는 그 대체적인 윤곽만을 살피기로 한다.

먼저 관음설화집류의 계속적인 간행이다. 여기에 해당하는 문헌을 시대순으로 보면 우선 <法華靈驗傳>을 들 수 있다. 이 책은 『삼국유사』보다 약 70년 후인 고려 충숙왕 때 了圓에 의해 간행된 것인데, 여기에는 『삼국유사』의 관음설화 2편을 포함하여 모두 18편의 관음설화가 수록되어 있다. 나머지 16편은 隋 天台智者大師의 <觀音義疏>에서 따온 것인데, 이 책은 조선 중종 때에도 釋王寺와 文殊寺에서도 간행된 바 있어 그 성가가 높았음을 알 수 있다. 다음으로 고려 충혜왕 때, 海印寺의 體元이 엮은 <華嚴經觀音在菩薩所說法文別行疏幷集畧解>가 있는 바, 여기에서는 18편의 관음영험담이 수록되어 전한다. 조선시대에 와서는 숙종 때 징광사에서 <觀世音持驗記>가 간행되었는데, 여기에도 역시 관음영험담 59편이 수록되어 있으며 또 조선 정조 때 위의 책에서 26편의 說話를 골라 한글로 번역 간행한 『觀世音持誦靈驗傳』이 있다.[44] 이 외에도 관음설화에 관련된 문헌은 계속 다수 간행된 바 있어 선조들이 관음신앙에 깊이 젖어 있었음을 알 수 있고, 이에 따라 관음보살을 중심으로 한 佛教敍事文學이 꾸준히 지속, 전승되어 왔음을 알 수 있다.

다음으로 신라 관음설화가 후대의 說話, 小說에 준 영향이다. 여기서는 특히 『삼국유사』 調信覺夢說話의 幻夢構造가 그대로 金萬重의 <九雲夢>에 이어졌음을 들 수 있다. '현실 → 꿈 → 현실'의 기본구조뿐 아니라, 이들에 나타난 女主人公이 관음의 化身이라는 사실도 동일한 것으로 보아야 할 것이다. 즉 <調信夢>설화에서 洛山寺의 觀音菩薩이 여인으로 화신, 이성에 대한 애욕에 불타는 調信과 함께 일생을 살아주면서 그로 하여금 人生의 無常, 애욕의 허망함을 깨닫게 하여 불교를 깊이 믿도록 한 것처럼, <九雲夢>에서도 허황된 세속에 대한 욕망을 지닌 性眞(楊少游)과 더불어 일생을 살아주고 마침내 그로 하여금 허망한 꿈을 깨닫게 하는 八仙女 역시 관음보살의 화신으로 볼 수 있다는 것이다. 다만 <구운몽>의 경우 팔선녀의 관음보살적 의

44 安啓賢, 『韓國佛教史硏究』, 同和出版公社, 1982, 48쪽.

미가 희박해져 있는 것은 소설화 과정에서의 불가피한 탈색현상이라 해야 할 것이다. 이러한 관점에서는 <沈淸傳>에 있어 주인공 심청이도 마찬가지 경우라 할 수 있다. 그녀가 연꽃 속에서 환생할 수 있었고, 人力으로는 불가능한 부친의 눈을 뜨게 할 수 있었던 것은 그가 바로 관음보살의 화신이었기에 가능하였던 것이다. 결국 <심청전>은 운명적인 생래의 가난과 고통스러운 不具(眼盲)라는 인간의 원초적 고통을, 다시 말하면 富와 건강과 행복을 원하는 조선조 후기 서민들의 소망을 자비롭게 성취시켜 주는 관음보살의 大慈大悲를 심청이를 통하여 실현시킨 소설로 보아야 할 것이다.

이와 같은 사례는 일반 說話나 古小說에서 수다한 유사형을 발견할 수 있거니와, 결국 우리 고전 敍事文學에 있어서의 관음보살은 慈悲의 女人像, 救援의 女人像으로 등장하여 온갖 인간의 고난을 구제해주는 하나의 典型的 女人像을 형성하고 있다. 실로 일반 고소설에서 주인공이 고통을 당하거나 위기를 만났을 때, 관음보살 또는 그 화신이 나타나 이를 구해주는 예가 많다.

<謝氏南征記>에서 스님들이 관음보살의 지시로 위기에 처한 사부인을 구해주는 다음 대목은 그 대표적인 한 예라 할 수 있다.

> 니괴 합장 왈 우리는 동정 군산의 잇더니 앗가 비몽간의 관음이 이르ᄉᆞ되 어진 녀지 환난을 만ᄂᆞ ᄂᆞᆯ이 져믈ᄆᆡ 갈 ᄇᆡ를 몰ᄂᆞ 방황ᄒᆞᄂᆞ니 급히 황능묘의가 구ᄒᆞ라 ᄒᆞ시ᄆᆡ ᄇᆡ를 져어 와 부인을 만나오니 부쳬님 말숨이 신명ᄒᆞ시도소이다 …… 부인이 유모 초환으로 더부러 쇠쇄ᄒᆞ고 당의 올ᄂᆞ 불상을 향ᄒᆞ여 네ᄇᆡ홀식 부인이 눈을 들어보니 이 부쳐ᄂᆞᆫ 십뉵 년 전의 몸소 찬 지은 <u>ᄇᆡᆨ의관음</u>이라 (밑줄 필자)

이러한 예는 <금송아지傳>에서 금송아지가 산중으로 가다가 관음보살을 만나, 그의 힘을 입어 사람과 같이 말하게 되는 사실에서도 볼 수 있다.

이상의 예들이 모두 신라 관음설화의 후대적 영향임은 부정할 수 없는 사실이어서 古小說에의 영향 또한 큼을 알 수 있다.

-『신라문화』 6, 동국대 신라문화연구소, 1989.

2. 朝鮮朝 佛教散文의 자료와 과제

1) 기존 연구의 상황 검토

15세기 중엽, 한글 창제 이후 開化期 이전의 佛教 散文文學에 대한 연구는 우선 다음과 같은 세 가지 자료상의 한계점을 만나게 된다. 즉 대상자료가 문자상 한글문학이어야 하며, 내용상 불교문학이어야 하고, 그리고 형태상으로는 산문문학이어야 한다는 것이 그것이다. 그런데 이와 같은 세 가지 조건은 朝鮮時代의 경우 모두 불리한 여건이었다. 우선 한글이 창제된 이후에도 漢文文學이 더 많이, 그리고 지속적으로 산출되었고, 國教인 儒教에 의해 佛教가 배척되면서 불교문학이 위축되거나 활발히 창작되지도 않았으며, 그 중에도 한글 불교서사문학의 창작은 한글이 창제된 후 한글이 일반에게 널리 보급되는 일정 기간을 기다려야 했기 때문이다.

이런 이유로 해서 조선시대 한글 불교산문문학은 국문학은 물론 같은 영역의 불교시가문학에 비해서도 양적인 빈곤을 면할 수 없었다. 그리고 이에 따라 그에 대한 硏究 또한 같은 계통의 한글 불교시가문학 연구보다도 빈약하여 그 학문적 관심이 미미한 가운데, 일부 특정 학자들의 관심에만 국한되어 온 것이 사실이어서 이 방면의 연구량 또한 많지 않다. 다만 1990년대에 들어서 이 부문 젊은 연구자들이 점차 증가하면서 새로운 연구 업적들이 나오고 있는 작금의 현상은 매우 다행한 일이라 할 수 있다.

이제 본 연구를 진행하기 위하여 수집·정리한 연구자료 목록(본고 5)항)을 시대순으로 개관하면서 기존 연구 상황을 간략하게 검토하기로 한다.

조선시대 한글 불교산문문학 연구가 본격적으로 비롯된 것은 1960년대이다. 그리고 이 때의 史在東, 黃浿江, 印權煥 등이 이 방면 연구자로는 그 단서를 열었다. 사재동은 한글 창제 직후의 한글 문헌인 『釋

譜詳節』, 『月印釋譜』 등에 삽입되어 있는 한글 서사물들을 찾아내어 이들이 불교소설임을 다각도로 규명하였다. 그리고 <洪吉童傳>으로부터 비롯되었다는 한글소설의 기원을 조선 초기로 끌어올리면서 이 방면 연구의 先鞭을 잡았다. 그리고 황패강은 삼국시대 이래의 佛教說話가 그 이후 어떠한 전승원리로 전개되었는가를 살피고, <王郎返魂傳>을 중심으로 한 조선 초기 한글 불교소설의 존재를 탐색하였다. 한편 인권환은 인도설화에서 진화한 漢譯 佛經 중의 本生譚류의 佛教說話가 고소설의 근원이 된 사실을 밝히면서 佛典說話의 한국적 전개와 그 변용을 탐색하였다. 그러나 이때의 이러한 작업들은 조선 초기의 한글문헌들이 국어학자들에 의해 다양한 측면으로 집중적 연구가 진행되었던 사실에 비하면 실로 미미한 것이었다.

이상과 같은 현상은 1970년대에 들어서도 그대로 진행되었다. 사재동의 연구는 佛教系 敍事文學 전반으로 확대되어 그 유통과 전파양상까지 파헤치면서 講唱文學을 통한 韓·中 불교문학의 비교연구로까지 확대되었다. 그리고 황패강도 <浮雪傳> 등 불교소설에 대하여, 인권환은 『釋譜詳節』에 수록된 불교설화의 소설적 가능성에 대하여 검증하였다. 鄭鉒東의 불교문학 전반적 연구에서의 불교산문 연구, 金起東과 金義淑의 국문학 佛教思想 연구 중 고소설 관계, 그리고 丁奎福의 <九雲夢> 空思想에 대한 일련의 심도 있고 꾸준한 연구가 이루어진 것도 이 시기였다.

1960년대, 1970년대 몇몇 학자들의 불교서사문학 연구는 1980년대에 들어서면서도 지속되는데, 이 시기에 이르러 신진학자들의 등장과 연구 영역의 확대는 주목할 만한 것이었다. 朴魯元의 『석보상절』에 대한 서사문학적 연구, 千炳植의 『석보상절』에 대한 傳記文學的 연구, 洪淳錫의 寺刹緣起說話 연구, 黃仁德의 佛典系 한국 민담의 연구, 李康沃의 불경계 설화의 소설화과정에 대한 연구가 있으며, 金承鎬의 僧傳文學을 대상으로 한 佛教傳記文學에 대한 정력적이고, 지속적인 연구는 이 분야 연구의 새 영역을 개척한 업적으로 평가된다. 그러나 대부분 자료들이 한문으로 된 것들이어서 조선조 한글 불교문학 연구로는 한계가 있다. 어쨌든 이들의 연구는 1960년대, 1970년대 이 방면 업적의 비판을 토대로 새로운 방법론을 개척하고, 그리고 아직 미개지였던 영역까지 파헤침으로써 매우 큰 의의를 지니는 것이었다.

1990년대에 이르러 1960년대 이 방면 연구의 단초를 열었던 사재동, 인권환의 연구는 지속적으로 견지되면서 불교계 한글서사문학의 지평을 넓혔고, 通史的인 측면까지 고찰됨으로써 그 중심을 잡아갔다. 사재동이 그 동안의 이 방면 업적을 모아 낸 『불교계국문소설의 연구』(1994)와 『불교계 서사문학의 연구』(1995) 등 독보적인, 집중적 연구서가 간행된 것도 이때였고, 인권환이 불교서사문학을 포함한 일반 불교문학을 연구한 『한국불교문학연구』(1999)가 나온 것도 이 시기였다. 그리고 이들의 영향 하에 많은 신진 연구자들이 등장했던 바, 특히 불교서사문학관계 학위논문이 이 때에 다수 등장한 것도 특기할 일이었다. 崔晧晳, 金鎭榮, 金漢春, 朴炳東, 柳正一, 전길운, 김종철, 경일남 등이 학위논문 또는 일반연구를 통하여 이 방면의 새로운 업적을 낸 이들이었다.

그러나 1990년대가 마감되는 현재, 국문학의 다른 영역이나 다른 장르의 연구에 비하여 불교서사문학 연구는 영성하기 그지없다. 같은 성격의 불교시가문학 특히 高僧들의 불교시문학 연구가 최근 활발히 전개되는 데 비해서도 불교서사문학, 특히 조선시대 한글 불교서사문학의 연구 상황은 미진한 부분이 적지 않으며, 이에 따라 많은 과제를 남기고 있음을 부인할 수 없어 관심 있는 연구자들의 분발이 요구된다.

2) 연구의 영역 및 중요성과 과제

조선시대 국문 불교산문 연구에서 지금까지 미약한 대로 학적 관심이 주어졌던 영역은 불교설화, 불교소설, 불교傳記 등 몇 가지 영역에 불과하다. 그러나 이런 영역들이 중요하고 자료가 많은 것도 사실이나, 이에 못지 않게 전혀 학문적 관심이 주어지지 않아 未開地로 남아 있는 영역도 적지 않다. 불교문학을 광의의 차원에서 볼 때, 佛典의 飜譯文學, 佛典註釋文學, 불교수필문학, 불교기행문학, 불교일기문학, 불교희곡문학 등 마땅히 佛教敍事文學 쪽에서 연구되어야 할 분야가 많다. 특히 口碑佛教散文文學에서 口傳民譚이나 敍事巫歌, 고승이나 사찰에 관련된 佛教傳說類, 逸話, 笑談 등에 대한 연구가 매우 중요한 영역이나 본격적 연구가 아직 이루어지지 않고 있다. 그리고 불교에 관련되는 文獻說話, 野談, 史話, 寓言, 筆記類, 金石文에 이르기까지 비록 漢字로 기록된 것들이라 하더라도 관련 연구로 마땅히 주목되어야할 영역의 자료들이다.

이러한 불교의 散文資料들은 우리 문학이 신라·고려 이래 불교와 불가분의 관계로 형성, 전개되어 왔다는 점에서 소홀히 할 수 없는 중요한 것들이다. 또 이들 속에는 불교가 한국인의 세계관과 思惟양식으로 토착화되어 한국인 특유의 예술과 美學, 나아가 精神史的 바탕으로 깃들어 있다는 점을 간과할 수 없으며, 이와 같은 점에서 이들 자료에 대한 深度있고 精緻한 연구, 수집과 정리가 시급히 요청되는 것이다.

한편 이들 자료들은 15세기 한글 창제 이후 거의 반세기 동안 꾸준한 변화를 거듭하며 지속되어 왔다. 따라서 그 通時的 변화·발달을 통한 역사적·시대적 검토와 이들이 어떠한 양상으로 개화기나 현대 불교서사문학에 연속적으로 계승되었는가 하는 전통불교산문과 현대 불교산문과의 관련양상이 밝혀져야 한다. 또 한글이란 쉽게 배울 수 있는 우리의 문자가 생겨남으로 해서 일반 서민들의 문자 이해가 용이하게 되었고, 이에 따라 어떻게 한글기록문학이 이루어져 갔으며, 이런 가운데 민간 대중적 신앙이었던 불교를 어떻게 수용하여 불교서사문학이 형성·발전되었는가 하는 점과, 여기에 나타난 조선시대 서민계층의 思考와 情緖, 생활관과 종교관 내지 예술적 욕구를 밝혀내야 한다. 한편 우리 문자를 통한 固有語가 이들 계층에 의하여 어떤 의미와 형태로 사용되어 문학 용어로 활용되고 있는가도 중요한 과제가 아닐 수 없다.

이상에서 거론된 다양한 문제들이 조선시대 불교산문의 연구 영역이 지니는 중요성이자 의의이며, 또 해결해야 할 학계의 과제라 하겠다.

3) 한글 佛敎敍事文學의 갈래와 양상

(1) 佛敎小說類

① 조선초 국문불교문헌의 佛敎小說的 敍事物

주로 15세기 『釋譜詳節』, 『月印釋譜』 등에 삽입되어 있는 <안락국태자전>(월인석보 1), <목련전>(월인석보 22), <선우태자전>(월인석보 22), <사리불항마기>(석보상절 6), <인욕태자전>(월인석보 21), <녹모부인전>(월인석보 11), <아육왕전>(석보상절 24) 등 불교소설류 7편, 이 외 <선혜선인담>(월인석보 1), <나운출가기>(석보상절 6) 등 10편이 불교소설적 요소를 지닌 것으로 평가된다. 또 漢文으로 된 『釋迦如來十地修行記』 10개의 이야기와, 부록으로 되어 있는 6편의 僞經類는 變文小說集으로 인정되고 『勸念要錄』의 <王郎返魂傳>도 소설로 보는 견해가 있다.

그러나 이들을 소설로 보지 않는 견해도 있다. 이들이 불전의 이야기를 옮긴 데 지나지 않으며, 이들은 불교 전도에 이용된 종교적 매개체일 뿐이라는 것이 그 대체적 이유이다. 하지만 초창기 소설이란 점을 십분 고려한다면, 형성기의 국문소설로 볼 수 있는 근거는 충분하다. 다만 불교문헌의 일부로 삽입되어 독립성이 없고, 작자나 작가군의 독창적 창작의식이 약한데다, 현실성이 희박한 점에서 문제의 여지는 있다.

② 佛典根源의 한글소설

15・16세기 한문・한글 불교문헌의 편찬과 불경언해가 다양하게 간행되면서, 이들 문헌에 있던 불교설화들과 일반 佛典에서 독자적인 고소설로 출현한 경우다. 朝鮮 前記 문헌들이 대중화되고 한글이 널리 보급되면서 일정한 구전과정을 거친 뒤 대략 16세기, 17세기 초에서부터 창작된 것으로 보인다. <안락국전>, <금송아지전(金犢傳)>), <금광공주전>, <적성의전>, <나복전(목련전)> 등이 이에 해당하는데, <적성의전>은 『月印釋譜』 22와 『釋迦如來十地修行記』 부록에도 있는 이야기이며, 『賢愚經』・『大方便佛報恩經』에 그 근원이 있는 바, 작품화되는 과정에서 佛味는 완전히 탈색되고 兄弟善惡談, 友愛强調의 교훈담으로 변질되어 있다. 그리고 <금광공주전>은 『賢愚經』의 설화를 바탕으로 하고 있다. <토끼전(별주부전, 水宮歌)>, <두껍전(蟾同知傳類)>도 이 계열에 속하나, 이들의 小說化는 긴 구전기간을 거친 훨씬 뒤에 이루어진 것으로 보인다. <토끼전>은 佛典 『生經』, 『六度集經』, 『佛本行集經』, 기타 南傳 Jataka에 있는 이야기이며, <두껍전>은 『十誦律』에 들어있는 불전설화다. 이들은 조선 후기 서민사회상을 드러내고 있다.

③ 佛教傳記系 한글소설

佛陀나 그 제자, 菩薩 및 高僧들의 傳記 및 이들이 일반에게 보급되면서 人物傳 내지 인물소설, 역사소설류로 나타난 경우다. 신라 崔致遠 이래 覺訓 등의 고승전을 거쳐 漢文學의 傳양식과 관련을 맺으며 한글계 불교인물소설로 진화된 것으로 보인다. <八相錄> 계통의 佛傳은 이미 고려시대부터 비롯된 것으로, 조선 후기에 이르러 <팔상명힝녹>, <如是我聞錄> 등을 통하여 많은 한글 전기계 소설을 파생시켰다. <浮雪傳>, <西山大師傳>, <泗溟大師傳> 등이 고승을 모델로 한 불교전기소설에 속하고, 이들은 대략 16・17세기부터 비롯되었을 것으로 추측된다.

④ 創作系 한문·한글 불교소설

특정 개인의 한글 창작소설로 불교적 인물을 주인공으로 하였거나, 불교적 주제·사상을 내세워 창작한 소설들이다. 그러나 여기에 해당하는 작품은 매우 드물어 한문 불교소설까지 포함하여 논하기로 한다. 김시습의 『金鰲新話』 중 일부작품, 蔡壽(1449~1515)의 <설공찬전>이 15·16세기에 선두를 서고, 김만중의 <九雲夢>·<謝氏南征記>, 趙緯韓(1558~1649)의 <崔陟傳> 등이 17세기에, 南永魯의 <玉樓夢>, 徐有英의 <六美堂記> 등이 19세기에 각각 창작되었다. 작가 미상의 창작 불교소설도 있을 터이나 더 많은 조사와 연구가 요청된다.

⑤ 佛敎說話系 한글소설

佛典 또는 구전되는 다양한 불교설화를 바탕으로, 또는 이들을 交織하여 여타 민간설화들을 흡수·수용하여 일정한 세월을 거치면서 積層的으로 이루어진 소설들이다. 따라서 특정의 根源佛典을 가지고 있지는 않으나 불교적 주인공, 불교적 사건, 불교적 주제가 이를 선호하던 集團에 의해 결집되어 불교소설로 성립된 작품들이다. <沈淸傳>, <壅固執傳>, <삼생록>, <저승전>, <唐太宗傳>(중국系), 그리고 소재적으로나 주제적으로나 <興甫傳>도 여기에 속하는 작품이다.

(2) 佛敎說話類

① 문헌설화류

각종 寺刹志, 高僧傳 등에 삽입되어 있는 불교설화, 불타·고승·佛像영험담, 각 文獻說話集, 野談, 史話集 등에 산재해 있는 불교설화, 그러나 이들은 대부분 漢字로 기록되어 있어 국문 불교문학으로서의 한계가 있다. 단 관련 연구로서의 귀중한 가치가 있다.

② 구전민담 및 전설

旣刊의 민담, 전설집과 아직도 구전되고 있는 자료들.

㉠ 無限財寶談類 : 如意珠, 德甁, 吉祥甁 등 중생을 구제하기 위해 무한한 재보를 쏟아내는 보물들의 이야기. 여기에 해당하는 <米穴說話>는 현재 22종이 조사되어 있고, <흥보전>의 근원설화에 나오는 '박'도 여기에 속하며, 이런 유의 이야기는 많다.

㉡ 불타・보살・고승・불상・불경・염불 등의 영험・이적담 : 成佛誘導, 往生極樂, 苦難救濟, 治病救苦, 危機救助, 幸運成就, 祈子得男 등, 특히 관세음보살의 慈悲談류가 많다. '호랑이 눈썹 이야기' 등이 여기에 속한다.

㉢ 前生因緣, 轉生・還生談 : '沈淸의 환생담'을 비롯하여, 六途輪廻, 전생의 인물이 현생의 인물과 만나 結緣하는 이야기류. 지옥에 갔다가 재생한 이야기 등.

㉣ 排佛者懲治談 : 불교를 배척하거나 불상・불경을 훼손한 경우, 고승・걸승을 학대하거나 냉대한 경우, 이들을 징치하는 이야기. '옹고집전 근원설화', '장자못전설' 등이 전국적 광포 설화・전설로 여기에 속한다.

㉤ 動物報恩談 : 殺生을 금하는 불교적 교훈에 따라 동물을 구해주고, 그 동물이 은혜를 갚는 이야기. '상원사의 유래', '금강산 나무꾼', <흥보전>의 '제비 이야기' 등이 여기에 속한다.

㉥ 佛子善行・孝行談 : 佛子들이 자비심으로 행하는 선행과 布施. 그 因果應報로 얻어지는 愛報談류. 불교적 孝女・孝子談. 『三國遺事』의 '孝女知恩', '沈淸이야기' 등.

㉦ 佛敎系 笑談 : 사찰과 승려사회에서 일어나는 笑談으로, 여기에는 毁佛과 승려 등에 대한 조롱과 비판의 것도 있다. 淫談 포함.

(3) 佛敎系 敍事巫歌類

불교가 전래된 후 재래의 무속신앙과 습합되었던 것은 삼국시대, 통일신라시대 이후의 명백한 사실로 이와 같은 현상은 아직도 지속되고 있다. 이러한 과정에서 巫歌에 신화 및 불교설화가 들어가 서사무가화하고 이들이 다시 불교계 한글 고소설로 진화되기에 이른다. 여기에는 중국의 불교 俗文學으로서 講唱文學, 곧 變文의 한국적 형태의 매개가 크게 작용했을 것으로 보인다. 특히 무당, 승려(대중 포교승), 예능인으로서의 광대가 혼효·일체화되면서 다양한 기능을 발휘하는 가운데, 佛典說話-巫歌-古小說의 상호 관련이 깊게 이루어진 것으로 보인다. 이들을 보면 다음과 같은 관련양상이 파악된다.

㉠ 고구려 東明王神話 - 불교의 帝釋神 - 서사무가(제석본풀이)
㉡ 佛典 - 月印釋譜 - 안락국태자경 - 서사무가(이공본풀이) - 안락국전
㉢ 唐太宗入冥記(돈황장경중) - 서사무가(세민황제본풀이) - 당태종전(")
㉣ 唐代 變文 - 梁山伯寶卷(祝英台설화) - 서사무가(세경본풀이) - 양산백전
㉤ 佛典 - 선우태자담 - 작성의전 - 서사무가(바리데기)

이상에서 서사무가와 고소설의 형성순서는 반대로도 볼 수 있으나, 이들의 선행형태가 佛典이거나 중국의 변문임은 의심의 여지가 없다. 또 이들 외에 허웅애기본풀이와 <콩쥐팥쥐전>, 충열굿과 <유충렬전>이 소재를 공유하고 있다. 바리공주와 <숙향전>, 성주풀이와 <춘향전>, 칠성본풀이와 <양풍운전>, 삼공본풀이와 <심청전> 등이 구조적 일치를 보여 서사무가와 고소설의 대응관계에 공통점이 두드러진다는 견해(김헌선, 「서사무가와 고소설의 관련 양상 재론」, 『고소설사의 제문제』, 집문당, 1993)를 고려한다면, 불교계 서사무가가

불교계 서사물로서 고소설과 맺고 있는 관계는 매우 긴밀하다고 볼 수 있다.

(4) 佛經諺解文學

번역[諺解]이 곧 제2의 창작이란 말에 유의해야 한다면, 조선조 초기 이래 계속되었던 수많은 양의 불경 언해류에 대한 학문적 관심을 국어사적 측면에서 국어학계의 과제에만 맡겨둘 수는 없다. 번역이 서로 다른 언어·문자간의 전환임을 감안할 때, 특히 表意文字인 漢字에서 表音文字인 한글로 번역된 우리의 諺解는 문학적 측면에서 유의해야 할 점이 적지 않다. 서로 다른 사유 양식과 문화적 배경을 가진 중국의 언어·문자가 우리 말, 우리 글로 바뀜에 있어서는 번역 과정에 주관적 작용이 매우 크지 않을 수 없고, 이에 따라 한국적 情緖, 한국적 思惟, 한국의 藝術美的 특질이 많은 우리의 佛經諺解의 문맥 속에 용해되어 있다고 보지 않을 수 없다.

이러한 점들은 대체로 文體論, 文章論, 修辭論, 表現描寫論的 차원에서 깊이 논의되어야 할 것이고, 佛經의 다양한 내용의 번역 속에서 한글 서사문의 배경론, 인물론, 성격론, 구성론, 對話論, 어휘론, 의미론적 문제가 반드시 다루어져야할 과제들이라고 본다. 또 이들 언해문들이 어떤 과정을 통하여 어떤 계층으로부터 보급되고 수용되었으며, 어떤 문화적 문학적 변화의 영향을 주었는가하는 문학사회학적 측면의 관심도 반드시 고찰되어야 할 과제라고 본다.

이들 불경언해의 자료는 한글 창제 이후 15세기 이래, 『석보상절』, 『월인석보』를 필두로 『능엄경언해』, 『아미타경언해』, 『법화경언해』, 『선종영가집언해』 등 수많은 불경들이 19세기에 이르기까지 간경도감, 각 사찰 등에서 수 없이 重刊되었을 뿐 아니라, 석판본, 목판본, 활자본 등 자료의 양이 매우 많이 남아 전하고 있다. 번거로움을 피하고자 목록은 생략한다.

(5) 불교계 한글 일기 · 수필 · 기행 · 서간 · 序跋 외 일반 실용문 학류

이들 불교계 한글 문학류는 아직 존재 가치가 주목된 바 없고, 이에 따라 자료의 조사 · 정리는 물론, 연구 · 고찰되지 않고 있는 미개지이다. 그러나 학계와 연구자의 관심이 주어진다면 이 방면의 자료 또한 적지 않을 것으로 생각되며, 그 연구 의의 역시 매우 클 것으로 생각된다. 거시적이고 광범위한 한글 불교문학의 연구를 위하여 반드시 개척되어야 할 영역이라 생각된다.

4) 한글 佛教敍事文學의 작자 · 독자와 유통

(1) 作者와 流通 問題

대부분 고소설의 작자는 미상이다. 많지 않은 알려진 작자들도 대부분 漢文小說이나 몽유록계 또는 傳系 小說을 지은 한문소설 작자이다. 이런 터라 한글 불교소설의 작자는 더욱 희귀하다. <王郎返魂傳>이 한글소설이고 작가가 普雨라는 설이 부정되고, 비불교소설이나마 許筠의 <洪吉童傳>이 처음 한글로 지어졌다는 확증이 없고 보면, 한글 불교소설의 알려진 작자는 17세기의 金萬重으로 내려올 수 밖에 없다. 그러나 <九雲夢>의 '漢字 原作說'이 등장하고, 觀音敍事계 작품으로 인정되는 <謝氏南征記>마저 불교소설임이 부정된다면 문제는 또 달라진다.

이미 고려 후기의 『三國遺事』에 佛教小說에 가까운 <調信傳>, <白月山二聖成佛說話> 등이 있었고, 고려 말기에 『釋迦如來十地修行記』 중의 <善友太子>, <金犢太子> 그리고 『窮原集』의 <王郎返魂傳>이 소설의 형태를 갖춘 채 있었지만, 한글이 창제되기 이전이고 작자 또한 알 수 없다. 한글이 창제된 이후 『석보상절』, 『월인석보』에 들어있는

국문의 불교소설적 서사물들이 있지만, 역시 이들을 완전한 창작품으로 보기 어려운데다 작자도 알 수 없다. 그리고 1511년에 蔡壽(1449~1515)가 지었다는 <薛公瓚傳>은 불교적 작품임이 인정되고 한글로 번역되어 읽힌 바도 있었지만 原作은 한문이었다.("…或飜以文字 或譯以諺語 傳播惑衆 …", 『中宗實錄』) 이러한 상황에서 관계문헌자료마저 없어 조선시대 한글 불교소설의 작자를 거명함은 매우 어려운 일이다.

다만 전기한 상황을 감안하면서 다음과 같은 몇 가지 가설은 가능하다고 생각된다.

① 조선시대 불교소설류의 작자는 15, 16세기 宮中佛教에 참여하여 譯經에 참여하였던 승려계층으로부터 비롯된다. 이들이 한글불전 편찬과 역경에 참여하면서, 불경 중의 서사적 이야기에 주목하고 이들을 궁중의 비빈·궁녀들에게 布教의 차원에서, 불교소설류에 유념하여 이를 권유하기 위하여, 또 일반 신도들을 위하여 정리·저작하였을 가능성이 많다.

② 본격적인 한글 불교소설의 작자는 17세기 중반 경부터 등장하는 것으로 판단된다. 이 시기는 소설에 대한 관심이 전계층으로 확산 되어가고, 수많은 중국소설이 들어와 읽혀졌다. 남성들이 한문소설을 선호하였다면, 궁중 및 상류층 여성들이나 중인층 이하 서민층은 한글에 정통하여 한글소설이 지어지고 많은 한문소설이 번역되기도 하였다. '諺譯傳奇'·'諺譯小說'·'諺書古談' 등의 용어가 바로 그런 현실을 반영하는 바, 이 때 한글 독자층을 상대로 한 文才있는 승려계층, 불경을 통해 흥미 있는 불전설화를 접한 有識佛子層, 사찰 주변의 불교예능인들이 포교의 목적으로, 또는 생계의 수단으로 불교소설류를 지었을 가능성이 많다. 또 정치가, 유학자들도 노년에 이르러 불교사상에 경도된 이들이 많았던 바, 老境의 회포와 破寂을 위하여 불교소설을 창작한 경우가 있었고, 金萬重을 대표로 꼽을 수

있다.

③ 18, 19세기에 이르러는 다양한 계층의 인물들이 불교소설의 창작이나 불교설화 등 불교서사물의 형성・발전에 기여하였을 것으로 믿어진다. 고소설의 전성기라 할 이 시기에 필사본・방각본 등 異本의 다양화, 貰冊家・서적보부상 등 고소설 유통의 활성화 등을 통해 궁중으로부터 서민・천민・문맹층에게까지 독자가 확산되었던 소설의 열기는 한글 불교소설의 경우에도 예외는 아니었을 것이다. 즉 흥미로운 설화의 寶庫라 할 佛典의 풍부한 설화, 서민신앙으로 깊이 뿌리 박힌 불교 信心을 지닌 수많은 信衆들, 유교 양반층의 억압과 천대에 사회적으로 경제적으로 극도의 고난을 겪으면서 생존해야 했던 승려계층들, 이들이 결합되면서 현실극복의 차원에서 당시 소설문학의 확산에 편승, 불교서사적 문예물을 십분 활용하였을 것임은 의심의 여지가 없다.

그러나 소설의 저작이 문학활동으로 당당하게 인정받지 못하고, 불교가 공인되지 않았던 터라 이 시기를 주름잡던 영웅소설, 가문소설, 애정소설, 판소리계 소설의 작자는 거의 알려진 바가 없고, 불교소설의 경우도 마찬가지였다. 다만 이 시기 불교서사문학 작자층으로는 好文의 승려층, 재능있는 불자층, 불교에 우호적인 지식층이 전시기에 이어 유력시되고, 이들과 어울려 각종 의식의 설법승, 가가방문의 동령승, 불교예능인으로 활약하던 광대, 사당패들이 불교서사물의 저작과 유통에 기여한 것으로 판단된다. <심청전>, <옹고집전>, <흥부전>, <가짜신선타령> 등이 이들에 의해 성립되고, 19세기 한문 장편소설 작자인 徐有英이 <六美堂記>에서 관음보살의 주처인 남해 보타산을 주인공의 이상향으로 묘사하고, 南永魯가 <玉樓夢>에서 『法華經』을 주인공 현세적 삶의 바탕으로 그리고 있는 사실도 주목할 만하다.

(2) 讀者와 流通 問題

조선 전기 불교소설의 독자는 궁중의 비빈, 궁녀 등이었다. 특히 이들은 한글에 능통하였던 바, 이는 이들의 諺文內簡 등의 자료에서 잘 알 수 있다. 예종·성종 대의 정희왕후는 한글 宮體의 시조로 알려졌고(김진세, 『궁체의 역사적 배경과 서체적 특징』, 1999.), 고승 普雨와 가까웠던 文定王后는 물론, 諺簡 70여 종을 남기고 소설의 애독자로 알려진 17세기 인선왕후(1618~1674) 등(김일근, 『친필언간총람』, 1974)이 그 대표적 예라 할 수 있다.

한편 이런 현상은 양반 지식층 여성도 마찬가지였다. 金萬重의 모친 尹氏(1617~1689)는 소설을 매우 즐겨 읽었고, 趙泰億의 모친 尹氏(1647~1698) 또한 수십 편의 국문소설을 베껴 간직했으며, 권섭의 모친 李氏는 많은 소설을 베껴 자손들에게 나누어주었다고 하며, <창선감의록>의 저자 趙聖期 모친 沈氏 또한 소설을 매우 애독한 것으로 알려져 있다(조재삼, 『송남잡지』). 결국 이들 궁중·양반가문의 여성들 중 信佛의 경우가 많았고 특히 이들이 즐겨 읽은 소설 중 <九雲夢>이 단연 많았다는 점을 유의한다면, 한글 불교소설의 독자로 보아도 큰 무리는 아닐 것으로 생각된다.

조선 중기 이후 후기에는 불교소설과 그 독자가 더욱 많이 유통되고 증가하였다. 일찍부터 寺刻本이 간출되면서 사찰을 중심으로 한 불승들이 俗講 등을 통한 布教, 사찰 건립 등 사원경제의 목적, 유교의 온갖 탄압으로부터 불교옹호 등을 위하여 불교적 서사물을 활용하였을 가능성이 많다. 특히 17·18세기에 들어 坊刻本 小說이 나타나면서 서적상들이 이익 추구를 위하여 전국적 유통망을 형성하였던 터라 그 독자층의 범위는 더욱 확대되었던 것이다.

특히 傳奇叟, 講談師, 講唱師, 過客들의 활약과 貰冊家들의 성황은 이 시기 불교소설을 포함한 일반 한글소설 독자층의 확산을 의미하는 것으로, 여성 중심의 독자층이 남성의 세계에까지 확대되고, 양반

지식층은 물론 문맹의 서민층에까지 상하 구분 없이 확대되었음을 알게 한다. 그리고 판소리의 발전과 함께 그 서사적 사설의 대중화와 흥미제고, 그 애호가들과 판소리 대본의 讀書物化를 통한 독자계층의 확대와 유통 또한 조선 후기 한글 불교소설의 활성화에 큰 역할을 담당하였다. 불교소설의 걸작 <심청가>, <심청전>이 판소리와 고소설로 큰 감명을 주면서 폭넓은 독자층을 확보하였던 것은 그 대표적인 사례로 들 수 있다.

5) 조선조 國文 佛教散文의 자료 목록(1443~1876)

1. 原典類

『月印千江之曲』(上)

『釋譜詳節』

『月印釋譜』

僧祐, <釋迦譜>, 『大正新修大藏經』 第50冊.

道宣, <釋迦氏譜>, 『大正新修大藏經』 第50冊.

無寄, <釋迦如來行蹟頌>, 1984.

朴炳采, 『論註 月印千江之曲 上』, 世英社, 1991.

千柄植, 『釋譜詳節 第三 註解』, 亞細亞文化社, 1985.

『釋譜詳節 第二十三・二十四 註解』, 金英培, 一朝閣, 1972.

『註解 釋譜詳節 6・9・11・13・19』, 세종대왕기념사업회, 1991.

『註解 月印釋譜 1・2・7・8・9・10・17・18』, 세종대왕기념사업회, 1997.

『抄錄譯註 朝鮮王朝實錄 佛教史料集』, 동국대학교 불교문화연구원, 1997.

『韓國口碑文學大系』 全82卷, 한국정신문화연구원, 1980~1988.

任晳宰, 『韓國口傳說話集』 I ~XII, 평민사, 1987~1992.

朝鮮王朝實錄(CD-ROM)

朝鮮朝에 刊行된 『佛說阿彌陀經諺解』 『法華經諺解』 등 각종 佛經諺解類

筆寫本, 坊刻本, 活字本 "古小說全集"類
기타 한글 "手筆", "日記", "紀行文" 등의 資料集

2. 論著類

姜順愛, 「새로 發見된 初槧本 月印釋譜 卷23에 관한 研究-그 構成과 底經을 중심으로-」, 『書誌學報』 8, 韓國書誌學會, 1992.

姜信沆, 「朝鮮初期 佛經諺解經緯에 對하여」, 『訓民正音研究』, 성균관대 출판부, 1991.

경일남, 「고려불교소설의 형성 전개」, 史在東敎授 華甲論叢 『韓國敍事文學史의 研究』, 中央文化社, 1995.

高永根, 「釋譜詳節과 月印釋譜와의 한 比較-몇 개의 語形變化를 중심으로-」, 『한글』 128, 한글학회, 1961.

高永燮, 『佛敎經典의 修辭學的 表現』, 경서원, 1996.

具任會, 「宮中儀禮와 佛敎的 頌歌」, 『불교문학연구입문-율문・언어편』, 동화출판사, 1991.

______, 「韓國 樂章文學 研究」, 동국대 박사학위논문, 1991.

權延雄, 「世祖代의 佛敎政策」, 『震檀學報』 75, 震檀學會, 1993.

金起東, 『國文學의 佛敎思想 研究』, 太學社, 1981.

金東旭, 「판소리 소설과 佛敎的 機緣」, 조병기박사 회갑논총 『佛敎史學論叢』, 동 간행위원회, 1965.

金文基, 「佛敎系 景幾體歌에 나타난 淨土思想과 佛經의 受容樣相」, 『이기영박사 고희기념논총』, 韓國佛敎研究院, 1991.

김수경, 「演行狀況으로 본 燃燈會의 문학사적 의의」, 『국문학과 불교』, 한국고전문학회 편, 1997.

金承鎬, 「佛敎的 英雄考」, 『韓國文學研究』 12, 동국대 한국학연구소, 1989.

______, 「韓國敍事文學의 傳記的 類型 變異」, 『論文集』 14, 경희대, 1985.

______, 『韓國佛傳文學의 研究』, 民族社, 1992.

金烈圭, 「佛教와 敍事文學」, 『韓國佛教文學研究』(下), 한국문학연구소 편, 1988.

金英吉, 「法華經의 諺解와 그 背景」, 동국대 불교문화연구소 편, 『韓國天台思想研究』, 동국대 출판부, 1983.

金永德, 「諺解文體와 聖書 飜譯體와의 關係研究」, 『論叢』 14, 이화여대 한국문화연구원, 1969.

金英培, 「釋譜詳節 第十三 底經 考-華嚴經諺解 卷一과의 比較-」, 『垂蓮語文論集』 창간호, 부산여대 국어교육과, 1973.

______, 「釋譜詳節 第九와 月印釋譜 第九-그 對校를 중심으로」, 『수련어문논집』 2, 부산여대 국어교육과, 1974.

______, 「釋譜詳節 第十九에 대하여-月印釋譜와 法華經諺解와의 比較를 중심으로-」, 『논문집』 2, 부산여대, 1974.

______, 「釋譜詳節 第二十二」, 『현대문학』 366, 현대문학사, 1985.

______, 「月印釋譜 第二十二에 대하여-그 卷次와 內容을 중심으로」, 『한국문학연구』, 동국대 한국문학연구소, 1985.

______, 『釋譜詳節 上・下』(現代佛教新書 57・58), 동국대 불전간행위원회, 1986.

金煐泰, 「浮雪傳의 원본과 그 작자에 대하여」, 『한국불교학』 1, 1979.

金完鎭, 「世宗代의 語文政策에 對한 研究」, 『省谷論叢』 3, 省谷學術文化財團, 1972.

김종철, 「초기소설의 성립과 불교」, 『국문학과 불교』, 한국고전문학회 편, 1997.

______, 「옥루몽의 대중성과 진지성」, 『韓國學報』 61, 일지사, 1990.

金鎭榮, 「불교계 강창문학 연구」, 충남대 대학원, 1992.

金鎭英, 「月印釋譜의 敍事文學的 展開」, 史在東教授華甲論叢 『韓國敍事文學史의 研究』, 中央文化社, 1995.

______, 「불교계 敍事文學의 齋儀的 성격」, 『국문학과 불교』, 한국 고전문학회 편, 1997.

김차균, 「월인천강지곡에 나타나는 표기체계와 음운」, 『한글』 194, 한글학회, 1986.

金漢春,「韓國 佛教文學의 研究-本生譚類를 中心으로-」, 충남대 석사학위논문, 1991.
김헌선,「서사무가와 고소설의 관련양상 재론」, 소재영교수 화갑기념논총『古小說史의 諸問題』, 집문당, 1993.
김형규,「해제」,『釋譜詳節』(第六・九・十三・十九), 한글학회 출판부, 1961.
閔永珪,「해제」,『月印釋譜』(第九・第十), 연세대 동방학연구소, 1956.
______,「해제」,『月印釋譜』(第十七・第十八), 연세대 동방학연구소, 1957.
______,「해제」,『月印釋譜』(第七・第八), 연세대 동방학연구소, 1957.
______,「月印釋譜 第二十三 殘卷」,『동방학지』6, 연세대 동방학연구소, 1963.
朴敬伸,「巫歌와 敍事文學」, 史在東教授 華甲論叢『韓國敍事文學史의 研究』, 中央文化社, 1995.
朴光洙,「팔상명힝녹의 敍事文學的 展開」, 史在東教授 華甲論叢『韓國敍事文學史의 研究』, 中央文化社, 1995.
朴錦子,「15세기 불경언해의 협주에 관한 연구」, 서울대 박사학위논문, 1994.
______,「釋譜詳節・月印釋譜의 텍스트 범위와 텍스트 통합성」, 텍스트 연구회 편,『텍스트언어학』3, 박이정, 1995.
朴魯元,「釋譜詳節의 敍事文學的 性格」, 동아대 석사학위논문, 1982.
朴炳東,「釋迦如來十地修行記의 小說的 展開」, 사재동교수화갑논총『한국서사문학사의 연구』, 중앙문화사, 1995.
朴炳采,「月印千江之曲의 撰者에 대한 再論」,『徐廷範博士 華甲紀念論文集』, 동 간행위원회, 1986.
朴湧植,「韓國敍事文學의 展開와 信仰 思想」, 史在東教授 華甲論叢『韓國敍事文學史의 研究』, 中央文化社, 1995.
朴贊斗,「華嚴經의 文學的 研究-敍事構造를 中心으로」,『韓國佛教學』16, 韓國佛教學會, 1991.
박희병,「한국 고전소설의 발생 및 발전 단계를 둘러싼 몇몇 문제에 대하여」,『관악어문연구』17, 서울대 국문과, 1992.

史在東, 「目連傳 研究」, 『韓國言語文學』 2, 韓國言語文學會, 1965.
______, 「鴛鴦西往歌의 研究」, 『韓國言語文學』 4, 韓國言語文學會, 1966.
______, 「安樂國太子傳 研究」, 『語文研究』 5, 충남대 어문연구회, 1967.
______, 「善友太子傳研究」, 『語文研究』 9, 語文研究會, 1976.
______, 「月印釋譜의 形態的 研究」, 『語文研究』 5, 대전어문연구회, 1970.
______, 「王郎返魂傳의 再考」, 『김종우박사 화갑기념논총』, 동 간행위원회, 1977.
______, 「팔상명힝녹의 연구」, 『人文科學論集』 Ⅷ-2, 충남대 인문과학연구소, 1981.
______, 「月印千江之曲의 佛教敍事詩的 局面」, 黃浿江 외, 『韓國文學研究入門』, 지식산업사, 1982.
______, 「佛教系 敍事文學의 研究」, 『語文研究』 12집, 어문연구회, 1983.
______, 「韓・中 目連故事의 流變關係」, 『人文科學論文集』, 충남대, 1987.
______, 「安樂國太子經의 研究」, 『韓國佛教文學研究』(下), 한국문학연구소 편, 1988.
______, 「月印釋譜의 講唱文學的 研究」, 『애산학보』 9, 애산학회, 1990.
______, 「韓中 佛教故事의 流變關係」, 『동방고전문학연구』, 태학사, 1990.
______, 「佛教系 講唱文學의 流通樣相」, 『韓國佛教文化思想史』 卷下, 1992.
______, 「佛教戲曲研究序說」, 『釋林論叢』 28, 東國大 釋林會, 1994.
______, 「佛教系 國文小說의 形成 展開」, 史在東教授 華甲論叢 『韓國敍事文學史의 研究』, 中央文化社, 1995.
______, 「國文佛書의 文學的 研究」, 『佛教系 敍事文學의 研究』, 中央文化社, 1996.
______, 「금광공주전에 대하여」, 『佛教系 敍事文學의 研究』, 中央文化社, 1996.
徐大錫, 「한국서사문학사의 계통적 전개」, 史在東教授 華甲論叢 『韓國敍事文學史의 研究』, 中央文化社, 1995.
______, 「한국 설화문학의 불교적 이해」, 『국문학과 불교』, 한국 고전문학회

편, 1997.

成基玉,「龍飛御天歌의 敍事的 짜임」,『백영 정병욱선생 환력기념논총』, 신구문화사, 1982.

______,「龍飛御天歌의 構造와 敍事性」,『새터 강한영교수 고희기념논총』, 아세아문화사, 1983.

小西敏夫,「언어표현에 있어서의 월인천강지곡과 석보상절의 관계-목련전의 경우-」, 서울대 국어국문학과 편,『국어학논집』1, 태동, 1992.

________,「月印釋譜 弟23·目連傳의 텍스트 언어학적 분석」,『國語研究』107호, 서울대 국어연구회, 1992.

宋 敏,「관무량수경과 월인석보 권8의 비교」,『聖心語文』, 성심여대 국이국문학과, 1968.

安秉禧,「月印釋譜 권11·12에 대하여」,『국어생활』9, 국어연구소, 1987.

안병희,「釋譜詳節의 校正」,『國語史資料研究』, 문학과 지성사, 1992.

______,「月印千江之曲의 校正」,『國語史資料研究』, 문학과 지성사, 1992.

______,「月印釋譜의 編刊과 異本」,『震檀學報』75, 震檀學會, 1993.

呂增東,「釋譜詳節序 날조에 대한 진상 규명」,『모국어교육』8, 모국어교육학회, 1990.

______,「御製月印釋譜序 날조에 대한 진상 규명」,『碧史李佑成先生停年退職紀念 國語國文學論叢』, 麗江出版社, 1990.

______,「석보상절 지은이가 수양대군이 아니었다」, 慈山 李相斐博士 華甲紀念論文叢『國文學의 史的 照明』, 계명문화사, 1994.

오출세,「朝鮮 前期 敍事文學과 通過儀禮」, 史在東教授 華甲論叢『韓國敍事文學史의 研究』, 中央文化社, 1995.

柳正一,「月印釋譜의 文學的 研究」, 연세대 석사학위논문, 1997.

이강옥,「불경계설화의 소설화 과정에 대한 고찰」,『고전문학연구』4, 1988.

______,「구운몽과 육미당기에 나타난 세속적 삶의 두 모습과 극복 방식」,『국문학과 불교』, 한국 고전문학회 편, 1997.

李東林,「月印釋譜와 關係佛經의 考察」,『백성욱박사 송수기념 불교학 논문집』, 1959.

李丙疇, 「釋譜詳節 弟二十三・二十四 解題」, 『東岳語文論集』 5, 동국대 동악어문학회, 1967.

李逢春, 「朝鮮 前期 佛經諺解와 그 思想」, 『韓國佛教學』 5, 韓國佛教學會, 1980.

이상준, 「김만중의 불교문학 연구」, 고려대 교육대학원 석사학위논문, 1993.

李永子, 「無寄의 天台思想-釋迦如來行蹟頌을 中心으로-」, 『韓國佛教學』 3, 韓國佛教學會, 1977.

李鐘燦, 「敍事詩 釋迦如來行蹟頌 考察」, 『韓國의 禪詩』, 이우출판사, 1985.

이종출, 「조선초기 악장체가의 연구」, 『성곡논총』 10, 성곡학술문화재단, 1979.

이진오, 「朝鮮朝 佛教文學의 歷史性」, 『韓國文學論叢』 14, 부산대 1993.

李昶憲, 「고전소설 유통 양상에 대한 일 고찰」, 史在東教授 華甲論叢 『韓國敍事文學史의 硏究』, 中央文化社, 1995.

李浩權, 「釋譜詳節의 國語學的 硏究」, 서울대 박사학위논문, 1998.

印權煥, 「적성의전 근원설화 연구」, 『人文論集』 8호, 고려대 문과대, 1967.

______, 「토끼전 根源說話 硏究」, 『亞細亞硏究』 25호, 고려대 아세아문제연구소, 1967.

______, 「心火繞塔說話의 佛典根源과 土着的 意味」, 『국어국문학』 41호, 국어국문학회, 1968.

______, 「佛典說話의 韓國的 展開와 變容」, 『문화비평』 1권 3호, 1969.

______, 「釋譜詳節의 文學的 考察」, 『民族文化硏究』 9, 고려대 민족문화연구소, 1975.

______, 「佛教敍事文學의 展開樣相」, 『金剛』, 1985, 『韓國佛教文學硏究』에 改稿 再收錄.

______, 「觀音說話의 小說的 展開」, 『省谷論叢』 26집, 1995.

______, 「深靑의 人間型과 觀音菩薩」, 『金基鉉教授 回甲論叢』, 1995.

______, 「壅固執傳의 佛教的 考察」, 『民族文化硏究』 28호, 고려대 민족문화연구소, 1995.

______, 「홍보전의 佛典根源的 側面」, 『朴敏一教授 華甲論叢』, 1997.
______, 『韓國佛教文學研究』, 고려대 출판부, 1999.
林基中, 「和請과 歌辭文學」, 『國語國文學』 97, 國語國文學會, 1987.
______, 「불교가사에 나타난 우리 글말의 쓰임새」, 『한글』 214, 한글학회, 1991.
장영우, 「불교소설을 어떻게 할 것인가」, 『석림』 31호, 동국대, 1997.
張籌根, 「敍事巫歌의 始原과 民俗文藝上의 位置」, 『文化人類學』 5, 문화인류학회, 1972.
______, 「화청의 문학사적 연구」, 『한국신화의 민속학적 연구』, 집문당, 1995.
張孝鉉, 『徐有英 文學의 研究』, 아세아문화사, 1988.
전길운, 「佛教系 國文小說의 探索主旨 研究」, 충남대 교육대학원, 1996.
정규복, 『九雲夢研究』, 고려대 출판부, 1974.
정규복, 『韓中比較文學의 研究』, 고려대 출판부, 1987.
丁奎福, 「東아시아 文學에 나타난 偈의 역할」, 『제5회 국제학술회의 논문집 (I)-한국학의 과제와 전망』, 韓國精神文化研究院, 1988.
丁來東, 「韓中目連故事의 比較」, 『論文集』 11, 성균관대, 1966.
鄭炳昱, 「판소리와 佛教」, 『한국의 판소리』, 집문당, 1981.
鄭夏英, 「月印釋譜의 敍事文學的 性格」, 『震檀學報』 75, 震檀學會, 1993
조규익, 『鮮初樂章文學研究』, 숭실대 출판부, 1990.
趙都鉉, 「國文小說 流通의 現代的 樣相」, 史在東教授 華甲論叢 『韓國敍事文學史의 研究』, 中央文化社, 1995.
조동일 외, 『韓國口碑文學大系 별책부록』(韓國說話索引集), 한국정신문화연구원, 1989.
趙東一, 「英雄의 一生, 그 文學史的 展開」, 『東亞文化』 10, 서울대 동아문화연구소, 1971.
조동일, 『동아시아 구비서사시의 양상과 변천』, 문학과 지성사, 1997.
趙興旭, 「月印千江之曲 研究」, 서울대 박사학위논문, 1994.
조희웅, 「국문본 고전소설 형성 연대 고구」, 『논문집』 12, 국민대, 1978.
千柄植, 「새로 발견된 釋譜詳節 第三에 대하여」, 『釋譜詳節 第三 註解』, 아

세아문화사, 1985.

______, 「釋譜詳節의 傳記文學的 價値」, 『古典文學研究』 3, 한국 고전문학회, 1986.

崔　喆, 『세종시대의 문학』, 세종대왕기념사업회, 1985.

崔柄憲, 「月印釋譜 編纂의 佛敎史的 意義」, 『震檀學報』 75, 震檀學會, 1993.

崔正如, 「世宗朝 亡妃追善의 周邊과 釋譜 및 讚佛歌制作」, 『啓明論叢』 5, 계명대, 1968.

崔皓晳, 「釋迦如來十地修行記의 小說史的 展開」, 고려대 대학원, 1993.

洪順錫, 「韓國寺刹緣起說話研究」, 단국대 대학원, 1980.

洪潤植, 『佛敎와 民俗』, 동국대 역경원, 1993.

黃仁德, 「佛典系 韓國民譚의 研究」, 충남대 대학원, 1988.

黃浿江, 「浮雪傳 研究」, 『新羅佛敎說話研究』, 일지사, 1975.

______, 「佛敎口碑傳承의 原理」, 『新羅佛敎說話研究』, 一志社, 1975.

______, 「訓民正音創製와 長篇敍事詩」, 『도솔어문』 7, 단국대 국어국문학과, 1991.

______, 「釋迦如來行蹟頌 研究」, 伽山 李智冠스님 華甲紀念論叢 『韓國佛敎文化思想史』, 1992.

______, 「불교전기 불교설화의 전개과정과 고소설」, 소재영교수화갑기념논총 『古小說史의 諸問題』, 집문당, 1993.

______, 「敍事文學研究의 諸問題」, 史在東敎授 華甲論叢 『韓國敍事文學史의 研究』, 中央文化社, 1995.

-『한국문학연구』 22, 동국대 한국문학연구소, 2000.

3. 沈淸의 인간형과 觀音菩薩

1) 서사문학에 있어 觀音化現의 상상력

三國時代 불교전래 이래, 佛敎信仰과 思想에 바탕을 둔 인생관·세계관은 우리 민족의 思惟體系의 형성에 지대한 영향을 주어왔다.[1] 여기에 바탕을 둔 불교적 상상력은 統一新羅와 高麗朝는 물론 斥佛崇儒를 표방했던 조선시대까지도 한국의 정신적 사상적 基底를 이룬 채 지속되었다. 이와 같은 점에서 상상력이 문학의 근본적 존재의 원천이며, 문학은 곧바로 言語的 想像力의 소산임을 감안할 때, 국문학의 정신적 기저에 엄연히 자리하고 있는 통일신라 이래의 이와 같은 불교적 상상력이 국문학의 생산자나 그 수용자의 중요한 정신적 共通分母의 하나로서 작용하고 있음을 부정하기는 어렵다.

본고는 우리 敍事文學의 기저에 자리하고 있는 이와 같은 불교적 상상력을 고찰한다는 대전제하에, 우선 그 중 觀音化現의 상상력을 대상으로 여기에 해당되는 다수의 說話나 小說 중, <沈淸傳>에만 국한하여 논의함을 목적으로 한다.

한국인의 정신적 바탕에 연면히 흐르고 있는 불교적 사유형태는 觀音化現 외에도 極樂往生·因果應報·輪廻轉生·彌勒下生·諸行無常, 그리고 唯心淨土의 禪的 想像力 등 다양한 형태의 존재가 가능하다. 이중 관음화현의 상상력은 일찍부터 우리 민족 불교신앙의 중추를 이루어왔던 觀音信仰을 토대로 꾸준히 지속되어 왔다. 그것은 관음보살이 大慈大悲를 근본 서원으로 하는 救世大師·大悲聖者라 불려지며, 32身 또는 33身으로 화신하여 衆生을 돕는다는 데서 보살 중에서 가장 중생에 가깝고 친밀한 때문이다. 따라서 所願成就·苦難救援·慈悲救濟·治病救苦 등 소박하며 절실한 인간의 소망을 들어줄

1 인권환, 「불교문학의 개념·영역·형성·전개」, 『불교문학』 창간호, 1988, 17쪽.

수 있는 보살로 관음보살을 깊이 신앙하였던 것이다. 여기서 관음화현의 상상력은 한국 서사문학의 기저에 하나의 類型化된 사유형태로 존재하게 되었으며, 또 여기에서 관음보살의 化身이 하나의 人物型으로 부각되어 설화나 소설의 주인공으로 형상화되어 나타나기에 이르렀던 것이다. 따라서 우리 고소설에서 관음화현의 사유형태와 관음보살적 인간형의 추출과 검토는 작품 주제의 탐색과 인물유형의 본질 규명에 중요한 요건일 뿐 아니라, 우리의 精神史와 함께 佛教文學의 특질과 흐름을 밝히는 데에 기여가 클 것으로 생각된다.

이상과 같은 취지에서 본고는 최초로 觀音의 化身이 나타나는 신라 觀音說話의 특징과 유형, 고소설에 있어 관음화신의 양상과 심청의 인간형, 관음보살 화신으로서의 심청의 菩薩行, 그리고 <심청전>의 불교적 주제와 그 사회적 의미의 순서로 살피기로 한다.

2) 新羅 觀音說話의 특징과 그 유형

우리의 敍事文學에서 관음보살의 화신이 최초로 集中的으로 나타나는 것은 신라 관음설화다.[2] 그 이후의 관음설화류의 작품들은 대체로 이의 진행적 형태라 할 수 있다. 따라서 고소설에 있어 관음화신을 고찰하기 위하여는 그 先行型이라 할 신라 관음설화를 一瞥함이 필수적이다.

신라 관음신앙의 所依經典은 대체로 『法華經』 觀世音菩薩普門品, 『華嚴經』 入法界品, 『千手千眼觀自在菩薩大悲心陀羅尼經』, 『十一面觀世音菩薩神呪經』, 『無量壽經』, 『大阿彌陀經』, 『首楞嚴經』 등으로, 이들을 통하여 관음의 신통력과 자비력, 변화신 등의 자재로움이 알려지면서 그에 대한 신앙이 크게 일어났던 것으로 보인다. 그러나 이

2 신라시대 관음설화의 제반 양상에 대하여는 다음 논문에서 자세히 논한 바 있다. 인권환, 「신라관음설화의 양상과 의미」, 『신라문화』 6, 동국대 신라문화연구소, 1989.

들 경전들의 신라 전래 연대가 불명확하고, 이에 따라 신라 관음신앙의 發生 年代가 언제쯤일지는 명확히 알 수 없다. 다만 가장 초기의 기록으로 선덕여왕 5년(636)에 중국에 다녀온 자장의 誕生說話에 관음신앙이 나타나는 것으로 보아,[3] 6세기 말경 이미 신라사회에 관음신앙이 나타나는 것으로 보인다. 그러다가 義湘이 중국으로부터 귀국한 문무왕 11년(671) 이후, 그가 낙산의 선굴에 관음상을 모셔놓고, 그 근본도량으로 삼으면서 7세기 이후 관음신앙이 크게 번지지 않았나 생각된다.[4]

당시의 관음설화를 집중적으로 수록하고 있는 문헌이 『삼국유사』인 바, 여기에는 同 설화가 13편 전한다. 예를 들어보면 다음과 같다.

㉠ 仁容寺觀音道場靈驗설화(卷 제3, 文虎王法敏)
㉡ 崔兒避禍설화(卷 제3, 三所觀音衆生寺)
㉢ 栢栗寺大悲像靈驗설화(卷 제3, 栢栗寺)
㉣ 敏藏寺觀音菩薩靈驗설화(卷 제3, 敏藏寺)
㉤ 白月山二聖成佛설화(卷 제3, 南月山二聖)
㉥ 希明兒得眼설화(卷 제3, 芬皇寺大悲)
㉦ 洛山寺緣起설화(卷 제3, 洛山二大聖)
㉧ 觀音松설화(卷 제3, 同上)
㉨ 調信覺夢설화(卷 제3, 同上)
㉩ 信孝居士설화(卷 제3, 臺山月精寺)
㉪ 慈藏出生설화(卷 제4, 慈藏定律)
㉫ 廣德嚴莊설화(卷 제4, 廣德嚴莊)
㉬ 憬興治病설화

이상 13편의 관음설화에 나타나는 특징을 살펴보면 다음과 같다.

3 一然, 『三國遺事』 卷第四 <慈藏定律>.
4 一然, 위의 책, 卷第三 <洛山二大聖>.

첫째, 觀音化現說話가 제일 많다. 즉 미륵보살・문수보살・보현보살 등의 化現說話가 1, 2편인데 비하여, 관음화현설화는 이상 13편 외에도 관련 기록까지[5] 합치면 19종이나 되어, 당시에 관음화현에 대한 신앙적 熱望이 컸음을 말해주고 있다.

둘째, 수록된 관음설화의 관련 기록으로 보아 문무왕・신문왕・경덕왕 등 삼국통일(735)을 전후한, 약 100년(661～765)에 걸쳐 주로 나타나는데, 특히 그 후반부가 신라말에 해당하는 시기여서 당시의 사회상이나 일반국민들의 의식지향과 유관할 것으로 생각된다.

셋째, 이들 觀音說話와 관련 경전과의 관계를 보면, 『법화경』→㉠㉡㉢㉣㉤㉦㉧㉨㉩㉪, 『화엄경』→㉥, 『천수천안관자재보살대비심바라니경』→㉥, 『십일면관세음보살신주경』→㉫ 등으로 나타나는데, 여기에 『법화경』 관세음보살보문품과의 관련 설화가 10편이 나타나고 있어, 당시의 관음신앙이 『法華經』에 크게 의지하고 있음을 보여준다.

넷째, 13편의 설화 중 화신의 경우 8예로 가장 많고, 그 가운데서도 여자(여인, 낭자, 비구니, 노부인 등)로 화신한 경우가 6예로 가장 많다는 점이다. 이는 당시인들의 현실적 고통을 자비로운 母性愛的 觀音菩薩을 통하여 벗어나려는 信仰 心理의 표현으로 보여진다.

다섯째, 관음의 淨土를 국외에 있다는 보타낙가산이[6] 아니라 신라의 국토로 생각했다는 점이다. 즉 當時人들은 낙산사성굴, 남해보제암, 오대산 동대, 만월산 성지 등을 관음의 住處로 생각했던 바, 이는 신라인들의 現世的 地上佛國土觀의 표현으로 평가된다.

한편, 신라 관음설화에 나타나는 관음보살의 慈悲力에 의한 救世濟衆의 유형을 나누어 보면, 대량 고난구제형,[7] 성불유도형, 불사보조

[5] 『삼국유사』에는 이들 신라 관음설화 외에 중국의 관음설화 1편, 고려시대 관음설화 3편, 관음화현 관계기록 2종 등이 있다.

[6] 보타낙가산에 대하여는 정원본 사십권 『화엄경』 입법품계에 자세히 설명되어 있다.

형, 치병고구형 등으로 나눌 수 있다. 고난구제형은 인간의 현실적 고통이나 어려움을 관음보살의 靈驗으로 구제받는 경우로 ㉠㉡㉢㉣㉪의 설화가 여기에 해당하고, 성불유도형은 세속적 욕망에 사로잡혀 있는 이에게 여인으로 化身한 관음보살이 나타나 마침내 佛道를 깨닫게 하여 번뇌를 벗어나게 하는 경우로 ㉤㉨㉫의 설화가 여기에 해당된다. 또 불사보조형은 觀音菩薩의 陰助 또는 化身의 지시나 도움으로 불사를 성취하는 경우로 ㉦㉩의 설화가 여기에 해당되며, 치병구고형은 인간의 신체적 불구나 질병 등을 관음보살의 영험이나 화신의 도움으로 고쳐 고통에서 벗어나는 유형으로 ㉥㉪의 설화가 여기에 해당된다. 이와 같은 4종의 각각 다른 유형들은 수 많은 유화들을 거느리고 계열을 형성한 채 전승되며, 후대의 일정한 단계에 이르러 관음소설로 진화된다. 여기서 관음의 화신 또는 작품의 성격이나 작중인들의 인간형에 영향을 끼치게 되는 것이다.

3) 觀音의 화신과 沈淸의 인간형

觀音化現의 상상력과 욕망이 문학적으로 變容되어 설화나 소설에 가장 특징적으로 나타나는 것은 말할 것도 없이 觀音菩薩의 化身이다.[8] 앞에서도 말한 바와 같이 관음보살은 대자대비를 근본서원으로 하며, 특히 33법신(『法華經』)·32신(『首楞嚴經』)의 변화신으로 화신하여 고통받는 중생들을 救濟함을 지상의 과제로 삼는다.

원래 불보살의 변화신에는 化身·應身(報身)·法身이 있다. 화신은 부처님이 중생을 위하여 알맞은 대상으로 化現하는 몸이며, 應身은 願과 行의 果報로 나타나는 존재이고, 法身은 法界에 두루 편안한 本

7 관음보살의 고난구제에 있어서는 한없는 인욕과 자비가 바탕이 되어 있으므로 '고난구제형'은 '인욕자비형'과 표리를 이루고 있는 경우가 많다. 따라서 본론에서는 이 두 유형을 동일 유형의 차원에서 논한 것임을 밝혀둔다.

8 화신에 대하여는 『금광명경』 삼신불별품에 자세히 설하여 있다.

體身을 말한다. 이와 같은 3신은 서로 다르면서 한 몸이기도 하다. 또 화신과 응신은 법신을 근원으로 하고 있다는 점에서 그 바탕은 法身이다. 이중에서 소설에 나타나는 관음은 화신이다. 화신은 부처님이 중생을 위하여 그때그때 알맞은 대상으로 化現하는 것이기에 다양하다. 즉 여인·아이·거사·또는 새·짐승 등 다른 동물로 나타날 때도 있다. 그러나 觀音化現의 대종을 이루는 것은 여인이다. 그것은 母性愛에 바탕을 둔 여인의 자애로움이 관음보살의 중생에 대한 자비와 相通하기 때문이며, 관음상이 여인의 모습으로 되어 있는 것도 같은 이치다. 이렇게 여인으로 화신한 관음보살은 생명의 위험, 삶의 고난이나 고통으로부터의 구원, 세속적 욕망에 얽매여 번뇌의 질곡에 빠진 중생의 해탈, 사찰의 건립이나 불상의 조성에 있어서의 도움, 불구나 치병으로부터의 인간의 救濟를 本業으로 하여 布施·持戒·忍辱·精進·禪定·般若의 육바라밀을 실천한다. 중생의 완전한 구제와 해탈을 위하여 끓는 물, 타는 불 속에도 들어간다는 보살은 그 자비행의 실천에 있어 온갖 인욕은 물론 생명의 희생까지도 마다하지 않는다.

이와 같은 관음의 화신은 소설적 變容 過程에서 여주인공으로 轉移되면서 하나의 전형적인 구원의 여인상으로 등장한다. 소설에 등장하는 관음화현의 여인상은 成佛誘導型과 苦難救濟型이 중심을 이루고 이 두 형에 바탕을 둔 忍辱慈悲型이 그 변형으로 나타나는 것이 일반적이다. 즉 욕망의 번뇌에 빠져 있는 중생을 成佛시키기 위하여, 그리고 현실적 고난을 구제하기 위하여 온갖 인욕과 자비행을 실천하는 여인이 관음의 화신으로서 소설의 주인공으로 등장하는 것이다.

여기서 우선 이와 같은 관음보살의 화신이 <심청전>에서 沈淸이란 주인공으로 나타난다는 본고의 결론부터 제시하고자 한다. 즉 작품에서 심청의 人間型이 殉敎者的 女人像이며, 구원자적 여인상으로 나타나는 바, 이가 곧 관음의 화신으로서의 기능에 기인한다는 것이다. 여기에 대한 구체적인 논의는 다음 항에서 논하기로 한다.

4) 沈淸의 菩薩行-죽음·부활·구원

<심청전>은 傳記的 類型의 작품이다. 즉 심청이란 여주인공의 일대기를 중심으로 한 소설이다. 따라서 그녀의 출생에서부터 성장·고난·죽음·부활·결혼·부녀상봉으로 이어지는 일생의 사건이나 성격 행위 등을 통하여 나타나는 人物 類型과 機能은 배경 사상이나 주제 등은 물론 작품의 전반적 의미와 가치 부여에 결정적 역할을 하고 있다. 지금까지 <심청전> 연구가 심청의 이와 같은 점에 주목하여 온 것도 바로 그 때문이다.

그동안 이 방면의 논의는 주로 작품의 주제가 무엇이냐 하는 점과 이때에 필연적으로 提起되는 효의 思想的 根據가 무엇이냐 하는 점이 중심이 되어 왔다. 기존의 대부분의 주제론은 효에 집중되어 있다. 그 후 주제의 문제는 새로운 각도로 작품이 조명되면서 悲劇의 淨化와 救援,[9] 표면적 주제는 悲壯 이면적 주제는 滑稽,[10] 희생적 참회·비원에 의한 往生極樂,[11] 自己犧牲의 가치와 의미,[12] 인간의식의 覺醒[13] 등으로 다양하게 나타났다. 한편 유영대는 경판계(문장체 소설)는 효만을 내세운 채 일정한 갈등이 나타나지 않는 반면, 완판계(판소리)는 가난한 현실과 효라는 윤리적 문제의 갈등이 나타난다고[14] 하여 두 계열로 나누어 주제를 말하였으며, 주제론과 다른 차원에서 성현경은 <심청전>의 通過儀禮的 性格에 주목한 끝에 심청이 여러 시련을 거치면서 성인이 되어 혼인을 하고 왕후가 될 수 있었다는 점에서 성인식과 즉위식이 투영되어 있다고 祭儀學派的 입장을 말하였다.[15] 또 <심청전>의 주제론에서 반드시 논의되는 효의 사상적 배경

---

9 인권환, 「정화와 구원의 비가」, 『고대신문』, 1997.5.
10 조동일, 「심청전에 나타난 비장과 골계」, 『계명논총』 7, 1971.
11 사재동, 「심청전연구서설」, 『어문연구』 7, 1971.
12 정하영, 「심청전 주제고」, 『정병욱 환갑논총』, 1982.
13 설중환, 「심청전 재고」, 『국어국문학』 83, 국어국문학회, 1981.
14 유영대, 「심청전의 계통과 주제」, 고려대 박사학위논문, 1988.

에 있어서도 논자들의 입장은 한결같지 않았다. 즉 심청의 효를 김태준, 조윤제, 장덕순은 儒教的 德目으로, 정주동, 사재동은 佛教的 德目으로, 김기동은 道教的 德目으로, 김준겸은 儒佛道 三教의 혼합으로 보았으며, 이문규, 정하영, 성현경은 효를 원초적 사고의 표현으로 보아 색다른 입장을 취하였다.

이상과 같은 다양한 견해는 작품 解釋의 方法論에 따라, 주제 접근의 觀點에 따라, 또는 대상 異本의 系列에 따라 각각 일정한 타당성을 지닌 說들이어서 일률적으로 논하기는 어렵다. 더구나 주제론의 검토가 본론의 主旨가 아닌 터라, 이에 대한 詳論은 생략하거니와, 이들 작품의 주제나 배경 사상에 대한 제문제가 한결같이 여주인공인 심청의 성격이나 인물 유형의 本質 또는 特質 糾明과 결부되어 있다는 점에서 <심청전> 연구에 있어서 심청론은 그 비중이 매우 크다는 사실을 주목할 필요가 있다.

여기서 필자는 이제 <심청전>은 고난구제형 관음설화의 진화형이며, 심청은 관음보살의 화신이라는 주장을 다음에 차례로 입증해 나가기로 하겠다. 이를 위하여 첫째, <심청전>이 불교소설임이 명확하게 전제되어야 한다. 여기 본고에서는 대상 이본을 경판본으로 하고자 하는 바, 주지하는 바와 같이 경판본은 이본 중 原 <심청전>에 가까운 個人作・單獨作으로 알려져 왔다.[16] 또 완판본에 비하여 通俗性이 없고, 단순 소박한 구성과 簡潔 高雅한 문체로 된 소설본이며, 부처에 대한 신앙의 농도가 짙은 작품으로 평가되어 왔다.[17] 사실 경판본의 내용은 始終一貫 불교적 배경과 結構로 되어 있다. 즉 개천에 빠져 위급했던 심공이 스님의 구출을 받은 인연으로 信心을 發하여 施主를 약속하고, 부처의 뜻으로 스님이 꿈에 나타나 심청에게 앞일을 예시하며, 또 심청이 前世 용왕의 貴女로서 천상에서 죄를 짓고

---

15 성현경, 「성년기 소설로서의 심청전」, 『서강어문』 3, 1983.
16 성현경, 「심청은 효녀인가」, 『한국문학사의 쟁점』, 집문당, 1986.
17 사재동, 앞의 논문.

같은 운명의 老君星과 부녀로 人世에 태어나 지옥고를 겪는 일생이 모두 釋迦世尊의 시험과정으로 설정되어 있다. 더 나아가 부처의 자비로운 덕택으로 마침내 地獄苦를 면하고 유리국에 나아가 영귀하게 되도록 예정되어 있음도 경판본의 내용이 철저하게 불교에 지배되고 있음을 잘 알게 한다. 결국 경판본의 要旨는 '전세의 죄과로 현세의 지옥고를 겪고 있는 심청 부녀가 佛弟子의 인도로 자신들의 모든 것을 바쳐 희생적인 불공을 드림으로써 부처의 영험스런 慈恩으로 現世苦를 免하고 光榮의 제도를 받는다는 것'이다.[18] 곧 한 자식이 佛道에 귀의하여 희생적인 불공을 드림으로써 지옥로에 떨어진 어버이를 영험스런 佛力에 의하여 구제한다는 이야기는 경판본의 주내용이다. 여기서 경판 <심청전>의 佛敎小說로서의 특질을 의심할 여지는 없다.[19]

둘째, 설화소설로서의 <沈淸傳>의 불교설화적 측면이다. <심청전>의 主軸을 이루고 있는 설화는 <孝道說話>, <開眼說話>, <人身供養說話>다. 이중에서 <효도설화>와 <개안설화>가 혼합된 설화가 <심청전>의 근원설화·유사설화로서 수없이 존재하는데, 이들은 대개 佛典所在의 불교설화다. 『목련경』의 <목련구모담>, 『지장경』의 <성녀구모담>, 『대방편불보은경』의 <인욕태자구부담>, 『법원주림』의 <자동녀양모담> 등이 여기에 해당하고, 일찍이 김태준이 <심청전>의 설화로 소개한 <전동자설화>, <묘법동자설화> 역시 인도의 불전설화다. 그리고 <심청전>과 가장 근접하여 그 근원설화로 인정되는 <관음사연기설화> 또한 사찰의 유래에 관련된 불교설화란 점에서 주목을 요한다. <심청전>의 설화적 핵심은 <효자(녀)불공구친담>이다. 이 핵심설화가 前記한 설화들과 그 유형상 일치한다는 점에서 <심청전>은

18 위와 같은 곳.

19 경판본이 <심청전> 이본 중 어느 위치에 있는가에 대하여는 제설이 분분하다. 그러나 필자가 판단키로는 이본 중 비교적 원본에 가깝고, 이에 따라 경판본의 내용이나 주제 또한 원작에 근사할 것으로 믿어진다.

불교설화를 骨格으로 형성된 작품임이 틀림없다. 그리하여 <심청전>의 형성과정을 '불전→소설→판소리'로 보는 說도 있다.[20] 여기서 소설이 먼저인가, 판소리가 먼저인가 하는 문제는 별도의 考察이 필요하겠지만, 이들 앞에 불전이 先行하고 있음은 대략 추측키 어렵지 않다. 이렇게 볼 때, 이들 이본 중 비교적 선행본이라 할 경판본의 작자나 작자군은 아무래도 文才 있는 승려이거나 신앙의 文士나 대중 또는 이들 類의 집단적 인물들이었을 것으로 추측할 수 있다.[21]

셋째, 이상에서 살핀 바와 같이 <심청전>이 불교설화를 바탕으로 한 불교설화이라면, 심청이 觀音菩薩이 化身임을 어떻게 증명해야 할 것인가. 沈淸의 人間型은 한마디로 희생 정신에 투철한 '순교자적 여인상'이라 할 수 있다. 이와 같은 순교자적, 救援者的 女人像은 이미 現實的 次元의 인간이 아니다. 즉 구도자적 誓願과 不退轉의 精進과 超人的 能力이 아니고서는 그 본래의 목표를 실현시킬 수 없다는 점에서 凡常한 인간으로서는 불가능한 것이다. 불교에서 여기에 해당하는 인간형은 보살이다. 上求菩提하고 下化衆生을 목표로 하여 세상의 최후의 일인까지 깨달음을 이루게 하기 위하여 목숨을 바쳐 끓는 물, 타는 불 속도 마다 않는다며 육바라밀을 실천궁행하는 보살이야말로 인간을 위한 순교자이며 구원자이다. 이들 보살 중에서도 觀音菩薩은 大慈大悲를 根本誓願으로 중생의 고통과 고난을 따뜻하게 보살펴준다는 점에서 인간에게 가장 친숙한 보살이다. 특히 관음보살이 인간을 가까이서 보살피기 위하여 수많은 몸으로 化身한다는 점에서 더욱 그렇다.

<심청전>의 構造的 根幹을 이루는 사건은 아무래도 심청의 희생적 '죽음'과 초인적 '부활'이다. 그리고 그 부활을 통하여 베풀어지는 인

20 사재동, 앞의 책.

21 이는 물론 추측이나, 판소리 전반에 걸쳐 근원설화, 전승집단, 광대 및 작자군의 성분, 주제와 내용들에서 불교와의 관련이 크기에 충분한 가능성이 있고, 이 점에 대하여는 심도 있는 천착이 요구된다.

간에 대한 대자대비의 '구원'이다. 이와 같은 '죽음-부활-구원'의 과정을 통하여 심청은 관음보살의 化身으로 보살행을 완수한다. 심청이 船人들에게 팔려 인당수에 빠지게 되는 죽음은 부친의 개안을 위한 자기희생이다. 그리고 부처님께 약속한 쌀 300석을 위한 공양이다. 일종의 捨身供養이다. 여기서 다시 부활이 가능한 것은 輪廻轉生의 소설적 표현이면서 관음보살의 무애자재한 화신의 또다른 양상이다. 특히 심청이 연꽃 속에 부활한다는 것은 蓮花臺 위에 우뚝 서 있는 觀音菩薩像을 聯想시킨다는 점에서 그 의미를 찾을 수 있다. 이렇게 연꽃으로부터 나와 왕후로 부활한 심청은 고난에 찬 인간들에게 한없는 구원을 베풀어 보살행을 행하는 것이다. 결국 순교자적 자기희생을 통하여 사신공양에 해당하는 죽음을 택하고, 여기서 다시 초현실적 화신을 통하여 復活한 후, 大慈大悲의 救濟를 베풀어 보살행의 실천을 완수하는 것이다. 이와 같은 심청의 구원은 현실적 인간의 生來의 不具인 眼盲, 운명적 빈곤, 열악한 신분에 대하여 베풀어지는 바, 이에 대하여는 작품의 佛敎的 主題와 관련되고, 다른 한편으로는 작중 현실을 살았던 조선 후기 서민들의 현실과도 有關하다고 할 수 있다. 이에 대하여는 다음 항에서 논하기로 한다.

5) 〈沈淸傳〉의 佛敎的 主題와 社會的 意味

<심청전>의 주제론은 심청의 인간형의 본질적 성격을 糾明하려는 본고의 주된 논의의 대상은 아니다. 그러나 앞에서 심청의 작품 기능을 언급하는 가운데 기존의 주제론을 중심으로 간단히 살핀 바 있다. 여기서는 본고의 主旨가 심청을 觀音菩薩의 化身으로 보는데 있는 만큼, 이를 작품의 불교적 주제와 결부하여 언급하기로 한다. 그런데 여기서 주로 提起되는 문제가 관음보살의 化身으로서의 심청의 救援의 問題와 그 社會的 意味다. 작품의 불교적 주제에 밀접하게 관련되어 있다고 보여지는 구원의 문제는 말할 것도 없이 圓通無碍한 보살

의 중생에 대한 구원으로서, <심청전>의 경우 이것은 심청 一家가 처하고 있는 세 가지 측면의 苦痛과 苦難에 대한 것으로 나타난다. 즉 眼盲이란 不具와, 極度의 貧困과, 열악한 社會的 身分이 그것이다. 그리고 이들은 단순히 작중의 심청 일가에만 국한된 것이 아니라, 판소리나 소설로 <심청전>을 형성시켰고, 동시에 이를 향유·수용하였던 조선조 후기 서민층의 그것이기도 하며, 그들의 現實認識과도 결부된다는 점에서 당대적인 사회적 의미를 또한 共有한다. 따라서 이 두 가지 문제는 분리될 수 없는 관련을 갖는다.

<심청전>에는 극도의 결핍과 혹심한 고난이 序頭에서부터 나타난다. 아버지의 眼盲, 어머니의 죽음, 어린 무남독녀인 심청, 여기에 극심한 가난까지 겹침으로써 심청 일가는 걸인으로 轉落한다. 이것은 한 인간이, 한 가정이 처할 수 있는 가장 심한 불행과 궁핍상이다. 그리고 이와 같은 고칠 수 없는 不具와 헤어날 길 없는 가난과 이와 같은 고난에 찬 처지는 조선 후기 서민들이 공유하던 현실적 상황이기도 하다. 이런 逆境을 운명처럼 순종하며 극복·타개할 의지와 방법을 모르고 있던 그들에게는, 다만 꿈 같은 信仰的 期待만이 가능했다. 여기서 土着信仰化 한 전래의 관음보살에 대한 精神的 歸依가 그들에게 있어 큰 희망이 된다. 불구의 치유, 가난으로부터의 탈피, 낮은 신분으로부터의 상승, 즉 건강한 육체의 회복, 부귀의 성취, 사회적 지위의 향상이라는 세 가지 구원을 간절히 소망하였고, 이러한 꿈이 관음보살의 화신으로서의 심청을 탄생시킨 것이다. 심청은 이와 같은 세 가지 서민적 소망을 충족시킴으로써 관음보살의 화신으로서의 기능을 다한다. 즉 부친을 비롯한 모든 맹인들의 눈을 뜨게 하고, 가난한 집안이 부귀영화를 누리게 하며, 一國의 왕후가 되어 최고의 신분에 오르게 된 것이다. 이것은 심청 일가만의 것이 아니라, <심청전>을 향유했던 당시 서민층의 대리 충족을 가능하게 한 것이란 점에서 그 사회적 의미까지를 포함한다. 더구나 심청이 황후가 된 후 왕을 잘 내조하여 도탄에 빠진 만백성을 구제하였다는 작품의 결말부분에

서 이 점이 잘 나타난다. 이는 곧 관음보살의 고통받는 중생에 대한 無限한 布施行, 나아가 圓滿具足한 菩薩行의 실천인 것이다. 그리고 이와 같은 救濟는 당시 <심청전> 享有層들로 하여금 작품에의 몰입할 수 있게 하였고, 이를 통하여 그들의 현실적 고난과 고통을 일시 해소시킬 수 있었다. 여기서 작품의 사회적 의미를 찾을 수 있고, 대승불교의 菩薩道에 입각한 救世主義적 의미와 동시에, 이러한 측면에서의 <심청전>의 佛敎主題的 側面이 드러나고 있는 것이다.

-『김기현 교수 회갑기념 논문집』, 개문사, 1995.

제5부

書 評

佛教思想과 佛教文學의 새 이해

(인권환 저, 『고려시대의 불교시 연구』)

-李箕永(東國大 교수)

오랜 기대 끝에 마침내 우리 국문학사의 중요한 공간을 메울 훌륭한 노작이 출간되었다. 필자는 이 책을 읽고 잘 짜여진 내용구성과 그 정확한 論旨와 해설 그리고 평이한 논평에 대해 흡족한 마음과 감사하는 마음을 금할 수가 없었다. 여기에 공개적으로 저자의 노고에 대해 경의를 표한다.

필자는 국문학자가 아니지만 일찍이 우리나라 국문학이 대부분의 경우 잘못 가르쳐지고 있음을 보고 어째서 오늘날의 국문학자들은 우리 선조의 漢詩文을 우리나라 문학사의 범주에서 제외하고 한글창제 이전의 佛教文學 등을 의붓자식시 하느냐 하는 불만을 지적한 바가 있었다. 그런데 저자 印교수는 1960년에 이미 韓龍雲研究를 내면서 불교와 인연을 맺게 되었고, 그후 계속하여 불교문학 쪽에 관심을 표하여 연구해 오다가 1974년에는 「佛教文學研究序說」을 썼고, 1977년에는 「一然論」을 냈으며, 1981년에는 「高麗時代 佛教詩歌 研究」를 써내어 이 방면 연구의 공백을 메울 준비를 해 오다가, 드디어 1983년 3월에 3백2페이지에 달하는 단행본 『高麗時代 佛教詩의 研究』를 내놓기에 이르렀다. 필자는 이와 같은 믿음직스러운 연구자가 건재해 있음을 모르고 쓸데없는 걱정을 한 셈이 되었다.

저자 인 교수는 머리말에서 이 책을 펴내게 된 의도와 목적을 다음과 같이 말하고 있다.

"이 책은 고려시대 禪僧들과 그들의 禪詩를 국문학 내지 국문학사적 시각에서 고찰하여, 이들을 훌륭한 국문학의 자산으로 평가・수용하려는 의도에서 시도된 것이다. 그리고 이와 같은 의도는 고려시대 새로운 문학영역의 개척 외에도, 국문학에 있어 불교문학의 존재와 가치, 佛敎詩歌文學의 전개와 전통 및 그 文學思想史的 비중과 의의를 탐색하여, 이들을 통한 국문학적 지평의 확대와 문학사적 연속성을 새로운 각도에서 천착하고 확인하려는 목적이 동시에 포함된 것이기도 하였다."

지금 이 책을 다 읽고 나서 필자는 저자 인 교수가 그 의도와 목적을 충분히 달성했음을 경하하고자 한다.

이제 이 책의 구성을 보면 서론과 결론을 포함하여 다음과 같은 전 10장으로 되어 있다.

> Ⅰ 序論, Ⅱ 高麗 佛敎詩의 背景, Ⅲ 高麗 禪詩의 萌芽, Ⅳ 高麗 禪詩人, Ⅴ 高麗 禪詩의 展開와 樣相, Ⅵ 高麗 禪詩에 나타난 自然과 自然觀, Ⅶ 高麗 禪詩人들의 現實認識, Ⅷ 高麗 詩話上의 佛敎詩, Ⅸ 高麗 禪詩의 文學史的 意義와 位置, Ⅹ 結論

그의 Ⅰ 序論은 앞서 이용한 머리말에서 자신이 밝힌 이 연구의 의도와 목적을 부연하고 지금까지의 연구상황의 검토와 저자자신이 하고자 하는 연구의 범위, 방법 및 자료를 밝힌 점에서 매우 중요한 알찬 서론이다. 저자는 "한자로 된 문학의 도외시, 그리고 불교문학의 미개척", 이 두 가지 이유로 인해, "고려시대 국문학의 不毛性, 또는 침체성"에 대한 논의가 "더욱 확고해질 수밖에 없었음"을 지적하고 "특히 당시(高麗시대)의 풍부한 불교문학이 종교문학으로조차도 정립되지 못한 채, 국문학이나 국문학사에서 제외되었던 것은 재고되어야 한다"고 역설하고, "이것은 넓게는 국문학, 좁게는 한문학, 그리고 한국 불교학이 공동으로 해결해야 할 과제로 남아 있다"고 한다. 그래서 저자는 일단 "고려시대문학의 소외지대로 남아 온 불교문학, 그중에도 고려시대 불교시가문학 가운데 禪僧의 불교시를 그 대상으로 출발한다"고 하고 있다. 이 평자는 그의 이와 같은 주장은 이제 이 연구를 통해 반드시 이 나라 국문학사에서 받아들여져야 하며, 또 받아들여지지 않을 수 없다고 믿는다. 우리는 지금까지 자기가 모르는 것은 아예 존재하지도 않는 것처럼 여겨온 수많은 선례를 갖고 있는데, 이제 이 연구가 나온 이상, 지금까지의 잘못된 불교문학이해 내지 국문학사상의 이유없는 공백은 반드시 메워져야 한다고 확신한다.

저자는 이 연구의 대상으로서 여섯 명의 禪師 즉 眞覺國師 慧諶, 普覺國師 一然, 圓鑑國師 冲止, 白雲禪師 景閑, 太古國師 普愚, 懶翁王師 慧勤을 선정하고 그들의 작품인 曹溪眞覺國師語錄, 三國遺事, 圓鑑國師語錄, 白雲和尙語錄, 太古和尙語錄, 懶翁集, 普照國師集 등과, 東文選, 禪門拈頌을 자료로 삼아 이들의 시가를 배경과 인물, 작품의 성격, 국문학사적 의의 등 네 가지 측면에서 고찰해나가는 방법을 취하겠다고 말한다.

이와 같은 연구 작업의 결실은 주로 V 高麗 禪詩의 展開와 樣相(pp.91～206)에 남겨 있다. II 高麗 佛敎詩의 背景(pp.27～46)과 III 高麗 禪詩의 萌芽(pp.47～54) 및 IV 高麗 禪詩人(pp.55～90)은 V의 이해를 돕는 보충적 서술의 성격을 띠고 있다(이 세 개의 장의 서술내용에 대해서는 다시 격에 고간의 사견을 피력하고자 한다).

그러나 평자는 V 못지않게 VI 高麗禪詩에 나타난 자연과 자연관(pp.207～229), VII 高麗 禪詩人들의 現實認識(pp.230～249)의 두 장이 갖는 의의를 매우 높이 평가하고자 한다. 이 두 개 장이 앞의 V와 같은 시기에 쓰여진 것인지 또는 다른 기회에 쓰여진 별개의 논문을 여기에 첨가시킨 것인지는 알 수 없으나, 평자의 느낌으로는 V에서와는 다른 보다 생기 있는 해설이 VI, VII에서 이뤄지고 있는 듯싶다. VIII 高麗詩話上의 佛敎詩(pp.250～256)는 역시 짚고 넘어가야 할 문제였다고 생각되고, IX 高麗 禪詩의 문학사적 의의와 위치(pp.257～264)는 저자가 위의 대표적 禪詩人 여섯 명의 作品을 통해 본 저자 나름대로의 문학사적 평가이므로 독자들의 관심이 쏠리는 부분이다. 마지막 X 結論은 각장의 논지를 요약했고 끝으로 미진한 연구과제들에 대한 반성을 싣고 있다.

이제 각장별로 평자의 卑見을 피력하고자 한다.

II 高麗 佛敎詩의 背景과 III 고려 선시의 맹아에 대해서:

이 두 장은 그 내용을 보면 구태여 두 개의 장으로 나눌 필요가 없었을 것 같은 동일한 맥락의 내용이 담겨 있다. II에서는 1 禪과 禪詩, 2 禪의 傳來와 展開, 3 知訥의 禪思想 등이 논의되어 있고, III은 불과 8페이지의 짧은 글로서 그 제목을 高麗 禪詩의 萌芽라 하고 있다.

저자는 II의 첫머리에서 다음과 같이 말한다.

"고려시대 불교시라 할 때 이의 연구에는 詩 그 자체의 문제 외에도 두 가지 필연적인 문제점이 뒤따른다. 그것은 연구대상인 시가 단순한 시가 아닌 佛敎詩, 그중에도 禪詩라는 점에서 그 종교적 내지 사상적 배경을 이루는 禪思想에 대한 문제점이 개재된다는 것이고, 또 하나는 이와 같은 禪詩가 高麗時代라는 역사상의 특정한 시간을 배경으로 하고 있다는 점에서 그 역사성과 시대성과의 관련이 또한 고려되어야 한다는 사실이다. 또 여기에 禪詩가 발흥하게 되는 이론상의 성숙과 그 계기가 살펴져야 할 것이다."

평자는 VII 高麗 禪詩人들의 현실인식을 읽으면서 받은 인상과 공감, 즉 6인 禪僧이 나타내 보인 한결같이 처절한 사회인식, 그것이 생겨나지 않으면 안되었던 당시의 사적 사회적 현실에 대한 기술이 II에서는 뚜렷하게 부각되지 않고 있어 아쉬운 감을 가지게 되었다. 고려 불교시의 배경이라는 제목부터가 약간 광범한 포괄적 명칭이 되고 있기는 하지만, 사실은 禪詩에 배경인데, 그렇다면 당시의 종교인, 수행인으로서의 대표적 禪師들이 그들이 살고 있던 시대, 그 사회의 동시대인들과 같이 어울려 살면서 저러한 詩들을 짓고 읊게 된 동기와 목적, 심정이 무엇이며 어떤 것이었겠느냐 하는 것을 알게 하는 기초자료를 제공하는 것이 여기 이 자리에서 필요한 일이 아니었을

까 하는 것이다.

著者는 그 대신에 Ⅱ의 1 禪과 禪詩에서 禪家 또는 선종에서 禪詩가 나올 수 있는 이유를 천착하고 그 해답으로

첫째 禪과 詩는 본질적인 정신적 원천에 있어서 상통성을 갖고 있다는 것, 둘째 禪家는 修道·開悟·傳法·涅槃의 전생애를 온통 詩的인 과정 속에서 보낸다는 것, 셋째 禪家에서 선수행의 방편으로 사용하는 公案과, 이에 대한 評唱, 著語, 頌 등에는 시적 요소가 많다는 것, 특히 頌은 그대로 詩라는 것, 넷째 본래 佛典의 한 형태 즉 祇夜가 詩頌이었다는 것, 이런 네 가지를 들어 禪家와 詩의 밀접한 관련성을 입증했다. 나아가 이러한 論旨는 慧諶의 禪門拈頌(公案集) 편찬이 고려 禪詩발달의 중요계기가 된다는 결론에도 연결되고 있다. 이것은 매우 타당하고 또 불교를 모르는 분들에게는 꼭 필요한 지적이라고 평자도 생각한다.

그러나 앞서도 말했지만 아쉬운 감이 드는 것은 그러한 연유로 고려의 禪師들이 禪詩를 활발히 쓴 것은 설명이 되지만, 그들의 禪詩가 갖는 詩史 또는 文學史的 가치와 의미는 무엇이며, 사상사적 평가는 어떻게 내려져야 할까 하는 설명을 하기 위해서는 좀 더 개개인이 놓여졌던 구체적 현실에 대한 천착과 그 기술이 필요하게 되는 것이 아닌가 생각된다.

저자는 Ⅱ의 2에서 禪의 전래와 전개과정을 역사적으로 기술하면서 禪宗과 敎宗의 갈등과 그 배후 비호세력들에 관해서도 언급하고 있지만 여기에서 저자는 慧諶의 위치를 돋보이게 하기 위해서 義天의 역할을 약간 과소평가하고 慧諶의 스승 知訥을 과대평가한 것같은 인상을 받는다. 그리고 慧諶이하의 6인 선사들 중 國師 王師들이 받은 권세가의 비호는 비판받지 않아도 되는 것인지 하는 의문도 생긴다. 그리고 慧諶의 拈頌을 통한 看話禪 導入이 사실은 禪의 形骸化를 초래한 원인이 된 것은 아닌지, 禪文學史上 혜심이 끼친 영향은

긍정적인 점이 많은 것 같지만, 또 반면에 그 고답적 禪風이 구체적으로 일반민중이나 지배층의 사고방식이나 생활태도에는 과연 어느 정도의 긍정적 영향력을 발휘할 수 있었을까, 이런 문제들이 연구되었으면 하는 생각이 든다.

다음 Ⅳ 高麗 禪詩人을 읽으면서 느낀 것은 지금 우리가 손쉽게 참고할 수 있는 자료만 가지고서는 이 禪家들에 대해 더 이상 자세한 전기를 말하기가 힘들지 모르겠다. 그러나 적어도 그들의 禪詩가 갖는 독창적 개성을 알기 위해서는 그들의 생장 시대의 환경을 좀 더 자세히 아는 것이 바람직하다. 이 책과 같이 한 시대 佛教詩의 전개양상을 전체적으로 말해야 하는 경우에 그런 것을 요구하는 것은 무리이겠지만, 이제 앞으로는 문학사가나 국문학자에 의한 이들 禪家 個個人의 생애와 사상에 관한 개별적인 심층적 연구가 진행되는 것이 바람직스럽다 하겠다.

이 책의 중심부분인 Ⅴ 高麗 禪詩의 展開와 樣相에서는 이 시대 대표적 禪家 여섯 명의 禪詩들이 앞서 저자가 서론에서 말한 대로의 방법론에 의해 짜임새 있게 정성들여 소개되고 있다. 이제 간단히 그 내용을 소개해 보자.

1 禪思想의 詩的 展開와 慧諶

(1) 知訥과의 만남과 禪詩 (2) 禪境의 詩的表現 (3) 自然속의 禪趣

2 一然의 讚詩와 禪的 象徵

(1) 「讚」의 詩的 樣相 (2) 「봄」과 「꽃」의 象徵性

3 冲止詩와 詩禪一如의 境地

(1) 禪境과 隱喩 (2) 「故鄕」의 意味와 無事人의 詩心 (3) 平常心과 人情詩

4 景閑과 祖師禪의 詩的境地

(1) 無心無思의 詩 (2) 聲・色・言語의 解脫門 (3) 青山에의 意志와 臨終偈

독자들은 위의 목차를 통해서 저자가 이 대표적 선사 여섯 명의 선시를 어떤 각도에서 평가하고 있는가를 대강 짐작할 수 있으리라고 믿는다. 평자는 저자의 지극히 성실한 연구 자세가 특히 이 장에 약여하게 드러나 있는 데 대해 경의를 표한다. 漢詩의 한글譯은 언제나 퇴고의 여지가 있는 것이겠지만 그것은 더욱 더 시간을 두고 다듬어 가게 될 것으로 기대하며, 한편 시의 번역과 해석에 있어서 동원된 저자의 불교지식이 정확한 것에 대해서 또 경의를 표한다. 여기 이 장뿐만 아니라 전체적으로 저자 인교수의 불교이해는 상당히 높은 수준에 도달해 있으므로 이 책은 불교의 초심자에게는 불교입문 구실도 할 수 있어 그런 의미도 반드시 일독을 권하고 싶다. 또 아울러 많은 한문 원문이 인용되어 있음에도 불구하고 거의 인쇄상 오식을 남기지 않고 있다는 사실도 저자의 성실성을 말해 주는 것이다.

평자는 이 장에서 특히 6 慧勤詩의 내면세계를 말하는 대목에서 (2) 事事無碍의 詩的 경지를 강조하는 부분과 (3) 敎化詩와 唯心淨土를 드러내는 부분의 설명이 매우 인상적이었음을 고백한다. 평자는 이 대목이 특히 고려인 慧勤의 한 독창적 견해를 나타내 보이는 것이 아닌가 생각해 보았다. 우리는 慧勤에게서 유달리 중국 禪家의 틀을 벗어나, 당시 고려적 상황에서 우러난 체취를 느낄 수 있는 것 같다. 華嚴의 事事無碍法界思想의 터득이라든지, 그의 강한 중생 구제의식이라든지, 당대사회의 윤리적 타락을 嘆하며, 警世의 충정을 피력하고 대중교화의 善方便으로서 念佛行을 강조하면서도 단순한 他力信仰, 현실도피적 淨土往生사상을 고취하지 않고, 眞心修行을 통한 唯

心淨土思想을 갖도록 일깨워 준 사실이라든지, 이러한 慧勤의 면목은 결코 현실의 고려땅을 떠나 中天에 떠 있는 것과 같은 추상적 회고적 禪修의 태도가 아님을 여실히 보여 주어 좋았다.

이런 관점에서 이장의 서술과 관련된 몇 가지 제언을 말해 보고자 한다.

첫째, 앞으로의 우리나라 禪詩 연구에 있어서는 우리의 禪家들의 시가 어느 정도로 독창적인가 하는 데에 초점을 맞춰 중국본토의 禪文化유산과의 비교검토를 거치는 것이 바람직하다. 이 점은 저자 인교수 자신이 머리말에서 스스로 다짐하고 있는 바이므로 중언부언할 필요가 없으나, 이런 목적을 위해서는 중국禪家들의 상투적 용어와 표현들을 시대적으로 분류, 적기한 禪語辭典같은 것의 편찬, 그리고 후학들에 대한 그러한 기초선어지식 주입교육이 필요하리라 생각된다. 우리의 禪문학연구는 이제 막 시작된 단계가 아닌가 한다. 많은 후학을 길러낼 만한 스승도 모자라고, 또 그 방면 연구의 지망생도 많지가 않다. 그런 단계에서 이런 주문을 한다는 것은 무리한 요구라 할지도 모르나, 이제는 이 책과 더불어 그러한 것까지를 생각할 수 있게 되었으니 무척 다행한 일이 아닐 수 없다.

둘째, 앞으로의 연구과제로서 저자 자신은 ① 禪詩에 대한 보다 정밀한 시문학적 천착, ② 禪家外의 고려시대 불교시 및 일반 고려시가 문학과의 관련, ③ 고려시대 선시와 조선시대 및 현대 불교시와의 詩史的 맥락에 대한 상론, 그리고 ④ 唐宋時代 중국 선시와의 비교 등을 들었는데, 이 중의 ④에 대해서는 이미 언급을 했으니 그만두고, 나머지 문제들에 대한 또 그와 관련된 卑見을 말해 보겠다.

①의 문제는 禪자체의 실천적 철학적 이해이 심화와 함께 달성될 수 있는 문제일 것이므로 적어도 선구적, 선도적 위치에 놓인 이 방면 연구가로서는 禪의 이상, 불교의 이상과 禪의 오해, 불교의 오해를 식별할 수 있는 자기자신의 禪 이해, 불교이해를 완벽하게 수립하는 것이 무엇보다도 요긴한 문제가 될 것이다. 이런 의미에서는 이와

같은 禪詩研究에는 불교학자의 참여가 매우 바람직스럽고 또 국문학 또는 한국 한문학의 전공학자와 불교학자의 공동연찬이 필요하리라 생각된다. 평자는 이 책에서 저자 印 교수가 전개해 간 불교이론들을 유심히 주의 깊게 보았는데, 대체로 만족할 만했으나, 몇 군데 그냥 남의 이야기를 그대로 옮기는 듯, 깊은 생각 없이 넘어간 곳이 있었음을 보고, 그것이 불교학자의 책임이라는 것을 생각한 바가 있다.

솔직히 말해서 불교의 철학적 연구랄까 현대적 이해랄까 하는 것, 다시 말해 불교의 교리(전통적 불법의 이론)를 현대인에게 알아듣기 쉽게 설명하는 일을 오늘날의 불교학자들은 잘 못하고 있고, 앞으로도 당분간은 잘 못하는 상태가 얼마간 계속되리라 생각되는데, 그런 상황 아래에서 전문적으로 불교만을 연구하지도 않는 국문학자에게 그런 것을 요구한다는 것이 무리하고 무례한 일인 것 같지만 진정한 우리의 국문학자는 불교에 통효하지 않고서는 우리의 고대문학을 제대로 논할 수가 없음을 깨달아야 하지 않을까?

평자는 普愚의 시를 다루며 저자가 空을 설명한 부분(p.168), 그리고 VI의 1 <u>佛教와 自然</u>을 다룬 부분(pp.209~211) 등에서 약간 아슬아슬한 느낌을 받았다. 정말 말로써 이론적으로 설명하기보다는 차라리 詩로써 그 직감을 말하는 편이 더 直截的인 그 活活潑潑의 경지를 다시 이론으로 풀자니 이렇게 어려움이 따르는구나 하는 생각이 들었다. 같은 아슬아슬함을 나는 p.169의 시 마지막 구절의 해석에서도 느낀다. 淸風吹太古를 「맑은 바람 太古에 불어 오누나」라 할 것이냐 그렇지 않으면 「淸風이 太古를 불어 온다」고 해야 할 것이냐, 이와 유사한 문제들이 계속 탐구해야 할 일거리들인 것 같다.

하여간 이 저술은 길이길이 역사에 남을 우리 전통문화 연구의 뜻 깊은 노작이다. 다시 한번 감사와 경의와 우정을 저자에게 보낸다.

—『月刊 朝鮮』, 1983년 9월호.

(본문의 밑줄은 평자가 붙인 것이다.)

戲跋

서문을 쓰면서 스스로 나이를 헤아리다 보니, 어느새 70대의 중반. 이제 80을 바라보는 나이가 되었다. 아무리 고령화 시대라고는 하지만 한 일 없이 수월찮은 세월만 흘려보냈다는 自責이 앞선다. 그리고 輓近, 장수인들이 급증하여 한 없이 두터워진 노인층에서, 새삼 나의 위치는 어디쯤일까 하는 생각을 하게 된다.

우리네 전통사회에서는 늙기 시작하는 50세 전후를 노년기의 초기라 하여 "初老"라 했고, 초로는 지났으나 아주 늙지 않은 60세 전후를 "中老" 즉 중늙은이라 했다. 그리고 60이 넘은 노인은 "耆老"라 하여 꽤 壽를 하는 노인으로 쳤다. 또 "不惑, 知天命, 耳順" 등은 주지하는 대로 孔子가 연령대에 따라 앎의 단계를 나타낸 말이었고, 70을 "古稀"라 함은 杜甫의 <曲江>이란 시에서 유래하였으며, 80은 "中壽" 또는 "八耋", 90은 "耄壽" 또는 "九秩", 100세가 되면 "上壽" 또는 "期頤"라 하였다. 그러나 이제 이런 말들은 거의 사라진 말이 되었다. 한편 요즘에도 쓰이는 "喜壽, 傘壽, 米壽, 卒壽, 白壽" 등의 용어들은 漢字의 破字를 통하여 생겨난 것으로 보이는데, 장수노인이 드물었던 시대에 이를 기리기 위하여 붙여진 호칭들이 아닌가 한다.

그렇다면 노인 인구가 급증하여 그 계층이 많아진 오늘날, 이들의 격에 맞는 연령적 순위나 이에 따른 적절한 호칭들은 무엇인가. 그저 늙은 외모나 상태에 따라, "퍽 늙은이", "폭 늙은이", "팍 늙은이" 등의 관형어적 표현법이 없는 바는 아니지만, 적절하지도 않거니와 개인차가 많고 대상층이 넓어 그 실상을 드러내기가 어렵다. 이 때문에 연령별 노인들에 대한 호칭이 한결같지 않을 뿐 아니라, 이로 인한 노인층 내부에서의 위계와 질서가 어긋나고, 또 여기서 생기는 오해와 軋轢조차 빈발하는 것이 현실이다. 그리고 이런 일들은 노인 인구가 늘어 노인층이 매우 넓어진 탓이라 容或無怪이나, 그러지 않아도 과다한 의료보험과 노인복지 예산의 지출이 국가재정을 축내어 自激之心이 없지 않고, 여기에 노인들의 각가지 老慾으로 인한 老醜가 사회의 빈축을 사는 일이 煩多한 昨今, 스스로 自恃自尊함이 없이 亂脈을 드러내서야 되겠는가.

이에 필자는 素意의 일단을 피력하여, 층층이 늘어난 노인 계층의 상호 僭越함이 없는 분별과 처신에 資코자, 다음과 같은 표를 만들어 跋에 대신하고자 하는 바, 이 또한 하염없이 늙어가는 老夫의 부질없는 글장난이 아니겠는가.

삼가 諸賢의 격의없는 叱正이 있기를 바라마지 않는다.

노인의 연령별 단계와 호칭

	연령대	호칭	급수
《下老》	65~70	풋노인, 햇노인, 애노인, 숫노인	8급
	70~75	엇노인, 설노인, 초노인, 얼노인	7급
《中老》	75~80	熟老人(늙음이 무르익은 사람)	6급
	80~85	旣老人(이미 다 늙어버린 사람)	5급
《上老》	85~90	完老人(늙음을 완결지은 사람)	4급
	90~95	最老人(더 이상 늙을 것이 없는 사람)	3급
《上之上老》	95~100	脫老人(늙음의 단계를 벗어난 사람)	2급
	100~105	超老人(늙음을 초월한 경지의 사람)	1급
《最上老》	105~	生不如死之人(生死가 如一한 사람)	특급

이상, 노인층을 5계층으로 나누고, 다시 5년 간격으로 세분하여 모두 9계층으로 구분한 다음 이에 적절한 호칭을 붙여보았다. 그러나 그 호칭이란 것이 필자의 恣意的인 억지춘향이어서 부적절한 것이 많아 有意者들의 고견이 필요할 것으로 생각된다.

이렇게 나누고 보니 워낙 장수하는 이들이 많아진 요즘이라 노인층이 다양하게 분화되어 있음을 알 수 있다. 그래서 전통사회에서 당당한 노인이었던 《下老》층은 거의 노인 행세를 못하게 되어 75세 이전의 노인들은 새내기 신세를 면치 못하게 되었다. 또 이렇게 되니 《中老》층이 노인세대의 중심을 이루면서 《下老》층과 함께 숫적인 다수를 점하게 되었다. 그리고 《上老》층과 그 이상은 아무리 고령화 사회라 하나 숫적인 감소가 불가피하고, 따라서 "99881234"란 俗說은 어디까지나 장수를 원하는 이들의 희망사항에 불과함을 알아야 하겠다.

아무튼 오래 사는 이들이 많아진 것은 노인으로서는 좋은 일이다. 그러나 지는 태양이 더 아름답듯 오래 사는 것보다 어떻게 사느냐가 중요하니, 노인으로서의 품위와 위엄을 잃는 일이 있어서는 안 된다. 그리고 두터워진 노인사회의 序列을 지켜야 한다. 鄉黨에도 莫如齒라 했거늘, 어찌 노인사회라 하여 長幼有序가 없겠는가. 서로 존중하며 각각 분수를 지키고 스스로 할 일을 찾아 열심히 하며 항상 不惱의 정신으로 살아간다면 그 또한 좋지 않겠는가. (妄言多謝)

白虎 季秋 安岩散人

인권환(印權煥)

아호 菊史. 佛名 天海.
1937년 충남 당진 출생.

학력

1956년 인천공고 졸.
1960년 고려대 국문과 졸.
1962년 고려대 대학원 졸(석사).
1983년 고려대 대학원 졸(박사).

경력

1968년 고려대 교양학부 전임.
1972년~ 고려대 국문과 조교수, 부교수, 교수.
2003년 고려대 교수 정년퇴임.

1996~2000년 한국민속학회 회장.
1997~1999년 고려대 문과대학 학장.

2000~2001년 日本 京都大學 초빙교수.
2003년 1~6월 하와이대 동아시아어문학과 초빙강사.
2006~2007년 日本 明治大學 객원교수.

『한용운 전집』 편집위원(신구문화사, 1970), 간행위원(신구문화사, 1973).
『조지훈 전집』 편집위원(일지사, 1973), 편집위원(나남출판, 1996).

주요저서

1960년 『한용운연구』(2人 공저)
1976년 『한국민속학사』
1983년 『고려시대 불교시 연구』
1999년 『한국불교문학연구』
2001년 『토끼전 · 수궁가 연구』
2002년 『판소리 唱者와 失傳 사설 연구』 外

한국문학의 불교적 탐구

초판 1쇄 인쇄 • 2011년 1월 25일
초판 1쇄 발행 • 2011년 1월 31일

지은이 • 인권환
펴낸이 • 박성복
펴낸곳 • 도서출판 月印
서울특별시 강북구 수유2동 252-9
등록 • 제6-0364호 / 등록일 • 1998년 5월 4일
대표전화 • (02) 912-5000 / 팩스 • (02) 900-5036
http://www.worin.net

ISBN 978-89-8477-484-1 93810

값 23,000원

☞ 잘못된 책은 구입하신 서점이나 본사에서 바꾸어 드립니다.